James Salter
Charisma

PIPER

Zu diesem Buch

»Salter ist ein Zauberer und seine Wunderwerke sind fein gewirkt, und doch vermögen sie, die alltägliche Wirklichkeit des Lebens kraftvoll zu packen. Salter zeigt das Gewöhnliche als das, was es wirklich ist: das Wunderbare.« So urteilt John Banville in seinem Vorwort zu diesem Band, der erstmals die gesammelten Stories von James Salter vereinigt. Und statt eines Nachworts enthält dieses Buch das »literarische Testament« Salters, drei Vorlesungen über die Literatur, das Schreiben und das Leben, die er in seinem letzten Lebensjahr hielt.

James Salter, 1925 in Washington, D.C. geboren, wuchs in New York auf. Er diente als Kampfflieger in der US Air Force und nahm 1957 seinen Abschied. Seitdem lebte Salter als freier Schriftsteller in New York City und auf Long Island. Am 19. Juni 2015 verstarb James Salter wenige Tage nach seinem 90. Geburtstag in Sag Habour. Er gilt als moderner Klassiker der amerikanischen Literatur.

James Salter

Charisma

Sämtliche Stories/Die Kapnick-Lectures
Mit einem Vorwort von John Banville

Übersetzung aus dem amerikanischen Englisch
von Beatrice Howeg, Malte Friedrich und
Nikolaus Hansen

Mehr über unsere Autoren und Bücher:
www.piper.de

MIX
Papier aus verantwor-
tungsvollen Quellen
FSC® C083411

Ungekürzte Taschenbuchausgabe
ISBN 978-3-492-31210-3
Februar 2018
© James Salter, 2013
Titel der englischen Originalausgabe: »Collected Stories« bei Picador,
New York, 2013
© John Banville, 2013 für das Vorwort
© James Salter, 2014 für die Kapnick-Lectures
© Berlin Verlag in der Piper Verlag GmbH, München 2016
Umschlaggestaltung: zero-media.net, München
Umschlagabbildung: plainpicture/Readymade-Images/Norma Ericsson
Satz: psb, Berlin
Gesetzt aus der Garamond Premier Pro
Druck und Bindung: CPI books GmbH, Leck
Printed in the EU

VORBEMERKUNG

Dieser Band versammelt erstmals sämtliche Erzählungen James Salters. Im Wesentlichen vereint er die Geschichten aus den beiden Erzählungsbänden *Letzte Nacht* und *Dämmerung*. Der Autor selbst hat die entsprechende englischsprachige Ausgabe zusammengestellt, überarbeitet und eine bis dato unveröffentlichte Geschichte, *Charisma*, hinzugefügt. In den USA wurden die *Collected Stories*, versehen mit einem Vorwort von John Banville, im Jahr 2013 publiziert. Es war die letzte Buchveröffentlichung James Salters vor seinem Tod im Jahr 2015.

Für die deutsche Ausgabe sind alle Stories entsprechend Salters Änderungen durchgesehen, wo nötig, überarbeitet bzw. neu übersetzt und in die Reihenfolge der englischen Ausgabe gebracht worden. Außerdem finden sich in diesem Band – statt eines Nachworts – drei Vorlesungen. Salter hat sie 2014 als *Kapnick Writer-in-Residence* an der Universität von Virginia gehalten. In seiner unnachahmlichen Weise spricht er darin über die Literatur, das Schreiben und das Leben, und sie lesen sich wie sein literarisches Testament.

Die Übersetzungen der Geschichten *Am Strande von Tanger*, *Zwanzig Minuten*, *Dämmerung*, *Kino*, *Akhnilo*, *Die Zerstörung des Goetheanums*, *Erde*, *American Express*, *Verlorene Söhne*, *Via Negativa* und *Fremde Küsten* sind von Beatrice Howeg.

Die Übersetzungen der Geschichten *My Lord*, *Platin*, *So viel Spaß*, *Die Augen der Stars*, *Komet*, *Bangkok*, *Palm Court*, *Gabe*, *Arlington* und *Letzte Nacht* sind von Malte Friedrich.

Das Vorwort von John Banville, die *Kapnick-Lectures* und die in diesem Band erstmal auf Deutsch erscheinende Geschichte

Charisma hat Nikolaus Hansen übersetzt. In den *Kapnic-Lectures* zitiert James Salter viel aus den Werken anderer Autoren. Sofern deutschsprachige Übersetzungen zur Verfügung standen, haben wir sie dankbar benutzt und in Fußnoten auf die entsprechenden Quellen verwiesen.

INHALT

Vorwort von John Banville 9

Am Strande von Tanger 17
My Lord 33
Zwanzig Minuten 53
Platin 62
So viel Spaß 80
Dämmerung 92
Kino 99
Akhnilo 116
Die Augen der Stars 124
Komet 138
Die Zerstörung des Goetheanums 147
Bangkok 164
Erde 174
American Express 182
Palm Court 207
Verlorene Söhne 222
Via Negativa 234
Fremde Küsten 246
Charisma 266
Gabe 276
Arlington 285
Letzte Nacht 292

Kapnick Distinguished-Writer-in-Residence-Lectures
　1. Vorlesung: Die Kunst der Literatur   **305**
　2. Vorlesung: Wie man Romane schreibt   **327**
　3. Vorlesung: Leben als Kunst   **346**

VORWORT

Nichts in der Literatur ist schwieriger als die Darstellung von ganz banaler Wirklichkeit. Nur die Besten haben diese Aufgabe erfolgreich bewältigt. Beim Roman denken wir zuallererst an Flaubert, an die Eingangsszene des *Ulysses* von Joyce. Unter den Autoren von Erzählungen ist natürlich Tschechow zu nennen, und abermals Joyce mit seinen *Dublinern*. Diese wunderbaren Künstler schreiben nicht *über* die Wirklichkeit: ihr Werk *ist* Wirklichkeit schlechthin. Wenn wir sie lesen, vergessen wir, dass wir eine höchst ziselierte und vermittelte Version der Welt dargeboten bekommen. Die sterbende Emma Bovary; Leopold Bloom, der seiner Frau das Frühstück ans Bett bringt; die Dame mit dem Hündchen, die sich unglücklich verliebt und wieder entliebt und wieder verliebt; Gabriel Conroy, der hinausstarrt auf die Schneewüste seiner Ehe und seines Selbst – all diese Szenen erreichen uns mit der Kraft wirklich gelebten Lebens, unmittelbar, greifbar, profan und zugleich erhaben.

James Salter ist uns wohl vor allem als Romancier bekannt. Zwei seiner Bücher, *Ein Spiel und ein Zeitvertreib* und *Lichtjahre*, sind Klassiker dieses Genres. 2013, im Alter von siebenundachtzig Jahren, hat er *Alles, was ist* herausgebracht, einen großen und gewagten Roman über den Krieg und das Leben von Soldaten nach dem Krieg, über das Schreiben und das Veröffentlichen, über Amerika und Europa, über die Liebe und deren Verlust. Es ist ein faszinierendes Werk, das geschrieben zu haben jeder auch nur halb so alte Autor stolz wäre. Und im selben Jahr erschien außerdem diese großartige Sammlung seiner Kurzgeschichten, zusammengestellt aus zwei schmalen Bänden,

Dämmerung und *Letzte Nacht*, im Original 1988 respektive 2005 erschienen. Als besonderen Leckerbissen enthält der Band eine nagelneue Geschichte, *Charisma*. In all diesen Erzählungen erweist sich Salter als meisterhafter Chronist von alltäglichen Leben.

Salter wurde 1925 als James Arnold Horowitz in New Jersey geboren. Sein Vater war Grundstücksmakler und ehemaliger Soldat. Dem eindrucksvollen Beispiel des Vaters folgend, begann der junge Horowitz mit siebzehn sein Studium an der West-Point-Militärakademie. Das war 1942 und der Weltkrieg tobte. Er war ein fleißiger Student und graduierte 1945 *cum laude*. Eine Geschichte in diesem Band mit dem bezeichnenden Titel *Verlorene Söhne* – deren Eingangsszene auf gespenstische Weise an Joyce' Geschichte von jugendlicher Wildheit, *Nach dem Rennen*, erinnert – schildert mit stakkatohafter Spritzigkeit und in kühlem Berichtston ein Ehemaligentreffen in West Point:

»Im Empfangsbereich wurde eine Willkommensparty gegeben. Man sah Gesichter, die sich kaum verändert hatten, und andere wie Reemstmas, dessen Namensschild mehr als einmal gelesen wurde. Jemand mit einer Kamera und Blitzgerät lief in einem Kadettenschlafrock herum. Drüben in der Kaserne wurde getrunken. Türen standen offen. Stimmen drangen nach draußen.«

Diese Art des Schreibens beherrscht Salter wie kein anderer. Es geht zügig voran, aber hin und wieder springt ein Detail heraus – Reemstmas Namensschild wird »mehr als einmal gelesen« –, an dem die Aufmerksamkeit des Lesers hängen bleibt wie ein eingerissener Fingernagel an Seidenstoff. Es ist nicht allein Reemstmas sonderbarer Name, der ihn von den anderen unterscheidet. Nachdem er die Akademie verlassen hatte, wurde er Maler, und jetzt, da er für einen kurzen Moment an die alte Schule zurückgekehrt ist, stellt er sich mit grüblerischer Wehmut das Leben vor, das er hätte führen können: »Eine Welle von Traurigkeit erfasste ihn, Erinnerungen an Paraden, das Ende von Bällen, den Weihnachtsurlaub ... Es war vorbei, aber niemand kehrt dem jemals ganz den Rücken.«

Salter ist einer jener äußerst seltenen Fälle, wo ein Mann der Tat sich mit Erfolg, mit überwältigendem Erfolg zum Künstler wandelt – er hat den Werdegang, von dem Hemingway nur träumen konnte. In West Point wurde er zum Piloten ausgebildet, er war in den Philippinen und in Japan stationiert, und nach weiterführenden Studien an der Georgetown University wurde er dem Tactical Air Command zugeteilt. Ein paar Jahre später meldete er sich freiwillig zum Einsatz im Koreakrieg und erhielt eine Ausbildung zum Piloten des F-86-Sabre-Kampfjet. In Korea flog er mehr als hundert Kampfeinsätze. Seine ersten beiden Romane, *Jäger* (Originalausgabe 1957) und *The Arm of Flesh* (Originalausgabe 1961), beruhten auf Salters Kriegserfahrungen. Diese Bücher waren Gesellenstücke, über die er sich in späteren Jahren zutiefst kritisch äußerte, auch wenn er *The Arm of Flesh* 2000 unter dem Titel *Cassada* neu herausbrachte.

Insgesamt diente Salter zwölf Jahre bei der Luftwaffe und weitere drei oder vier Jahre als Luftwaffen-Reservist, ehe er das Soldatenleben gänzlich aufgab und hauptberuflich Schriftsteller wurde. Das muss eine schwere Entscheidung gewesen sein. Er war ein geborener Flieger und Gefechtskitzel lag ihm im Blut. Auch war er verheiratet und hatte zwei kleine Kinder. Sein Frühwerk fand weder bei Verlagen noch bei der Leserschaft Anklang – ihm wurde bereits das äußerst gefürchtete Etikett »schwieriger Schriftsteller« angeheftet. Trotz dieses Handicaps warf er sich selbst auf den Markt und begann, Filmdrehbücher zu schreiben. Das erwies sich, wie schon für so viele seiner Vorgänger und Kollegen, als entmutigende Erfahrung. In der Geschichte *Kino* mit ihrem mokant ahnungsvollen Titel und ihrem Sprungschnitt-Stil ist diese Enttäuschung perfekt eingefangen – »Ja, mach dir Notizen«, drängt ein Regisseur seinen Hauptdarsteller, »Manches, was ich sage, ist brillant.« Ein

Drehbuch, das Salter für Robert Redford geschrieben hatte, wurde abgelehnt, und der Autor verarbeitete es zu einem Roman, *In der Wand* (Originalausgabe 1979). Das Buch war eine angemessene Metamorphose und bezeichnete das Ende von Salters Filmtagen.

Die Jahre, in denen Salter das Leben der Tat gegen ein Leben für die Literatur eintauschte, brachten auch für Amerika als Ganzes faszinierende Veränderungen. Die Aufregungen und Gewissheiten der Kriegszeit wichen der rauen Wirklichkeit des Zivillebens. Die Frauen, die während des Krieges am Arbeitsplatz, zu Hause und im Bett bis dahin ungekannte Freiheiten genossen, mussten – im wörtlichen wie im übertragenen Sinne – aus ihren Latzhosen gepellt und wieder in Baumwollkleider und Stöckelschuhe gesteckt werden. Hollywood war eine treibende Kraft dieses normativen Feldzugs – man erinnere sich nur an Doris Day und an all die Musik-Komödien, strotzend von weißen Telefonen und heißblütigen Hauptdarstellern wie Rock Hudson.

Salter schreibt mit Kenntnis, Präzision und Witz über diese Nachkriegswelt. Die frühen Geschichten aus den sechziger bis hin zu den achtziger Jahren haben einen jazzigen Rhythmus und den aalglatten, kühlen Glanz der Welt von *Mad Men*. Die Figuren sind trendig und gewieft, und sie machen sich gegenseitig fertig. Wir befinden uns in der zweiten Hälfte des ›Amerikanischen‹ Jahrhunderts und das World Trade Center befindet sich gerade erst in der Planung. Was kann schon schiefgehen? Und dann geht so ziemlich alles schief. In *Zwanzig Minuten*, einer der bekanntesten Geschichten Salters, wird eine reiche Frau von ihrem Pferd abgeworfen und lässt, während sie im Sterben liegt, zufällige Momente ihrer Vergangenheit Revue passieren, die sich irgendwie nicht zu einem Leben zusammenfügen wollen. »Da waren all die Dinge, die sie noch machen wollte, wieder in den Osten gehen, bestimmte Freunde besuchen, ein Jahr am Meer wohnen. Sie konnte nicht glauben, dass es vorbei war ...«

Salters Figuren sind unscharf gezeichnet, und doch prägen sie sich sofort ein. Er versteht es besonders gut, über junge Frauen zu schreiben, eine Fähigkeit, die er sich bis ins hohe Alter bewahrt hat – man sehe sich nur die Eingangsszene von *Charisma* an, in der sich zwei kluge junge Frauen auf einer New Yorker Party über den Maler Lucien Freud unterhalten, den eine der beiden im Metropolitan Museum of Art gesehen hatte, wo er sich die Bilder anschaute:

»Wie macht er das bloß alles?«
»Keine Ahnung«, gestand Cecily.
Sie dachten darüber nach.
»Trotzdem, ich würde mit ihm ficken«, sagte sie.
»Ehrlich?«
»Auf der Stelle.«
»Ich auch.«

Sehr viele von Salters Geschichten sind aufgeladen mit einer hocherotischen Spannung. In dem nie endenden Krieg zwischen Männern und Frauen nehmen seine Charaktere früh ihre Positionen in den ersten Reihen der Schlachtordnung ein und gehen mit offenem Visier aufeinander los. Meistens ist es ein schmutziger Kampf. In *American Express* machen zwei Rechtsanwälte, Frank und Alan, beide erfolgreich, derb und gierig auf die Welt, ausgedehnte Ferien in Italien. Sie fahren durch Arezzo, wo sie an einer Straßenecke eine Schülerin aufgabeln, die Frank mit auf sein Hotelzimmer nimmt. »An einem Punkt schien sie zu zittern, ihr Körper erbebte. ›Ist dir nicht gut?‹, sagte er.« Später reist das Trio gemeinsam weiter, nach Florenz, nach Spoleto, in andere Touristenstädte. Unausweichlich erwacht bei Alan eine Begierde nach dem Mädchen, und Frank, stets der gute Kumpel, bietet lässig an, sie zu teilen. So läuft das nun einmal unter Freunden. Das Mädchen, das Kind, zählt nicht, es ist quasi Objekt. Auf ein paar wenigen Seiten gestaltet Salter so etwas wie die Miniaturausgabe eines Henry-James-Romans: Amerikaner in Europa, der Missbrauch der Unschuld, das eigenartig vage Gefühl des vergehenden Lebens. »Er wusste nicht, was er tun sollte. Davon abgesehen, war es perfekt.«

In einer anderen Geschichte, *Am Strande von Tanger*, ist wieder ein Trio auf Reisen, ein junger Amerikaner und zwei deutsche Frauen sind zusammen in Barcelona. Es passiert nicht viel, oberflächlich betrachtet jedenfalls: Die entscheidende Handlung ist überdeckt, sie findet in den Leerstellen zwischen den Wörtern statt. Die Geschichte ist ein Bravourstück, ein blendendes Beispiel für die Kunst, wenig zu sagen und doch viel zu transportieren. Am Ende stirbt ein Käfigvogel, und wir verstehen, dass mit ihm noch viel mehr stirbt. Die Schlusssätze kreieren mit den banalsten Mitteln eine Trostlosigkeit, die einen erschaudern lässt: »Sie hat kleine Brüste und große Brustwarzen. Außerdem, wie sie selber sagt, einen ziemlich dicken Hintern. Ihr Vater hat drei Sekretärinnen. Hamburg liegt nah am Meer.«

Hier, wie an so vielen anderen Stellen auch, nutzt Salter objektive Wechselbeziehungen, um einen genialen Effekt zu erzielen. In einer der bewegendsten und in ihrer Verlorenheit schönsten Geschichten der Sammlung, *Dämmerung*, erhält Mrs. Chandler, eine geschiedene Frau gewissen Alters und in gewisser sozialer Stellung – »Sie wusste, wie man Dinnerpartys gab, mit Hunden umging, Restaurants betrat« –, Besuch von ihrem halbherzigen Liebhaber, der ihr erzählt, er habe das Zerwürfnis mit seiner Frau gekittet und werde zu ihr zurückkehren. Für Mrs. Chandler ist dies ein Verlust unter vielen, von denen der schlimmste der Tod ihres kleinen Sohnes ist. Sie betet für das Kind, »O Herr, übersieh ihn nicht, er ist so klein ...« Die Geschichte ist nur acht Seiten lang, aber sie verfügt über gewaltige Kraft, vor allem in der perfekt intonierten, herzbewegenden Schlusssequenz. Überall im Text gibt es Bilder von Wildgänsen, die von Jägern aus dem Himmel geschossen werden, und als die

Dämmerung zur Nacht wird, spürt die Frau, wie ihr die Dunkelheit ins eigene Herz kriecht: »Irgendwo im nassen Gras, stellte sie sich vor, lag eine von ihnen, die Brust dunkel durchnässt, den anmutigen Hals noch ausgestreckt, die großen Flügel versuchen zu schlagen, blutige Blasen treten aus den Öffnungen in ihrem Schnabel. Sie ging durchs Haus und machte Licht. Der Regen kam herunter, das Meer toste, eine Kameradin lag tot in der wirbelnden Dunkelheit.«

In *My Lord* wird das erotische Element verbunden mit der zerstörerischen Kraft der Kunst. Eine bürgerliche Dinner-Party wird gestört von einem betrunkenen und gescheiterten Dichter, Brennan, der in der Nachbarschaft wohnt. Unter den Gästen befindet sich eine junge Frau namens Ardis, die von der störenden Anwesenheit des Mannes gleichermaßen beunruhigt und fasziniert ist. Am nächsten Tag auf dem Rückweg vom Strand macht sie einen Umweg an Brennans Haus vorbei. Abgesehen von einem riesigen, schweigsamen Hund, der ihr nach Hause folgt, scheint niemand dort zu sein – »Er trabte schwerfällig, wie ein dicker Mann, der durch den Regen läuft.« –, das Tier bleibt bei ihr, schläft im Gras hinterm Haus. Sie bringt den Hund zurück zu Brennans Haus, und da niemand dort ist, geht sie hinein, um sich umzusehen – für sie eine sonderbare, beunruhigende Erfahrung, für die sie ihr eigenes Verhalten nicht verantwortlich zu machen vermag. »Langsam, ohne nachzudenken, begann sie sich auszuziehen. Sie ging nicht weiter als bis zur Taille. Sie war geblendet von dem, was sie tat.« Irgendwann verschwindet der Hund aus ihrem Leben, »er war weg, verloren, lebte woanders, vielleicht fand sein Name eines Tages den Weg in eine Gedichtzeile, aber sehr wahrscheinlich war er vergessen, nur nicht von ihr«.

Eine geisterhafte Version vom Hund des Dichters läuft durch all diese Geschichten, er ist das Sinnbild für Bedrohung und geheimnisvolle Kraft, eine schweigende, lauernde Erinnerung an die Wildheit und die unstillbaren Begierden des Lebens.

James Salter ist ein Zauberer und seine Wunderwerke sind fein gewirkt, und doch vermögen sie die alltägliche Wirklichkeit des Lebens kraftvoll zu packen. Wieder und wieder gelingt ihm auf diesen Seiten, was John Updike als die Aufgabe des Schriftstellers definiert hat, nämlich dass er das »Schöne am Gewöhnlichen« zu zeigen habe. Salter zeigt das Gewöhnliche als das, was es wirklich ist: das Wunderbare.

John Banville, 2013

AM STRANDE VON TANGER

Barcelona im Morgengrauen. Die Hotels sind dunkel. Alle großen Alleen weisen aufs Meer.

Die Stadt ist leer. Nico schläft. Sie ist gefesselt von verdrehten Laken, ihrem langen Haar, einem nackten Arm, der unter ihrem Kissen liegt und über die Bettkante hängt.

In einem Käfig, der sich unter einem Tuch aus indigoschwarzer Seide abzeichnet, schläft ihr Vogel, Kalil. Der Käfig befindet sich in einem offenen, ausgefegten Kamin. Daneben stehen Blumen und eine Schale mit Obst. Kalil schläft, sein Kopf unter der Weichheit eines Flügels.

Malcolm schläft. Seine stahlgerahmte Brille, die er nicht braucht – die Gläser sind ungeschliffen –, liegt geöffnet auf dem Tisch. Er schläft auf dem Rücken, seine Nase zieht durch die Traumwelt wie ein Kiel. Diese Nase, die Nase seiner Mutter oder zumindest eine Kopie der Nase seiner Mutter, ist wie ein theatralisches Requisit, eine merkwürdige Verzierung, die ihm ins Gesicht geklebt wurde. Sie ist das Erste, was einem an ihm auffällt. Das Erste, was man an ihm mag. Die Nase ist in gewissem Sinne ein Zeichen von Lebenslust. Es ist eine große Nase, die man nicht verstecken kann. Außerdem hat er schlechte Zähne.

An den Spitzen der vier steinernen Türme, die Gaudi unvollendet ließ, werden durch das Licht langsam goldene Inschriften sichtbar, zu blass, um sie entziffern zu können. Es scheint keine Sonne. Es herrscht nur weiße Stille. Sonntagmorgen, der frühe Morgen Spaniens. Dunst bedeckt die Hügel um die Stadt. Die Geschäfte sind geschlossen.

Nico ist nach ihrem Bad auf die Terrasse hinausgetreten. Das Handtuch ist um sie geschlungen, Wasser glänzt noch auf ihrer Haut.

»Es ist bewölkt«, sagt sie. »Kein guter Tag, um ans Meer zu fahren.«

Malcolm sieht auf. »Es kann noch aufklaren«, sagt er.

Es ist Morgen. Villa-Lobos läuft auf dem Plattenspieler. Der Käfig steht auf einem Hocker in der Balkontür. Malcolm lehnt sich in einen Liegestuhl und isst eine Orange. Er ist verliebt in die Stadt. Er fühlt sich mit ihr tief verbunden, zum einen durch eine Geschichte von Paul Morand, und dann wegen einer Begebenheit, die sich vor Jahren in Barcelona zutrug: Eines Abends bei Einbruch der Dunkelheit wurde Antonio Gaudi, der mysteriöse, zerbrechliche, sogar heiligenähnliche große Architekt dieser Stadt, auf seinem Weg zur Kirche von einer Straßenbahn angefahren. Er war sehr alt, mit weißem Bart, weißem Haar, er trug die einfachste Kleidung. Niemand erkannte ihn. Er lag auf der Straße, und es gab nicht einmal ein Taxi, um ihn ins Krankenhaus zu fahren. Schließlich wurde er ins Armenspital gebracht. Er starb an dem Tag, als Malcolm geboren wurde.

Die Wohnung liegt an der Avenida General Mitre, und ihr Schneider, wie Nico ihn nennt, ist nahe der Kathedrale von Gaudi am anderen Ende der Stadt. In einem Arbeiterviertel, schwacher Abfallgeruch hängt in der Luft. Der Platz ist von Mauern umgeben. In das Trottoir sind vierblättrige Kleeblätter gestanzt. Hoch oben, über allem schwebend, die Türme der Kathedrale. *Sanctus, sanctus*, rufen sie. Sie sind hohl. Die Kathedrale ist nie fertiggestellt worden, ihre Türen führen in beiden Richtungen ins Freie. Malcolm ist an den ruhigen Abenden Barcelonas oft um dieses leere Bauwerk herumgegangen. Er hat mehr oder minder wertlose Pesetascheine in den Schlitz mit der Aufschrift SPENDEN FÜR DIE FORTSETZUNG DER ARBEITEN gesteckt. Es scheint, als fielen sie auf der anderen Seite einfach auf den Boden, oder als würden sie – er hört genauer hin – von einem Priester mit Brille in eine Holzkiste geschlossen.

Malcolm glaubt an Malraux und Max Weber: In der Kunst liegt die wahre Geschichte der Nationen. In seinen eigenen Charakterzügen gibt es Hinweise auf einen nicht abgeschlossenen Prozess. Es geht darum, den Menschen zu einem wahren Instrument zu machen. Er bereitet sich auf die Ankunft jenes großen Künstlers vor, der er eines Tages sein wird, wie er hofft, ein Künstler im wahren, modernen Sinne, das heißt ohne Fähigkeiten, aber überzeugt vom eigenen Genie. Ein Künstler, der sich von den Anforderungen des Handwerks befreit hat, ein Künstler der Konzepte, des Großmuts, sein Werk ist die Erschaffung der eigenen Legende. Solange er auch nur einen einzigen Bewunderer hat, kann er an die Würde dieses Konzepts glauben.

Er ist glücklich hier. Er mag die breiten baumkühlen Alleen, die Restaurants, die langen Abende. Er ist tief versunken im Strom eines langsamen Lebens zu zweit.

Nico tritt in einem strohfarbenen Pullover auf die Terrasse.

»Hättest du gern einen Kaffee?«, sagt sie. »Soll ich dir unten einen holen?«

Er überlegt einen Moment.

»Ja«, sagt er.

»Wie willst du ihn?«

»*Solo*«, sagt er.

»Schwarz.«

Sie tut das gerne. Das Haus hat einen kleinen Aufzug, der langsam heraufkommt. Als er oben ist, steigt sie ein und schließt sorgfältig die Tür hinter sich. Dann fährt sie genauso langsam hinunter, Etage um Etage, als wären es Jahrzehnte. Sie denkt an Malcolm. Sie denkt an ihren Vater und seine zweite Frau. Sie ist wahrscheinlich intelligenter als Malcolm, beschließt sie. Sie hat mit Sicherheit einen stärkeren Willen. Er hingegen sieht auf eigenwillige Art besser aus. Sie hat einen breiten, ausdruckslosen Mund. Malcolm ist großzügig. Sie weiß, dass sie ein wenig spröde ist. Sie kommt am zweiten Stockwerk vorbei. Sie betrachtet sich im Spiegel. Natürlich entdeckt man diese Dinge nicht sofort. Es ist wie in einem Theaterstück, sie entfalten sich langsam, Szene um Szene verändert sich die Wirklichkeit der anderen Person. Aber pure Intelligenz ist sowieso nicht so wichtig. Sie ist etwas Abstraktes. Sie schließt dieses grausame, intuitive Wissen, wie man das neue Leben – ein Leben, das ihr Vater niemals verstehen würde – leben sollte, nicht ein. Malcolm hat es.

Um zehn Uhr dreißig klingelt das Telefon. Auf dem Sofa liegend nimmt sie den Hörer ab und spricht auf Deutsch. Als sie auflegt, ruft Malcolm ihr zu: »Wer war das?«

»Hast du Lust, an den Strand zu fahren?«

»Ja.«

»Inge kommt in ungefähr einer Stunde vorbei«, sagt Nico.

Er hat von ihr gehört und ist neugierig. Zudem besitzt sie ein Auto. Der Morgen verändert sich langsam, ganz nach seinen Wünschen. Auf der Allee unten hört man den ersten Verkehr. Die Sonne bricht für einen Moment hervor, verschwindet, bricht wieder hervor. Weit fort, fern seinen Gedanken, bewegen sich die vier Türme zwischen Schatten und Herrlichkeit. Wenn die Sonne darauf scheint, werden weit oben die Buchstaben sichtbar: *Hosanna*.

Gegen Mittag erscheint Inge, mit lächelndem Gesicht. Sie trägt einen camelfarbenen Rock und eine Bluse, die oberen Knöpfe sind offen. Sie ist für den Rock, der sehr kurz ist, ein wenig zu stämmig. Nico stellt sie einander vor.

»Warum hast du gestern Abend nicht angerufen?«, fragt Inge.

»Wir wollten, aber dann ist es so spät geworden. Wir haben erst um elf gegessen«, erklärt Nico. »Ich war sicher, du seist ausgegangen.«

Nein. Sie hat zu Hause die ganze Nacht darauf gewartet,

dass ihr Freund anruft, sagt Inge. Sie fächert sich mit einer Ansichtskarte von Madrid Luft zu. Nico ist ins Schlafzimmer gegangen.

»Das sind alles Schweine«, sagt Inge. Sie spricht lauter, damit man sie hört. »Er sollte um acht Uhr anrufen. Um zehn hat er sich gemeldet. Er hat keine Zeit zu reden. Er ruft gleich noch mal an. Na ja, er hat sich nicht mehr gemeldet. Schließlich bin ich eingeschlafen.«

Nico zieht sich einen hellgrauen, schmal plissierten Faltenrock und einen zitronengelben Pullover an. Sie betrachtet sich von hinten im Spiegel. Ihre Arme sind bloß. Inge spricht in dem zur Straße gelegenen Zimmer weiter.

»Sie haben keine Manieren, das ist das Problem. Sie haben keine Ahnung. Sie gehen in den Polo-Club, das ist das Einzige, was sie können.«

Sie wendet sich an Malcolm.

»Wenn man mit jemandem ins Bett geht, kann man sich doch hinterher zumindest vernünftig benehmen. Hier nicht. Kein Respekt vor den Frauen!«

Sie hat grüne Augen und weiße ebenmäßige Zähne. Er überlegt sich, wie es wäre, einen solchen Mund zu haben. Ihr Vater ist angeblich Chirurg. In Hamburg. Nico sagt, das sei nicht wahr.

»Das sind Kinder hier«, sagt Inge. »In Deutschland achten sie dich heutzutage wenigstens ein bisschen. Die Männer behandeln einen nicht so wie hier, sie wissen, was sich gehört.«

»Nico«, ruft er.

Sie kommt herein, bürstet sich das Haar.

»Ich mach ihm Angst«, erklärt Inge. »Weißt du, was ich schließlich getan habe? Ich hab ihn um fünf Uhr morgens angerufen. Warum hast du nicht angerufen?, sage ich. Ich weiß nicht, sagt er – ich konnte hören, dass er geschlafen hatte – wie spät ist es? Fünf Uhr, sage ich. Bist du sauer auf mich? Ein bisschen, sagt er. Gut, ich bin nämlich auch sauer auf dich. Peng, hab ich aufgelegt.«

Nico schließt die Tür zum Balkon und bringt den Käfig herein.

»Es ist warm«, sagt Malcolm, »lass ihn da draußen. Er braucht Sonnenlicht.«

Sie sieht in den Käfig.

»Ich glaub, ihm geht es nicht gut«, sagt sie.

»Er ist okay.«

»Der andere ist letzte Woche gestorben«, erklärt sie Inge. »Ganz plötzlich. Er war nicht mal krank.«

Sie schließt einen Türflügel und lässt den anderen offen. Der Vogel sitzt im mittlerweile strahlenden Sonnenschein, gefiedert, heiter.

»Ich glaub nicht, dass sie alleine leben können«, sagt sie.

»Dem geht es gut«, versichert Malcolm ihr. »Sieh ihn dir an.«

Die Sonne bringt seine Farben zum Leuchten. Er sitzt auf der obersten Stange. Seine Augen haben vollkommen runde Lider. Er blinzelt.

Der Fahrstuhl ist noch auf ihrem Stockwerk. Inge betritt ihn als Erste. Malcolm zieht die schmalen Türen zu. Es ist, als schließe man einen kleinen Schrank. Sie fahren abwärts, die Gesichter dicht beieinander. Malcolm sieht Inge an. Sie ist in Gedanken versunken.

Sie gehen auf einen weiteren Kaffee in die kleine Bar unten im Haus. Er hält ihnen die Tür auf. Es ist niemand da – nur ein Mann, der Zeitung liest.

»Ich glaube, ich ruf ihn noch mal an«, sagt Inge.

»Frag ihn, warum er dich heut Morgen um fünf Uhr geweckt hat«, sagt Malcolm.

Sie lacht. »Ja«, sagt sie. »Wunderbar. Das werd ich machen.«

Das Telefon ist am anderen Ende der marmornen Theke, aber Nico redet mit ihm, und er kann nichts verstehen.

»Interessiert dich das nicht?«, fragt er.

»Nein«, sagt sie.

Inges Auto ist ein blauer Volkswagen, ein Blau wie das bestimmter Luftpostumschläge. Ein Kotflügel ist eingedellt.

»Du hast mein Auto ja noch nicht gesehen«, sagt sie. »Was hältst du davon? Meinst du, das war ein guter Kauf? Ich verstehe nichts von Autos. Das ist mein erstes. Ich hab es jemandem, den ich kenne, abgekauft, einem Maler, aber er hatte schon einen Unfall damit. Der Motor hat gebrannt.«

»Ich kann zwar fahren«, sagt sie. »Aber es ist besser, wenn jemand neben mir sitzt. Kannst du fahren?«

»Sicher«, sagt er.

Er setzt sich ans Steuer und lässt den Motor an. Nico sitzt hinten.

»Na, was meinst du?«, sagt Inge.

»Sag ich dir gleich.«

Obwohl es erst ein Jahr alt ist, wirkt das Auto ein wenig heruntergekommen. Der Stoff an der Decke ist ausgeblichen. Selbst das Lenkrad kommt ihm mitgenommen vor. Nachdem sie ein paar Häuserblocks gefahren sind, sagt Malcolm: »Scheint in Ordnung zu sein.«

»Ja?«

»Die Bremsen sind ein bisschen schwach.«

»Wirklich?«

»Ich glaube, sie brauchen neue Beläge.«

»Ich hab es erst kürzlich abschmieren lassen«, sagt sie.

Malcolm sieht sie an. Sie scheint es ernst zu meinen.

»Bieg hier nach links ab«, sagt sie.

Sie dirigiert ihn durch die Stadt. Mittlerweile gibt es ein wenig Verkehr, aber sie kommen gut durch. Viele Kreuzungen in Barcelona weiten sich zu großen achteckigen Plätzen. Es gibt nur wenige rote Ampeln. Sie fahren durch riesige Wohnviertel mit alten, hohen Häusern, vorbei an Fabriken, an den ersten leeren Feldern am Stadtrand. Inge dreht sich auf dem Vordersitz zu Nico um.

»Ich hab die Nase voll von hier«, sagt sie. »Ich würde gern nach Rom gehen.«

Sie kommen am Flughafen vorbei. Die Straße zum Meer ist überfüllt. Der ganze über die Stadt verteilte Verkehr läuft hier zusammen, Busse, Laster, unzählige Kleinwagen.

»Nicht mal fahren können sie«, sagt Inge. »Was machen die nur? Kannst du nicht überholen? – Na los«, sagt sie. Sie greift hinüber, um zu hupen.

»Das hat keinen Zweck«, sagt Malcolm.

Inge hupt erneut.

»Es geht nicht schneller.«

»Die machen mich wahnsinnig«, ruft sie.

Zwei Kinder im vorderen Auto haben sich umgedreht. Ihre Gesichter sind blass und durch die Heckscheibe verspiegelt.

»Warst du schon mal in Sitges?«, sagt Inge.

»In Cadaques.«

»Ah«, sagt sie. »Ja, schön da. Man muss aber jemanden mit einer Villa kennen.«

Die Sonne ist weiß. Das Land liegt strohfarben in ihrem Licht. Die Straße verläuft parallel zur Küste, entlang billiger Badestrände, vorbei an Campingplätzen, Häusern, Hotels. Zwischen der Straße und dem Meer liegen die Eisenbahngeleise mit kleinen Unterführungen für die Badegäste, um ans Meer zu kommen. Nach einer Weile verschwindet all das. Sie kommen an fast verlassenen Küstenstrecken vorbei.

»In Sitges«, sagt Inge, »versammeln sich sämtliche blonden Mädchen von Europa. Schweden, Deutschland, Holland. Ihr werdet sehen.«

Malcolm sieht auf die Straße.

»Die braunen Augen der Spanier haben es ihnen angetan«, sagt sie.

Sie greift hinüber, um zu hupen.

»Sieh sie dir an! Kriechen tun sie!«

»Sie kommen voller Hoffnungen hierher«, sagt Inge. »Sparen ihr Geld, kaufen sich Badeanzüge so groß wie ein Daumennagel, und was passiert? Vielleicht werden sie eine Nacht geliebt, das war's. Die Spanier haben keine Ahnung, wie man Frauen behandelt.«

Nico sitzt still auf dem Rücksitz. Ihr Gesicht hat diesen ruhigen Ausdruck, der bedeutet, dass sie sich langweilt.

»Sie wissen nichts«, sagt Inge.

Sitges ist ein kleines Städtchen mit feuchten Hotels, den grünen Fensterläden und dem ausgedörrten Rasen eines Badeortes. Überall sind Autos geparkt. Die Straßen sind gesäumt von ihnen. Schließlich finden sie zwei Blocks vom Strand entfernt eine Parklücke.

»Schließ es gut ab«, sagt Inge.

»Den wird schon keiner klauen«, sagt Malcolm.

»Also gefällt er dir doch nicht so gut«, sagt sie.

Sie gehen über das Trottoir, dessen Oberfläche von der Hitze aufgeworfen scheint. Sie sind umgeben von den flachen, schmucklosen Fassaden zu dicht aneinandergebauter Häuser. Trotz der Autos ist der Ort merkwürdig verlassen. Es ist zwei Uhr. Alle sind beim Mittagessen.

Malcolm hat eine Badehose aus fester Baumwolle, die blaue glänzende Baumwolle der Tuareg. Vorne hat sie einen kleinen fingerbreiten Gürtel. Er fühlt sich stark, als er sie anzieht. Er hat den Körper eines Läufers, einen makellosen Körper, den Körper eines Märtyrers in einem flämischen Gemälde. Die Adern liegen wie Kordeln unter der Haut seiner Arme und Beine. Die Rückwände der Kabinen sind aus Beton, auf dem Boden liegen Bastmatten. Seine Kleider hängen formlos an einem Haken. Er tritt auf den Gang. Die Frauen ziehen sich noch um, er weiß nicht, hinter welcher Tür. An einem Nagel ist ein kleiner Spiegel angebracht. Er fährt sich mit der Hand durchs Haar und wartet. Draußen ist die Sonne.

Im flachen Wasser liegen Kiesel, die so scharf wie Nägel sind. Malcolm geht als Erster hinein. Nico folgt ihm wortlos. Das

Wasser ist kühl. Er spürt, wie es seine Beine hochklettert, den Rand seiner Badehose berührt und ihn dann mit einer Woge – er versucht, hoch genug zu springen – umschließt. Er springt kopfüber hinein. Er taucht lächelnd auf. Salzgeschmack ist auf seinen Lippen. Nico ist auch untergetaucht. Sie kommt ganz in seiner Nähe hoch, langsam, und streicht sich ihr nasses Haar mit einer Hand aus dem Gesicht. Sie steht mit halb geschlossenen Lidern da, ohne genau zu wissen, wo sie ist. Er legt einen Arm um ihre Taille. Sie lächelt. Sie hat einen bestimmten untrüglichen Instinkt dafür, wann sie am schönsten ist. Einen Moment lang stehen sie weich aneinandergelehnt da. Er hebt sie auf die Arme und trägt sie, unterstützt von den Wellen, ins tiefere Wasser. Ihr Kopf lehnt an seiner Schulter. Inge liegt in ihrem Bikini am Strand und liest den *Stern*.

»Stimmt was nicht mit Inge?«, sagt er.

»Alles.«

»Nein, ich meine, will sie nicht reinkommen?«

»Sie hat ihre Tage«, sagt Nico.

Sie legen sich auf ihre Badetücher neben sie. Sie ist, wie Malcolm bemerkt, sehr braun. Nico wird nie so dunkel, egal wie lange sie in der Sonne bleibt. Es ist fast eine Art Starrsinn, als böte er ihr die Sonne an und sie nähme sie nicht.

Sie sei an einem einzigen Tag so braun geworden, erzählt Inge. An einem einzigen Tag! Es scheint unglaublich. Sie sieht auf ihre Arme und Beine, wie zur Bestätigung. Ja, so war's. Nackt auf den Felsen von Cadaques. Sie sieht hinunter auf ihren Bauch, und dabei entstehen mehrere mädchenhafte Speckröllchen.

»Du wirst dick«, sagt Nico.

Inge lacht. »Das sind meine Ersparnisse«, sagt sie.

So sehen sie aus, wie Gürtel, wie Teile eines Kostüms, das sie trägt. Wenn sie sich zurücklegt, sind sie verschwunden. Ihr Körper ist glatt. Ihr Bauch ist wie ihr übriger Körper mit einem zarten goldenen Flaum bedeckt. Zwei spanische Jugendliche schlendern unten am Wasser vorbei.

Sie spricht zum Himmel. Wenn sie nach Amerika geht, sagt sie, lohnt es sich dann, das Auto mitzunehmen? Schließlich hat sie es sehr günstig bekommen, sie könnte es wahrscheinlich verkaufen und sogar noch etwas Geld damit machen.

»In Amerika gibt es massenweise Volkswagen«, sagt Malcolm. »Es ist voller deutscher Autos. Jeder da hat eines.«

»Sie gefallen ihnen also«, sagt sie. »Der Mercedes ist ein guter Wagen.«

»Der wird sehr bewundert«, sagt Malcolm.

»So einen hätt ich gerne. Gleich mehrere. Wenn ich Geld habe, wird das mein Hobby sein«, sagt sie. »Ich würde gerne in Tanger leben.«

»Schöner Strand dort.«

»Ja? Ich würde schwarz wie ein Neger werden.«

»Da kannst du dich aber nicht nackt sonnen.«

Inge lächelt.

Nico scheint zu schlafen. Sie liegen schweigend da, die Füße zur Sonne gerichtet. Sie hat ihre Kraft verloren. Es gibt nur noch vorübergehende Momente von Wärme, wenn der Wind völlig erstirbt und die Sonne direkt auf ihre Körper fällt, schwach, aber flutend. Die Stunde der Melancholie nähert sich, die Stunde, wenn alles vorbei ist.

Um sechs Uhr setzt sich Nico auf. Ihr ist kalt.

»Komm«, sagt Inge. »Lass uns am Strand spazierengehen.«

Sie besteht darauf. Die Sonne ist noch nicht untergegangen. Sie wird ausgelassen.

»Komm«, sagt sie, »es ist der gute Teil, da stehen all die großen Villen. Wir gehen vorbei und beglücken die alten Männer.«

»Ich will niemanden beglücken«, sagt Nico und verschränkt die Arme.

»So einfach ist das gar nicht«, versichert ihr Inge.

Nico geht mürrisch mit. Sie umfasst ihre Ellbogen. Der Wind kommt vom Land. Auf dem Meer sind jetzt kleine Wellen, die sich still zu brechen scheinen. Das Geräusch ist weich, wie vergessen. Nico trägt einen grauen Badeanzug mit freiem Rücken, und während Inge vor den Häusern der Reichen herumturnt, blickt sie auf den Sand.

Inge geht ins Wasser. Komm, sagt sie, es ist warm. Sie lacht und ist glücklich, ihre Heiterkeit ist stärker als die Stunde, stärker als die Kälte. Malcolm folgt ihr langsam. Das Wasser ist warm. Es scheint auch klarer. Und niemand darin, in beiden Richtungen, so weit das Auge reicht. Sie baden allein. Die Wellen steigen und heben sie sanft in die Höhe. Das Wasser fließt über sie und wäscht ihre Seele.

Am Eingang der Kabinen stehen die jungen spanischen Burschen, um einen Blick zu erhaschen, falls die Duschkabinentür zu früh geöffnet wird. Sie tragen blaue Wollbadehosen. Auch schwarze. Ihre Füße scheinen sehr lange Zehen zu haben. Es gibt nur eine Dusche mit einem einzigen, weiß gestrichenen Duschhahn. Das Wasser ist kalt. Inge geht als Erste hinein. Ihr Bikini erscheint – zuerst ein kleines Teil, dann das andere –, sie hängt ihn über die Tür. Malcolm wartet. Er kann das weiche Klatschen und das Streichen ihrer Hände hören, das plötzliche Aufschlagen des Wassers auf dem Beton, als sie zur Seite tritt. Die Jungen an der Tür erheitern ihn. Er sieht nach draußen. Sie sprechen mit leisen Stimmen. Sie schubsen einander, feixen, tun so, als wäre es ein Spiel.

Die Straßen von Sitges haben sich verändert. Die Glocke, die den Abend ankündigt, hat geschlagen, und überall schlendern Gruppen von Menschen. Es ist schwer zusammenzubleiben. Malcolm hat um beide einen Arm gelegt. Sie reagieren auf seine Bewegungen wie Pferde. Inge lächelt. Die Leute werden denken, dass sie es zu dritt tun, sagt sie.

Sie gehen in ein Café. Kein gutes Café, beschwert sich Inge.

»Es ist das beste«, sagt Nico schlicht. Es ist eine ihrer Begabungen, dass sie, wo immer sie hingeht, auf einen Blick sagen kann, welches Café das richtige ist, welches Restaurant, welches Hotel.

»Nein«, sagt Inge beharrlich.

Nico scheint es nicht zu kümmern. Sie gehen jetzt getrennt, und Malcolm flüstert: »Was sucht sie denn?«

»Weißt du das nicht?«, sagt Nico.

»Siehst du diese Jungen?«, sagt Inge. Sie sitzen in einem anderen Café, einer Bar. Überall um sie herum – gebräunte Glieder, von langen, glühenden Nachmittagen geblichenes Haar – sitzen junge Männer, das süße Starren des Nichtstuns im Gesicht.

»Sie haben kein Geld«, sagt sie. »Keiner von ihnen könnte dich zum Essen einladen. Kein einziger. Sie haben nichts. Das ist Spanien«, sagt sie.

Nico wählt das Restaurant, in dem sie zu Abend essen. Sie hat das Gefühl, an diesem Tag zu einer unbedeutenderen Person geworden zu sein. Die Gegenwart dieser Freundin, dieses Mädchens, mit der sie in den Tagen, als sie beide versuchten, sich in der Stadt zurechtzufinden, kurz zusammengewohnt hatte – als sie noch niemanden kannte, nicht einmal die Straßennamen, und sie so krank wurde, dass sie gemeinsam ihrem Vater telegrafierten – sie hatten kein Telefon –, dieses plötzliche Erscheinen von Inge scheint ihrer Vergangenheit die Würde zu nehmen. Ganz plötzlich wird sie von der Gewissheit geplagt, dass Malcolm sie verachtet. Ihre Sicherheit, ohne die sie nichts ist, scheint verschwunden zu sein. Das Tischtuch wirkt weiß und blendend. Es scheint sie drei unerbittlich anzustrahlen. Die Messer und Gabeln sind wie chirurgische Instrumente ausgelegt. Die Teller stehen kalt vor ihnen. Sie ist nicht hungrig, aber sie wagt nicht, das Essen abzulehnen. Inge spricht von ihrem Freund.

»Er ist schrecklich«, sagt sie. »Er ist herzlos. Aber ich verstehe ihn. Ich weiß, was er will. Eine Frau kann sowieso nie hoffen, alles für einen Mann zu sein. Das wäre nicht natürlich. Ein Mann muss mehrere Frauen haben.«

»Du bist verrückt«, sagt Nico nüchtern.

»Aber es stimmt.«

Die Aussage reicht, um ihr alle Kraft zu nehmen. Malcolm untersucht sein Uhrarmband. Er ist so dumm, denkt sie. Dieses Mädchen kommt aus einfachen Verhältnissen, und er findet das interessant. Sie glaubt, weil die Männer mit ihr ins Bett gehen, würden sie sie heiraten. Natürlich nicht. Niemals. Nichts könnte von der Wahrheit weiter entfernt sein, denkt Nico, obwohl sie, während sie dies denkt, weiß, dass sie vielleicht unrecht hat.

Sie gehen für den Kaffee zu *Chez Swann*. Nico setzt sich nicht zu ihnen. Sie ist müde, sagt sie. Sie rollt sich auf einem Sofa zusammen und schläft ein. Sie ist erschöpft. Der Abend ist kühl geworden.

Eine Stimme weckt sie, Musik, eine wunderbare Stimme zwischen einzelnen Gitarrensätzen. Nico hört sie im Schlaf und setzt sich auf. Malcolm und Inge unterhalten sich. Das Lied ist wie etwas lang Ersehntes, etwas, nach dem sie gesucht hat. Sie rückt an ihn heran und berührt seinen Arm.

»Hör doch«, sagt sie.

»Was?«

»Das Lied«, sagt sie. »Maria Pradera.«

»Maria Pradera?«

»Der Text ist wunderschön«, sagt Nico.

Einfache Sätze. Sie wiederholt sie wie eine Litanei. Geheimnisvolle Wiederholungen: schwarzhaarige Mutter ... schwarzhaariges Kind. Die Ausdruckskraft der Armen, glatt geschliffen und rein wie ein Kiesel.

Malcolm hört geduldig zu, aber er versteht nichts. Sie kann es sehen: Er hat sich verändert. Während sie geschlafen hat, ist er vergiftet worden, mit Geschichten über ein hässliches Spanien, nach und nach ist er damit gefüttert worden, bis sie in seinen Venen zirkulieren, ein Spanien aus der Vorstellung einer Frau, die weiß, dass sie niemals mehr als nur ein Teil von dem sein kann, was ein Mann braucht. Inge ist ruhig. Sie glaubt an sich. Sie glaubt an ihr Recht, zu leben, zu bestimmen.

Die Straße ist dunkel. Sie haben das Verdeck geöffnet, eine Nacht so dicht von Sternen, dass sie sich ins Auto zu ergießen scheinen. Nico, auf dem Rücksitz, hat Angst. Inge redet. Sie greift ins Steuer, um Autos anzuhupen, die zu langsam fahren. Malcolm lacht darüber. In Barcelona gibt es Zimmer, in denen Inge mit ihrem Geliebten an Winternachmittagen vor einem warmen, prasselnden Feuer saß. Es gibt Häuser, in denen sie auf Felldecken miteinander geschlafen haben. Natürlich, damals war er nett. In ihrer Vorstellung sah sie sich im Polo-Club, bei Dinnerpartys in den besten Häusern.

Die Straßen der Stadt sind fast verlassen. Es ist kurz vor Mitternacht, Sonntagmitternacht. Der Tag in der Sonne hat sie ermüdet, das Meer hat ihnen die Kraft genommen. Sie fahren zur Avenida General Mitre und sagen einander durch das Autofenster gute Nacht. Der Aufzug fährt sehr langsam hinauf. Schweigen hängt an ihnen. Sie sehen auf den Boden wie Spieler, die verloren haben.

Die Wohnung ist dunkel. Nico macht Licht und verschwindet dann. Malcolm wäscht sich die Hände. Er trocknet sie. Die Zimmer wirken sehr still. Er beginnt sie langsam zu durchwandern und findet Nico auf den Knien in der Tür zur Terrasse, als wäre sie gestürzt.

Malcolm sieht auf den Käfig. Kalil liegt auf dem Boden.

»Gib ihm ein bisschen Brandy. Auf einem Zipfel Taschentuch«, sagt er.

Sie hat die Käfigtür geöffnet.

»Er ist tot«, sagt sie.

»Lass mich mal sehen.«

Er ist steif. Die kleinen Füße sind zusammengerollt und trocken wie Zweige. Er wirkt irgendwie leichter. Der Atem hat seine Federn verlassen. Ein Herz, nicht größer als ein Orangenkern, hat aufgehört zu schlagen. Der Käfig steht leer im kalten Türeingang. Es scheint, als gäbe es nichts zu sagen. Malcolm schließt die Tür.

Später im Bett lauscht er ihrem Schluchzen. Er versucht, sie zu trösten, aber er kann es nicht. Sie kehrt ihm den Rücken zu. Sie antwortet nicht.

Sie hat kleine Brüste und große Brustwarzen. Außerdem, wie sie selber sagt, einen ziemlich dicken Hintern. Ihr Vater hat drei Sekretärinnen. Hamburg liegt nah am Meer.

MY LORD

Auf dem Tisch waren zerknüllte Servietten, Weingläser, in denen noch ein dunkler Rest stand, Kaffeeflecken und Teller mit hart gewordenem Brie. Hinter den bläulichen Fenstern lag der Garten bewegungslos im Vogelgesang des Sommermorgens. Der Tag brach an. Es war ein Erfolg gewesen, nur eines hatte gestört: Brennan.

Sie hatten zuerst draußen gesessen, hatten in der Dämmerung etwas getrunken und waren dann hineingegangen. Die Küche hatte einen großen runden Tisch, einen offenen Kamin und Regale mit Gewürzen und Zutaten aller Art. Deems war als Koch bekannt. Das war auch seine etwas unzugängliche Freundin Irene mit ihrem geheimnisvollen Lächeln. Sie kochten aber nie zusammen. An diesem Abend war Deems an der Reihe. Er servierte ihnen Kaviar, den er in einem weißen Gefäß auf den Tisch brachte, wie man es sonst für Gesichtscreme benutzte. Es war Sevruga, den sie mit kleinen Silberlöffeln aßen. Die einzige Art, murmelte Deems und wandte ihnen sein Profil zu. Er blickte nur selten jemandem in die Augen. Antike Silberlöffel, hörte Ardis ihn mit leiser Stimme sagen. Als ob das niemand merken würde, dass es nicht stimmte.

Sie merkte immer alles. Obwohl sie Deems nun schon ziemlich lange kannten, waren sie und ihr Mann noch nie bei ihm zu Hause gewesen. Als sie zum Dinner ins Esszimmer gingen, registrierte sie die Bilder, die Bücher und die Regale mit Gegenständen, darunter eines mit perfekten, schimmernden Muscheln. Es war ihr auf eine Weise fremd, so wie jedes Haus anderer Leute, aber doch auch halb vertraut.

Die Tischordnung war durcheinandergeraten, und Irene versuchte vergeblich, das in der Unterhaltung, bevor das Essen begann, zu korrigieren. Draußen war die Dunkelheit gekommen, tief und grün. Die Männer redeten über die Sommercamps, in die sie als Jungen gefahren waren, in den Kiefernwäldern von Maine, und über Soros, den Finanzier. Viel interessanter war ein Kommentar, den Irene abgab, in welchem Zusammenhang, wusste Ardis nicht. »Ich glaube, es gibt so etwas, wie mit einem Mann zu viel schlafen.«

»Hast du gesagt, es gibt so etwas oder es gibt so etwas nicht?«, hörte sie sich fragen.

Irene lächelte nur. Ich muss sie später fragen, dachte Ardis. Das Essen war großartig. Es gab eine kalte Suppe, Ente und einen Salat aus jungem Gemüse. Der Kaffee war serviert worden, und Ardis spielte geistesabwesend mit dem geschmolzenen Wachs der Kerzen, als plötzlich eine Stimme hinter ihr laut ertönte:

»Ich bin zu spät. Wer ist das? Sind das die schönen Menschen?«

Es war ein betrunkener Mann in einem Jackett und schmutzigen weißen Hosen mit Blutflecken darauf, weil er sich beim Rasieren vor zwei Stunden in die Lippe geschnitten hatte. Seine Haare waren feucht, sein Gesicht arrogant. Es war das Gesicht eines Herzogs aus der Regency-Ära, einschüchternd, verwöhnt. Etwas Unvernünftiges ging von ihm aus.

»Habt ihr was zu trinken da? Was ist das, Wein? Tut mir leid, dass ich so spät dran bin. Ich hab grad sieben Cognac getrunken und meiner Frau Leb wohl! gesagt. Deems, du weißt, wie das ist. Du bist mein einziger Freund, weißt du das? Der einzige.«

»Da gibt's noch was zu essen, wenn du willst«, sagte Deems und machte eine Handbewegung in Richtung Küche.

»Nichts zu essen. Hab schon gegessen. Ich will nur was zu trinken. Deems, du bist mein Freund, aber ich sag dir was, du wirst mein Feind werden. Du weißt, was Oscar Wilde gesagt hat – mein Lieblingsschriftsteller, mein Liebling überhaupt auf dieser Welt. Jeder kann sich seine Freunde aussuchen, aber nur der weise Mann kann sich seine Feinde aussuchen.«

Er starrte Deems intensiv an. Es war wie der Griff eines Wahnsinnigen, eine Art Raserei. Sein Mund hatte einen entschlossenen Ausdruck. Als er in die Küche ging, konnte man ihn mit den Flaschen hantieren hören. Er kehrte mit einem gefährlich vollen Glas zurück und sah sich grimmig um.

»Wo ist Beatrice?«, fragte Deems.

»Wer?«

»Beatrice, deine Frau.«

»Weg«, sagte Brennan. Er suchte nach einem Stuhl.

»Ist sie zu ihrem Vater gefahren?«, fragte Irene.

»Wie kommst du darauf?«, sagte Brennan drohend. Zu Ardis' Schrecken setzte er sich neben sie.

»Er ist doch im Krankenhaus gewesen, oder?«

»Woher soll ich das wissen«, sagte Brennan düster. »Er ist ein Schwein. Habsucht. Gier. Er ist ein Miethai, ein Verbrecher. Ich würd ihn eigenhändig aufknüpfen. Wie Gomez, der Diktator, dessen Töchter wahrscheinlich reiche Frauen sind.«

Er entdeckte Ardis und sagte zu ihr, als imitierte er jemanden, vielleicht eine Frau, mit der er sie verwechselte: »Isses nich komisch? Isses nich wunderbar?«

Zu ihrer Erleichterung wandte er sich gleich wieder ab. »Ich bin ihre einzige Hoffnung«, sagte er zu Irene. »Ich lebe von ihrem Geld, und das ruiniert mich, das ist mein Ende.« Er hielt ihr sein Glas hin und fragte milde: »Kann ich ein kleines bisschen Eis haben? Ich liebe meine Frau.« Ardis vertraute er an: »Wissen Sie, wie wir uns getroffen haben? Unvorstellbar. Sie ging am Strand an mir vorbei. Ich war unvorbereitet. Ich sah sie von vorne, dann von hinten, den Rest stellte ich mir vor. Rums! Wir stießen zusammen wie Planeten, endlose Unzucht. Manchmal lieg ich nur still da und beobachte sie. *Der schwarze Panther ruht unter seinem Rosenstrauch«*, zitierte er. »*J'ai eu pitié des autres ...*«

Er starrte sie an.

»Was ist das?«, fragte sie vorsichtig.

»*... möge das Kind in Frieden in ihrer Kirche wandeln*«, intonierte er.

»Ist das Wilde?«

»Erraten Sie das nicht? Pound. Das einzige Genie des Jahrhunderts. Nein, nicht das einzige. Ich bin auch eins: ein Säufer, ein Versager und ein großes Genie. Wer bist du denn?«, sagte er. »Noch so 'ne kleine Hausfrau?«

Sie spürte, wie das Blut aus ihrem Gesicht wich, und stand auf, um sich mit dem Abräumen zu beschäftigen. Seine Hand lag auf ihrem Arm. »Geh nicht weg. Ich weiß, wer du bist, noch eine unschätzbare Frau, die still verblüht. Gute Figur«, sagte er, als sie es schaffte, sich loszumachen, »hübsche Schuhe.«

Als sie ein paar Teller in die Küche trug, hörte sie ihn sagen: »Geh nicht oft auf solche Partys. Werd nicht eingeladen.«

»Wie kommt das bloß«, murmelte jemand.

»Aber Deems ist mein Freund, mein engster Freund.«

»Wer ist das?«, fragte Ardis Irene in der Küche.

»Oh, er ist ein Dichter. Er ist mit einer Venezolanerin verheiratet, und sie läuft ihm gerade weg. Er ist nicht immer so schlimm.«

Sie hatten ihn in dem anderen Zimmer offenbar ein wenig beruhigt. Ardis sah, wie ihr Mann sich mit einem Finger nervös die Brille höher auf die Nase schob. Deems, im Polohemd und mit wirrem Haar, versuchte, Brennan in Richtung Hintertür zu führen. Brennan blieb immer wieder stehen, um zu reden. Einen Moment lang schien er sich in den Griff bekommen zu haben. »Ich will dir was sagen«, erklärte er. »Ich bin an der Schule vorbeigegangen, an der Straße da unten. Da hing ein Plakat. Die Erste Jährliche Miss-Fick-Wahl. Im Ernst. Das stimmt.«

»Nein, nein«, sagte Deems.

»Die hat stattgefunden, ich weiß nicht, wann. Die Frage ist, kommen sie allmählich zur Vernunft oder sind sie von allen guten Geistern verlassen? Nur noch ein kleiner Schluck«, bat er; sein Glas war leer. Er kehrte zu seinem Thema zurück. »Im Ernst, was sagst du dazu?«

Im Küchenlicht wirkte er nur zerknittert, wie ein Journalist, der die Nacht durchgearbeitet hat. Das Beunruhigende war, dass die Vernunft in seinem Ausdruck fehlte, in seinem starrenden Blick. Ein Nasenloch war kleiner als das andere. Er war daran gewöhnt, unbeherrschbar zu sein. Ardis hoffte, dass sie ihm nicht wieder auffallen würde. Seine Stirn glänzte an zwei Stellen, wie sprießende Hörner. Fühlten Männer sich zu einem hingezogen, wenn sie wussten, dass sie einem Angst machten?

Sie spürte seine Augen auf sich. Alles war still. Sie spürte ihn dort stehen, wie ein bedrohlicher Bettler.

»Was bist du, noch so 'ne Kleinbürgerin?«, sagte er zu ihr. »Ich weiß, dass ich getrunken habe. Lass uns essen gehen. Ich hab uns was Wunderbares bestellt. Vichyssoise. Hummer. S. G. Steht immer so auf der Speisekarte, *selon grosseur*.«

Er redete in einem leichten Plauderton auf sie ein, als wären sie in einem Casino zusammen, die Chips hochgestapelt vor ihnen, als wäre es eine scharfsinnige Diskussion darüber, auf was sie setzen sollten, und als wären ihre Brüste unter dem schwarzen T-Shirt ihm gleichgültig. Er streckte ruhig die Hand aus und berührte eine. »Ich hab Geld«, sagte er. Seine Hand blieb, wo sie war, legte sich um ihre Brust. Ardis war zu betäubt, um sich zu rühren. »Möchtest du, dass ich noch mehr davon tu?«

»Nein«, brachte sie heraus.

Seine Hand glitt hinunter zu ihrer Hüfte. Deems hatte ihn an einem Arm gepackt und zog ihn weg. »Psst«, flüsterte Brennan ihr zu, »sag nichts. Wir zwei. Wie ein Ruder, das ins Wasser taucht, gleitend.«

»Wir müssen gehen«, sagte Deems energisch.

»Was tust du? Ist das wieder einer deiner Tricks?«, rief Brennan aus. »Deems, es wird noch damit enden, dass ich dich zerstöre!«

Als er zur Tür geschoben wurde, redete er immer weiter. Deems war der einzige Mann, den er nicht verabscheute, sagte er. Er wollte, dass sie alle zu ihm nach Hause kamen, er hatte alles. Er hatte einen Plattenspieler, Whisky! Er hatte eine goldene Uhr!

Schließlich war er draußen. Er ging unsicher über das kurz gemähte Gras und stieg in seinen Wagen, dessen eine Seite eingebeult war. In abrupten Stößen setzte er zurück.

»Er fährt wahrscheinlich zu *Cato's*«, mutmaßte Deems. »Ich sollte anrufen und sie warnen.«

»Da kriegt er nichts. Er schuldet ihnen Geld«, sagte Irene.

»Wer hat das gesagt?«

»Der Barmann. Alles in Ordnung?«, fragte sie Ardis.

»Ja. Ist er wirklich verheiratet?«

»Er war drei oder vier Mal verheiratet«, sagte Deems.

Später begannen sie zu tanzen, einige der Frauen tanzten miteinander. Irene zog Deems auf das Parkett. Er kam widerstandslos mit. Er tanzte ziemlich gut. Sie machte fließende Bewegungen mit den Armen und sang. »Sehr schön«, sagte er. »Bist du schon mal aufgetreten?«

Sie lächelte ihn an.

»Ich tue mein Bestes«, sagte sie.

Als sie gingen, legte sie die Hand auf Ardis' Arm und sagte noch einmal: »Es ist mir so unangenehm, was da passiert ist.«

»Es war nichts. Kein Problem.«

»Ich hätte ihn mir schnappen und ihn rausschmeißen sollen«, sagte ihr Mann auf der Heimfahrt. »Ezra Pound. Weißt du, wer Ezra Pound war?«

»Nein.«

»Er war ein Verräter. Während des Krieges hat er Radiosendungen für den Feind gemacht. Sie hätten ihn erschießen sollen.«

»Was ist mit ihm passiert?«

»Sie haben ihm einen Literaturpreis gegeben.«

Sie fuhren ein langes Stück durch die Einsamkeit, wo an einer Ecke ein kleines, halb in Bäumen verborgenes Haus stand, das Zigeunerhaus. Ardis stellte es sich als ein einfaches Haus vor, mit einer Pumpe im Hof, aus dem ab und zu während des Tages ein Mädchen in sehr kurzen blauen Shorts heraustrat, um Wäsche an die Leine zu hängen. Heute Nacht brannte in einem Fenster Licht. Ein Licht in der Nähe des Meeres. Sie fuhr mit Warren im Auto und er redete.

»Am besten vergessen wir diesen Abend einfach.«

»Ja«, sagte sie. »Es war nichts.«

Brennan brach um zwei Uhr morgens auf der Hull Lane durch einen Zaun und kam auf jemandes Rasen zum Stehen. Er hatte die Kurve nicht gekriegt, wahrscheinlich weil seine Scheinwerfer nicht eingeschaltet waren, glaubte die Polizei.

Sie nahm das Buch und ging zu einem Fenster, das auf den Garten hinter der Bibliothek hinaussah. Sie las ein bisschen von diesem und ein bisschen von jenem und stieß auf ein Gedicht, von dem ein paar Zeilen unterstrichen waren und das an den Rändern Anmerkungen in Bleistift aufwies. Es war »Die Frau des Flusshändlers« – sie hatte noch nie davon gehört. Draußen glühte der Sommer, weiß wie Kalk.

At fourteen I married, My Lord, you, las sie –
Mit vierzehn heiratete ich, meinen Herrn: Dich
Ich lachte nie, denn ich war schüchtern ...

Da waren drei alte Männer, einer von ihnen fast blind, wie es schien, die in dem kalten Raum Zeitung lasen. Die dicken

Brillengläser des fast blinden Mannes warfen weiße Monde auf seine Wangen.

Das Laub fällt zeitig diesen Herbst im Wind.
Die Schmetterlinge, zu zweit, sind schon gelb vor August
Überm Rasen des westlichen Gartens.
Sie tun mir weh. Ich werde älter.

Sie hatte Gedichte gelesen und sie vielleicht auch so angestrichen, aber das war in der Schule gewesen. Von den Dingen, die sie gelernt hatte, wusste sie nur noch wenig. Es hatte aber einen My Lord in ihrem Leben gegeben, auch wenn sie ihn nicht geheiratet hatte. Sie war einundzwanzig gewesen, ihr erstes Jahr in der Stadt. Sie erinnerte sich an das Gebäude aus dunkelbraunem Backstein in der Fifty-eighth Street, die Nachmittage mit ihrem streifigen Licht, ihre Kleider in einem Sessel oder auf den Fußboden gefallen, und die feuchten, besinnungslosen Wiederholungen an es oder an ihn oder wer weiß was: oh, Gott, oh, Gott, oh, Gott. Der Verkehr draußen so leise, so weit weg ...

Sie hatte ihn im Laufe der Jahre mehrere Male angerufen, sie glaubte, dass die Liebe nie starb, und träumte törichterweise davon, ihn wiederzusehen, hoffte, dass er zurückkam, so wie in den alten Liedern. Noch einmal in der Mittagszeit die Straße hinunterzueilen, fast zu laufen, das Geräusch ihrer Absätze auf dem Bürgersteig. Zu sehen, wie sich die Wohnungstür öffnete ...

Kommst du herab, die Flußengen des Yangtze,
Bitte schick mir beizeiten Nachricht,
Dann komme ich dir entgegen,
Bis nach Ch'ang-feng-sha.

---

* Zitiert nach: Ezra Pound, *Die Frau des Flusshändlers*, in der Übersetzung von von Eva Hesse.

Da saß sie am Fenster mit ihrem jungen Gesicht, auf dem Müdigkeit lag, eine leichte Abneigung gegen die Dinge, vielleicht sogar gegen sich selbst. Nach einer Weile ging sie zum Pult. »Haben Sie zufällig etwas von Michael Brennan?«, fragte sie.

»Michael Brennan«, sagte die Frau. »Wir haben seine Bücher gehabt, aber er hat sie uns weggenommen, weil unwürdige Leute sie lesen, sagt er. Ich glaube nicht, dass wir noch was haben. Vielleicht wenn er aus der Stadt zurückkommt.«

»Er wohnt in der Stadt?«

»Er wohnt gleich hier, die Straße runter. Wir hatten mal alle seine Bücher. Kennen Sie ihn?«

Sie hätte gerne mehr gefragt, aber sie schüttelte den Kopf. »Nein«, sagte sie. »Ich habe nur den Namen gehört.«

»Er ist ein Dichter«, sagte die Frau.

Am Strand blieb sie für sich. Er war fast leer. In ihrem Badeanzug legte sie sich zurück, die Sonne auf dem Gesicht und den Knien. Es war heiß, und die See war ruhig. Sie zog es vor, oben vor den Dünen zu liegen, den sich brechenden Wellen zuzuhören, die laut ans Ufer schlugen wie die letzten Akkorde einer Symphonie, nur dass es immer weiter und weiter ging. Es gab nichts Besseres als das.

Sie kam aus dem Wasser und trocknete sich ab wie das Zigeunermädchen, die Knöchel bedeckt von klebrigem Sand. Sie spürte, wie die Sonne ihre Schultern vergoldete. Die Haare nass, tief in die Leere dieser Tage versunken, schob sie ihr Fahrrad den Weg hinauf, der Staub wie Samt unter ihren Füßen.

Sie nahm nicht den üblichen Weg nach Hause. Es war wenig Verkehr. Der Mittag war flaschengrün, große Häuser zwischen den Bäumen und weite Felder, wie eine Erinnerung, dahinter.

Sie kannte das Haus und sah es schon aus der Ferne mit seltsam schlagendem Herz. Als sie anhielt, tat sie es beiläufig, das Fahrrad zu einer Seite geneigt und sie noch halb im Sattel, als ruhte sie sich ein wenig aus. Wie schön eine einzelne Frau ist, in einer weißen Sommerbluse und mit nackten Beinen. Sie tat so, als stellte sie die Kette ein, während sie das Haus beobachtete, seine hohen Fenster, Wasserflecken oben am Dach. Da war ein Gartenschuppen, verwahrlost, Schösslinge wuchsen auf dem Pfad, der zu ihm führte. Die lange Auffahrt, die Veranda zum Meer hin, alles war leer.

Mit langsamen Schritten, sich bewusst, wie dreist sie war, ging sie auf das Haus zu. Sie wollte unbedingt in die Fenster hineingucken, nicht mehr als das. Dennoch, trotz der Stille, der vollständigen Stille, war es verboten.

Sie ging weiter. Plötzlich erhob sich jemand von der Seitenveranda. Sie konnte weder einen Laut von sich geben noch sich rühren.

Es war ein Hund, ein riesiger Hund, der ihr bis über die Taille ging. Er kam auf sie zu, mit gelben Augen. Sie hatte immer Angst vor Hunden gehabt, der Schäferhund, der unerwartet ihre Zimmergenossin auf dem College angegriffen und ihr ein Stück der Kopfhaut abgerissen hatte. Die Größe dieses Hundes, der gesenkte Kopf und der langsame, bestimmte Gang.

Man durfte keine Angst zeigen, das wusste sie. Langsam bewegte sie das Fahrrad so, dass es zwischen ihnen war. Der Hund blieb ein paar Schritte vor ihr stehen, die Augen auf sie geheftet, die Sonne auf seinem langen Rücken. Sie wusste nicht, was kommen würde, ein plötzlicher kurzer Anlauf.

»Braver Junge«, sagte sie. Ihr fiel nichts anderes ein. »Braver Junge.«

Vorsichtig begann sie, das Fahrrad in Richtung Straße zu schieben, den Kopf leicht abgewandt, um unbesorgt zu scheinen. Ihre Beine fühlten sich nackt an, die bloßen Waden. Sie würden aufgerissen werden wie von einer Sichel. Der Hund folgte ihr, seine Schultern bewegten sich so regelmäßig wie eine Maschine. Irgendwie fand sie den Mut loszufahren. Das Vorderrad wackelte hin und her. Der Hund, so hoch wie der Lenker, kam näher.

»Nein«, rief sie. »Nein!«

Nach ein oder zwei Momenten gehorchte er, wurde langsamer oder wandte sich ab. Er war fort.

Sie fuhr wie befreit, als flöge sie durch Strecken von Sonnenlicht und hohe, feierliche Tunnel aus Bäumen. Und dann sah sie ihn wieder. Er folgte ihr – eigentlich folgte er ihr nicht, da er ein Stück vor ihr war. Er schien durch die Felder zu schweben, die in der Mittagssonne brannten, entzündet. Sie bog in ihre Straße ein. Da kam er. Er schloss sich ihr an, lief direkt hinter ihr. Sie hörte das Klicken seiner Krallen wie fallende Kiesel. Sie blickte sich um. Er trabte schwerfällig, wie ein dicker Mann, der durch den Regen läuft. Ein Speichelfaden hing von seinem Maul herab. Als sie an ihrem Haus ankam, war er verschwunden.

An dem Abend machte sie sich in einen Bademantel gehüllt zum Schlafen fertig, reinigte sich das Gesicht, die Badezimmertür stand einen Spalt offen. Sie bürstete sich mit vielen schnellen Strichen das Haar.

»Müde?«, fragte ihr Mann, als sie herauskam.

Das war seine Art, das Thema anzusprechen.

»Nein«, sagte sie.

Da waren sie also in der Sommernacht mit den fernen Lauten der See. Unter den Dingen, die ihr Mann an Ardis bewunderte, war ihre außerordentlich schöne Haut, leuchtend und glatt, eine Haut so rein, dass man sie kaum zu berühren wagte.

»Warte«, flüsterte sie, »nicht so schnell.«

Hinterher legte er sich ohne ein Wort zurück, bereits in tiefen Schlaf sinkend, viel zu früh. Sie berührte seine Schulter. Sie hörte etwas draußen vor dem Fenster.

»Hast du das gehört?«

»Nein, was?«, fragte er benommen.

Sie wartete. Da war nichts. Es war ein schwacher Laut gewesen, wie ein Seufzer.

Am nächsten Morgen sagte sie: »Oh!« Da, unter den Bäumen, lag der Hund. Sie konnte seine Ohren sehen – sie waren klein und weiß gefleckt.

»Was ist?«, fragte ihr Mann.

»Nichts«, sagte sie. »Ein Hund. Er ist mir gestern gefolgt.«

»Von wo?«, sagte er und kam sich das selbst ansehen.

»Unten an der Straße. Ich glaube, er könnte diesem Mann gehören. Brennan.«

»Brennan?«

»Ich bin an seinem Haus vorbeigekommen«, sagte sie, »und dann ist er mir gefolgt.«

»Was hast du bei Brennan gemacht?«

»Nichts. Ich bin nur vorbeigefahren. Er ist gar nicht da.«

»Wie meinst du das, er ist gar nicht da?«

»Ich weiß nicht. Das hat jemand gesagt.«

Er ging zur Tür und machte sie auf. Der Hund – es war eine Dogge – hatte da gelegen wie eine Sphinx, mit ausgestreckten Vorderläufen, die Hüften hoch und rund. Schwerfällig richtete er sich auf und bewegte sich kurz darauf, widerwillig, so schien es, fort, lief langsam über die Felder, ohne sich noch einmal umzusehen.

Am Abend gingen sie zu einer Party in der Mecox Road. Weit draußen vor Montauk fegten Winde um die Küste. Die Wellen explodierten in Wolken aus Gischt. Ardis sprach mit einer Frau, die nicht viel älter war als sie. Ihr Mann war vor Kurzem im Alter von erst vierzig Jahren an einem Gehirntumor gestorben. Er hatte es selber diagnostiziert, sagte sie. Er hatte in einem Theater gesessen, als er plötzlich feststellte, dass er die Wand zu seiner Rechten nicht sehen konnte. Bei der Beerdigung waren zwei Frauen gewesen, die sie nicht kannte und die auch nicht zum Empfang hinterher kamen.

»Natürlich, er war Chirurg«, sagte sie, »und sie werden von Chirurgen angezogen wie die Fliegen. Aber ich hatte nicht den geringsten Verdacht. Ich glaube, ich war einfach ein Riesendummkopf.«

Die Bäume strömten in der Dunkelheit vorbei, als sie nach Hause fuhren. Ihr Haus ragte im strahlenden Licht ihrer Scheinwerfer auf. Sie glaubte, etwas gesehen zu haben, und hoffte seltsamerweise, dass ihr Mann es nicht gesehen hatte. Sie war nervös, als sie über das Gras gingen. Die Sterne waren nicht zu zählen. Sie würden die Tür aufschließen und hineingehen, wo alles vertraut war, sogar heiter.

Bald würden sie ins Bett gehen, während der Wind die Ecken des Hauses ergriff und die dunklen Blätter aufeinanderpeitschten. Sie würden das Licht ausmachen. Alles, was draußen war, würde in der Wildheit bleiben, in der Glorie des Windes.

Es stimmte. Er war da. Er lag auf der Seite, sein weißliches Fell gesträubt. Im Morgenlicht ging sie langsam auf ihn zu. Als er den Kopf hob, waren seine Augen haselnussbraun und golden. Er war nicht mehr so jung, das sah sie, aber seine Kraft lag darin, dass er ungebeugt war. Sie sprach mit natürlicher Stimme.

»Komm«, sagte sie.

Sie machte ein paar Schritte. Zuerst bewegte er sich nicht. Sie blickte sich wieder um. Er folgte ihr.

Es war noch früh. Als sie an der Straße waren, kam ein Auto vorbei, schäbig und von der Sonne gebleicht. Ein Mädchen saß auf dem Rücksitz, ihr Kopf war müde zur Seite gefallen. Sie wurde nach Hause gefahren, dachte Ardis, nach einer anstrengenden Nacht. Sie empfand einen unerklärlichen Neid.

Es war warm, aber die eigentliche Hitze des Tages war noch nicht da. Mehrere Male wartete sie, während er aus Pfützen am Rand der Straße trank. Er stand dabei in ihnen, seine großen nassen Krallen glänzten wie Elfenbein.

Plötzlich stürzte von einer Veranda ein anderer Hund heran, grimmig bellend. Die große Dogge wandte sich mit weiß gebleckten Zähnen um. Sie hielt den Atem an, fürchtete, einen der beiden lahm und blutend zu sehen, aber so wild es klang, sie hielten Abstand voneinander. Nach ein paar schnappenden Bewegungen war es vorbei. Er kam nun weniger stetig mit ihr, Strähnen nasser Haare am Maul.

Am Haus angekommen, ging er auf die Veranda und stand wartend da. Er musste völlig ausgehungert sein, dachte sie. Sie sah sich um, ob jemand da war. Ein Stuhl, den sie vorher nicht gesehen hatte, stand draußen auf dem Gras, aber das Haus war still wie immer, nicht einmal die Vorhänge atmeten. Mit einer Hand, die nicht die ihre zu sein schien, versuchte sie, die Tür zu öffnen. Sie war nicht abgeschlossen.

Der Flur war dunkel. Dahinter war ein unordentliches Wohnzimmer, die Couchkissen zerdrückt, Gläser auf den Tischen, Papiere, Schuhe. Im Esszimmer gab es stapelweise Bücher. Es war das Haus eines Künstlers, voller Überfluss und Gleichgültigkeit.

Im Schlafzimmer stand ein großer Schreibtisch, auf der Mitte der Schreibfläche, zwischen Büroklammern und Briefen, war ein Stück freigeräumt. Da lagen Seiten, die in einer fast unlesbaren Handschrift beschrieben waren, unvollständige Zeilen und Wörter, bei denen manche Vokale ausgelassen waren. *Tod des Vatrs* las sie, dann unentzifferbare Dinge und etwas, das *Ktschen leer entsandt* zu lauten schien. Und unten, in großem Abstand, zwei Wörter: *nochmals*, *nochmals*. Eine Seite, in anderer Handschrift, schien Teil eines Briefes zu sein: *Ich liebe Dich zutiefst. Ich bewundere Dich. Ich liebe und bewundere Dich.* Sie konnte nicht weiterlesen. Sie fühlte sich zu unwohl dabei. Es gab Dinge, die sie gar nicht wissen wollte. In einem gehämmerten Silberrahmen war das Bild einer Frau, das Gesicht von Schatten verdunkelt, an einer Wand lehnend, das ungesehene Weiß einer Villa irgendwo dahinter. Durch die Streifenjalousien konnte man das sanfte Klacken der Palmenwedel hören, die Vögel weit darüber, in der Villa, wo er sie gefunden hatte, wo ihre Jugend so kühn gewesen war wie eine Kriegserklärung.

Nein, das war es nicht. Er hatte sie an einem Strand getroffen, sie waren zur Villa gegangen. Welche Macht der Blick auf ein wahreres Leben hat. Sie las die schräg geneigte Inschrift auf Spanisch: *Tus besos me destierran*. Sie stellte das Foto wieder ab. Ein Foto war sakrosankt, es schloss einen aus, immer. Das war also die Frau. *Tus besos*, deine Küsse.

Sie schlenderte, fast wie im Traum, in ein großes Badezimmer, das auf den Garten hinausging. Als sie eintrat, blieb ihr das Herz beinahe stehen – sie sah jemanden im Spiegel. Sie brauchte eine Sekunde, um zu begreifen, dass sie selbst es war und, als sie näher hinsah, ein nicht ganz erkennbares, sogar ein unerlaubtes Selbst im weichen, körnigen Licht. Da verstand sie, akzeptierte das Schicksal, dass sie hier gefunden werden sollte, dass Brennan, um Post oder Brot zu holen, zurückkommen und sie entdecken würde. Aus dem Nichts würde sie das lähmende Geräusch von Fußtritten oder eines Wagens hören. Dennoch sah sie sich selbst weiter an. Sie war im Haus des Dichters, des Dämons. Sie hatte verbotene Räume betreten. *Tus besos* ... die Wörter waren nicht verklungen. In diesem Moment kam der Hund an die Tür, stand da und ließ sich dann auf den Boden fallen, seine wissenden Augen auf ihr, wie ein vertrauter Freund. Sie wandte sich zu ihm um. Alles, was sie nie getan hatte, schien greifbar.

Langsam, ohne nachzudenken, begann sie sich auszuziehen. Sie ging nicht weiter als bis zur Taille. Sie war geblendet von dem, was sie da tat. In der Stille, mit dem Sonnenlicht draußen, stand sie schlank und halb nackt da, das fehlende Bild ihrer selbst, aller Frauen. Die Augen des Hundes waren wie in Verehrung zu ihr erhoben. Er würde sie nie verraten, er war ein Gefährte wie kein anderer. Sie dachte an bestimmte Gestalten aus ihrem College, ältere Mädchen. Kit Vining, Nan Boudreau. Ihre Gesichter und ihr Ruf waren legendär gewesen. Sie hatte sich danach gesehnt, zu sein wie sie, aber sie schien nie die

Chance zu haben. Sie beugte sich vor, um den schönen Kopf zu streicheln.

»Du bist ein großer Bursche.« Die Worte schienen ihr echt, echter als alles, was sie seit langer Zeit gesagt hatte. »Ein sehr großer Bursche.«

Sein langer Schweif bewegte sich und fegte mit einem leisen Geräusch über den Boden. Sie kniete sich hin und streichelte seinen Kopf wieder und wieder.

Da war das Knirschen von Kies unter den Reifen eines Wagens. Es brachte sie abrupt zu Sinnen. Eilig, fast panisch, streifte sie sich die Kleider über und ging in die Küche. Sie würde im Notfall die Veranda entlanglaufen und dann von Baum zu Baum. Sie öffnete die Tür und horchte. Nichts. Als sie schnell die Treppen der Gartentür an der Seite des Hauses hinunterging, sah sie ihren Mann. Gott sei Dank, dachte sie hilflos.

Sie gingen langsam aufeinander zu. Er blickte auf das Haus.

»Ich bin mit dem Wagen gekommen. Ist jemand hier?«

Sie schwieg einen Moment.

»Nein, niemand.« Sie spürte, dass ihr Gesicht erstarrte, als hätte sie gelogen.

»Was hast du gemacht?«, fragte er.

»Ich war in der Küche«, sagte sie. »Ich hab versucht, Futter für ihn zu finden.«

»Hast du was gefunden?«

»Ja, nein«, sagte sie.

Er stand da und sah sie an. Schließlich sagte er: »Lass uns fahren.«

Als sie zurücksetzten, sah sie den Hund, der sich gerade in den Schatten legte, mit ausgestreckten Beinen, trostlos. Sie spürte die Nacktheit unter ihren Kleidern, die Befriedigung. Sie bogen auf die Landstraße.

»Jemand muss ihn füttern«, sagte sie unterwegs. Sie sah auf die Häuser und die Felder hinaus. Warren sagte nichts. Er fuhr schneller. Sie drehte sich um, blickte zurück. Einen Moment glaubte sie, den Hund zu sehen, wie er ihnen mit großem Abstand folgte.

Am Nachmittag ging sie einkaufen und kam um fünf nach Hause. Der Wind, der wieder stärker geworden war, warf die Tür knallend zu.

»Warren?«

»Hast du ihn gesehen?«, sagte ihr Mann.

»Ja.«

Er war wiedergekommen. Er lag da, wo das Grundstück leicht anstieg. »Ich ruf das Tierheim an«, sagte sie.

»Die werden nichts unternehmen. Er ist ja kein Streuner.«

»Ich halte das nicht aus. Ich ruf jemanden an«, sagte sie.

»Warum rufst du nicht die Polizei an? Vielleicht erschießen die ihn.«

»Warum machst du das nicht?«, sagte sie kalt. »Borg dir von jemandem ein Gewehr. Er macht mich verrückt.«

Es blieb bis gegen neun Uhr hell, und im letzten Licht, als die Wolken ein tieferes Blau hatten als der Himmel, ging sie leise hinaus, über die Rasenfläche zu ihm. Ihr Mann beobachtete sie vom Fenster aus. Sie trug eine weiße Schüssel. Sie konnte ihn genau sehen, das Grau seiner Schnauze dort in dem stumpfen Gras, und als sie näherkam, die klaren braunen Augen. Fast feierlich kniete sie sich hin. Der Wind war in ihrem Haar. Sie erschien in dem nachlassenden Licht fast wie eine Verrückte.

»Hier. Trink etwas«, sagte sie.

Sein Blick, ein wenig vorwurfsvoll, schweifte weg. Er war wie ein Flüchtling, der auf seinem Mantel schlief. Seine Augen waren fast geschlossen.

Mein Leben war bedeutungslos, dachte sie. Sie wollte vor allem das nicht eingestehen.

Sie aßen schweigend zu Abend. Ihr Mann sah sie nicht an. Ihr Gesicht ärgerte ihn, er wusste nicht, warum. Sie sah an sich gut aus, aber nicht immer. Ihr Gesicht war wie eine Serie von

Fotos, von denen man einige hätte wegwerfen sollen. Heute Abend war das so.

»Das Meer ist in den Sag Pond eingebrochen«, sagte sie matt.

»Ach ja?«

»Sie dachten, dass ein kleines Mädchen ertrunken sei. Die Feuerwehr war da. Aber dann stellte sich heraus, dass sie nur rumgestreunt war.« Nach einer Pause sagte sie: »Wir müssen etwas tun.«

»Was geschehen soll, geschieht«, sagte er ihr.

»Dies ist was anderes«, sagte sie. Abrupt ging sie aus dem Zimmer. Sie fühlte sich den Tränen nah.

Der Beruf ihres Mannes war im Wesentlichen ein beratender. Sein Leben bestand darin, anderen Leben zu dienen. Er half anderen, zu Einverständnissen zu kommen, Ehen zu beenden, sich gegen frühere Freunde zu verteidigen. Er konnte das ausgezeichnet. Die Sprache und die Techniken dieser Verhandlungen waren ein Teil von ihm. Er lebte inmitten von Erregung und Egoismus, aber er selbst war davor geschützt. In seinen Akten fanden sich Briefe, Memoranden, die Geheimnisse von Karrieren. Eines hatte er begriffen: wie nahe man der Katastrophe sein konnte, egal, wie sicher man sich fühlte. Er hatte gesehen, wie die Dinge plötzlich eine Wendung nehmen konnten, wie ein ruinöses Ereignis auf das andere folgte. Das konnte ohne Warnung kommen. Manchmal konnte man sich retten, aber es gab einen Punkt, an dem das nicht mehr möglich war. Er fragte sich manchmal, wie das bei ihm selbst sein würde – wenn der Schlag kam und die Stützpfeiler nachgaben und brachen, was würde dann geschehen?

Sie rief schon wieder bei Brennans zu Hause an. Da nahm nie jemand ab.

Während der Nacht tobte sich der Wind aus und ließ dann nach. Beim ersten Licht des Morgens spürte Warren die Stille. Er lag im Bett, ohne sich zu rühren. Seine Frau hatte ihm den Rücken zugekehrt. Er spürte ihre Abwehr.

Er stand auf und trat ans Fenster. Der Hund war da, er konnte seine Gestalt sehen. Warren wusste nicht viel von Tieren und nichts von der Natur, aber er konnte sehen, was geschehen war. Der Hund lag anders da.

»Was ist los?«, fragte sie. Sie war neben ihn getreten. Sie schien lange dazustehen. »Er ist tot.«

Sie wollte zur Tür. Er hielt sie am Arm fest.

»Lass mich los«, sagte sie.

»Ardis ...«

Sie begann zu weinen. »Lass mich los.«

»Fass ihn nicht an!«, rief er ihr nach. »Lass ihn in Ruhe!«

In ihrem Nachthemd lief sie schnell über das Gras. Der Boden war nass. Als sie näherkam, blieb sie stehen, um sich zu beruhigen, um Mut zu schöpfen. Sie bedauerte nur eins – sie hatte nicht Lebewohl gesagt.

Sie trat einen oder zwei Schritte vor. Sie konnte sein schweres, kraftloses Gewicht spüren, ein Gewicht, das sich zerstreuen, zu etwas anderem werden würde, die Sehnen würden zerfallen, die Knochen leicht werden. Sie sehnte sich danach, etwas zu tun, was sie nie getan hatte, ihn zu umarmen. In dem Augenblick hob er den Kopf.

»Warren!«, rief sie, sich dem Haus zuwendend. »Warren!«

Als ob die Rufe ihn verstört hätten, kam der Hund auf die Beine. Er bewegte sich müde, entfernte sich von ihr. Die Hände vorm Mund, starrte sie auf die Stelle, wo er gelegen hatte und das Gras flachgedrückt war. Die ganze Nacht wieder. Wieder die ganze Nacht. Als sie aufsah, war er schon ein Stück weg. Sie lief ihm nach. Warren konnte sie sehen. Sie schien frei. Sie schien wie eine andere Frau, eine jüngere Frau, eine von denen, die man im Bikini auf den staubigen Feldern am Meer sah, mit bloßen Füßen Kartoffeln stehlend.

Sie sah ihn nicht wieder. Sie kam oft an dem Haus vorbei, sah manchmal Brennans Wagen dort, aber nie eine Spur von dem Hund, auch nicht auf der Straße oder draußen auf den Feldern.

Eines Abends im *Cato's*, Ende August, sah sie Brennan selbst an der Bar. Er trug den Arm in einer Schlinge, sie hatte keine Ahnung, was für einen Unfall er gehabt hatte. Er sprach auf den Barmann ein, es war dieselbe feurige Beredsamkeit, und obwohl das Restaurant voll war, blieben die Hocker neben ihm leer. Er war allein. Der Hund war nicht draußen, auch nicht in seinem Auto, er war nicht mehr Teil seines Lebens – er war weg, verloren, lebte woanders, vielleicht fand sein Name eines Tages den Weg in eine Gedichtzeile, aber sehr wahrscheinlich war er vergessen, nur nicht von ihr.

ZWANZIG MINUTEN

Das Folgende passierte einer Frau namens Jane Vare in der Nähe von Carbondale. Ich traf sie einmal auf einer Party. Sie saß auf einem Sofa, beide Arme auf der Lehne ausgestreckt und in einer Hand einen Drink. Wir sprachen über Hunde. Sie besaß einen alten Greyhound. Sie hatte ihn gekauft, um ihm das Leben zu retten, sagte sie. Auf der Rennbahn töten sie sie lieber, als dass sie sie füttern, wenn sie nicht mehr gewinnen, manchmal drei oder vier auf einmal, sie werfen sie hinten in einen Laster und fahren sie auf die Müllkippe. Dieser Hund hieß Phil. Er hatte steife Gelenke und war fast blind, aber sie bewunderte seine Würde. Manchmal pinkelte er gegen die Wand, hob sein Bein fast bis zum Türgriff, aber er hatte ein edles Gesicht.

Das Halfter auf dem Küchentisch, Schmutz auf den breiten Fußdielen. Sie kam herein wie ein junger Stallbursche, in einer alten Jacke und Stiefeln. Sie hatte, wie man sagt, einen guten Sitz und Siegerschleifen, die sich wie Federn an der Wand fächerten. Ihr Vater hatte in Irland gelebt, wo man am Sonntagmorgen zu Pferd ins Esszimmer kam und der Gastgeber in voller Montur auf seinem Bett starb. Ihr Leben war auch so geworden. Sie hatte Geld und Dellen in der Seite ihres noch fast neuen schwedischen Autos. Ihr Mann war seit einem Jahr fort.

Bei Carbondale fällt der Fluss über eine Schwelle und wird dann breiter. Eine spinnwebartige Eisenbahnbrücke spannt sich über das Wasser, viele Male gestrichen. Früher wurde hier Kohle gefördert.

Es war spät am Nachmittag, und ein Regenschauer war vorübergezogen. Das Licht war silbrig und seltsam. Autos, die aus dem Regen auftauchten, hatten die Scheinwerfer und Scheibenwischer an. Die gelben Straßenbaumaschinen, die am Straßenrand standen, leuchteten unnatürlich grell.

Es war die Stunde kurz nach der Arbeit, wenn hoch oben in der Luft die Tropfen der Bewässerung glitzern, die Hügel dunkel zu werden beginnen und die Wiesen wie Teiche sind.

Sie ritt alleine oben den Kamm entlang. Sie saß auf einem Hengst namens Fiume, groß, wohlgeformt, aber nicht sehr klug. Er hörte nicht gut und stolperte manchmal im Schritt. Sie waren bis zum Reservoir gekommen und dann wieder zurück in Richtung Westen geritten, wo die Sonne unterging. Er konnte galoppieren, dieser Hengst. Seine Hufe trommelten. Ihr Hemd war im Rücken vom Wind gebläht, der Sattel knarrte, sein riesiger Nacken war dunkel vor Schweiß. Sie ritten am Graben entlang und auf ein Gatter zu – sie sprangen immer darüber.

Im letzten Augenblick passierte etwas. Es geschah in Sekunden. Vielleicht war er falsch aufgekommen oder in ein Loch getreten, aber plötzlich brach er ein. Sie flog über seinen Kopf, und wie in Zeitlupe kam er hinterher. Er überschlug sich – sie lag da und sah, wie er auf sie zuschwebte. Er landete auf ihrem Unterkörper. Es war, als wäre sie von einem Auto überfahren worden. Sie war betäubt, fühlte sich aber unverletzt. Eine Minute lang glaubte sie, aufstehen und sich abklopfen zu können.

Das Pferd war aufgestanden. Seine Beine waren schmutzig, und auch auf seinem Rücken war Matsch. In der Stille konnte sie das Klirren des Zaumzeugs und sogar das fließende Wasser im Graben hören. Überall um sie herum waren Wiesen und Stille. Ihr wurde übel. Dort unten war alles kaputt – sie wusste es, obwohl sie nichts spürte. Sie wusste, dass sie etwas Zeit hatte. Zwanzig Minuten, hieß es immer.

Das Pferd zupfte etwas Gras. Sie stützte sich auf die Ellbogen, und ihr wurde sofort schwindlig. »Gottverdammtes Vieh!«, rief sie. Sie weinte fast. »Mach schon! Geh nach Hause!« Vielleicht würde jemand den leeren Sattel sehen. Sie schloss die Augen und versuchte nachzudenken. Irgendwie konnte sie es nicht glauben – nichts, was geschehen war, schien wahr.

Es war wie an dem Morgen, als man zu ihr kam und ihr mitteilte, daß Privet verletzt worden sei. Der Aufseher wartete auf der Weide. »Ihr Bein ist gebrochen«, sagte er.

»Wie ist das passiert?«

Er wusste es nicht. »Sieht aus, als wär sie getreten worden«, sagte er.

Das Pferd lag unter einem Baum. Sie kniete sich daneben und streichelte seine flache, gerade Nase. Die großen Augen schienen anderswohin zu sehen. Der Tierarzt war schon unterwegs, kam direkt vom Liquor Store, sein Wagen gefolgt von einer Staubwolke, aber es dauerte schließlich sehr lange, bis er eintraf. Er parkte ein wenig abseits und kam zu Fuß herüber. Dann sagte er das, was sie erwartet hatte, sie würden sie töten müssen.

Sie lag da und erinnerte sich daran. Der Tag war vorüber. Lichter gingen hier und da in weit entfernt liegenden Häusern an. Die Sechs-Uhr-Nachrichten liefen. Tief unten konnte sie das Heufeld von Piñones sehen und viel näher, hundert Schritt entfernt, einen Lastwagen. Er gehörte jemandem, der versucht hatte, da unten ein Haus zu bauen. Er war aufgebockt, er fuhr nicht mehr. Es gab noch andere Häuser, im Umkreis von etwa einer Meile. Auf der anderen Seite des Kamms lag, versteckt unter Bäumen, das Metalldach des alten Vaughn, dem dies alles früher einmal gehört hatte und der jetzt kaum noch gehen konnte. Weiter westlich das schöne rötliche Adobehaus, das Bill Millinger gebaut hatte, bevor er pleiteging oder was auch immer. Er hatte einen guten Geschmack. Das Haus hatte die für den Südwesten typischen Baumstammdecken, Navajoteppiche und in jedem Zimmer einen Kamin. Durch Fenster mit getönten Scheiben hatte man weite Ausblicke auf die Berge. Wer genug wusste, um ein solches Haus zu bauen, wusste alles.

Sie hatte für ihn dieses berühmte Dinner gegeben, ein unvergesslicher Abend. Die Wolken trieben den ganzen Tag über die Bergkuppe des Sopris, dann kam der Schnee. Sie unterhielten sich vor dem Kamin. Auf dem Sims standen Weinflaschen, und alle waren gut angezogen. Draußen strömte der Schnee herab. Sie hatte Seidenhosen an und trug ihr Haar offen. Zum Schluss stand sie mit ihm an der Tür zur Küche. Sie war von Wärme erfüllt und ein wenig betrunken, er auch?

Er beobachtete ihren Finger am Rand seines Revers. Ihr Herz pochte. »Du wirst mich heute Nacht doch nicht allein lassen?«, fragte sie.

Er hatte blondes Haar und kleine, eng anliegende Ohren.

»Oh ...«, begann er.

»Was?«

»Weißt du das nicht? Ich bin andersherum.«

Wie, anders, fragte sie beharrlich. Was für eine Verschwendung. Die Straßen waren verweht, das Haus im Schnee versunken. Sie begann zu betteln – sie konnte nicht anders – und wurde dann wütend. Die Seidenhosen, die Möbel, sie hasste alles.

Am Morgen stand sein Wagen noch vor dem Haus. Sie entdeckte ihn in der Küche, er machte Frühstück. Er hatte auf dem Sofa geschlafen, hatte sich mit den Fingern das ziemlich lange Haar gekämmt. Auf den Wangen hatte er blonde Stoppeln. »Gut geschlafen, Darling?«, fragte er.

Manchmal lief es andersherum – in der Bar in Saratoga, wo der Held der große Engländer war, der so viel Geld bei den Auktionen gemacht hatte. Ob sie in der Gegend wohne, fragte er. Wenn man dicht vor ihm stand, sahen seine Augen wässrig aus, aber dann sagte er mit dieser englischen Stimme, die so rein war: »Wunderbar, an einen Ort zu kommen und jemanden wie Sie zu treffen.«

Sie hatte sich nicht wirklich überlegt, ob sie bleiben oder gehen wollte, und sie trank etwas mit ihm. Er rauchte eine Zigarette.

»Wissen Sie nicht, was die anrichten?«, sagte sie.

»Nein, was ist damit?«

»Krebs wird Euch befallen.«

»Euch?«

»Quäker sprechen so.«

»Sind Sie wirklich Quäkerin?«

»Ach, früher einmal.«

Er hielt ihren Ellbogen. »Wissen Sie, was ich gerne tun würde? Ich würd Euch gerne vögeln«, sagte er.

Sie beugte den Arm, um sich loszumachen.

»Wirklich«, sagte er. »Heute Nacht.«

»Ein andermal«, sagte sie ihm.

»Es gibt für mich kein andermal. Meine Frau kommt morgen, ich kann nur heute Abend.«

»Pech gehabt. Ich kann jeden Abend.«

Ihn hatte sie nicht vergessen, aber seinen Namen. Sein Hemd hatte elegante blaue Streifen. »Oh, du verdammtes Vieh«, rief sie plötzlich. Es war das Pferd. Es war dageblieben. Es stand drüben am Zaun. Sie begann es zu rufen. »Hierher, Junge. Komm her«, bat sie. Es bewegte sich nicht vom Fleck.

Sie wusste nicht, was sie tun sollte. Fünf Minuten waren vergangen, vielleicht mehr. O Gott, sagte sie, Herr, Herr im Himmel. Sie konnte das lange Stück Straße sehen, das vom Highway heraufführte, die ungepflasterte Oberfläche war sehr hell. Jemand würde die Straße heraufkommen und nicht abbiegen. Die Unglücksstraße. Sie war sie an jenem Tag mit ihrem Mann gefahren. Es gebe etwas, was er ihr sagen wolle, erklärte Henry, den Kopf in merkwürdigem Winkel zurückgelegt. Er wolle ganz neu anfangen. Ihr Herz machte einen Satz. Er würde mit Mara Schluss machen, sagte er.

Es folgte Stille.

Schließlich sagte sie: »Mit wem?«

Er erkannte seinen Fehler. »Das Mädchen, das ... aus dem Architekturbüro. Sie arbeitet da als Zeichnerin.«

»Was meinst du mit Schluss machen?« Es fiel ihr schwer zu sprechen. Sie sah ihn an, wie man einen Flüchtling ansehen würde.

»Du wusstest doch davon, oder nicht? Ich war mir sicher, du wüsstest es. Auf jeden Fall ist es jetzt vorbei. Das wollte ich dir sagen. Ich wollte das alles hinter uns lassen.«

»Halt den Wagen an«, sagte sie. »Sag nichts mehr, halt einfach an.«

Er fuhr neben ihr her und versuchte, es ihr zu erklären, aber sie nahm die größten Steine auf, die sie finden konnte, und warf sie auf das Auto. Dann ging sie mit unsicheren Schritten von der Straße weg, durch die Felder, die Salbeibüsche zerkratzten ihre Beine.

Als sie ihn nach Mitternacht vorfahren hörte, sprang sie aus dem Bett und rief aus dem Fenster: »Nein, nein! Geh weg!«

»Was ich nie verstanden habe, ist, warum es mir niemand gesagt hat«, sagte sie später. »Ich hatte gedacht, das wären meine Freunde.«

Manche Ehen scheiterten, manche wurden geschieden, manche Männer wurden in Wohnwagen erschossen wie Doug Portis, der ein Tiefbauunternehmen hatte und sich mit der Frau eines Polizisten traf. Manche, wie ihr Mann, zogen nach Santa Barbara und wurden zum Extramann bei Dinnerpartys.

Es wurde langsam dunkel. Helft mir doch, Hilfe, wiederholte sie immer wieder. Jemand würde kommen, musste kommen. Sie versuchte, keine Angst zu haben. Sie dachte an ihren Vater, der das Leben in einem Satz erklären konnte: »Sie schlagen dich nieder, und du stehst wieder auf. Das ist alles.« Er kannte nur eine Tugend. Er würde hören, was passiert war, dass sie einfach dort liegen geblieben war. Sie musste versuchen, nach Hause zu kommen, und wenn es nur ein kleines Stück war, wenigstens ein paar Meter.

Sich auf die Handflächen stützend, schaffte sie es, sich vorwärtszuschleppen, sie rief das Pferd, während sie das tat. Vielleicht konnte sie einen Steigbügel zu fassen bekommen, wenn er kam. Sie versuchte, ihn zu finden. Im letzten Licht sah sie die verblassenden Pappeln, aber der Rest war verschwunden. Die Zaunpfähle waren fort. Die Wiesen waren davongetrieben.

Sie versuchte ein Spiel zu spielen: Sie lag nicht neben dem Graben, sie war anderswo, überall – auf der Eleventh Street in ihrer ersten Wohnung über dem großen Oberlicht des Restaurants, am Morgen in Sausalito, als das Mädchen an die Tür klopfte und Henry versuchte, auf Spanisch zu rufen, jetzt nicht, jetzt nicht! Und Postkarten auf der Marmorplatte der Kommode und Dinge, die sie gekauft hatten. Vor dem Hotel in Haiti lehnten die Taxifahrer an ihren Autos und riefen mit weichen Stimmen: Hey, *blanc*, Sie wollen fahren an einen schönen Strand? Strand von Ibo? Sie wollten dreißig Dollar für einen Tag, sagten sie, was hieß, daß der normale Preis vermutlich bei fünf lag. Mach schon, gib sie ihm, sagte sie. Sie konnte sich so leicht dahin versetzen oder in ihr eigenes Bett, an einem stürmischen Tag, lesend, während der Regen böig gegen die Fenster schlug, die Hunde zu ihren Füßen. Auf dem Schreibtisch standen Fotografien: Pferde, und sie beim Springen, und eins von ihrem Vater, beim Lunch, als er dreißig war, in Burning Tree. Sie hatte ihn eines Tages angerufen – sie würde heiraten, sagte sie. Heiraten, sagte er, wen? Einen Mann namens Henry Vare, sagte sie, der einen schönen Anzug trägt, wollte sie hinzufügen, und wunderbare breite Hände hat. Morgen, sagte sie.

»Morgen?« Seine Stimme schien weiter weg. »Bist du sicher, dass du das Richtige tust?«

»Vollkommen.«

»Gott segne dich«, sagte er.

In dem Sommer waren sie hierhergezogen – es war der Ort, an dem Henry gelebt hatte – und hatten das Haus hinter den Macraes gekauft. Das ganze Jahr arbeiteten sie daran, und Henry machte sich als Landschaftsarchitekt selbstständig. Sie hatten ihre eigene Welt. Nur in Shorts liefen sie über die Felder, die Erde war warm unter den Füßen, die Haut mit Schlamm besprenkelt vom Schwimmen im Graben, in dem das Wasser kühl und tief war, wie zwei sonnengebleichte Kinder, aber viel schöner, die Fliegentür schlägt zu, Sachen liegen auf dem Küchentisch, Kataloge, Messer, alles neu. Der Herbst mit seinem strahlenden blauen Himmel und die ersten Unwetter, die von Westen heraufzogen.

Es war jetzt dunkel, überall, außer oben auf dem Kamm. Da waren all die Dinge, die sie noch machen wollte, wieder in den Osten ziehen, bestimmte Freunde besuchen, ein Jahr am Meer wohnen. Sie konnte nicht glauben, dass es vorbei war, dass sie hier auf der Erde liegenbleiben würde.

Plötzlich begann sie, um Hilfe zu rufen, wild, die Sehnen an ihrem Hals traten hervor. Im Dunkeln hob das Pferd den Kopf. Sie rief weiter. Sie wusste, dass es etwas war, wofür sie bezahlen würde, sie entfesselte das Grauen. Schließlich hörte sie auf. Sie konnte ihr Herz hämmern hören und dann noch etwas anderes. O Gott, begann sie zu bitten. Sie lag dort und hörte die ersten feierlichen Trommelschläge, grauenvoll und langsam.

Was es auch sein wird, wie schlimm auch immer, ich werde tun, was mein Vater täte, dachte sie. Hastig versuchte sie, sich ihn vorzustellen, und während sie das tat, spürte sie, wie etwas der Länge nach durch sie hindurchfuhr, etwas Eisernes. In einem einzigen unfassbaren Moment wurde ihr die Kraft bewusst, die es hatte, wo es sie packen würde, was es bedeutete.

Ihr Gesicht war nass, und sie zitterte. Jetzt war es da. Jetzt musst du es tun, sagte sie sich. Sie wusste, dass es einen Gott gab, sie hoffte es. Sie schloss die Augen. Als sie sie öffnete, hatte es begonnen, so völlig unerwartet und so rasch. Sie sah, wie etwas Dunkles sich am Zaun entlangbewegte. Es war ihr Pony, das ihr Vater ihr vor langer Zeit geschenkt hatte, ihr schwarzes Pony, das nach Hause ging, über die breiten Felder, über das Weideland. Warte, warte auf mich!

Sie begann zu schreien.

Lichter flackerten am Graben entlang auf und nieder. Es war ein kleiner Lieferwagen, der über die unebene Strecke fuhr, der Mann, der manchmal an dem verlassenen Haus baute, und ein Highschool-Mädchen namens Fern, die auf dem Golfplatz arbeitete. Sie hatten die Fenster hochgekurbelt, und als sie abbogen, glitten ihre Scheinwerfer dicht an dem Pferd vorbei, aber sie sahen es nicht. Sie sahen es später, als sie schweigend zurückfuhren, das große schöne Gesicht, das sie im Dunkeln stumm ansah.

»Es ist gesattelt«, sagte Fern überrascht.

Es stand ruhig da. So fanden sie sie. Sie legten sie nach hinten – ihr Körper war schlaff, in ihren Ohren war Erde – und fuhren mit hundert Stundenkilometern nach Glenwood, sie hielten nicht einmal an, um vorher anzurufen.

Das war falsch, wie jemand später sagte. Es wäre besser gewesen, wenn sie drei Meilen in die andere Richtung, die Straße hinauf, zu Bob Lamb gefahren wären. Er war Tierarzt, aber er hätte vielleicht etwas tun können. Was man auch sagen mochte, er war der beste Arzt weit und breit.

Sie wären eingebogen, das weiße Farmhaus wäre im Scheinwerferlicht erblüht, wie in so vielen Nächten. Jeder kannte Bob Lamb. Hinter der Scheune lagen hundert Hunde, darunter auch seine eigenen, begraben.

PLATIN

Das Apartment der Brules hatte einen prächtigen Blick auf den Park, kahl und weit im Winter und im Sommer ein üppiges Meer aus Grün. Das Apartment war in einem schönen Gebäude, schmal, aber hoch, und in gewisser Weise war es tröstlich, sich vorzustellen, wie viele andere es gab, würdevoll und gelassen, ein schönes Haus nach dem anderen, alle mit ihren ernst blickenden Türstehern und feierlichen Eingängen. Seltene Teppiche, Bedienstete, teure Möbel. Brule hatte zu einer Zeit, als die Preise hoch waren, über neunhunderttausend gezahlt, aber das Apartment war jetzt viel mehr wert, es war eigentlich unbezahlbar. Es hatte hohe Decken, Sonne am Nachmittag und breite Türen mit geschwungenen Messingklinken. Es gab tiefe Sessel, Blumen, mit Fotos vollgestellte Tische und viele Bilder an der Wand, darunter Drucke von Vollard in dem Flur, der zu den Schlafzimmern führte, und einem hinreißenden dunklen Gemälde von Camille Bombois.

Brule war einer von diesen Männern, über die mehr geraunt als gewusst wird. Er war in den Fünfzigern und erfolgreich. Er hatte einige berüchtigte Klienten verteidigt, und er hatte angeblich, was weniger bekannt war, ohne Honorar für solche gearbeitet, die mittel- und hoffnungslos waren. Genaues wusste man nicht. Er hatte eine leise Stimme, die aber Autorität vermittelte, und einen eisernen Willen hinter seinem ruhigen Lächeln. Er ging zu Fuß zur Arbeit, vielleicht eine Meile die Avenue hinunter, im Winter in einem Kaschmirmantel und Schal, und die Türsteher, die »Guten Morgen« murmelten, bekamen zu Weihnachten jeder fünfhundert Dollar. Er war ein anständiger, ehrenwerter Mann, und in der Art der alten Männer, von denen Cicero berichtet, dass sie Obstgärten anlegten, deren Früchte sie in ihrem Leben nicht mehr sehen würden, die es aber aus einem Gefühl der Verantwortung und der Achtung vor den Göttern taten, hatte er den Wunsch, das Beste, was er gekannt hatte, an seine Nachkommenschaft weiterzugeben.

Seine Frau Pascale, die aus Frankreich stammte, war warmherzig und verständnisvoll. Sie war seine zweite Frau und hatte auch eine erste Ehe hinter sich, mit einem berühmten Pariser Juwelier. Sie hatte keine eigenen Kinder, und ihr einziger Fehler lag darin, fand Brule, dass sie nicht gerne kochte. Sie könne nicht zur selben Zeit kochen und reden, sagte sie. Sie war nicht schön, aber sie hatte ein intelligentes, leicht asiatisches Gesicht. Ihre Großzügigkeit und ihre guten Instinkte waren angeboren.

»Hört mal«, hatte sie zu seinen Töchtern gesagt, als sie und Brule heirateten, »ich bin nicht eure Mutter, und das kann ich auch nie sein, aber ich hoffe, dass wir Freundinnen werden. Wenn ja, gut, wenn nicht, könnt ihr euch trotzdem auf mich verlassen.«

Die Töchter waren damals noch junge Mädchen. Wie sich herausstellte, liebten sie sie. Die drei und ihre Männer und Kinder besuchten sie in den Ferien und kamen oft, wenn auch natürlich nicht immer alle zusammen, zum Dinner. Sie waren eine enge und liebevolle Familie, Brule war sehr stolz darauf, umso mehr, als seine erste Ehe gescheitert war.

Man gehörte zu dieser Familie, nicht nur weil man mit einer der Töchter verheiratet war, sondern ganz und gar. Man war einer von ihnen, einer für alle und alle für einen. Die älteste Tochter, Grace, hatte ihrem Mann einmal gesagt: »Du musst dich jetzt endlich an den Plural gewöhnen.«

Brian Woodra hatte Sally, die Jüngste, an einem wunderschönen Sommertag auf einem Rasen geheiratet, auf dem zahllose weiße Stühle standen, die Frauen in figurbetonten Kleidern. Sally trug ein Gewand aus weißer steifer Seide, ärmellos, mit breiten Trägern, und ihr dunkles Haar schimmerte auf dem schlanken Rücken. An ihren Ohren hingen geriffelte silbrige Ohrringe, und auf ihrem Gesicht stand das Glück und die gelegentliche Sorge, dass auch alles so lief, wie es sollte. Ein schönes Gesicht, mit manchmal nur der flüchtigsten Andeutung der Kleinlichkeit dahinter, und man sah ihr auf der Stelle an, wie teuer ihre Ausbildung gewesen war. Ein New Yorker Mädchen, intelligent und selbstsicher. Sie hatte das Skidmore College besucht, wo sie ihr Zimmer mit zwei Nymphomaninnen geteilt hatte, wie sie gerne sagte, um zu schockieren.

Der Bräutigam war nicht größer als sie und ein wenig o-beinig, mit einem breiten Kinn und einem gewinnenden Lächeln. Er war lebhaft, und alle mochten ihn. Seine Freunde vom College und sogar von der Highschool kamen zur Hochzeit und erhoben sich, um freundliche Erinnerungen an ihn zum Besten zu geben und das Schlimmste vorherzusagen. Als die Ringe getauscht wurden, überwältigte ihn die Reinheit und Schönheit seiner zukünftigen Frau, als würden sie ihm zum ersten Mal ganz enthüllt.

Im großen Zelt für das Hochzeitsessen standen lange Tische mit großen Blumenarrangements. Als der Abend kam, erblühte das Zelt langsam mit dem Licht von innen wie ein riesiges, unwirkliches Schiff, das zu einer Reise bestimmmt war, schwer zu sagen, ob auf dem Meer oder in den Himmel. Brule sagte seinem neuen Schwiegersohn, dass er, Brian, nun das größte Glück erfahren werde, das man auf Erden kannte, womit er natürlich die Ehe meinte. Als Hochzeitsgeschenk bekamen die beiden eine Kreuzfahrt im Kielwasser des Odysseus, die anatolische Küste entlang, und nach kaum einem Jahr kam ihr erstes Kind, ein kleines Mädchen namens Lily, zur Welt. Es war zärtlich und fröhlich. Sally war eine Mutter, die sich ganz auf das kleine Kind konzentrierte, aber dennoch Zeit für alles andere fand, Einladungen, Filme, Abendessen mit ihrem Mann, Chancengleichheit, Freunde. Die Wohnung war ein bisschen dunkel, aber sie erwartete nicht, ewig dort zu leben. Grace wohnte mit ihrem Mann und ihren beiden Kindern nur ein paar Straßen entfernt, und Eva, die mittlere Schwester, war mit einem Bildhauer verheiratet und lebte in Downtown.

Lily war entzückend. Von Anfang an liebte sie es, mit ihrer Mutter und ihrem Vater im Bett zu liegen, besonders mit ihrem Vater, und als sie drei war, flüsterte sie ihm anbetend zu: »Ich will dir gehören.«

Zwei Jahre später nahm Brian sie als Entschädigung dafür, dass ihrem neuen kleinen Bruder so viel Aufmerksamkeit geschenkt wurde, fünf Tage mit nach Paris, nur sie beide. Im Rückblick war das der Moment ihrer Kindheit, den er am meisten liebte. Sie benahm sich wie eine Frau, eine Gefährtin. Es war unmöglich, sie mehr zu lieben. Sie aßen das Frühstück im Hotelzimmer und schrieben Ansichtskarten zusammen, fuhren auf dem langen, pfeilförmigen Schiff die Seine hoch und runter, unter den Brücken hindurch, gingen auf den Vogelmarkt und besuchten das Centre Pompidou und Versailles und stiegen an einem Nachmittag in dem Riesenrad in der Nähe der Place de la Concorde hoch über die Stadt, erschreckend hoch, selbst Brian bekam Angst.

»Gefällt's dir?«, fragte er.

»Ich versuch es«, sagte sie.

Niemand ist tapferer als du, dachte er.

Am Ende des Tages – das Licht verblasste gerade – war er erschöpft. Im Hotel stand ein kanadisches Paar in der Nähe des Empfangs und wartete auf ein Taxi. Lily beobachtete den Anzeiger des Lifts, der lange Zeit auf der fünften Etage stehen blieb.

»Ist er kaputt, Daddy?«

»Das ist wohl nur jemand, der sich Zeit lässt.«

Er hörte, wie sich das Paar unterhielt. Die Frau, blond und mit glatter Stirn, trug ein glitzernd silbernes Top. Sie gingen an diesem Abend aus, in den Strom aus Lichtern, auf die Boulevards, in Restaurants, aus denen das Stimmengewirr herausschwappte. Er hatte nur einen flüchtigen Blick auf sie werfen können, wie sie aufbrachen, das Licht in ihrem Haar, die Taxitür, die für sie aufgehalten wurde, und einen Moment lang vergaß er, dass er alles hatte.

»Jetzt kommt er«, hörte er seine Tochter rufen. »Daddy, er kommt.«

Ende April wurde Michael Brules achtundfünfzigster Geburtstag gefeiert. Als Geschenke hatte er sich nur Dinge erbeten, die man essen oder trinken konnte, aber Del, Evas Mann, hatte einen schönen Wasservogel aus Holz für ihn geschnitzt, unbemalt und auf strohdünnen Beinen. Brule war tief berührt.

Brian war in der Küche und kochte. Es war laut. Die Kinder spielten irgendein Spiel, das den Hund ärgerte, einen alten Scotchterrier.

»Erschreck sie nicht! Erschreck sie nicht!«, riefen sie.

Brian machte Risotto, er fügte in kleinen Mengen warme Brühe hinzu und rührte langsam, hingerissen beobachtet von einem der Mädchen, die an dem Abend helfen sollten. »Fast fertig«, rief er. Er konnte die Stimmen der Familie hören, das Bellen des Hundes, das Lachen.

Das Mädchen, in weißer Bluse und Samthosen, sah fasziniert zu. Er hielt ihr einen Löffel zum Probieren hin.

»Wollen Sie mal schmecken?«, fragte er.

»Ja, Liebling«, sagte sie.

Schsch, machte er spielerisch. Ohne ihn anzusehen, nahm sie die kleine Portion Reis zwischen die Lippen. Pamela hieß sie. Sie arbeitete nicht wirklich für den Caterer, sie war bei den UN Sie und das andere Mädchen wurden stundenweise bezahlt.

Ihre Beine sah Brian, als sie in die Bar des UN-Hotels kam und sich lächelnd neben ihn setzte, vollkommen entspannt. Er war nervös gewesen, aber das verlor sich sofort. Vom ersten Moment an spürte er eine erregende, natürliche Komplizität. Sein Herz blähte sich vor Aufregung wie ein Segel.

»Also«, begann er, »Pamela ...«

»Pam.«
»Möchten Sie etwas trinken?«
»Ist das Weißwein?«
»Ja.«
»Gut. Weißwein.«

Sie war zweiundzwanzig, aus Pennsylvania, aber mit einer seltenen natürlichen Anmut.

»Ich muss sagen, Sie sind ...«, sagte er, wurde dann aber plötzlich vorsichtig.

»Was?«
»Eindeutig gut aussehend.«
»Oh, das weiß ich nicht.«
»Es ist unbestreitbar. Ich bin nur neugierig«, sagte er. »Wie viel wiegen Sie?«
»Achtundfünfzig.«
»Das hätte ich geschätzt.«
»Wirklich?«
»Nein, aber alles, was Sie gesagt hätten.«

Sie hatte im Büro behauptet, dass sie einen Termin beim Arzt habe und ihre Mittagspause verlängern müsse. Sie sagte ihm das. Als sie in den Hotellift trat, konnte er nicht umhin, auf ihre schönen Hüften zu achten. Dann, unglaublich für ihn, waren sie im Zimmer. Sein Herz war nicht zu kontrollieren, und alles war für sie vorbereitet, die schimmernden Möbel, die Sessel, die dicken frischen Handtücher im Bad. Am Abend vorher hatte es in Brooklyn vier Morde gegeben. Die Broker an der Wall Street spielten verrückt. Auf der Fourteenth Street standen Männer in der Kälte neben Tischen mit Uhren und Socken. Der Verrückte an der Fifty Seventh Street sang mit lauter Stimme Arien, Gebäude wurde abgerissen, neue Türme hoben sich in den Himmel. Sie stand auf, um die Jalousien herunterzulassen, und blieb einen Moment am Fenster, im Licht, und sah hinunter. Die Pracht ihres Körpers, das Neue an ihr! Er hatte so etwas noch nie erlebt.

Sie hatte ihre Wohnung auf Zeit, jemand, der im Ausland war, hatte sie ihr untervermietet. Aber selbst unter den Umständen war sie spärlich möbliert. Er wollte ihr, jedes Mal, wenn er sie sah, etwas schenken, etwas Unerwartetes, einen Sessel aus Chrom und Leder, den er ihr im Schaufenster zeigte, bevor er ihn kaufte und ihr liefern ließ, einen Ring, einen Rosenholzkasten, aber er achtete sorgfältig darauf, nichts zu behalten, was von ihr kam – Briefe, E-Mails, Fotos –, alles, was ihn verraten könnte. Es gab eine Ausnahme, ein Bild, das er gemacht hatte, als sie sich im Bett halb aufgesetzt hatte, über ihre Schulter hinweg fotografiert, Brüste, der glatte Bauch, Schenkel, man konnte nicht erkennen, wer es war. Er hatte es im Büro zwischen den Seiten eines Buches. Er griff gerne danach, um sich zu erinnern.

In jenen Tagen einer so tiefen Begierde, dass ihm die Beine schwach wurden, benahm er sich zu Hause nicht unnatürlich – wenn überhaupt, war er noch liebevoller und zärtlicher, obwohl besonders Lily gar nicht mehr liebevoller behandelt werden konnte. Er kam von verbotenem Glück erfüllt nach Hause und umarmte seine Frau und spielte mit den Kindern, las ihnen vor. Das Verbotene erhöhte den Appetit auf alles andere. Er ging von einer zur anderen mit reinem Herzen. Auf der Park Avenue stand er auf der Verkehrsinsel, wartete darauf, auf die andere Seite gehen zu können. Die Ampeln wurden die ganze Straße hinauf rot, so weit er sehen konnte. Die entfernten Gebäude standen majestätisch in dem geldgesättigten Dunst. Neben ihm waren Leute in Mänteln und Hüten, mit Paketen, Taschen, keiner von ihnen so vom Glück verwöhnt wie er. Die Stadt war ein Paradies. Das Großartige an ihr war, dass sie sein einzigartiges Leben behütete.

»Bin ich deine Geliebte?«, fragte sie eines Tages.

»Geliebte?« Nein, dachte er, das war etwas Älteres, sogar Altmodisches. Er konnte sie nicht anders schildern, denn als seinen wahrscheinlichen Absturz oder vielleicht als Schicksal.

»Wie ist deine Frau?«, sagte sie.

»Meine Frau?«

»Du willst lieber nicht über sie reden.«

»Nein. Du würdest sie mögen.«

»Das sähe mir ähnlich.«

»Sie hat eine andere Vorstellung vom Leben als du.«

»Ich weiß gar nicht, wie ich leben will.«

»Doch, das weißt du.«

»Ich glaub nicht.«

»Du hast etwas, was nicht viele Leute haben.«

»Und das wäre?«

»Wirklicher Mut.«

Als er an dem Abend nach Hause kam, sagte seine Frau: »Brian, da ist etwas, was ich mit dir besprechen muss, etwas, was ich dich fragen muss.«

Er spürte, dass sein Herz aussetzte. Seine Kinder liefen auf ihn zu.

»Daddy!«

»Daddy und ich müssen einen Moment miteinander reden«, sagte Sally zu ihnen.

Sie führte ihn ins Wohnzimmer.

»Was ist los?«, sagte er so ruhig er konnte.

Grace und Harry, stellte sich heraus, wollten mit ihren Kindern kommen und genau in den zwei Wochen, in denen Lily im Sommercamp und Ian woanders untergebracht war, damit Sally und Brian ein bisschen Zeit für sich hatten, mit ihnen im Sommerhaus der Familie wohnen. Allein sein war damit unmöglich geworden.

Sie redete weiter, aber Brian hörte kaum zu. In ihm war noch das Echo ihrer ersten Worte, die ihn so erschreckt hatten. Er probierte Antworten auf ein so viel ernsteres Problem. Er würde ihr die Wahrheit sagen, konnte er das? Die Wahrheit war von größter Wichtigkeit, dennoch war sie das Letzte, was er wollte.

»Lass uns das bei einem Drink besprechen«, würde er sagen. »Wir sollten das machen, wenn wir ruhiger sind.«

»Ich werde nicht ruhiger sein.«

Er musste es irgendwie aufschieben, bis sie so war, wie sie oft war, intelligent und verständnisvoll. Er würde etwas über Perspektive sagen.

»Red bitte einfaches Englisch.«

»Man kann das nicht in einfaches Englisch fassen.«

»Versuch's mal«, sagte sie.

»Du weißt doch, dass solche Sachen passieren. Du bist eine kluge Frau. Du verstehst etwas von dieser Welt.«

»Ja, erzähl's mir.«

Ihre Lippen waren heruntergezogen, ein Mundwinkel bebte.

»Da ist jemand gewesen, aber es ist nicht wichtig. Verstehst du, es ist nicht wichtig.«

»Verschwinde«, sagte sie, »und komm nicht wieder. Versuch nicht, die Kinder zu sehen, ich werd das nicht zulassen. Ich lasse andere Schlösser einbauen.«

»Sally, das kannst du doch nicht machen. Ich könnte nie so leben. Sei nicht melodramatisch, bitte. Das ist doch nicht unser Niveau.« Die Worte begannen sich in seinem Mund zu stauen. »Das ist nichts Unlösbares. Du weißt doch genau, dass Pascale die Geliebte deines Vaters war, ich will gar nicht wissen, wie lange.«

»Sie haben geheiratet.«

»Das ist nicht der Punkt.« Er begann zu stottern.

»Was ist denn der Punkt?«

»Der Punkt ist, dass es eine vernünftige Art gibt, damit umzugehen. Wir sind intelligent genug, damit fertigzuwerden.«

»Was nichts anderes heißt, als dass du neben mir eine andere Frau hast?«

»Du ziehst das nur runter. Mach das bitte nicht. Es ist unter unserem Niveau, nur Rollen zu spielen. Da stehen wir drüber. Das weißt du.«

»Alles, was ich weiß, ist, dass du mich betrügst.«

»Ich betrüge dich nicht.«

»Daddy wird dich umbringen.«

Er konnte die Worte nicht finden. Was immer er sich ausdachte, wurde von ihrer Entschlossenheit in Fetzen gerissen. Aber dazu würde es nie kommen.

Auf der anderen Seite hatte Pamela auch ein eigenes Leben, das war der einzige Makel. Sie ging aus, es gab Partys. Einige Tunesier aus der Delegation waren sehr nett.

»Ach ja?«, sagte er.

Sie war auf einer Party im *Four Seasons* gewesen, erzählte sie ihm, und war am nächsten Morgen mit tausend Dollar im Schuh zur Arbeit gegangen, obwohl sie das nicht sagte. Einer der Tunesier war besonders nett.

»Die haben gerne Spaß«, sagte sie.

»Du entwickelst dich zum Playgirl«, sagte Brian ein wenig säuerlich. »Woher soll ich wissen, dass du nicht mit dem Typ rummachst?«

»Du würdest es wissen.«

»Vielleicht. Würdest du mir das sagen? Die Wahrheit? Wie heißt er?«

»Tahar.«

»Ich wollte, du würdest das nicht tun.«

»Ich tu's nicht«, sagte sie.

Im Juni fuhren Sally und die Kinder für den Sommer aufs Land. Die Woche über war Brian in der Stadt allein. »Wie hab ich bloß das Glück gehabt, dich zu treffen?«, sagte er.

Abends gingen sie in einem lebhaften Restaurant essen, die Intimität, zwischen all den Leuten zu sitzen, die Stimmen überall um sie herum. Er hatte die meisten von ihnen schon mal gesehen. Sie war bei Weitem die Begehrenswerteste im Raum.

»Wir werden lange zusammenbleiben«, versprach sie.

Die Sommermorgen mit ihrem ersten weichen Licht. Verliebte Morgen, die roten Zahlen, die still auf der Uhr zuckten, das erste Sonnenlicht in den Bäumen. Ihr blendender nackter Rücken. Die heiligsten Stunden, begriff er, seines Lebens.

Als sie sich eines Morgens anzogen, fragte sie: »Wem gehören die denn?«

In einem Kästchen auf dem Nachttisch lag ein Paar schimmernder Ohrringe.

»Gehören die deiner Frau?«

Sie probierte einen an, steckte ihn ans Ohrläppchen. Sie wandte den Kopf hin und her, betrachtete sich im Spiegel.

»Was ist das, Silber?«

»Das ist Platin. Besser als Silber.«

»Sie gehören deiner Frau.«

»Sie sind repariert worden. Ich musste sie abholen.«

Es war schwer, sie nicht zu bewundern, ihren schönen nackten Hals, ihre Haltung.

»Kann ich sie mal ausleihen?«, fragte sie.

»Das geht nicht. Sie weiß, dass ich sie abholen sollte.«

»Sag doch, sie waren noch nicht fertig.«

»Liebling ...«

»Ich geb sie dir wieder. Davor hast du doch keine Angst, oder? Ich würde sie nur gerne einmal tragen, etwas, das ihr gehört, aber im Moment meins ist.«

»Das hätte Bette Davis sagen können.«

»Wer?«

»Aber sei vorsichtig, verlier sie nicht«, brachte er heraus.

Das war ein Dienstag. Zwei Abende später passierte etwas Furchtbares. Es war ein Empfang, der von einer Gruppe gegeben wurde, die sich den Impressionisten widmete. Pascale zählte zu den Unterstützern, war aber an dem Abend unterwegs und konnte nicht kommen. Sally hatte darauf bestanden, dass Brian hinging, und in der Menge, die die Treppe hinaufströmte, hatte er mit einem Stich der Eifersucht, der umso schärfer war, weil er überraschend kam, Pamela gesehen. Er begann sich durch die Reihen vor ihm zu drängen, um zu sehen, mit wem sie da war.

»Heh, wohin willst du so schnell?«

Es war Del, sein Schwager.

»Wo hast du dich die ganze Zeit versteckt?«

»Versteckt?«

»Wir haben dich seit Wochen nicht gesehen.«

Brian mochte ihn, aber nicht in diesem Moment.

»Warum kommst du heute Abend nicht mit uns essen, hinterher?«

»Ich kann nicht«, sagte Brian, ohne nachzudenken.

»Komm schon, wir gehen zu *Elio's*«, sagte Del. »Guck dir all diese Frauen an. Wo kommen die her? Die gab's nicht, als ich noch nicht verheiratet war.«

Brian hörte ihn kaum. An seinem Schwager vorbei, in der Nähe der Fenster, kaum sechs Schritte von ihm entfernt, sah er Pamela im Gespräch mit Michael Brule. Sie tauschten nicht einfach nur Begrüßungen aus, sondern unterhielten sich über irgendetwas. Sie trug ein blassblaues Kleid, eins, das er mochte, es war im Rücken tief ausgeschnitten. Ihr dunkles Haar war zurückgesteckt, und er konnte genau sehen, dass sie die Ohrringe trug. Sie waren unverwechselbar. Er ging ein bisschen zur Seite, um nicht gesehen zu werden, sein Herz schlug wild. Schließlich war Brule verschwunden.

»Liebling, du bist wohl verrückt geworden«, sagte er in einem wütenden leisen Zischen, als er vor ihr stand.

»Hallo«, sagte sie fröhlich.

Wie lebendig diese Stimme immer klang.

»Was tust du denn?«, beharrte er.

»Wovon redest du?«

»Die Ohrringe!«

»Ich trage sie«, sagte sie.

»Die kannst du nicht tragen. Das war mein Schwiegervater. Er hat sie gekauft! Er hat sie Sally geschenkt! Warum musstest du die hier tragen?«

Seine Stimme war noch immer leise, aber die Leute in der Nähe konnten die Angst hören.

»Woher sollte ich das wissen?«, sagte Pamela.

»Himmel, ich hätte sie dir nie leihen sollen.«

»Oh, hier hast du die blöden Ohrringe wieder«, sagte sie in plötzlicher Wut.

»Lass das!«

Sie nahm sie ab. Es war das erste Mal, dass er sie wütend erlebte, und er hatte plötzlich Angst davor, ihre Gunst zu verlieren.

»Ich bitte dich, ich bin derjenige, der hier wütend sein darf«, sagte er.

Sie schob sie ihm in die Hand.

»Und ja«, sagte sie, »er hat sie gesehen.« Dann, mit erstaunlicher Selbstsicherheit: »Mach dir keine Sorgen, er wird nichts sagen.«

»Wie meinst du das? Wie kannst du da so sicher sein?« Die Antwort traf ihn plötzlich wie eine Krankheit.

»Keine Sorge, er wird nichts sagen«, sagte sie.

Jemand gab ihr ein Glas Wein.

»Danke«, sagte sie ruhig. »Das ist Brian, ein Freund von mir. Brian, das ist Tahar.«

Er konnte sie an dem Abend telefonisch nicht erreichen. Am folgenden Tag rief sein Schwiegervater an und sagte, ob er ihn bitte zum Lunch treffen könnte, es sei wichtig.

Sie trafen sich in einem Restaurant, das Brule favorisierte, mit förmlicher Bedienung und einer europäisch wirkenden Klientel. Es war nicht weit von seinem Büro. Brule las in der Speisekarte, als Brian eintraf. Er sah auf. Seine randlose Brille fing das Licht in einer Weise ein, die seine Augen fast unsichtbar machte.

»Schön, dass du das einrichten konntest«, sagte er und wandte sich wieder der Speisekarte zu.

Brian gab sich Mühe, die Speisekarte zu lesen. Er machte eine Bemerkung darüber, dass er nicht die Möglichkeit gehabt habe, ihn am gestrigen Abend zu begrüßen.

»Ich war sehr verstört über das, was ich gestern Abend erfahren habe«, sagte Brule, als hätte er nicht gehört.

Der Kellner stand neben ihnen und sagte die Gerichte auf, die nicht auf der Speisekarte standen. Brian bereitete seine Antwort vor, aber als sie bestellt hatten, war es Brule, der fortfuhr.

»Dein Benehmen ist dem Gatten meiner Tochter nicht angemessen«, sagte er.

»Ich weiß nicht, ob du in der Position bist, so etwas zu sagen«, brachte Brian heraus.

»Unterbrich mich bitte nicht. Lass mich zu Ende reden. Du wirst danach die Möglichkeit haben, zu antworten. Ich stelle fest, dass du eine Affäre mit einer jungen Frau hast – ich weiß bis in die Details Bescheid, glaub mir –, und wenn dir deine Frau und deine Familie überhaupt etwas bedeuten, dann würde ich sagen, du hast das alles in höchster Weise gefährdet. Wenn Sally es erführe, würde sie dich bestimmt verlassen und unter den gegebenen Umständen das Sorgerecht beanspruchen, und ich würde sie darin unterstützen. Glücklicherweise weiß sie nichts, sodass es noch immer die Möglichkeit gibt, eine Katastrophe zu vermeiden. Vorausgesetzt, du tust, was du tun musst.«

Es gab eine Pause. Es war, als hätte man Brian eine verwirrende Frage gestellt, auf die er die Antwort eigentlich wissen müsste. Seine Gedanken flatterten aber herum, ungreifbar.

»Und was wäre das?«, sagte er. Obwohl er es wusste.

»Dass du das Mädchen aufgibst und sie nie wieder siehst.«

Dieses wundervolle Mädchen, das Mädchen mit den schönen Schultern.

»Und was ist mit dir?«, sagte Brian so ruhig, wie er konnte.

Brule ignorierte das. »Andernfalls«, fuhr er fort, »sosehr mir das auch zuwider ist, wird Sally es erfahren.«

Trotz aller Anstrengung bebte Brians Kinn. Es war nicht nur die Demütigung, es war eine brennende Eifersucht. Sein Schwiegervater schien in jeder Hinsicht in der besseren Position zu sein. Seine manikürten Hände hatten sie berührt, der alternde Körper war dem ihren aufgezwungen worden. Teller wurden vor sie hingestellt, aber Brian rührte das Besteck nicht an.

»Sie wäre nicht die Einzige, die es erfahren würde, nicht wahr? Pascale würde auch alles erfahren«, sagte er.

»Wenn du damit meinst, dass du mich da reinziehen würdest, so kann ich nur sagen, das wäre sinnlos und dumm.«

»Aber du würdest es nicht leugnen können«, sagte Brian störrisch.

»Ich würde es ganz gewiss leugnen. Es würde nur wie der panische Versuch wirken, von deiner Schuld abzulenken und andere anzuschwärzen. Niemand würde dir glauben, darauf kannst du dich verlassen. Und was das Wichtigste ist, Pamela selbst würde das bestätigen.«

»Das ist doch unglaublich. Du überschätzt dich. Das wird sie nicht.«

»Doch, das wird sie. Dafür habe ich gesorgt.«

Er dürfe sie nie wieder sehen oder sprechen, keine Erklärung, kein Abschied.

»Ich glaub das nicht«, sagte Brian.

Er blieb nicht. Er schob den Stuhl zurück, ließ die Serviette auf den Tisch fallen, entschuldigte sich und ging. Brule setzte seinen Lunch fort. Er bat den Kellner, die andere Bestellung rückgängig zu machen.

Die Ohrringe hatte er noch in der Tasche. Er legte sie vor sich hin und versuchte, sie anzurufen. Sie war nicht im Büro, sagte ihre Stimme. Bitte hinterlassen Sie eine Nachricht. Er legte auf. Er empfand eine schreckliche Dringlichkeit; jede Minute war unerträglich. Er dachte daran, sie in ihrem Büro aufzusuchen, aber es würde schwer sein, dort mit ihr zu reden. Sie war nicht am Platz, im Büro von jemand anderem. Selbst das machte ihn unglücklich und neidisch. Er dachte an die Hotelbar. Sie war in einem kurzen schwarzen Rock und auf hohen Absätzen hereingekommen, um den Hals eine Kette mit opaken blauen Steinen. Mit Brule konnte es nur eine kurze schmutzige Geschichte gewesen sein, irgendein geflüstertes Angebot, ein plumper Akt auf einer Couch. Was hatte es auf ihrer Seite letztlich schon sein können außer Resignation? Er rief wieder an und dann noch drei oder vier Mal an dem Nachmittag, hinterließ die Nachricht, sie möge bitte zurückrufen, es sei sei wichtig.

Um sechs schaffte er es irgendwie bis nach Hause. Es war einer dieser Abende, die wirkten, als begänne gerade eine märchenhafte Vorstellung, in der jeder eine Rolle zu spielen hatte. Die Lichter in den Schaufenstern gingen an, die Restaurants an den Gehsteigen füllten sich, Kinder, die zu lange im Park gespielt hatten, rannten nach Hause, das Versprechen einer Erfüllung war überall. Im Fahrstuhl brachte eine hübsche Frau, die er nicht kannte, einen großen Strauß Blumen nach oben. Sie vermied es, ihn anzusehen.

Er schloss auf, trat ein und empfand sofort die Leere der Wohnung. Die Möbel standen still da. Die Küche erschien ihm kalt, als wäre sie nie benutzt worden. Er ging ziellos herum und ließ sich in einen Sessel fallen. Es war sechs Uhr dreißig. Sie würde um diese Zeit zu Hause sein, beschloss er. Sie war nicht zu Hause. Er machte sich einen Drink, saß da, nippend und nachdenkend, das hieß, er ließ es zu, dass dieselben hilflosen Gedanken sich tiefer in ihn hineinfraßen, unabänderlich, während der Abend langsam das Zimmer einnahm. Er machte Licht und rief sie an.

Die Qual war unerträglich. Sie war verärgert gewesen, aber doch sicher nur für den Moment. Das konnte es nicht sein. Sie war von Brule irgendwie eingeschüchtert worden. Sie war kein Mensch, der sich leicht einschüchtern ließ. Er machte sich noch einen Drink und rief weiterhin an. Irgendwann nach zehn – sein Herz überschlug sich – antwortete sie.

»Oh Gott«, sagte er, »ich versuch schon den ganzen Tag dich anzurufen. Wo warst du? Ich wollte unbedingt mit dir reden. Ich musste mit Brule Mittag essen, es war ekelhaft. Ich bin einfach gegangen. Hat er mit dir geredet?«

»Ja«, sagte sie.

»Das hab ich befürchtet. Was hat er gesagt?«

»Darum geht's nicht.«

»Natürlich geht's darum. Er hat dir gedroht. Hör mal, ich komm zu dir.«

»Nein, bitte nicht.«

»Dann komm du her.«

»Ich kann nicht«, sagte sie.

»Natürlich kannst du. Du kannst alles, was du willst. Ich fühl mich schrecklich. Er wollte mich daran hindern, mit dir zu reden. Hör zu, Liebling. Es kann sein, dass es ein bisschen Zeit braucht. Wir müssen ein bisschen vorsichtig sein. Du weißt, dass ich verrückt nach dir bin. Du weißt, dass mir niemand in der Welt jemals mehr bedeutet hat. Was immer er gesagt hat, es ändert nichts daran.«

»Kann sein.«

Er spürte etwas, einen Riss, einen Bruch. Er hatte das Gefühl von etwas Drohendem und Unerträglichem.

»Nicht ›kann sein‹. Du weißt es. Sag mir was, sag mir die Wahrheit. Wann war das zwischen dir und ihm? Ich will das nur wissen. Vorher?«

»Ich möchte darüber jetzt nicht reden«, sagte sie.

»Sag's mir einfach.«

Plötzlich ging ihm etwas auf, woran er bisher nicht gedacht hatte. Er verstand, warum sie so zurückhaltend war.

»Sag mir eins«, sagte er. »Will er dich auch weiterhin treffen?«

»Nein.«

»Ist das die Wahrheit? Sagst du mir die Wahrheit?«

Im Sessel neben ihr, die Beine wie ein Lord gespreizt, saß Tahar mit einer gelangweilten Miene der Geduld.

»Ja, das ist die Wahrheit«, sagte sie.

»Ich weiß nicht, was die Lösung ist, aber ich weiß, es gibt eine«, versicherte Brian.

Tahar konnte nur ihre Seite der Unterhaltung verstehen, und er wusste nicht, mit wem sie sprach, aber er machte eine kleine Bewegung mit dem Kinn, die sagte, Schluss damit. Pam nickte leicht, zustimmend. Tahar trank nicht, aber er war selbst ein mächtiges Rauschmittel: dunkle Haut, weiße Zähne und ein exotischer Duft, der sogar in seinen Kleidern hing. Er bot Räume über dem Souk, mit einem unglaublichen Blick auf die Stadt, Nächte von intensiver Bläue, Morgen, an denen man weit von der vertrauten Welt fortgetrieben war. Brian war jemand, den sie im Gedächtnis behalten würde, vielleicht jemand, den sie jederzeit anrufen konnte.

Tahar machte noch eine Geste leichter Verärgerung. Für ihn war es erst der Anfang.

SO VIEL SPASS

Als sie das Restaurant verließen, wollte Leslie zu Hause noch etwas trinken, es war nur ein paar Blocks weiter, ein großes altes Apartmenthaus mit bleigefassten Fenstern im Parterre und einem Blick auf den Washington Square, Kathrin war einverstanden, aber Jane behauptete, sie sei müde.

»Nur ein Glas«, sagte Leslie. »Komm schon.«

»Es ist zu früh, um nach Hause zu gehen«, sagte Kathrin.

Im Restaurant hatten sie über Filme gesprochen, solche, die sie gesehen, und solche, die sie nicht gesehen hatten. Sie sprachen über Filme und über Rudy, den Chefkellner des Restaurants.

»Ich krieg immer einen guten Tisch«, sagte Leslie.

»Ach ja?«

»Immer.«

»Und was kriegt er?«

»Die Frage ist, was er zu kriegen hofft«, sagte Leslie.

»In Wirklichkeit guckt er immer Jane an.«

»Nein, tut er nicht«, protestierte Jane.

»Er hat dich ja schon halb ausgezogen.«

»Hör auf, bitte«, sagte Jane.

Leslie und Kathrin hatten im College ein Zimmer geteilt und waren seitdem Freundinnen. Sie waren durch Europa getrampt, bis in die Türkei, hatten sich viele Nächte ein Bett geteilt. Bis auf ein Mal hatten sie sich nicht auf Männer – oder damals eher Jungen – eingelassen. Kathrin hatte langes dunkles Haar, das sie aus der schönen Stirn kämmte und ein strahlendes Lächeln. Sie hätte leicht ein Model sein können. In ihr steckte nicht viel mehr als das, was man sah, aber das hatte noch immer gereicht. Ihr Hauptfach im College war Musik gewesen, nur hatte sie nichts daraus gemacht. Sie war wundervoll am Telefon, es war, als ob sie einen schon seit Jahren kannte.

Im Aufzug sagte Kathrin: »Gott, ist der süß.«
»Wer?«
»Dein Türsteher. Wie heißt er?«
»Santos. Er kommt von irgendwo in Kolumbien.«
»Wann hat er frei, das möchte ich wissen.«
»Um Himmels willen.«
»Das haben sie mich immer gefragt. Als ich an der Bar gearbeitet habe.«
»Da sind wir.«
»Nein, wirklich. Bittest du ihn jemals, eine Glühbirne auszuwechseln oder so was?«

Leslie suchte nach dem Wohnungsschlüssel.
»Das ist der Hausmeister«, sagte sie. »Der ist eine ganz andere Geschichte.«

Als sie eintraten, sagte sie: »Ich glaube, ich hab nur Scotch. Das ist okay, oder? Bunning hat alles andere ausgetrunken.«

Sie ging in die Küche, um Gläser und Eis zu holen. Kathrin setzte sich mit Jane auf die Couch.
»Triffst du Andrew immer noch?«, sagte sie.
»Ab und zu«, sagte Jane.
»Ab und zu, so was such ich auch. Ab und zu ist besser.«

Leslie kam mit den Gläsern und dem Eis zurück. Sie begann, die Drinks zu machen.
»So, ich trink auf euch«, sagte sie. »Und auf mich. Es wird mir schwerfallen, hier auszuziehen.«
»Du darfst die Wohnung nicht behalten?«, sagte Kathrin.
»Zweitausendsechshundert im Monat? Das kann ich mir nicht leisten.«
»Kriegst du denn nichts von Bunning?«

»Ich werd nichts verlangen. Ein paar Möbel – die kann ich wahrscheinlich gebrauchen – und vielleicht ein bisschen, um mich die ersten drei oder vier Monate über Wasser zu halten. Ich kann bei meiner Mutter wohnen, wenn's sein muss. Ich hoffe, es muss nicht sein. Oder ich könnte bei dir wohnen, nicht?«, fragte sie Kathrin.

Kathrin hatte ein Ein-Zimmer-Apartment an der Lexington Avenue, ein Zimmer, das schwarz gestrichen war, mit Spiegeln an einer Wand.

»Natürlich. Bis eine von uns die andere umbringt«, sagte Kathrin.

»Wenn ich einen Freund hätte, wär das kein Problem«, sagte Leslie, »aber ich war viel zu sehr mit Bunning beschäftigt, um einen Freund zu haben.«

»Du hast Glück«, sagte sie zu Jane, »du hast Andy.«

»Nicht wirklich.«

»Was ist denn passiert?«

»Eigentlich nichts. Er hat's nicht ernst gemeint.«

»Mit dir.«

»Unter anderm.«

»Und was ist passiert?«, sagte Leslie.

»Ich weiß nicht. Mich hat einfach nicht interessiert, was ihn interessiert.«

»Zum Beispiel?«, sagte Kathrin.

»Alles.«

»Mach mal eine Andeutung.«

»Das Übliche.«

»Was?«

»Analsex«, sagte Jane. Das hatte sie sich ausgedacht, einfach so. Sie wollte etwas Radikales sagen.

»Oh Gott«, sagte Kathrin. »Erinnert mich an meinen Ex.«

»Malcolm«, sagte Leslie, »wo ist Malcolm eigentlich? Hast du noch Kontakt zu ihm?«

»Er ist in Europa. Nein, ich hab nichts mehr von ihm gehört.«

Malcolm schrieb für ein Wirtschaftsmagazin. Er war klein, zog sich aber sehr gut an – schöne Nadelstreifenanzüge und glänzende Schuhe.

»Ich frag mich, wie ich ihn jemals heiraten konnte«, sagte Kathrin. »Das war nicht sehr weitsichtig.«

»Oh, ich weiß, wie das passiert ist«, sagte Leslie. »Ich hab ja *gesehen*, wie's passiert ist. Er ist sehr sexy.«

»Zum einen war's wegen seiner Schwester. Die war toll. Wir waren vom ersten Moment an Freundinnen. Gott, ist der stark«, sagte Kathrin.

»Willst du ein bisschen mehr Wasser?«

»Ja. Sie hat mir Austern essen beigebracht. *Das* soll ich essen?, hab ich gesagt. Ich zeig dir's, hat sie gesagt, einfach rein damit und schlucken. Das war in der Bar in Grand Central Station. Als ich die ersten gegessen hatte, konnte ich gar nicht genug bekommen. Sie war so direkt. Schläfst du mit Malcolm?, hat sie gefragt, dabei kannten wir uns kaum. Sie wollte wissen, wie es war, ob er so gut war, wie er wirkte.«

Kathrin hatte im Restaurant eine Menge Wein getrunken und davor einen Cocktail. Ihre Lippen glänzten.

»Wie hieß sie?«, fragte Jane.

»Enid.«

»Oh, schöner Name.«

»Na ja, jedenfalls, wir zogen es durch – das war, bevor wir geheiratet haben. Wir hatten ein Zimmer mit nichts drin, außer einem Bett und einem Fenster. Da hab ich's zum ersten Mal gemacht.«

»Was?«, sagte Leslie.

»Na, in den Arsch.«

»Und?«

»Ich mochte das.«

Jane war plötzlich voller Bewunderung für sie; sie empfand

Bewunderung und Verlegenheit zugleich. Sie hatte es sich nicht nur ausgedacht, sie hatte es wirklich gemacht. Warum würde ich es nie schaffen, so etwas zuzugeben?, dachte sie.

»Aber du hast dich scheiden lassen«, sagte sie.

»Na ja, es gibt ja noch 'ne Menge anderer Dinge im Leben. Wir haben uns scheiden lassen, weil ich es leid war, dass er sich immer rumtrieb. Er war viel unterwegs, weil er Geschichten an verschiedenen Orten schreiben musste, aber einmal klingelte in London das Telefon um zwei Uhr morgens, und er ging ins andere Zimmer, um zu reden. Da hab ich's rausgefunden. Die war natürlich nur eine von vielen.«

»Du trinkst gar nicht«, sagte Leslie zu Jane.

»Doch, tu ich.«

»Jedenfalls haben wir uns scheiden lassen«, fuhr Kathrin fort. »Also sind wir jetzt schon zwei«, sagte sie zu Leslie. »Wir können einen Club aufmachen.«

»Und du lässt dich wirklich scheiden?«, fragte Jane.

»Das wird 'ne Erleichterung sein.«

»Wie lang war's? Sechs Jahre?«

»Sieben.«

»Das ist lange.«

»Sehr lange.«

»Wie habt ihr euch getroffen?«, sagte Jane.

»Wie wir uns getroffen haben? Durch unglückliche Umstände«, sagte Leslie – sie schenkte sich Scotch nach. »Wir haben uns getroffen, als er aus einem Boot fiel. Ich ging damals mit seinem Cousin. Wir waren segeln, und Bunning hat später behauptet, er musste es tun, um meine Aufmerksamkeit zu erregen.«

»Das ist wirklich witzig.«

»Später hat er die Geschichte abgewandelt und gesagt, er sei gefallen, und dann lieber ins Wasser.«

Bunnings Vorname war eigentlich Arthur, Arthur Bunning Hasset, aber er mochte Arthur nicht. Seine Familie hatte eine

Knopffabrik und ein großes Haus in Bedford, das Ha Ha genannt wurde. Dort war er aufgewachsen. Theoretisch schrieb er Theaterstücke, von denen eines so etwas wie ein Erfolg gewesen war und off-Broadway gelaufen war. Aber danach war es schwierig geworden. Er hatte eine Sekretärin namens Robin – sie wurde Assistentin genannt –, die ihn unglaublich und unberechenbar fand, von seinem Witz gar nicht zu reden, und Leslie war auch immer amüsiert, zumindest ein paar Jahre lang, aber dann fing die Trinkerei an.

Das Ende war etwa vor einer Woche gekommen. Sie waren von einem Theateranwalt und seiner Frau zu einer Premiere eingeladen. Zuerst gab es ein Essen, und in dem Restaurant bestellte Bunning, der schon zu Hause getrunken hatte, einen Martini.

»Lass das«, sagte Leslie.

Er ignorierte sie und war eine Weile amüsant, saß dann aber schweigend da und trank, während Leslie und das andere Paar sich weiter unterhielten, als Bunning mittendrin mit klarer Stimme sagte: »Wer sind diese Leute?«

Eine Stille trat ein.

»Im Ernst, wer sind die?«, fragte Bunning wieder.

Der Anwalt hüstelte.

»Wir sind ihre Gäste«, sagte Leslie kalt.

Bunnings Gedanken schienen sich etwas anderem zuzuwenden, und ein paar Momente später stand er auf, um auf die Toilette zu gehen.

Eine halbe Stunde verging. Schließlich entdeckte Leslie ihn an der Bar. Er trank noch einen Martini. Sein Gesichtsausdruck war verschwommen und kindlich.

»Wo warst du?«, fragte er. »Ich hab dich überall gesucht.«

Sie war außer sich.

»Das ist das Ende«, sagte sie.

»Nein, wirklich, wo warst du?«, fragte er noch einmal.

Sie begann zu weinen.

»Ich geh nach Hause«, entschied er.

Dennoch, sie musste an die Sommermorgen in New England denken, als sie frisch verheiratet waren. Draußen vor dem Fenster liefen die Eichhörnchen den Stamm eines großen Baums herunter, Kopf zuerst, liefen in einer Spirale auf die nicht sichtbare Seite, ihre wundervollen buschigen Schwänze. Sie erinnerte sich, wie sie zu kleinen Sommertheatern gefahren waren, die alten Eisenbrücken, Kühe, die im breiten Tor einer Scheune lagen, das glatte langsame Bild namenloser Flüsse, die schöne ruhige Landschaft – wie glücklich man sein konnte.

»Weißt du«, sagte sie, »Marge ist verrückt nach ihm.« Marge war ihre Mutter. »Das hätte mich warnen sollen.«

Sie ging hinaus, um mehr Eis zu holen, und sah sich selbst im Flurspiegel.

»Habt ihr das schon mal erlebt, dass man sich sagt, so weit und keinen Schritt weiter?«, sagte sie, als sie wieder hereinkam.

»Wie meinst du das?«, sagte Kathrin.

Leslie setzte sich neben sie. Sie gehörten wirklich zusammen, dachte sie. Sie waren jeweils auf der Hochzeit der anderen Brautjungfern gewesen. Sie waren enge Freundinnen.

»Ich meine, habt ihr schon mal in den Spiegel geguckt und gesagt: Ich kann nicht mehr ... jetzt ist Schluss.«

»Was meinst du damit?«

»Bei Männern.«

»Du bist nur sauer auf Bunning.«

»Wer braucht die eigentlich?«

»Machst du Witze?«

»Soll ich euch was erzählen, was ich festgestellt habe?«

»Was?«

»Ich weiß nicht ...«, sagte Leslie hilflos.

»Was wolltest du sagen?«

»Oh. Meine Theorie ... Meine Theorie ist, dass sie sich länger an einen erinnern, wenn man's nicht macht.«

»Vielleicht«, sagte Kathrin, »aber andererseits, wozu sonst das Ganze?«

»Das ist nur meine Theorie. Sie wollen teilen und herrschen.«

»Teilen?«

»So ähnlich jedenfalls.«

Jane hatte weniger getrunken als die anderen. Sie fühlte sich nicht gut. Sie hatte den Nachmittag damit verbracht, auf ein Gespräch mit dem Arzt zu warten, und war dann auf die unwirkliche Straße hinausgetreten. Sie schlenderte in dem Zimmer herum und nahm ein Foto von Leslie und Bunning in die Hand, das zur Zeit ihrer Hochzeit gemacht worden war.

»Und was passiert jetzt mit Bunning?«, fragte sie.

»Wer weiß?«, sagte Leslie. »Er macht so weiter wie bisher. Irgendeine Frau wird beschließen, dass sie ihn wieder hinkriegen kann. Lass uns tanzen. Ich möchte tanzen.«

Sie ging zum CD-Spieler und begann, die CDs durchzusehen, bis sie eine fand, die ihr gefiel, und legte sie auf. Es war einen Moment lang still, und dann kam ein ungleichmäßiges, kreischendes Klagen, viel zu laut. Es waren Dudelsäcke.

»Oh Gott«, rief sie aus und machte die Musik aus. »Das war in der falschen ..., es ist eine von seinen.«

Sie fand eine andere, und ein leiser, insistierender Trommelschlag setzte langsam ein, erfüllte den Raum. Sie fing an, danach zu tanzen. Kathrin begann auch. Dann trat die Stimme eines Sängers oder mehrerer dazu, wiederholte dieselben Worte immer wieder. Kathrin machte eine Pause, um etwas zu trinken.

»Nicht«, sagte Leslie. »Trink nicht so viel.«

»Warum nicht?«

»Dann kannst du nichts mehr machen.«

»Was soll ich machen?«

Leslie wandte sich Jane zu und winkte. »Komm.«

»Nein, ich möchte eigentlich nicht ...«

»Komm schon.«

Die drei tanzten zu dem hypnotischen, rhythmischen Gesang. Er ging immer weiter. Schließlich setzte sich Jane, ihr Gesicht feucht, und sah zu. Frauen tanzten oft zusammen oder sogar allein auf Partys. Tanzte Bunning?, fragte sie sich. Nein, das war nicht seine Art, aber es war ihm auch nicht peinlich. Er trank zu viel, um zu tanzen, aber warum trank er? Ihm schien alles egal zu sein, aber da drunter war ihm wahrscheinlich gar nichts egal.

Leslie setzte sich neben sie.

»Ich hab keine Lust, umzuziehen«, sagte sie, den Kopf gleichgültig zurückgelegt. »Ich muss irgendeine andere Wohnung finden. Das ist das Schlimmste.«

Sie hob den Kopf.

»In zwei Jahren wird sich Bunning nicht mal mehr an mich erinnern. Vielleicht sagt er manchmal: ›meine Exfrau‹. Ich wollte ein Baby. Er fand das keine gute Idee. Ich sagte zu ihm, ich hab bald meinen Eisprung, und er sagte, das ist ja wunderbar. Na ja, so ist das eben. Beim nächsten Mal werd ich eins kriegen. Wenn's ein nächstes Mal gibt. Du hast schöne Brüste«, sagte sie zu Jane.

Jane brachte kein Wort hervor. Sie hätte nie den Mut gehabt, so etwas zu sagen.

»Meine hängen schon«, sagte Leslie.

»Das macht nichts«, antwortete Jane dümmlich.

»Ich nehm an, ich könnte was machen lassen, wenn ich das Geld hätte. Man kann alles in Ordnung bringen, wenn man das Geld hat.«

Das stimmte nicht, aber Jane sagte: »Da hast du wohl recht.«

Sie hatte mehr als sechzigtausend Dollar, die sie gespart und an einer Ölgesellschaft verdient hatte, von der ihr eine ihrer Kolleginnen erzählt hatte. Wenn sie wollte, konnte sie sich ein Auto kaufen, sie hatte an einen Porsche gedacht, einen Boxster. Sie musste die Ölaktien nicht mal verkaufen, sie konnte einen

Kredit darauf aufnehmen und ihn im Laufe von zwei oder drei Jahren abbezahlen und am Wochenende aufs Land fahren, nach Connecticut, in die kleinen Küstenstädte, Madison, Old Lyme, Niantic, und irgendwo anhalten und Mittag essen, in einem Lokal, das in ihrer Vorstellung außen weiß gestrichen war. Vielleicht wäre ein Mann da, allein, oder auch mit anderen Männern zusammen. Er würde nicht aus einem Boot fallen müssen. Es würde natürlich nicht Bunning sein, aber jemand wie er, mit trockenem Humor, ein bisschen schüchtern, der Mann, den sie bisher aus welchen Gründen auch immer nicht getroffen hatte. Sie würden zusammen zu Abend essen, reden. Sie würden nach Venedig fahren, etwas, was sie schon immer tun wollte, im Winter, wenn sonst niemand da war. Sie hätten ein Zimmer über dem Kanal, mit seinen Hemden und Schuhen und einer halb vollen Flasche, sie wusste nicht, was, irgendeinem italienischen Wein, und vielleicht ein paar Büchern. Die Seeluft von der Adria würde nachts durchs Fenster hereinkommen, und sie würde früh aufwachen, bevor es richtig hell war, und ihn angucken, wie er neben ihr schlief, schlief und leise atmete.

Schöne Brüste. Das war, als sagte jemand: Ich liebe dich. Es wärmte.

Sie wollte Leslie etwas sagen, aber es war nicht der Moment dafür, oder vielleicht doch. Sie hatte sich das selber noch nicht richtig gesagt.

Ein weiteres Stück begann, und sie tanzten wieder, kamen hin und wieder zusammen, mit fließenden Armbewegungen, lächelnd. Kathrin war wie jemand in einem der Clubs, glamourös, gleichgültig. Sie besaß Leidenschaft, Kühnheit. Wenn man etwas sagte, hörte sie es gar nicht. Sie war eine Art billiger Göttin und würde noch lange so weitermachen, zu viel für Dinge ausgeben, in die sie sich verliebte, einen Seidenanzug oder Hosen, schwarz und schmiegsam, die unten weiter wurden, die Art, die Jane mit nach Venedig nehmen würde. Jane hatte im College keine Liebesgeschichte gehabt – als Einzige, die sie kannte. Jetzt bereute sie das, sie wünschte sich, sie hätte es gemacht. Und wäre in das Zimmer gegangen, das nur ein Bett und ein Fenster hatte.

»Ich muss los«, sagte sie.

»Was?«, sagte Leslie über die Musik hinweg.

»Ich muss los.«

»Das war lustig«, sagte Leslie und kam zu Jane herüber. Sie umarmten sich an der Tür, ungeschickt, Leslie fiel fast hin.

»Bis morgen früh«, sagte sie.

Draußen winkte Jane ein Taxi heran, es war zufälligerweise sogar sauber, und gab dem Fahrer ihre Adresse an der Cornelia Street. Sie fuhren los, bewegten sich schnell durch den Verkehr. Im Rückspiegel sah der junge Fahrer, dass sie, ein gut aussehendes Mädchen in seinem Alter, weinte. An einer roten Ampel neben einem Drugstore, wo es hell war, sah er, dass ihr die Tränen die Wangen hinunterströmten.

»Entschuldigen Sie, ist etwas nicht in Ordnung?«, fragte er.

Sie schüttelte den Kopf. Es schien so, als wollte sie etwas sagen.

»Was ist denn?«, sagte er.

»Nichts«, sagte sie, den Kopf schüttelnd. »Ich sterbe.«

»Sind Sie krank?«

»Nein, nicht krank. Ich habe Krebs, ich sterbe«, sagte sie.

Sie hatte es zum ersten Mal gesagt, sich selbst zuhörend. Es gab vier Grade, und sie hatte den vierten, Stufe vier.

»Ach«, sagte er. »Sind Sie sicher?«

In dieser Stadt gab es so viele seltsame Menschen, dass er nicht wusste, ob sie die Wahrheit sagte oder sich nur etwas einbildete.

»Wollen Sie ins Krankenhaus?«, fragte er.

»Nein«, sagte sie, unfähig, mit dem Weinen aufzuhören. »Es geht schon«, sagte sie ihm.

Ihr Gesicht war anziehend, wenn auch von den Tränenspuren durchzogen. Er hob den Kopf ein wenig, um den Rest von ihr zu sehen. Auch anziehend. Aber was, wenn sie die Wahrheit sagte, fragte er sich. Was, wenn Gott, aus welchem Grund auch immer, beschlossen hatte, das Leben eines solchen Menschen zu beenden? Man konnte es nicht wissen. So viel verstand er.

DÄMMERUNG

Mrs. Chandler stand in einem maßgeschneiderten Kostüm allein neben dem Schaufenster, fast direkt vor dem Neonschild, auf dem in kleinen roten Buchstaben ERSTKLASSIGES FLEISCH stand. Sie schien die Zwiebeln anzusehen, sie hatte eine in der Hand. Außer ihr war niemand im Geschäft. Vera Pini saß in ihrem weißen Kittel an der Kasse und starrte auf die vorbeifahrenden Autos. Draußen war es bewölkt, und es war windig. Der Verkehr zog in fast ununterbrochenem Fluß vorbei. »Ich kann Ihnen heute den Brie empfehlen«, bemerkte Vera, ohne sich zu bewegen. »Wir haben ihn gerade reinbekommen.«

»Ist er wirklich gut?«

»Sehr gut.«

»Schön, dann nehm ich welchen.« Mrs. Chandler war eine Stammkundin. Sie ging nicht in den Supermarkt am Stadtrand. Sie war eine der besten Kundinnen. War es gewesen. Sie kaufte nicht mehr so viel.

An der Fensterscheibe tauchten die ersten Regentropfen auf. »Sehen Sie sich das an. Jetzt regnet's auch noch«, sagte Vera.

Mrs. Chandler drehte den Kopf. Sie beobachtete die vorbeifahrenden Autos. Es schien, als wäre es Jahre her. Aus irgendeinem Grund mußte sie an die vielen Male denken, die sie selbst hinausgefahren war oder den Zug genommen hatte, aufs Land fuhr, in der Dunkelheit auf dem langen, leeren Bahnsteig ausstieg und ihr Mann oder eines ihrer Kinder da auf sie wartete. Es war warm. Die Bäume waren mächtig und schwarz. Hallo, mein Liebling. Hallo, Mami, wie war die Reise?

Das kleine Neonschild leuchtete hell im grauen Licht, auf

der anderen Straßenseite lag der Friedhof, und ihr Auto, eine ausländische Marke, immer sauber, parkte in falscher Richtung vor der Tür. Sie machte das immer. Sie war eine Frau, die ein bestimmtes Leben führte. Sie wusste, wie man Dinnerpartys gab, mit Hunden umging, Restaurants betrat. Sie hatte ihre eigene Art, Einladungen anzunehmen, sich zu kleiden, sie selbst zu sein. Eigensinnige Gewohnheiten könnte man sie nennen. Sie war eine Frau, die Bücher gelesen, Golf gespielt, Hochzeiten besucht hatte, die schöne Beine besaß, die Stürme überstanden hatte, eine gute Frau, die jetzt niemand mehr wollte.

Die Tür ging auf, und einer der Farmer kam herein. Er trug Gummistiefel. »Hallo, Vera«, sagte er.

Sie sah ihn von der Seite an. »Warum bist du nicht auf der Jagd?«

»Zu nass«, sagte er. Er war alt und machte nicht viele Worte. »Das Wasser steht an 'n paar Stellen 'n halben Meter hoch.«

»Mein Mann ist nicht da.«

»Das hättest du mir früher sagen sollen«, sagte der alte Mann im Scherz. Er hatte ein Gesicht, das vom Wetter fast ausgelöscht war. Es war verblasst wie eine alte Briefmarke.

Es war Jagdwetter, regnerisch und diesig. Die Saison hatte begonnen. Den ganzen Tag hörte man ab und zu Schüsse, und um die Mittagszeit flog ein Zug von sechs Gänsen ungeordnet über das Haus. Sie hatte in der Küche gesessen und ihre dummen lauten Rufe gehört. Sie sah sie durch das Fenster. Sie flogen sehr tief, knapp über den Baumwipfeln.

Das Haus lag inmitten von Feldern. Vom oberen Stock konnte man auf ferne Scheunen und Zäune sehen. Es war ein schönes Haus, jahrelang hatte sie es als einzigartig empfunden. Der Garten war gepflegt, das Holz gestapelt, die Fliegengitter gut in Schuss. Und auch innen war geschmackvoll ausgewählt, die weichen weißen Sofas, die Teppiche und Stühle, die schwedischen Gläser, die so angenehm in der Hand lagen, die Lampen. Das Haus ist meine Seele, hatte sie immer gesagt.

Ihr fiel der Morgen ein, als die Gans auf ihrem Rasen auftauchte, ein großes Tier mit langem schwarzem Hals und weißem Kinnstreifen, keine fünf Meter entfernt stand sie da. Sie war zur Treppe gelaufen. »Brookie«, flüsterte sie.

»Was?«

»Komm runter. Sei leise.«

Sie gingen zum Fenster und dann weiter zu einem anderen, sie sahen gebannt hinaus.

»Was macht sie so nah am Haus?«

»Ich weiß nicht.«

»Sie ist groß, nicht?«

»Sehr groß.«

»Aber nicht so groß wie Dancer.«

»Dancer kann nicht fliegen.«

Alles weg, Pony, Gans, Junge. Sie erinnerte sich an den Abend, als sie von dem Abendessen bei Werners nach Hause kamen, bei dem eine junge Frau mit sehr klaren Gesichtszügen erzählt hatte, sie habe ihre Ehe aufgegeben, um Architektur zu studieren. Rob Chandler hatte nichts gesagt, er hatte lediglich zugehört, zerstreut, wie bei einer ganz gewöhnlichen Mitteilung. Um Mitternacht in der Küche, er hatte kaum die Tür geschlossen, teilte er es ihr einfach mit. Er hatte sich von ihr abgewandt und stand mit dem Gesicht zum Tisch.

»Was?«, sagte sie.

Er begann es zu wiederholen, aber sie unterbrach ihn.

»Was sagst du da?«, sagte sie betäubt.

Er hatte jemand anderes kennengelernt.

»Du hast was?«

Sie behielt das Haus. Sie ging nur ein letztes Mal in das Apartment in der Zweiundachtzigsten Straße mit seinen großen Fenstern, von denen man, die Wange an die Scheibe gedrückt, die Eingangsstufen der Met sehen konnte. Ein Jahr später heiratete er wieder. Eine Zeit lang trieb sie ziellos dahin. Sie saß abends im leeren Wohnzimmer, fast hilflos, sie vergaß zu essen, sie tat gar nichts, sie streichelte den Kopf ihres Hundes und redete mit ihm, zusammengerollt auf dem Sofa, um zwei Uhr morgens noch immer angezogen. Eine verhängnisvolle Kraftlosigkeit war über sie gekommen, aber dann riss sie sich zusammen, begann in die Kirche zu gehen und wieder Lippenstift zu tragen.

Jetzt, als sie vom Markt zu ihrem Haus zurückkehrte, trieben große bleierne, vom Licht marmorierte Wolken über den Bäumen. Der Wind war böig. Ein Auto stand in der Auffahrt, als sie einbog. Einen kurzen Moment war sie beunruhigt, dann erkannte sie es. Eine Gestalt kam auf sie zu.

»Hallo, Bill«, sagte sie.

»Warte, ich helf dir.« Er nahm die größte Tüte mit Einkäufen aus dem Auto und folgte ihr in die Küche.

»Stell sie einfach auf den Tisch«, sagte sie. »Ja, dort. Danke. Wie geht es dir?«

Er trug ein weißes Hemd und ein Jackett, das einmal teuer gewesen war. Die Küche schien kalt. In der Ferne hörte man das leise Knallen von Flinten.

»Komm rein«, sagte sie. »Es ist kühl hier draußen.«

»Ich bin nur vorbeigekommen, um zu sehen, ob irgendwas in Ordnung gebracht werden muss, bevor die Kälte kommt.«

»Ach so. Na ja«, sagte sie, »das Badezimmer oben. Wird es damit wieder Probleme geben?«

»Du meinst die Rohre?«

»Ich werd dieses Jahr doch nicht wieder einen Rohrbruch haben?«

»Haben wir die nicht isoliert?«, sagte er. Er sprach mit einem leichten, eleganten Nuscheln, hinten, seitlich an der Zunge. Das hatte er schon immer. »Es liegt nach Norden, das ist das Problem.«

»Ja«, sagte sie. Sie suchte gedankenlos nach einer Zigarette.

»Warum, glaubst du, haben sie es dorthin gesetzt?«

»Da war es halt schon immer«, sagte er.

Er war vierzig, sah aber jünger aus. Er hatte etwas Hartes und Hoffnungsloses an sich, etwas, das ihm die Jugend bewahrte. Er verbrachte den ganzen Sommer auf dem Golfplatz, manchmal bis in den Dezember hinein. Selbst dort wirkte er gleichgültig, das dunkle Haar vom Wind zerzaust – sogar wenn er mit Freunden zusammen war, als würde er die Zeit totschlagen. Es gab viele Geschichten über ihn. Er war ein gefallenes Idol. Sein Vater hatte ein Maklerbüro in einem Cottage am Highway. Grundstücke, Farmen, Weideland. Sie zählten in dieser Gegend zu den ältesten Familien. Eine Straße war nach ihnen benannt.

»Der eine Wasserhahn ist kaputt. Kannst du ihn dir ansehen?«

»Was hat er denn?«

»Er tropft«, sagte sie. »Ich zeig's dir.«

Sie ging voraus, die Treppe nach oben hinauf. »Da«, sagte sie und deutete aufs Badezimmer. »Man kann es hören.«

Er drehte beiläufig das Wasser auf und zu und fühlte unter dem Hahn. Er machte es mit ausgestrecktem Arm und einer lockeren Bewegung des Handgelenks. Sie konnte ihn vom Schlafzimmer aus sehen. Er schien sich andere Dinge auf der Ablage anzusehen.

Sie drehte das Licht an und setzte sich. Es war kurz vor Einbruch der Dämmerung, und das Zimmer wirkte sofort warm und angenehm. An den Wänden waren blaugestreifte Tapeten, der Teppich war in einem weichen Weiß gehalten. Der glänzende Stein des offenen Kamins strahlte Ordnung aus. Draußen verschwanden allmählich die Felder. Es war die Stunde der Ruhe, eine Stunde, die sie fürchtete. Manchmal, wenn sie zum Meer hinaussah, dachte sie an ihren Sohn, obwohl es im Sund geschehen war und vor langer Zeit. Wie sie festgestellt hatte, dachte sie nicht mehr jeden Tag daran. Sie sagten, dass es mit der Zeit besser würde, aber nie ganz verschwinde. Wie in vielen anderen Dingen hatten sie recht. Er war der Jüngste gewesen und sehr lebhaft, wenn auch ein wenig zart. Sie betete jeden

Sonntag in der Kirche für ihn. Sie sprach nur ein kleines Gebet: O Herr, übersieh ihn nicht, er ist so klein ... Nur ein kleiner Junge, fügte sie manchmal hinzu. Der Anblick von etwas Totem, ein zerfetzter Vogel auf der Straße, die steifen Läufe eines Kaninchens, selbst eine tote Schlange, bestürzte sie.

»Ich denke, es ist die Dichtung«, sagte er. »Ich bring 'ne neue vorbei, sobald ich kann.«

»Gut«, sagte sie. »Wird es wieder einen Monat dauern?«

»Weißt du, Marian und ich sind wieder zusammen. Wusstest du das?«

»Oh, versteh.« Sie gab einen leisen unwillkürlichen Seufzer von sich. Sie fühlte sich merkwürdig. »Ich, ähm ...« Wie kann man so schwach sein, dachte sie später. »Seit wann?«

»Seit ein paar Wochen.«

Nach einer Weile stand sie auf. »Wollen wir runtergehen?« Sie konnte ihre Spiegelbilder sehen, als sie am Treppenhausfenster vorbeikamen. Sie konnte ihre aprikosenfarbene Bluse vorbeigehen sehen. Draußen ging noch immer der Wind. Ein kahler Ast kratzte an die Hauswand. In der Nacht hörte sie es oft.

»Hast du Zeit für einen Drink?«, fragte sie.

»Besser nicht.«

Sie schenkte sich etwas Scotch ein und ging in die Küche, um Eis aus dem Kühlschrank zu holen und ein wenig Wasser dazuzutun. »Ich nehm an, dass ich dich eine Weile nicht sehen werde.«

Es war nicht viel gewesen. Ein paar Abendessen im Lanai, ein paar unerwartete Nächte. Es war nur das Gefühl, mit jemandem zusammen zu sein, den man mochte, jemand, der unkompliziert und anders war. »Ich ...« Sie versuchte, etwas zu sagen.

»Du wolltest, es wär nicht passiert.«

»Ja. So ähnlich.«

Er nickte. Er stand dort. Sein Gesicht war ein wenig blass geworden, die Blässe des Winters.

»Und du?«, sagte sie.

»Ach, zur Hölle.« Sie hatte nie gehört, dass er sich beschwerte. Nur über bestimmte Leute. »Ich bin bloß ein Hausmeister. Sie ist meine Frau. Was wirst du machen? Eines Tages zu ihr gehen und ihr alles erzählen?«

»Das würde ich nie tun.«

»Ich hoffe nicht«, sagte er.

Als die Tür sich schloss, drehte sie sich nicht um. Sie hörte, wie draußen das Auto ansprang, und sah die Spiegelung der Scheinwerfer. Sie stand vorm Spiegel und betrachtete kalt ihr Gesicht. Sechsundvierzig. Man sah es an ihrem Hals und unter den Augen. Sie würde nicht jünger werden. Sie hätte ihn bitten sollen, dachte sie. Sie hätte ihm sagen sollen, was sie empfand, all das, was jetzt ihr Herz erstickte. Der Sommer mit seinen Hoffnungen und den langen Tagen war vorbei. Sie spürte den Drang, ihm zu folgen, an seinem Haus vorbeizufahren. Das Licht würde brennen. Sie würde jemanden durch das Fenster sehen.

In der Nacht hörte sie die Äste gegen das Haus klopfen, die Fensterrahmen rappeln. Sie saß allein da und dachte an die Gänse, sie konnte sie da draußen hören. Es war kalt geworden. Der Wind blähte ihr Gefieder. Sie lebten lange, zehn oder fünfzehn Jahre, hieß es. Die eine, die sie auf dem Rasen gesehen hatten, könnte noch am Leben sein, mit den anderen in die Felder geduckt, zurück vom Meer, wo sie sich in Sicherheit gebracht hatten, die Überlebenden blutiger Überfälle. Irgendwo im nassen Gras, stellte sie sich vor, lag eine von ihnen, die Brust dunkel durchnässt, den anmutigen Hals noch ausgestreckt, die großen Flügel versuchen zu schlagen, blutige Blasen treten aus den Öffnungen in ihrem Schnabel. Sie ging durchs Haus und machte Licht. Der Regen kam herunter, das Meer toste, eine Kameradin lag tot in der wirbelnden Dunkelheit.

KINO

I

Um halb elf erschien sie schließlich. Sie hatten gewartet. Die Tür am hinteren Ende ging auf, und etwas schüchtern – sie versuchte, im Halbdunkel zu erkennen, ob irgend jemand da war – kam sie langsam, fast zögernd näher. Ihr langes Haar hing herunter wie das eines Schulmädchens, alle Augen waren auf sie gerichtet ... Hinter ihr ging die junge Frau, die ihre Sekretärin war.

Große Gesichter kann man nicht erklären. Sie hatte eine lange Nase, einen Mund, merkwürdig auseinanderstehende Augen. Es war ein offenes und undurchdringliches Gesicht. Es sagte: Das Leben ist mir gleichgültig.

Als er ihr vorgestellt wurde, lächelte Guivi, der männliche Hauptdarsteller. Seine Zähne waren groß, und zwischen den Schneidezähnen war eine Lücke. Auf seinem Kinn befand sich ein Muttermal. Diese Makel wurden zu jener Zeit geradezu verehrt. Er hatte erst vier oder fünf Rollen gespielt, er war plötzlich entdeckt worden, die Einstellung, in der er zum ersten Mal zu sehen war, wurde oft als eine der eindrucksvollsten Szenen in der gesamten Filmgeschichte genannt. Es gibt manchmal ein einziges Bild, das alles andere überdauert, selbst die Namen geraten in Vergessenheit. Sie war verhalten, als man sich ihr vorstellte, ihre Stimme war kaum wahrnehmbar.

Der Regisseur beugte sich vor und begann zu reden. Sie würden zehn Tage in dieser leeren Halle proben. Annas Gesicht war in ihrem Kragen vergraben, während er sprach. Sie kannte den Regisseur nicht. Er war ein kleiner Mann, der als Arbeitstier bekannt war. Die Spucke flog ihm aus dem Mund, während er redete. Sie hatte bei Filmarbeiten noch nie geprobt, nicht bei Fellini, nicht bei Chabrol. Sie versuchte zuzuhören, was er sagte. Sie spürte sehr deutlich die Gegenwart der anderen um sich. Guivi saß ruhig da, er rauchte eine Zigarette. Sie warf unbemerkt einen Blick auf ihn.

Sie begannen, am Tisch sitzend, zusammen zu lesen. Versuchen Sie nicht, irgendwelche Bedeutungen zu finden, sagte ihnen Iles, noch nicht, dies sei nur ein erster Schritt. Es gab keine Fenster. Es gab weder Tag noch Nacht. Ihre Stimmen schienen aufzusteigen, sich über ihnen aufzulösen wie Rauch. Guivi las seine Zeilen, als werfe er wertlose Karten ab. Seine Leidenschaft war Bridge. Er verbrachte seine Abende damit. Als sie zur Hälfte durch waren, berührte er bei einer intimen Stelle leicht ihre Schulter. Sie schien es nicht zu bemerken. Sie war wie eine Eidechse, nur ihre Kehle pulsierte. Das nächste Mal berührte er ihr Haar. Diese eine Geste, die so natürlich kam, als wäre sie unbewusst geschehen, machte sie ruhig, stillte ihre Ängste.

Danach verschwand sie sofort. Sie ging direkt zurück ins Hotel de Ville. Ihr Zimmer war voller Sachen. Auf dem Schreibtisch lagen noch in braunes Papier eingeschlagene Bücher, Zeitschriften in verschiedenen Sprachen, flüchtig gelesene Briefe. Es gab ein kleines Vorzimmer, unregelmäßig geschnitten, und dahinter ein Schlafzimmer. Das Bett war groß. In gleicher Weise, wie sich die Kamera in einer Einstellung vorsichtig, unsere Erwartung steigernd, von Gegenstand zu Gegenstand bewegt, gab die halb geöffnete Badezimmertür den Blick auf eine Unzahl Flaschen frei, dunkle Parfums, Arznei, unbekannte Dinge. Von weit unten auf der Via Sistina hörte man den Verkehr.

Am nächsten Tag las sie besser, sie war wie eine Frau, die arbeiten will. Sie strich sich beim Lesen das Haar mit der Hand aus dem Gesicht. Sie war aufmerksam, einmal lachte sie sogar.

Man brachte ihnen kleine Tassen Kaffee von der anderen Seite des Hofs.

»Wie hört es sich für Sie an?«, fragte sie den Autor. »Nun ...«, zögerte er.

Er war ein unschlüssiger Mann namens Peter Lang, früher einmal Peter Lengsner. Er hatte alles von ihrem heiligen Leben gesehen, eine Lichtgestalt, er hatte den Artikel, den an sie gerichteten Liebesbrief im Bazaar gelesen. Man beschrieb ihre vollkommene Bescheidenheit, ihren Instinkt, die Form ihres Gesichts. Auf der anderen Seite war die Fotografie, die er ausschnitt und in seine Mappe legte. Der Film, zu dem er das Drehbuch geschrieben hatte, dieses wichtige Werk der jüngsten der Künste, existierte bereits in seiner Vorstellung. Dessen Kraft lag in seiner Keuschheit, in der Strenge seiner Bilder. Es war ein Film bloßer Andeutungen, die Oberfläche war ruhig, die Ruhe des täglichen Lebens. Das sollte nicht heißen, still. Unterhalb der sichtbaren Oberfläche lagen Gefühle, die durch ihre Verborgenheit noch stärker wurden. Nur manchmal – gleich der Spitze eines Eisbergs, der unheilvoll aus dem Nichts auftaucht und dann wieder aus dem Blick verschwindet – trat das Grauen hervor.

Als sie sich an ihn wandte, war er überwältigt, er wusste nicht, was er sagen sollte. Guivi gab die Antwort.

»Ich glaube, wir sind noch ein wenig unsicher, was einige Sätze angeht«, sagte er. »Wissen Sie, Sie haben da ein paar wirklich schwierige Dinge geschrieben.«

»Nun, ja ...«

»Fast nicht zu schaffen. Verstehen Sie mich nicht falsch, die Sätze sind gut, sie müssen nur perfekt kommen.«

Sie hatte sich bereits abgewandt und redete mit dem Regisseur.

»Shakespeare ist voll von solchen Zeilen«, fuhr Guivi fort. Er begann, Othello zu zitieren.

Jetzt war Iles an der Reihe, es war Zeit, seine Gedanken offenzulegen. Er warf sich hinein. Er war wie eine Art verrückter Schulmeister, als er den Film beschrieb, halb Freud, halb liebeskranker Zeitungskolumnist, verfolgte er innere Stränge und Motive, tief wie Flüsse. Mitglieder der Crew kamen hereingeschlichen und standen an der Tür. Guivi notierte etwas in seinem Drehbuch.

»Ja, mach dir Notizen«, sagte Iles zu ihm. »Manches, was ich sage, ist brillant.«

Eine Darstellung baue sich in Schichten auf wie ein Gemälde, das sei seine Methode, mit dem einen anfangen, dann dies dazutun, dann jenes und so weiter. Es wuchs, wurde reicher, es entstanden Tiefen, verborgene Strudel. Am Ende dann würden sie es zurückschneiden, es um die Hälfte kürzen. Das verstand er unter guter Schauspielarbeit.

Er vertraute Lang an: »Ich sage ihnen nie alles. Nur ein Beispiel: die Szene in der Klinik. Ich erkläre Guivi, dass er zusammenbricht, dass er glaubt, dass er schreien muss, wirklich schreien. Er muss sich ein Handtuch in den Mund stopfen, um sich daran zu hindern. Dann, kurz bevor wir drehen, sage ich ihm: Mach es ohne Handtuch. Verstehen Sie?«

Seine Energie sprang auf die Darsteller über. Eine Stimmung der Erregung, ja des Fiebers erfasste sie. Er begeisterte sie, es war ihre Welt, die er beschrieb und dann auseinandernahm, um ihre wunderbaren Komplikationen aufzuzeigen.

Sollte er ein Genie sein, würde er am Ende mit Lorbeer gekrönt werden, da sein Werk so umfangreich war wie das von Balzac. Auch er schrieb ohne Unterlass, eine Seite nach der anderen, angefüllt mit dem Erhabenen und Gewöhnlichen, mit fantastischen Figuren, tiefen Einsichten, menschlicher Schwäche, Müll. Wenn ich dreißig Jahre lang zwei Filme im Jahr mache, sagte er ... Das Projekt war sein Leben.

Um sechs warteten draußen die Limousinen. Der Himmel hatte noch Licht, die Kälte des Herbstes lag in der Luft. Sie standen vor der Tür und redeten. Sie trennten sich nur widerwillig. Er hatte sie bekehrt, er war ihr Meister. Sie fuhren in getrennten Wagen weg, mit einem kurzen Winken. Lang blieb alleine in der Dämmerung stehen.

Es gab Abendessen. Guivi saß neben Anna. Es war der vierte Tag. Sie lehnte den Kopf an seine Schulter. Er redete über die Torheit der Frauen. Sie waren nicht wirklich intelligent, sagte er, das war ein Mythos der westlichen Welt.

»Ich sage Ihnen etwas, was Sie überraschen wird«, sagte Iles. »Wissen Sie, was ich glaube? Ich glaube, sie sind nicht so intelligent wie Männer. Sie sind intelligenter.«

Anna schüttelte leise den Kopf.

»Sie denken nicht logisch«, sagte Guivi. »Es ist nicht ihre Art. Das Wesen der Frau sitzt hier.« Er legte die Hand auf seinen Bauch. »In der Gebärmutter«, sagte er. »Nirgendwo anders. Ist Ihnen klar, dass es keine großen Bridge-Spielerinnen gibt?«

Es war, als hätte sie sich all seinen Ansichten unterworfen. Sie aß, ohne zu sprechen. Sie rührte das Dessert kaum an. Es reichte ihr, das zu sein, was er an einer Frau bewunderte. Sie war sich ihrer Macht bewusst, er kniete jede Nacht davor nieder, während seine Gedanken wanderten. Er begann bereits ihr gegenüber gleichgültig zu werden. Er vollführte den Akt, so wie man ein schlechtes Blatt spielt, er machte das Beste daraus. Die weiße Wolke schoss aus ihm heraus, sie stöhnte.

»Eigentlich bin ich ein Romantiker und ein Klassizist«, sagte er. »Zweimal war ich *fast* verliebt.«

Ihr Blick senkte sich, er flüsterte ihr etwas zu.

»Aber nie wirklich«, sagte er. »Nie tief. Nein, ich sehne mich danach. Ich bin bereit dafür.«

Unter dem Tisch fand ihre Hand die seine. Die Kellner bürsteten die Krümel vom Tisch.

Lang wohnte im Inghilterra, in einem kleinen, zur Seite gelegenen Zimmer. Lange nachdem er zu Ende war, trieb er dem Abend in Gedanken hinterher. Zerstreut wusch er seine Unterwäsche. Er wusste, irgendwo in der Stadt mit ihren verschlossenen Läden, dem herbstschwarzen Fluss, waren sie beisammen, er verübelte es ihnen nicht. Er lag im Bett wie ein armer Student – wie wenig sich das Leben im Laufe der Zeit doch verändert – und schlief, sich an seine Träume klammernd, ein. Die Fenster standen offen. Die kalte Luft strömte über ihn hinweg wie das Meer über einen blinden Seemann, drang in ihn, erfüllte das Zimmer. Er lag da, die Füße gekreuzt wie ein Märtyrer, das Gesicht Gott zugewandt.

Iles hatte im Grand Hotel eine Suite mit hohen Türen und Dielen, die knarrten. Er konnte im Flur Dienstmädchen vorbeigehen hören. Er hatte eine Erkältung und konnte nicht schlafen. Er rief seine Frau in Amerika an, es war gerade Abend dort, und sie sprachen sehr lange miteinander. Er war niedergeschlagen: Guivi war kein Schauspieler.

»Was ist denn mit ihm?«

»Ach, er hat gar nichts, keine Tiefe, kein Gefühl.«

»Kannst du nicht jemand anderen nehmen?«

»Dafür ist es zu spät.«

Sie würden drumherumarbeiten müssen, sagte er. Er hatte das Telefon auf das Kopfkissen gestellt, seine Augen schweiften ziellos im Zimmer umher. Sie würden die Figur irgendwie ändern müssen, das Künstliche zu einem Teil von ihr machen. Anna war in Ordnung. Er war zufrieden mit Anna. Na ja, irgendwas würden sie tun, irgendwie Leben hineinpumpen, Tote lebendig machen.

Am Ende der Woche begannen sie mit den richtigen Proben. Es war kalt. Sie hatten ihre Mäntel an, während sie sich von einer Stelle zur anderen bewegten. Anna stand neben Guivi. Sie nahm ihm die Zigarette aus den Fingern und rauchte sie weiter. Manchmal lachten sie.

Iles lebte auf. Das Haar fiel ihm ins Gesicht, er erklärte Handlungsabläufe, Details. Er verließ sich nicht auf ihr Wissen, er gestaltete das Ganze selbst. Oft knüpfte er einen Satz an eine Bewegung, oder besser, die Bewegung gab das Stichwort: Guivi berührte Annas Ellbogen, und ohne ihn anzusehen, sagte sie: »Geh weg.«

Lang saß da und sah zu. Manchmal spielten sie nah bei ihm, genau vor seinen Augen. Er konnte sich nicht wirklich konzentrieren. Sie sprach seine Sätze, Dinge, die er sich ausgedacht hatte. Sie waren wie Schuhe. Sie probierte sie an, sie waren schön, sie verschwendete keinen Gedanken daran, wer sie gemacht hatte.

»Anna ist nur begrenzt wandlungsfähig«, vertraute ihm Guivi an.

Lang sagte ja. Er wollte mehr über das Schauspielen erfahren, diese geheime Welt.

»Aber was für ein Gesicht«, sagte Guivi.

»Ihre Augen!«

»Sie haben etwas leicht Idiotisches an sich, oder?«, sagte Guivi.

Sie konnte sie miteinander reden sehen. Später schickte sie jemanden zu Lang. Was immer er Guivi gesagt hatte, sie wollte es auch wissen. Lang sah zu ihr hinüber. Sie beachtete ihn nicht.

Er war verwirrt, er wusste nicht, ob sie es ernst meinte. Die Nebendarsteller, die nichts zu tun hatten, saßen auf zwei alten Sofas. Der Boden war kreideverschmiert, ihre Schuhe waren staubig. Iles verfolgte konzentriert die Szenen und nickte zustimmend, ja, ja, gut, ausgezeichnet. Das Script-Girl ging hinter ihm her, eine Stoppuhr um den Hals. Sie war fünfundvierzig, abends taten ihr die Beine weh. Sie war stets präsent, schrieb alles auf und achtete darauf, nicht auf einen der halb eingeschlagenen Nägel zu treten.

»Meine Liebe«, Iles drehte sich zu ihr um, er hatte ihren Namen vergessen. »Wie lang?«

Sie brauchten immer zu lange. Er musste sie antreiben, sie zwingen, schneller zu spielen.

Am Ende kam die Abschlussprüfung, wie in der Schule. Sie schienen alles perfekt zu machen, die Gesten, die Kadenzen, die er ausgearbeitet hatte. Er stoppte sie wie Läufer. Zwei Stunden und zwanzig Minuten.

»Wunderbar«, sagte er.

Auf der Party, die der Produzent an diesem Abend gab, war Lang betrunken. Es war in einem kleinen Restaurant. Am Eingang schlug einem der Duft entgegen, die Vorspeisen lagen in der Vitrine, die Köche nickten aus der Küche. Fünfzig Leute waren gekommen, hundert, sie standen dicht gedrängt, unterhielten sich in verschiedenen Sprachen. Anna strahlte wie eine Königin unter ihnen. An ihrem Handgelenk war ein neues Armband von Bulgari, sie hatte mit kühler Stimme einen Preisnachlass verlangt, der Angestellte hatte nicht gewusst, was er sagen sollte. Sie trug ein schmal geschnittenes goldenes Kostüm, der Ausschnitt betonte ihre Brüste. Ihr seltsam flächiges Gesicht schien ausdruckslos zwischen den anderen zu treiben, manchmal zeigte sich darauf ein vages, ein vorüberziehendes Lächeln.

Lang war deprimiert. Er verstand nicht, was sie gemacht hatten, die Übertreibungen machten ihn unglücklich, er glaubte nicht an Iles, seine Energie, seine Einsichten, er glaubte an nichts von alldem. Er versuchte sich zu beruhigen. Er sah sie an dem größten Tisch sitzen, der Produzent an Annas Seite. Sie redeten, warum war sie so lebhaft? Sie blühen immer auf, wenn die Lichter angehen, sagte jemand.

Er beobachtete Guivi. Er sah, wie sich Anna zu ihm hinüberbeugte, ihr langes Haar, ihre Kehle.

»Es ist idiotisch, ihn in Farbe zu drehen«, sagte Lang zu dem Mann neben sich.

»Was?« Er war Geschäftsführer einer Filmgesellschaft. Er hatte ein Gesicht wie ein Fisch, ein Dorsch, der schlecht geworden war. »Was meinen Sie, nicht in Farbe?«

»Schwarz-Weiß«, erklärte Lang.

»Was reden Sie da? Einen Schwarz-Weiß-Film kann man doch nicht verkaufen. Das Leben ist auch in Farbe.«

»Das Leben?«

»Farbe ist die Realität«, sagte der Mann. Er kam aus

New York. Die zehn größten Filme aller Zeiten seien in Farbe, sagte er.

»Was ist mit ...« – Lang versuchte, sich zu konzentrieren, sein Ellbogen rutschte weg – »*Fahrraddiebe?*«

»Ich spreche von modernen Filmen.«

II

Heute schien die Sonne. Er schrieb in kurzen, trostlosen Sätzen. *Gestern regnete es, es war bis zum späten Nachmittag dunkel, der Tag davor war ebenso.* Die Korridore im Inghilterra waren gewölbt wie in einem Kloster, die Türen tief in die Wand eingelassen. Immerhin fand er es komfortabel. Er gab dem Zimmermädchen morgens seine Hemden, er bekam sie am nächsten Tag zurück. Sie wusch sie zu Hause. Er hatte gesehen, wie sie sich vorbeugte, um Bettleinen aus einem Schrank zu nehmen. Man sah den Rand ihrer Strümpfe – klassisch Buñuel –, das geheimnisvolle Weiß eines Beins.

Das Mädchen von der Pressestelle rief an. Sie brauchten Daten für seine Biografie.

»Was für Daten?«

»Wir schicken Ihnen ein Auto«, sagte sie.

Es kam nicht. Er nahm sich am nächsten Tag ein Taxi und wartete dreißig Minuten in ihrem Büro, sie war beim Produzenten. Schließlich kam sie zurück, ein schlankes Mädchen mit feuchten Flecken unter den Ärmeln ihres Kleids.

»Sie haben mich angerufen?«, sagte Lang.

Sie wusste nicht, wer er war.

»Sie wollten mir ein Auto schicken.«

»Mr. Lang«, rief sie plötzlich. »Oh, es tut mir leid.«

Der Schreibtisch war mit Fotos übersät, die Stühle mit Zeitungen und Zeitschriften. Sie war Regieassistentin, sie hatte bei *Kleopatra* mitgearbeitet, *Die Bibel*, *Der Längste Tag*. Beim amerikanischen Film konnte man Geld machen.

»Sie haben mich in dieses kleine Zimmer gesteckt«, entschuldigte sie sich.

Ihr Name war Eva. Sie wohnte bei ihren Eltern. Ihre Familie aß ohne zu reden, zu viert in der traurigen Atmosphäre einer kleinbürgerlichen Umgebung, das Radio funktionierte nicht, dünne Teppiche lagen auf dem Boden. Als er zu Ende gegessen hatte, räusperte sich ihr Vater. Das Fleisch sei das letzte Mal besser gewesen, sagte er. Das *letzte* Mal? fragte ihre Mutter.

»Ja, es hat besser geschmeckt«, sagte er.

»Das letzte Mal hat es nach gar nichts geschmeckt.«

»Na gut, dann das Mal davor«, sagte er.

Sie fielen wieder in Schweigen. Man hörte nur das Geräusch der Gabeln, manchmal ein Glas. Plötzlich stand ihr Bruder auf und verließ das Zimmer. Niemand sah auf.

Der Bruder war verrückt, na, vielleicht nicht verrückt, aber verrückt genug, um sie unglücklich zu machen. Er blieb tagelang in seinem Zimmer, bei verschlossener Tür. Er war Schriftsteller. Es gab nur ein Problem – alles von Bedeutung war schon geschrieben worden. Er hatte eine Phase durchgemacht, in der er Bücher verschlang, drei oder vier am Tag, und danach lange Passagen daraus zitieren konnte, aber die Manie war vorübergegangen. Jetzt lag er auf seinem Bett und sah an die Decke.

Eva ist nervös, sagten die Leute. Natürlich war sie nervös. Sie war dreißig. Sie hatte schwarzes Haar, kleine Zähne und ein Leben, in dem sie schon jetzt auf nichts mehr hoffte. Sie hätten nichts über ihn, sagte sie zu Lang. Sie brauchten von jedem einen Lebenslauf. Sie schlug schließlich vor, er solle ihn selber schreiben. Ja, natürlich, er hatte sich schon so etwas gedacht.

Ihre beste Freundin – wie alle Italiener unterschied sie sehr genau zwischen Freunden und Feinden –, ihre nützlichste Freundin war eine hysterische Frau namens Mirella Ricci, die ein großes Apartment und aristokratische Ambitionen hatte, dazu die Ängste und Krankheiten von Frauen, die alleine leben. Mirellas Freunde waren Homosexuelle und geschiedene Frauen.

Sie aß mit ihnen zu Abend, sie rief sie mehrmals am Tag an. Sie war eine Frau mit großen Nasenflügeln und weißer Haut, blass wie Papier, aber sie konnte darauf immer noch weiße Flecken entdecken. Ihr Arzt sagte, es habe mit ihrem Kreislauf zu tun.

Sie arbeitete beim Film, wie Eva. Sie sprachen über jeden. Iles: Er verstehe etwas von Schauspielern, sagte Mirella. Wen man ihm auch bringe, er wähle immer den Besten aus, na ja, ein, zwei Fehler habe er wohl gemacht. Sie aßen im *Otello's*, Schildkröten krochen über den Boden. Das Drehbuch sei interessant, sagte Mirella, aber sie mochte den Autor nicht, er sei kalt. Er sei zudem ein *frocio*, sie sehe das sofort. Was den Produzenten betraf ... sie stieß einen angewiderten Laut aus. Er färbe sich das Haar, sagte sie. Er sehe wie neununddreißig aus, aber in Wirklichkeit sei er fünfzig. Er habe schon versucht, sie zu verführen.

»Wann?«, sagte Eva.

Sie wussten alles. Sie waren wie Krankenschwestern, deren Empfindungen erloschen waren. Sie waren es, die das Krankenhaus regierten. Sie wussten, wie viel Geld jeder bekam, wem nicht zu trauen war.

Der Produzent: Zuerst einmal war er impotent, sagte Mirella. Wenn er doch konnte, war er nicht dazu aufgelegt, den Rest der Zeit wusste er nicht, wie er es anfangen sollte, und wenn, dann war es unbefriedigend. Hinzu kam, dass er ein Mann war, der nie eine Frau an seiner Seite hatte.

Ihre großen Nasenöffnungen waren dunkle Flecken. Sie erwartete, dass Kellner sie gut behandelten.

»Wie geht es deinem Bruder?«, sagte sie.

»Ach, wie immer.«

»Arbeitet er nicht?«

»Er hat einen Job in einem Plattenladen, aber den wird er nicht lange behalten. Sie werden ihn feuern.«

»Was ist nur los mit den Männern?«, sagte sie.

»Ich bin erschöpft«, seufzte Eva. Sie war müde von den Überstunden, die sie machte. Sie musste für den Produzenten

Briefe tippen, da eine seiner Sekretärinnen krank geworden war.

»Mit mir wollte er auch schlafen«, gestand sie.

»Erzähl«, sagte Mirella.

»In seinem Hotel ...«

Mirella wartete.

»Ich hab ihm ein paar Briefe vorbeigebracht. Er bestand darauf, dass ich bleibe und mich mit ihm unterhalte. Schließlich hat er versucht, mich zu küssen. Er fiel auf die Knie – ich saß auf dem Sofa – und sagte: Eva, Sie riechen so gut. Ich habe versucht, so zu tun, als wär das Ganze ein Scherz gewesen.«

Die Freuden der Rechtschaffenheit. Sie fuhren in kleinen Fiats herum. Sie achteten auf ihre Kleidung.

Die Filmarbeiten liefen gut, sie waren dem Zeitplan einen Tag voraus. Iles arbeitete mit enormem Selbstvertrauen. Er streifte in Tennisschuhen um die große schwarze Mitchell-Kamera, er aß nicht zu Mittag. Es hieß, die Muster seien außergewöhnlich. Guivi ging nie zu den Vorführungen. Anna fragte Lang, was er von ihnen hielte? Er versuchte, eine Antwort zu finden. Sie sähe sehr schön darin aus, sagte er ihr – es stimmte –, in ihrem Gesicht war etwas, das den ganzen Film erleuchtete ... er sprach den Satz nicht zu Ende. Wie gewöhnlich verlor sie das Interesse. Sie hatte sich bereits jemand anderem zugewandt, dem Kameramann.

»Haben Sie sie gesehen?«, sagte sie.

Iles trug einen alten Pullover, das Haar hing ihm ins Gesicht. Zwei Filme im Jahr, wiederholte er ... das war der Eckpfeiler seines Glaubens. Eisenstein drehte insgesamt nur sechs, aber er hatte ja auch nicht im amerikanischen System gearbeitet. Hinzu kam, dass Iles kein Selbstvertrauen hatte, wenn er nicht arbeitete.

Was immer seine Schwächen sein mochten, seine Größe zeigte sich darin, nicht preiszugeben, dass der Film schon jetzt ein Flop war: Guivi war einfach nicht gut genug, er arbeitete, ohne zu denken, er arbeitete, wie man eine Mahlzeit einnimmt. Iles kannte sich mit Schauspielern aus.

Adieu, Guivi. Es war die Ankündigung eines Todes. Er begann bereits der Vergangenheit anzugehören. Er gab Autogramme, man sah die Lücke zwischen seinen Zähnen. Er bezauberte die Journalisten. Er war das perfekte Opfer, er ahnte nichts. Der Glanz seines Lebens hatte ihn geblendet. Er speiste an den besten Tischen, eine gute Flasche Bordeaux vor ihm. Er imitierte die Albernheiten von Iles.

»Guivi, mein Liebster«, ahmte er ihn nach. »Das Problem ist, daß du Russe bist, du bist launisch und gewalttätig. Er erklärt mir, was es heißt, Russe zu sein. Als Nächstes wird er mir das Leben unterm Kommunismus beschreiben.«

Anna aß sehr langsam.

»Weißt du was?«, sagte sie ruhig.

Er wartete.

»Ich war noch nie so glücklich.«

»Wirklich?«

»In meinem ganzen Leben nicht«, sagte sie.

Er lächelte. Sein Lächeln war reinste Oper.

»Mit dir bin ich die Frau, für die mich alle halten«, sagte sie. Er sah sie lange und eindringlich an. Seine Augen waren dunkel, die Pupillen nicht zu sehen. Liebesszenen am Tage, dachte er müde, Liebesszenen bei Nacht. Die Leute im Raum beobachteten sie. Als sie aufstanden, um zu gehen, drängten sich die Kellner am Ausgang.

Innerhalb von drei Jahren sollte seine Karriere zu Ende sein. Er sollte sich auf dem flackernden Fernsehschirm sehen, als wäre es ein merkwürdiger Traum. Er hatte in Apartmenthäuser investiert, er besaß Grund und Boden in Spanien. Er würde wie eine Frau werden, eifersüchtig, nachtragend, und vielleicht würde er eines Tages in einem Restaurant Iles mit einem jungen Schauspieler sehen, dem er mit der Glut des Fanatikers eine sehr einfache Idee erklärte. Guivi war siebenunddreißig. Er hatte

Momente auf der Leinwand gehabt, die unvergessen bleiben würden. Kolorierte Plakate von ihm würden von Häuserwänden blättern, irgendwo in der Provinz, die Ähnlichkeit verblasst, der Name schal geworden. Er würde auf Gassen hinablächeln, in die saure Dunkelheit. In der Ferne bellten Hunde. Die Straßen rochen nach Armut.

III

Zu Annas Geburtstag wurde in einem Restaurant am Stadtrand eine Party gegeben, das Restaurant, in dem Farouk gestorben war – er sackte vom Stuhl und war tot. Nicht jeder war eingeladen. Es sollte eine Überraschung sein.

Sie kam mit Guivi. Sie war keine Frau, sie war eine kleine Gottheit, sie war ein schönes Tier, das sich seiner Anmut nicht bewusst war. Es war Februar, die Nacht war kalt. Die Chauffeure warteten in den Autos. Später standen sie leise in der Garderobe zusammen.

»Meine Liebe«, sagte Iles zu ihr. »Du wirst sehr, sehr glücklich sein.«

»Wirklich?«

Er legte den Arm um sie, ohne zu antworten; er nickte. Die Dreharbeiten waren fast zu Ende. Die Muster, sagte er, seien die besten, die er je gesehen habe. In seinem ganzen Leben.

»Und was den Burschen hier angeht ...«, sagte er und streckte den Arm nach Guivi aus.

Der Produzent gesellte sich zu ihnen.

»Ich will euch für meinen nächsten Film. Beide«, kündigte er an. Er trug einen Anzug, der eine Nummer zu klein war, einen Samtanzug, den er auf der Via Borgognona gekauft hatte.

»Wo hast du den her?«, sagte Guivi. »Der ist ja fantastisch. Wer bitte ist hier der Star?«

Posener sah an sich herunter. Er lächelte wie ein ertappter Schuljunge.

»Gefällt er dir?«, sagte er. »Wirklich?«

»Nein, wo hast du ihn her?«

»Ich lass dir morgen einen schicken.«

»Nein, nein ...«

»Guivi, bitte«, bat er. »Ich möchte gerne.«

Er war voller Wohlwollen, das Schlimmste war vorüber. Die Schauspieler waren nicht abgehauen oder hatten sich geweigert zu arbeiten; ihn überwältigte Liebe für sie, wie für ein böses Kind, das unerwartet etwas Gutes tut. Er hatte das Gefühl, ihnen etwas zurückgeben zu müssen.

»Ober!«, rief er. Er sah sich um, seine Gesten schienen immer verschwendet, verloren sich in leerer Luft. »Ober! Champagner!«

Im Raum waren um die zwanzig Leute, andere Schauspieler, die amerikanische Frau eines Grafen. Guivi erzählte am Tisch Geschichten. Er trank wie ein georgischer Prinz, er plante, nach Genf zu gehen, Gstaad. Es gab da einen italienischen Produzenten, der eine Schauspielerin unter Vertrag habe, die sei eine zweite Sophia Loren. Er habe ein Vermögen mit ihr gemacht. Ihre Filme würden nur in Italien gezeigt, aber jeder sehe sie sich an, das Geld ströme nur so. Er halte die Journalisten fern, er lasse sie nie mit ihr alleine sprechen.

»Sellerio«, riet einer.

»Ja«, sagte Guivi, »richtig. Kennst du den Rest der Geschichte?«

»Er hat sie verkauft.«

Aber nur zur Hälfte, sagte Guivi. Ihre Popularität verblasste, er wollte alles, was er kriegen konnte, aus ihr herausholen. Es gab einen großen Auftrieb, sie luden die ganze Presse ein. Sie sollte den Vertrag unterschreiben. Sie nahm den Füller auf und beugte sich für die Fotografen ein wenig vor, wisst ihr, sie hatte diese riesigen, ähm ... na ja, auf jeden Fall, auf das Papier schrieb sie: Guivi machte mit dem Finger ein großes X. Die Zeitungsleute sahen einander an. Dann nahm Sellerio den Füller, und unter ihren Namen setzte er mit großer Geste ... Guivi machte ein X und daneben, bedächtig, ein zweites. Sie waren Analphabeten. Sie fragten ihn, hören Sie, wofür steht das zweite X? Wisst ihr, was er ihnen gesagt hat? *Dottore*.

Sie lachten. Er erzählte ihnen von Dreharbeiten in Neapel mit einem Produzenten, der so geizig war, dass er ein Kabel über die Oberleitung warf, um Strom abzuzapfen. Guivi war witzig, er war ein Geschichtenerzähler in der Tradition des Ostens, er beherrschte drei Sprachen. Später, als sie schließlich verstand, was geschehen war, erinnerte sich Anna, wie glücklich er an diesem Abend schien.

»Wollen wir zur Hostaria gehen?«, sagte der Produzent.

»Was?«, fragte Guivi.

»Zur Hostaria ...« Wie bei den Kellnern schien ihn niemand zu hören. »In die Blaue Bar. Kommt, wir gehen in die Blaue Bar«, verkündete er.

Lang saß im Auto vor dem Botanischen Garten. Es war kalt, die Fenster waren beschlagen. Hose und Hemd waren aufgeknöpft. Seine Haut wirkte im gebrochenen Licht blass. Er hatte mit Eva zu Abend gegessen. Sie hatte stundenlang mit leiser, unsicherer Stimme gesprochen, es war ein Abend für Geschichten, sie hatte ihm alles erzählt, von Coleman, dem Chef der Pressestelle, Mirella, ihrem Bruder, Sizilien, vom Leben. Auf der Straße in die Berge, die Palermo umringten, standen schon um fünf Uhr nachmittags Wagen. In jedem saß ein Paar, der Mann mit ausgebreitetem Taschentuch auf dem Schoß.

»Ich bin so einsam«, sagte sie plötzlich.

Sie hatte nur drei Freunde, und die sah sie ständig. Sie gingen zusammen ins Theater, zum Ballett. Eine von ihnen war Schauspielerin. Die andere verheiratet. Sie schwieg, sie schien zu warten. Die Kälte war überall, sie legte sich auf die Scheiben. Ihr Atem war im Dunkeln sichtbar.

»Kann ich ihn küssen?«, sagte sie.

Sie begann zu stöhnen, als wäre er heilig. Sie berührte ihn mit der Stirn. Sie murmelte. Ihr Nacken war bloß.

Sie rief am nächsten Morgen an. Es war acht Uhr.

»Ich möchte dir etwas vorlesen«, sagte sie.

Er schlief noch halb, von der Straße trieb schon der erste Lärm herauf. Das Zimmer war eisig und ohne Licht. Fern wie von einer alten Schallplatte hörte er ihre Stimme. Sie drang in seinen Körper, sie ging ihm ins Blut.

»Ich hab das hier gefunden«, sagte sie. »Bist du noch da?«

»Ja.«

»Ich dachte, es würde dir gefallen.«

Es war eine Passage aus einem Artikel. Sie begann zu lesen. Im Februar 1868 hatte Prinz Umberto in Mailand einen glanzvollen Ball gegeben. *In einem strahlend erleuchteten Raum wurde die junge Braut, die eines Tages Königin von Italien sein würde, der Gesellschaft vorgestellt. Es war das Ereignis des Jahres, es waren viele Menschen gekommen, die Stimmung war ausgelassen. Während sich die mondäne Welt auf diese Weise amüsierte, entdeckte ein einsamer Astronom zur selben Stunde und in derselben Stadt einen neuen Planeten, der siebenundneunzigste auf der Chacornacschen Tafel ...*

Stille. *Ein neuer Planet.*

Noch unter der Wärme der Decke schien es, als hätte sich eine heilige Ruhe auf ihn gesenkt. Er lag da wie ein Heiliger. Er war nackt, seine Fußknöchel, seine Hüftknochen, seine Kehle.

Er hörte, wie sie seinen Namen rief. Er sagte nichts. Er lag da und wurde klein, kleiner, er verschwand. Das Zimmer wurde zu einem Fenster, einer Fassade, einer Häusergruppe, zu Plätzen und Kreuzungen, am Ende zu ganz Rom. Seine Ekstase war ihm selbst nicht bewusst. Die Dächer der großen Kathedralen leuchteten in der Winterluft.

AKHNILO

Es war im späten August. Die Boote lagen still im Hafen, nicht die leiseste Bewegung ihrer Masten, nicht das leiseste Klicken von Leinen. Die Restaurants waren schon lange geschlossen. Vereinzelt kam ein Auto mit grellen Scheinwerfern von North Haven über die Brücke oder bog in die Main Street ein, vorbei an den erleuchteten Telefonzellen mit ihren demolierten Hörern. Auf dem Highway leerten sich die Diskotheken. Es war nach drei.

Fenn erwachte in der Dunkelheit. Er glaubte, etwas gehört zu haben, ein leises Geräusch, wie das Quietschen einer Feder, der von der Fliegentür in der Küche. Er lag in der Hitze da. Seine Frau schlief ruhig. Er wartete. Das Haus war nicht abgeschlossen, obwohl es mehrere Einbrüche und, näher an der Stadt, Schlimmeres gegeben hatte. Er hörte einen dumpfen Schlag. Er bewegte sich nicht. Mehrere Minuten verstrichen. Ohne ein Geräusch zu machen, stand er auf und ging vorsichtig durch den Korridor zu der schmalen Tür, von der ein paar Stufen zur Küche hinunterführten. Da blieb er stehen. Stille. Noch ein Schlag und ein Stöhnen. Es war Birdman, ihr Hund, der sich auf eine andere Stelle des Bodens sacken ließ.

Die Bäume draußen glichen schwarzen Spiegelungen. Die Sterne waren verborgen. Die einzigen Galaxien waren Insektenstimmen, die die Nacht erfüllten. Er starrte aus dem offenen Fenster. Er war sich immer noch nicht sicher, ob er etwas gehört hatte. Die Blätter der mächtigen Buche, deren Äste über die Veranda an der Rückseite des Hauses hingen, waren so nah, dass man sie berühren konnte. Eine lange Zeit suchten seine Augen die Schatten um den Baumstamm ab. Es war, als ob die Stille um ihn herum ihn hervorhob, ihn aber auch merkwürdig aufnahmefähig machte. Seine Augen wanderten von einem Ding zum anderen hinter dem Haus, über die bleichen korinthischen Säulen der Gartenlaube nebenan, die geheimnisvolle Hecke, die Garage mit ihren verrottenden Fenstersimsen. Nichts.

Eddie Fenn war Schreiner, obwohl er in Dartmouth Geschichte studiert hatte. Er arbeitete meist allein. Er war vierunddreißig. Er hatte lichter werdendes Haar und ein schüchternes Lächeln. Und nicht viel zu sagen. Etwas war in ihm erloschen. Als er jünger war, dachte man, er hätte ein gewisses Talent, aber er hatte sich nie wirklich ins Leben hinausgewagt, er war immer nahe am Ufer geblieben. Seine Frau, die groß und kurzsichtig war, stammte aus Connecticut. Ihr Vater war Bankier gewesen. Aus *Greenwich und Havanna* kam die Familie, wie in den Zeitungsanzeigen gestanden hatte – er hatte dort die Zweigstelle einer New Yorker Bank geleitet, als sie Kind war. Das war damals, als Havanna noch eine Legende war und Millionäre sich das Leben nahmen, nachdem sie eine letzte Zigarre geraucht hatten.

Jahre waren vergangen. Fenn blickte in die Nacht hinaus. Es schien, als sei er der Einzige, der einem unendlichen Meer von Rufen lauschte. Die Weite der Nacht bewegte ihn. Er dachte an alles, was darin verborgen lag, die verzweifelten Taten, die Sehnsüchte, die tödlichen Überraschungen. Am Nachmittag hatte er eine Drossel gesehen, die am Rande des Rasens auf etwas herumpickte, es mit dem Schnabel packte, in die Luft warf, es wieder auffing: eine winzige Kröte, die kleinen erstarrten Beine gespreizt. Der Vogel warf sie wieder hoch. In ihren Gängen jagten die blinden Maulwürfe endlos nach Beute, die gegabelten Zungen von Reptilien prüften die Luft, man hörte das Reiben von Leibern aneinander, die Passivität derer, die in der Falle saßen, die sanften Zuckungen des Paarens. Seine Töchter schliefen am anderen Ende des Flurs. Nichts ist länger als eine Stunde sicher.

Während er dort stand, schien sich das Geräusch zu verändern, er konnte nicht sagen, wie. Es schien sich zu öffnen, als würde es etwas zum Vorschein bringen wollen, etwas Glitzerndes, weit Entferntes. Er versuchte auszumachen, was es war – eine Grille, eine Zikade, nein, es war etwas anderes, etwas Fieberndes und Fremdes, das langsam klarer wurde. Je intensiver er lauschte, desto schwieriger war es zu fassen. Er hatte Angst, sich zu bewegen, aus Furcht, es zu verlieren. Er hörte den sanften Ruf einer Eule. Die Dunkelheit der Bäume, die vollkommen war, schien sich aufzulockern, und durch sie hindurch kam dieser einzelne, schrille Laut.

Unmerklich hatte sich die Nacht geöffnet. Der Himmel offenbarte sich, die Sterne leuchteten schwach. Die Stadt schlief, verlassene Gehwege, stille Rasenflächen. In der Ferne zwischen ein paar Kiefern sah man den Giebel einer Scheune. Es kam von dort. Er konnte es immer noch nicht bestimmen. Er musste näher heran, hinuntergehen und aus der Tür treten, aber auf die Weise würde er es vielleicht verlieren, es könnte verstummen, ihn bemerken.

Er hatte einen beunruhigenden Gedanken, es war ihm unmöglich, ihn zu vertreiben: es *hatte* ihn schon bemerkt. Zitternd, sich über allem anderen wiederholend, schien der Laut nur ihn zu meinen. Der Rhythmus war nicht gleichmäßig. Er wurde eilig, verlangsamte sich dann wieder, setzte sich fort. Von Mal zu Mal weniger ein instinktiver Ruf, als eine Art Zeichen, ein Code, nichts ähnelnd, was er je zuvor gehört hatte, keine Aneinanderreihung langer und kurzer Töne, sondern etwas Komplexeres, auf eine Art fast wie eine Sprache. Der Gedanke machte ihm Angst. Die Worte, wenn es denn welche waren, waren spitz und dünn, aber sie waren da, und diese Gewissheit ließ ihn erzittern, als wären sie die Kombination zu einem Safe.

Unter dem Fenster war das Dach der Veranda. Es fiel leicht ab. Er stand dort, vollkommen still, wie in Gedanken verloren. Sein Herz schlug. Das Dach schien breit wie eine Straße. Er musste dort hinausklettern, in der Hoffnung, dass er nicht gesehen wurde, sich langsam bewegen, geschmeidig, stehenbleiben, um zu horchen, ob sich der Ton veränderte, den er jetzt deutlich wahrnahm. Die Dunkelheit würde ihn nicht schützen. Er würde in eine Nacht unzähliger Netze eintauchen, umherschweifender Augen. Er war sich nicht sicher, ob er es tun, es wagen sollte. Ein Tropfen Schweiß löste sich und rann schnell an seiner nackten Flanke hinab. Unermüdlich kam der Ruf. Seine Hände zitterten.

Er löste das Fliegengitter, ließ es vorsichtig herab und lehnte es gegen die Wand. Er bewegte sich lautlos wie eine Schlange über das ausgebleichte grüne Dach. Er sah hinunter. Der Boden schien weit entfernt. Er würde sich vom Dach herabhängen und fallen lassen müssen, leicht wie eine Spinne. Die Giebelspitze der Scheune war noch zu sehen. Er bewegte sich auf einen Leitstern zu, er konnte es spüren. Es war fast, als fiele er darauf zu. Der Akt war schwindelerregend, unwiderruflich. Er führte ihn dorthin, wo nichts, was er besaß, ihn schützen würde, barfuß, allein.

Als er sich auf den Boden fallen ließ, fühlte Fenn, wie ein Schauer durch ihn hindurchging. Er würde erlöst werden. Sein Leben war nicht so verlaufen, wie er es erwartet hatte, aber er glaubte immer noch an sich, er hielt sich für etwas Besonderes, er war jemand, der niemandem gehörte. Das Scheitern war etwas Romantisches. Es war fast sein Ziel gewesen. Er schnitzte Vögel, oder er hatte das einmal getan. Das Werkzeug und teilweise bearbeitete Holzblöcke lagen auf einem Tisch im Keller. Immer schon hatte es ihn zur Natur gezogen. Etwas in ihm, sein Schweigen, seine Bereitschaft, abseits zu stehen, passte dazu. Stattdessen hatte er mit einem Freund, der etwas Geld besaß, angefangen, Möbel zu bauen, aber das Geschäft ging pleite. Er trank. Eines Morgens wachte er neben dem Auto auf, er lag in den ausgefahrenen Wagenspuren der Auffahrt, die alte Frau, die auf der anderen Straßenseite wohnte, war dabei, ihren Hund zurückzurufen, als er zu sich kam. Er ging ins Haus, bevor seine Kinder ihn sehen konnten. Er sei kurz davor, Alkoholiker zu werden, sagte ihm der Arzt offen ins Gesicht. Die Worte erstaunten ihn. Das war lange her. Seine Familie hatte ihn gerettet, aber er hatte einen Preis dafür gezahlt.

Er blieb stehen. Die Erde war fest und trocken. Er ging auf die Hecke zu und über die Auffahrt des Nachbarhauses. Der Ton, der ihn rief, wurde klarer. Er folgte ihm und kam an der Rückseite von Häusern vorbei, die er von hinten kaum erkannte, durch ungepflegte Gärten, in denen Dosen und Abfall verstreut im dunklen Gras lagen, vorbei an leeren Schuppen, die er nie zuvor gesehen hatte. Vor ihm ging es sanft abwärts, er näherte sich der Scheune. Er konnte die Stimme hören, *seine* Stimme, die über ihm dahinfloss. Sie kam von irgendwo aus dem gespenstischen hölzernen Dreieck, das vor ihm aufragte wie eine ferne Bergwand, die durch eine Biegung der Straße plötzlich dicht vor einem ist. Er bewegte sich mit der Angst des Entdeckers langsam darauf zu. Über sich konnte er den dünnen Strom vibrieren hören. Erschrocken durch seine Nähe, blieb er stehen.

Zuerst bedeutete er nichts, erinnerte er sich später, der Laut war zu glänzend, zu rein. Er strömte dahin, immer und immer wahnsinniger. Er konnte nichts heraushören, er konnte ihn nicht wiedergeben, er konnte ihn nicht einmal beschreiben. Er hatte sich ausgeweitet, er drückte alles andere beiseite. Er gab den Versuch auf, ihn zu begreifen, und ließ stattdessen zu, dass er ihn durchfloss, in ihn eindrang wie ein monotoner Gesang. Langsam, wie ein Muster, das sich verändert, wenn man darauf starrt, und sich in eine andere Dimension verschiebt, veränderte sich der Ton, unerklärlich, und enthüllte sein Wesen. Er begann ihn zu verstehen. Es waren Wörter. Sie hatten keine Bedeutung, keine Vorbilder, aber sie waren unmissverständlich eine Sprache, die erste, die ein Mensch aus einer Ordnung hörte, die weiter und dichter war als die unsere. Oben, in der weißlichen Fläche, verzweifelt rufend, war der namenlose Pionier.

In einer Art von Ekstase trat er näher. Sofort begriff er, dass dies ein Fehler war. Der Laut zögerte. Er schloss die Augen in quälender Angst, aber zu spät, der Laut stockte, dann hörte er auf. Er fühlte sich dumm, beschämt. Fenn trat hilflos ein wenig zurück. Überall um ihn herum lärmten die Stimmen. Die Nacht war erfüllt von ihnen. Er wandte den Kopf hierhin und dahin, er hoffte, es wiederzufinden, aber das, was er gehört hatte, war fort.

Es war spät. Das erste blasse Licht schimmerte am Himmel. Er stand neben der Scheune mit den Bruchstücken eines Traums, an die man sich mühevoll klammert, damit sie nicht verschwinden: vier Wörter, klar und unnachahmlich, die er herausgehört hatte. Er schützte sie, konzentrierte sich auf sie mit all seiner Kraft, und begann sie mit sich zurückzutragen. Der Lärm der Insekten schien lauter. Er hatte Angst, etwas könnte geschehen, ein Hund könnte bellen, ein Licht in einem Schlafzimmer angehen, sodass er abgelenkt, dass er den Zugriff verlieren würde. Er musste es zurückschaffen, ohne etwas zu sehen, ohne etwas zu hören, ohne zu denken. Er sprach die Worte beim Gehen vor sich hin, seine Lippen in ständiger Bewegung. Er wagte kaum zu atmen. Er konnte das Haus sehen. Es war grau geworden. Die Fenster waren dunkel. Er musste es erreichen. Die Geräusche der nächtlichen Wesen schienen anzuschwellen, gequält und wütend, aber er hatte sie hinter sich gelassen. Er entkam. Er hatte eine ungeheure Strecke hinter sich gebracht, er erreichte die Hecke. Die Veranda war nicht mehr weit. Er stand auf dem Geländer, die Dachtraufe in Reichweite. Die Regenrinne war fest, er zog sich hoch. Der bröselnde, grüne Asphalt war warm unter seinen Füßen. Ein Bein über das Fensterbrett, dann das andere. Er war in Sicherheit. Er trat instinktiv vom Fenster zurück. Er hatte es getan. Das Licht draußen wirkte schwach und vergänglich. Eine geisterhafte Dämmerung breitete sich zwischen den Bäumen aus.

Plötzlich hörte er den Boden knarren. Jemand war dort, eine

Gestalt im weichen, farblosen Licht. Es war seine Frau, er war wie erstarrt durch ihren Anblick, den Bademantel um sich gezogen, ihr vom Schlaf unschönes Gesicht. Er machte eine Geste, als wollte er sie warnen, nicht näher zu kommen.

»Was ist los? Was ist mit dir?«, flüsterte sie.

Er wich zurück, seine Hände fuhren unbestimmt durch die Luft. Sein Kopf war zur Seite gedreht wie der eines Pferdes. Er bewegte sich rückwärts. Ein Auge auf sie gerichtet.

»Was ist los?«, sagte sie beunruhigt. »Was ist passiert?«

Nein, flehte er, er schüttelte den Kopf. Ein Wort war schon weg. Nein, nein. Es huschte auseinander wie Fische im Meer. Er griff blind danach. Ihr Arm legte sich um ihn. Er zog sich abrupt zurück. Er schloss die Augen.

»Liebling, was hast du?« Etwas quälte ihn, das wusste sie. Er war nie wirklich über seine Schwierigkeiten hinweggekommen. Er wachte nachts oft auf, dann fand sie ihn in der Küche, er saß da, das Gesicht müde und alt. »Komm ins Bett«, bat sie ihn.

Seine Augen waren fest geschlossen. Die Hände waren auf die Ohren gedrückt.

»Geht es dir nicht gut?«, fragte sie.

Unter ihrer Sorge löste es sich auf, die Worte trieben davon. Er drehte sich verzweifelt um.

»Was ist denn, was ist denn?«, rief sie aus.

Das Licht war überall, strömte über den Rasen. Die heiligen geflüsterten Worte lösten sich auf. Er durfte keinen Moment verschwenden. Die Hände an den Kopf gepresst, lief er in den Flur und suchte nach einem Stift, während sie hinter ihm herlief, bittend, ihr doch zu sagen, was los sei. Sie verblassten, es war nur noch ein Wort übrig, sinnlos ohne die anderen und doch von unendlichem Wert. Als er es hinkritzelte, wackelte der Tisch. Ein Bild zitterte an der Wand. Seine Frau, das Haar mit einer Hand zurückhaltend, beugte sich vor, um zu sehen, was er geschrieben hatte. Ihr Gesicht war dicht darüber.

»Was ist das?«

Dena, im Nachthemd, war in einer Tür erschienen, durch den Lärm geweckt.

»Was ist los?«, fragte sie.

»Hilf mir«, rief ihre Mutter.

»Papa, was ist passiert?«

Ihre Hände griffen nach ihm. Auf dem Glasrahmen des Bildes bebte ein strahlendes Rechteck aus Grün und Blau, das leuchtende Laub der Bäume. Die zahllosen Stimmen zogen sich zurück, verfielen in Schweigen.

»Was ist denn, was ist denn?«, flehte seine Frau.

»Papa, bitte!«

Er schüttelte den Kopf. Er weinte fast, als er versuchte, sich loszumachen. Plötzlich sackte er auf den Boden und saß dort, und für Dena war wieder die Zeit gekommen, an die sie sich aus den ersten Jahren ihrer Schulzeit erinnerte, als das Haus von Unglück erfüllt war und Türen schlugen und ihr Vater mit unbeholfener Zärtlichkeit abends in ihr Zimmer kam, um ihnen Geschichten zu erzählen, und am Fuß ihres Bettes einschlief.

DIE AUGEN DER STARS

Sie war klein und hatte kurze Beine, und ihr Körper war aus der Form geraten. Es begann am Hals und setzte sich dann nach unten fort, und ihre Arme waren wie die einer Köchin. Teddy war jetzt in den Sechzigern, und sie sah schon seit einem Jahrzehnt so aus und würde wahrscheinlich weiterhin so aussehen, da war nicht mehr viel zu machen. Sie hatte Tränensäcke unter den Augen, und ihr Kinn, in der Kindheit ein wenig fliehend, verlor sich nun in mehreren anderen, aber sie zog sich sorgfältig an und die Leute mochten sie.

Myron, ihr verstorbener Mann, war Augenarzt gewesen. Er war immer stolz darauf gewesen, dass er die Augen vieler Stars behandelt hatte, wenn es auch häufig die Verwandten von Stars gewesen waren, ein Neffe oder eine Schwiegermutter, fast dasselbe. Er konnte die genauen Krankheitsbilder dieser Augen herbeten, Retinitis, eine milde Amblyopie ...

»Und was soll das sein?«

Mit seinem silbernen Haarschopf vertraute er ihr an: »Schwachsichtigkeit.«

Aber Myron war nicht mehr da. Er war eigentlich kein sehr interessanter Mann gewesen, gestand Teddy sich manchmal ein, abgesehen davon, dass er genau wusste, was mit den Augen seiner berühmten Patienten nicht in Ordnung war.

Sie hatten geheiratet, als Teddy schon über die vierzig hinaus war und sich eigentlich endgültig damit abgefunden hatte, allein zu bleiben. Nicht, dass sie nicht in jeder Hinsicht eine gute Ehefrau abgegeben hätte, aber zu der Zeit hatte sie nichts zu bieten außer ihrer Persönlichkeit und ihrem guten Charakter, der Rest war, wie sie selbst sagte, ein wenig aus dem Leim gegangen.

Das war nicht immer so gewesen. Obwohl sie nicht, wie Londons berüchtigte Mrs. Wilson zweihundert Jahre früher, geradeheraus sagte, dass sie nicht zu enthüllen bereit war, unter welchen Umständen sie im Alter von fünfzehn Jahren die Geliebte eines viel älteren Mannes geworden war, hatte Teddy eine ähnliche Vergangenheit. Die erste große Episode ihres Lebens hatte sie mit einem Schriftsteller erlebt, einem über zwanzig Jahre älteren Romanautor auf Abwegen.

Er hatte sie zuerst an einer Bushaltestelle gesehen. Sie war, auch damals, keine Schönheit, aber sie hatte einen Körper, der zu der Zeit viel von dem aufwies, was die Jugend zu bieten hatte. Er brachte sie zu einem Arzt, der ihr ein Diaphragma gab, und sie war drei Jahre lang seine Geliebte, bis er die Stadt verließ und zur Literatur und schließlich in ein großes Haus in New Jersey zurückkehrte.

Eine Zeit lang blieb sie noch mit ihm in Kontakt, er war ihre Verbindung zur Welt der Erwachsenen, und sie las natürlich seine Bücher, aber mit der Zeit kamen immer seltener Briefe, bis sie ganz aufhörten, und mit ihnen auch die törichte Hoffnung, dass er eines Tages zu ihr zurückkommen würde.

Im Laufe der Jahre erinnerte sie sich weniger und weniger an ihn, wie er wirklich gewesen war, und sah ihn mehr und mehr in einem einzigen Bild: Auto fahrend. Die Straßen waren in jenen Tagen breit und sehr weiß, und das Auto fuhr in sanften Schlangenlinien, während er ihr, halb betrunken, Geschichten über Schauspieler und Partys erzählte, auf die er sie nicht mitgenommen hatte.

Er hatte ihr einen Job in der Drehbuchabteilung bei einem Studio besorgt, und sie begann eine lange Karriere in der Welt des Films, einer Welt der intimen Bekanntschaften, der Verlogenheit und der Träume. Man konnte sich aber, soweit es in dieser Welt möglich war, auf sie verlassen, und sie versuchte, ehrlich zu sein. Am Ende wurde sie Produzentin. Sie hatte nie wirklich einen Film produziert, aber sie hatte Dinge vorgeschlagen und sie bis zu ihrer Verwirklichung oder ihrem Scheitern begleitet, manchmal zu beidem. Die Ehe mit Dr. Hirsch hatte ihr dabei geholfen. Einer seiner Patienten war ein reicher Mann, dem eine Produktionsfirma für Quizshows gehörte, und durch ihn traf sie Leute, die im Fernsehen eine Rolle spielten. Aber erst, als sie schon verwitwet war, kam die lang erwartete Chance. Ihr wurde angeboten, eine Serie zu koproduzieren, die sich als Erfolg herausstellte, und ein Jahr später wurde sie zur einzigen Produzentin, als ihre Partnerin sich in einen venezolanischen Geschäftsmann verliebte und das Land verließ, um ihn zu heiraten. Teddy war freundlich und umgänglich, sentimental, aber gerissen, sie fuhr in einem billigen Wagen zur Arbeit, und die Crew mochte sie. Sie hielten sie bei Laune, brachten sie gerne zum Lachen.

Sie werden die Elemente der Handlung ihrer Fernsehserie wahrscheinlich wiedererkennen.

Im Zentrum steht eine romantische und geheimnisvolle Erscheinung, zynisch und durchsetzungsfähig, unter der harten Schale ein verirrter Idealist. In dieser Version ist es ein Anwalt, der sein Studium mit Prädikat abschließt, aber nach einigen Jahren in einer großen Kanzlei alles hinwirft und sich selbstständig macht. Als Einzelkämpfer ist er ebenso Detektiv wie Anwalt und lässt sich durchaus auch dazu herab, gegen ein angemessenes Honorar einen Scheidungsgrund zu inszenieren. Kurz gesagt, der dunkle Held von Groschenromanen. In einer denkwürdigen Episode verlässt er sein Büro im dunklen Anzug, um zu einer Party in Palm Springs zu fahren, wo er die moralische Verkommenheit seines reichen Klienten vorgeführt bekommt und den Abend damit beschließt, dessen Frau zu verführen.

Der Glücksfall bestand darin, dass der Hauptdarsteller für

die Rolle wie geschaffen war. Boothman Keck war in den Vierzigern, sah aber jünger aus. Er hatte erst spät angefangen, als Schauspieler zu arbeiten – eines Nachmittags war er mit seinem zwölfjährigen Sohn bei einem offenen Vorsprechen aufgetaucht und man hatte ihn gefragt, ob er selbst schon mal als Schauspieler gearbeitet hatte.

»Nein«, sagte er.

»Wirklich nicht? Nie?«

»Nein, nicht dass ich wüsste.«

Er hatte etwas, was sie für eine kleine Rolle brauchten, ein Alkoholiker, der sich aber seine Männlichkeit bewahrt hatte.

»Und wovon leben Sie?«

»Ich arbeite als Schwimmlehrer«, sagte Keck.

»Für jemand Bestimmtes?«

»Nein, ich trainier ein Team. Eine Highschool-Mannschaft«, erklärte er.

Sie mochten ihn. Und er hatte Glück. Der Film erregte eine gewisse Aufmerksamkeit und er mit ihm. Teddy hatte ihm eine Rolle gegeben. Zunächst hatte er sie nicht so spannend gefunden, aber mit der Zeit sah er das anders, sogar ihr Aussehen, die Tatsache, dass sie klein und dick war. Aus irgendeinem Grund nannte sie ihn Bud. Sie kamen gut miteinander aus. Er hatte ein ganz gewöhnliches Leben geführt, und nun begann ein vollständig anderes. Seine Bescheidenheit verlor er nie.

»Es ist alles ein Traum«, gestand er.

Dann kam Deborah Legley, die seit einigen Jahren keinen Film mehr gedreht hatte, aber immer noch ein großer Name war, aus dem Osten für einen Gastauftritt in der Serie. Sie war berühmt geworden, weil sie früher eine schlanke Arroganz ausgestrahlt und einen der Unsterblichen des Films geheiratet hatte. Sie bekam viel Geld für ihren Auftritt, zu viel, fand Teddy, und sie war von Anfang an schwierig. Sie stieg mit dunkler Sonnenbrille und ohne Make-up aus dem Flugzeug, erwartete aber, dass man sie erkannte. Teddy holte sie im Ankunftsbereich ab.

Sie mussten ein bisschen zu lang auf den Wagen warten. Auf dem Set erwies sie sich als Ungeheuer. Sie ließ alle warten, behandelte den Regisseur mit Verachtung und nahm die Crew kaum zur Kenntnis.

Teddy musste sie zum Abendessen ausführen, und sie lud Keck, dessen Frau nicht in der Stadt war, dazu ein, um den Abend erträglich zu machen. Sie kaufte Kaviar, Beluga, in der großen runden Dose mit dem Stör auf dem Etikett, legte ihn auf zerstoßenes Eis und rahmte ihn mit Zitronenscheiben. Sie würden Kaviar essen, etwas trinken und dann in das Restaurant fahren. Keck holte Deborah im Hotel ab. Teddy sah auf die Uhr. Es war nach sieben. Sie würden bald kommen.

Keck stellte das Auto unter den hohen schwarzen Palmen ab, ging ins Hotel und fuhr mit dem Lift zu ihrer Suite hinauf. Ein Hund begann zu bellen, als er an die Tür klopfte. Er wartete und klopfte dann noch einmal. Er stand da und sah auf den Teppich hinunter. Schließlich:

»Wer ist das?«

»Booth.«

»Wer?«

»Booth«, sagte er laut.

»Einen Moment.«

Noch einmal verging ebenso viel Zeit. Der Hund hatte aufgehört zu bellen. Es war still. Er klopfte wieder. Schließlich ging, als würde ein großer Vorhang zurückgezogen, die Tür auf.

»Kommen Sie rein«, sagte sie. »Es tut mir leid, haben Sie gewartet?«

Sie trug ein hellbraunes Seidenjackett, eher sportlich, und ein weiches weißes T-Shirt darunter.

»Im Badezimmer ist was ausgelaufen«, erklärte sie, während sie einen Ohrclip befestigte und vor ihm in den Raum zurückging. »Wie auch immer, was für ein schreckliches Dinner! Was sollen wir machen?«

Der Hund schnüffelte an seinem Bein.

»Schon der Gedanke, den Abend mit dieser langweiligen Frau zu verbringen«, fuhr sie fort, »ist mir zu viel. Ich weiß nicht, wie Sie die ertragen. Hier, setzen Sie sich.«

Sie klopfte auf die Couch neben sich. Der Hund sprang hinauf.

»Runter mit dir, Sammy«, sagte sie und schob ihn mit dem Handrücken weg.

Sie klopfte wieder auf die Couch.

»Sie ist eine Idiotin. Der Fahrer am Flughafen hatte ein großes Schild dabei, mit meinem Namen darauf, können Sie sich das vorstellen? Nehmen Sie das runter, hab ich ihm gesagt.«

Ihre Nasenflügel blähten sich vor Ärger oder Zorn, Keck wusste nicht, was von beidem. Sie hatte zwei verschiedene Arten, das zu tun. Die eine drückte Stolz und Zorn aus, wie die Nüstern eines Vollbluts. Die andere war dezenter, wie das Heben einer Augenbraue.

»So was Blödes! Er wollte das rumschwenken, damit die Leute es sehen konnten, wollte wichtigtun. Das fehlt einem gerade noch, was? Wenn irgendwas hier im Hotel nicht in Ordnung gewesen wäre, ich hätte den nächsten Flug zurück nach New York genommen. Auf Nimmerwiedersehen. Aber die kennen mich hier natürlich, ich bin so oft hier gewesen.«

»Das nehm ich an.«

»Also, was machen wir?«, sagte sie. »Lassen Sie uns erst mal was trinken und dabei überlegen. Im Kühlschrank ist Weißwein. Ich trink jetzt nur noch Weißwein. Ist das in Ordnung? Wir können auch was bestellen.«

»Ich glaube, wir haben nicht mehr genug Zeit dafür«, sagte Keck.

»Wir haben viel Zeit.«

Der Hund hatte Kecks Bein mit seinen beiden Vorderbeinen gepackt.

»Sammy«, sagte sie. »Lass das.«

Keck versuchte sich loszumachen.

»Später, Sammy«, sagte er.

»Er scheint Sie zu mögen«, sagte sie. »Aber wer würde Sie auch nicht mögen, hm? Sie haben einen Wagen hier, nicht? Warum fahren wir nicht einfach nach Santa Monica und essen da?«

»Sie meinen, ohne Teddy?«

»Ganz und gar ohne sie.«

»Dann sollten wir sie anrufen.«

»Darling, das müssen Sie tun«, sagte sie mit Wärme in der Stimme.

Keck setzte sich ans Telefon und wusste nicht, was er sagen sollte.

»Hallo, Teddy. Ich bin's, Booth. Nein, ich bin noch im Hotel«, sagte er. »Hör mal, Deborahs Hund ist krank. Sie kann nicht zum Dinner kommen. Wir müssen das absagen.«

»Ihr Hund? Was hat er denn?«, fragte Teddy.

»Ach, er hat sich übergeben, und er kann nicht ... er hat Schwierigkeiten mit dem Laufen.«

»Sie braucht wahrscheinlich einen Tierarzt. Ich kenne einen guten. Warte mal, ich such die Nummer raus.«

»Nein, geht alles in Ordnung«, sagte Keck. »Es kommt schon einer. Das Hotel hat ihr einen besorgt.«

»Na ja, sag ihr, es tut mir leid. Wenn du die Nummer von dem anderen brauchst, ruf mich an.«

Als er aufgelegt hatte, sagte Keck: »Das ist okay.«

»Sie lügen fast so gut wie ich.«

Sie schenkte Wein ein.

»Oder hätten Sie lieber was anderes?«, sagte sie wieder. »Wir können hier was trinken oder auch da.«

»Wo, da?«

»Kennen Sie das *Rank's*? Das ist unten in einer Nebenstraße vom Pacific Boulevard. Ich bin da seit Jahren nicht gewesen.«

Es war noch nicht ganz Nacht. Der Himmel hatte ein intensives tiefes Blau, weit und wolkenlos. Sie saß neben ihm, als sie zum Strand hinunterfuhren, ihr anmutiger Hals, ihre Wangen, ihr Parfum. Er fühlte sich wie ein Hochstapler. Sie war immer noch die Verkörperung der Schönheit. In der glatten Baumwollhülle erschien ihr Körper jugendlich. Wie alt war sie? Fünfundfünfzig, mindestens, aber sie hatte kaum eine Falte. Noch immer eine Göttin. Es wäre früher außerhalb seines Vorstellungsvermögens gewesen, daran zu denken, mit ihr den Wilshire Boulevard entlang auf das letzte Licht zuzufahren.

»Sie rauchen nicht, oder?«, sagte sie.

»Nein.«

»Gut. Ich mag keine Zigaretten. Nick hat Tag und Nacht geraucht. Es hat ihn ja auch umgebracht. Das ist etwas, was man wirklich nicht sehen will, wenn es auf die Knochen übergreift und nichts den Schmerz stoppen kann. Es ist scheußlich. Wir sind da.«

Es gab ein blaues Neonschild, auf dem der erste Buchstabe, das F, fehlte, er fehlte schon seit Jahren. Drinnen war es laut und dunkel.

»Ist Frank da?«, fragte Deborah den Kellner.

»Einen Moment«, sagte er. »Ich seh mal nach.«

Sie hatte Blicke auf sich gezogen, als sie an der Bar vorbeiging, ihr arroganter Gang, und dann hatten einige sie wohl auch erkannt. Nach ein paar Minuten kam ein junger Mann im Hemd und ohne Krawatte auf sie zu. Sie hatten sich an einen Tisch gesetzt.

»Sie haben nach Frank gefragt?«, sagte er. Er hatte sie offensichtlich erkannt, war aber höflich genug, es nicht zu zeigen. »Frank ist nicht mehr hier.«

»Was ist denn passiert?«, sagte Deborah.

»Er hat verkauft.«

»Wann denn?«

»Vor eineinhalb Jahren.«

Deborah nickte.

»Sie sollten den Namen ändern oder so«, sagte sie, »damit die Leute nicht irregeführt werden.«

»Na ja, das ist immer der Name des Lokals gewesen. Wir haben dieselbe Karte, denselben Koch«, erklärte er mit freundlicher Stimme.

»Schön für Sie«, sagte sie. Dann zu Keck: »Lass uns gehen.«

»Hab ich was Falsches gesagt?«, fragte der neue Besitzer.

»Wahrscheinlich«, sagte sie.

Teddy hatte angerufen und den Tisch abgesagt. Sie fragte sich, was wohl mit dem Hund war. Sie hatte sich seinen Namen nicht gemerkt. Auf dem Set hatte er auf seinem Kissen gelegen, den Kopf auf den Pfoten, hatte zugesehen. Teddy hatte viele Jahre einen Hund gehabt, einen englischen Mops namens Ava, ganz faltiger Samt mit vorquellenden Augen und einem putzigen Wesen. Am Ende taub und fast blind, unfähig zu laufen, wurde sie vier oder fünf Mal am Tag in den Garten getragen, wo sie auf zitternden Beinen dastand und mit milchigen, nichtssehenden Augen hilflos zu Teddy aufblickte. Schließlich war nichts mehr zu machen, und Teddy fuhr sie ein letztes Mal zum Tierarzt. Sie trug sie hinein, die Tränen liefen ihr über die Wangen. Der Tierarzt tat so, als bemerkte er das nicht. Er begrüßte stattdessen den alten Hund.

»Hallo, Prinzessin«, sagte er sanft.

Mit einem der kleinen Elfenbeinlöffel tat Teddy etwas Kaviar auf ein Stück Toast und aß es. Sie ging in die Küche, um das gekochte Ei zu holen, und trug es ins Wohnzimmer. Sie beschloss, auch etwas Wodka zu trinken. Da war eine Flasche im Tiefkühlfach.

Mit dem Ei und etwas Zitrone nahm sie sich mehr Kaviar. Es war viel zu viel da, um auch nur daran zu denken, ihn allein zu essen; sie würde ihn morgen mit auf den Set nehmen, entschied sie. Die Dreharbeiten würden nur noch zwei Wochen dauern. Vielleicht könnte sie danach ein paar Tage freinehmen. Sie könnte nach Baja runter, wo Freunde von ihr Ferien machten. Sie war schon mal in Baja gewesen, als sie sechzehn war. In Mexiko konnte man trinken und alles machen, obwohl sie zu der Zeit schon oft in getrennten Betten schliefen. In der Wohnung am Venice Boulevard hatten sie ein Doppelbett gehabt und auch in dem Sommer in Malibu, wo sie von einem Schauspieler, der sechs Wochen zu Dreharbeiten weg war, ein Haus gemietet hatten. Da gab es einen kleinen, von Ranken überwachsenen Durchgang zum Strand. In dem Sommer trug sie keinen Bikini, es war ihr zu peinlich, daran erinnerte sie sich noch. Sie hatte einen einteiligen schwarzen Badeanzug, jeden Tag denselben, und im Herbst eine Abtreibung.

Als sie zurückfuhren, hing ein Nachtfalter an der Windschutzscheibe. Sie fuhren vierzig Meilen die Stunde, und seine Flügel bebten in dem Luftzug, der für ihn ein gewaltiger Wind sein musste, während er sich dagegen wehrte, in die Nacht hinausgetragen zu werden. Ganz ruhig blieb er hartnäckig sitzen, wie graue Asche, aber dick und zitternd.

»Was tun Sie da?«, sagte sie.

Keck war rechts rangefahren und hatte angehalten. Er langte hinaus und gab dem Falter einen leichten Stups. Abrupt flog er in die Dunkelheit.

»Sind Sie ein Buddhist oder so was?«

»Nein«, sagte er. »Ich wusste nur nicht, ob er da hinwollte, wo wir hinfahren, das ist alles.«

Bei *Jack's* bekamen sie sofort einen guten Tisch. Sie war ständig hier gewesen, als sie in der Gegend wohnte und Filme drehte.

»Ich hab sie alle gesehen«, sagte er.

»Das sollten Sie auch. Die waren gut. Aber Sie müssen ja noch ein Kind gewesen sein. Wie alt sind Sie?«

»Dreiundvierzig.«

»Dreiundvierzig. Nicht schlecht«, sagte sie.

»Ich werd Sie nicht fragen.«

»Keine Grobheiten«, warnte sie.

»Was immer, Sie sehen nicht so aus. Sie sehen aus wie eine Dreißigjährige.«

»Danke.«

»Ich meine, das ist doch erstaunlich.«

»Nun staunen Sie mal nicht zu sehr.«

Was war das für ein Akzent, war er englisch oder einfach die gelassene Ausdrucksweise der Oberklasse? Es war anders in jenen Tagen, sagte sie gerade. Damals arbeiteten hier Genies, große Regisseure, Huston, Billy Wilder, Hitch. Von denen konnte man viel lernen.

»Wissen Sie, warum?«, sagte sie. »Weil sie wirklich gelebt hatten, die sind nicht nur mit Filmen groß geworden. Sie waren im Krieg.«

»Hitchcock?«

»Huston, Ford.«

»Wie haben Sie und Nick sich kennengelernt?«, fragte Keck.

»Er hat ein Foto von mir gesehen«, sagte sie.

»Stimmt das?«

»In einem weißen Badeanzug. Nein, das hat jemand erfunden. Die erfinden alles Mögliche. Wir haben uns bei einer Party im *Bistro* kennengelernt. Ich war achtzehn. Er forderte mich zum Tanzen auf. Irgendwie hatte ich einen Ohrring verloren und suchte danach. Er würde ihn finden, sagte er, ich sollte ihn am nächsten Tag anrufen. Na ja, Sie können sich vorstellen, er war einer von den Göttern, das konnte einem schon den Kopf verdrehen. Jedenfalls hab ich angerufen. Er sagte, ich sollte ihn zu Hause besuchen.«

Keck sah es vor sich, achtzehn und mehr oder weniger unschuldig, sie hatte alles noch vor sich. Wenn sie sich auszog, vergaß man es nie.

»Und das haben Sie gemacht.«

»Als ich ankam«, sagte sie, »hatte er eine Flasche Champagner, und das Bett war aufgeschlagen.«

»Und das war's dann?«

»Nicht ganz«, sagte sie.

»Was ist denn passiert?«

»Ich hab ihm gesagt, vielen Dank, nur den Ohrring, bitte.«

»Ist das wahr?«

»Hören Sie mal, er war fünfundvierzig, ich war achtzehn. Ich mein, nun mal langsam. Lass uns den Vorhang nicht so schnell hochziehen.«

»Den Vorhang?«

»Sie wissen schon, was ich meine. Er war ein ziemlicher Frauenheld. Das hab ich in Ordnung gebracht«, sagte sie.

Sie sah ihn mit wissenden Augen an.

»Ihr Männer lasst euch immer von jungen Mädchen um den Verstand bringen. Ihr denkt, die sind so eine Art erotisches Spielzeug. Ihr habt noch keine richtige Frau getroffen, das ist der Unterschied.«

»Der Unterschied.«

Ihre Nasenflügel weiteten sich.

»Wenn eine richtige Frau kommt, dann ist Schluss«, sagte sie.

»Ich weiß nicht, was Sie damit sagen wollen.«

»Wirklich nicht? Ich glaub, doch.«

Nach einer Weile sagte sie: »Und wo ist Ihre Frau heute Abend?«

»Vancouver. Sie besucht ihre Schwester.«

»Da ganz oben in Vancouver.«

»Ja.«

»Weit weg. Wissen Sie, was ich begriffen habe?«, sagte sie.

»Nein, was?«

»Man ist nie in der Gesellschaft, die man gerne hätte. Es ist immer irgendwas anderes im Angebot.«

Vielleicht war das eine Zeile aus einem Theaterstück.

»Wie ich, meinen Sie?«

»Nein, mein Lieber, nicht wie Sie. Zumindest glaube ich das nicht.«

Er fühlte sich nicht wohl. *Was ist los, haben Sie vor irgendwas Angst?*, würde sie sagen. *Nein, warum? – Sie wirken so auf mich.*

Etwas lag ihm im Magen. *Was ist es, Ihre Frau?*, würde sie fragen. *Ach ja, die Ehefrau, das hab ich vergessen. Da ist immer die Ehefrau.*

Deborah war auf die Toilette gegangen.

»Hallo, Teddy?«, sagte Keck. Er redete in sein Mobiltelefon. »Ich hab nur gedacht, ich ruf dich mal an.«

»Wo bist du? Was ist passiert? Geht's dem Hund besser?«

»Jaaa, der Hund ist okay. Wir sind in einem Restaurant.«

»Na ja, es ist ein bisschen spät ...«

»Rühr dich nicht von der Stelle. Ich mach das schon. Ich krieg das hin.«

»Benimmt sie sich?«

»Diese Frau? Ich sag dir was: Es ist noch schlimmer, wenn sie dich mag.«

»Was meinst du damit?«

»Ich muss Schluss machen, ich seh sie zurückkommen. Du kannst von Glück sagen, dass du nicht hier bist.«

Nachdem sie aufgelegt hatten, saß Teddy alleine da. Der Wodka hatte ein angenehmes Gefühl hinterlassen und eine Abneigung dagegen, auch nur darüber nachzudenken, wo die beiden waren. Der Sessel war bequem. Der Garten, hinter den französischen Fenstern, war dunkel. Sie dachte an nichts Besonderes. Sie sah sich um, die vertrauten Möbel, die Blumen, das Lampenlicht. Sie stellte fest, dass sie aus irgendeinem Grunde über ihr Leben nachdachte, und das tat sie nicht oft. Sie hatte ein schönes Haus, nicht groß, aber perfekt für sie. Man konnte von einer Stelle des Rasens sogar ein Stück Ozean sehen. Es gab ein Mädchenzimmer und ein Gästezimmer, dessen Schrankwand voll mit ihren Kleidern war. Es fiel ihr schwer, Sachen wegzuwerfen, und sie hatte Kleider für alle Gelegenheiten, aber die Gelegenheiten waren wohl alle vergangen. Dennoch, sie konnte den Gedanken, schöne Dinge wegzuwerfen, nicht ertragen. Aber sie kannte keine Frau, der sie die Sachen schenken konnte, das Hausmädchen konnte sie nicht gebrauchen, es gab keine Bekannte, die sie tragen würde.

Die Jahre ihrer Ehe waren im Rückblick gute Jahre gewesen. Myron Hirsch hatte ihr mehr als genug hinterlassen, um ihr Auskommen zu haben, und ihr eigener Erfolg kam noch dazu. Für eine Frau mit wenigen Talenten – stimmte das?, vielleicht verkaufte sie sich unter Wert – hatte sie es ziemlich weit gebracht. Sie erinnerte sich daran, wie es angefangen hatte. Sie erinnerte sich an die Bierflaschen, die hinten im Wagen herumrollten, als sie fünfzehn war und er sie jeden Morgen liebte und sie nicht wusste, ob ihr Leben begann oder ob sie dabei war, es wegzuwerfen, aber sie liebte ihn und würde es nie vergessen.

KOMET

Philip heiratete Adele an einem Tag im Juni. Es war bewölkt und windig. Später kam die Sonne heraus. Es war schon eine Weile her, dass Adele das letzte Mal geheiratet hatte, und sie trug Weiß: weiße flache Pumps, einen langen weißen Rock, der sich an die Hüften schmiegte, eine dünne weiße Bluse, mit einem weißen Büstenhalter darunter, und um den Hals eine Kette aus Süßwasserperlen. Sie heirateten in ihrem Haus, dem Haus, das ihr bei ihrer Scheidung zugesprochen worden war. Alle ihre Freunde waren da. Sie glaubte an Freundschaft. Das Zimmer war überfüllt.

»Ich, Adele«, sagte sie mit klarer Stimme, »nehme dich, Phil, zu meinem Mann ...« Hinter ihr stand, ein wenig geistesabwesend, ihr junger Sohn als ihr Trauzeuge. An ihren Slip hatte sie als das Geborgte eine kleine silberne Scheibe geheftet, eine Sankt-Christophorus-Medaille, die ihr Vater im Krieg getragen hatte. Mehrmals hatte sie die Taille ihres Rocks heruntergerollt, um sie Leuten zu zeigen. An der Tür stand eine alte Dame, die zu glauben schien, an einer Gartenexkursion teilzunehmen, und die einen kleinen Hund mit dem Griff eines Gehstocks festhielt, den sie in sein Halsband gehakt hatte.

Während des Empfangs lächelte Adele glücklich, trank zu viel, lachte und kratzte sich die bloßen Arme mit ihren langen roten Nägeln. Ihr neuer Ehemann bewunderte sie. Er hätte ihr die Handflächen lecken können, wie ein Kalb Salz aufleckt. Sie war noch jung genug, um gut auszusehen, ein letztes Aufblühen ihrer Schönheit, aber sie war zu alt, um noch Kinder zu bekommen, jedenfalls wenn es nach ihr ging. Der Sommer kam.

Aus dem Nachmittagsdunst würde sie hervortreten in ihrem schwarzen Badeanzug, die Glieder ganz gebräunt, die strahlende Sonne hinter sich. Sie war die starke Frau, die über den weichen Sand von der See heraufkam, ihre Beine, ihre vom Schwimmen nassen Haare, ihre Grazie, sorglos und gelassen.

Sie richteten sich in ihrem Leben ein, eigentlich war es Adeles Leben. Es waren ihre Möbel und ihre Bücher, auch wenn sie zum großen Teil ungelesen waren. Sie erzählte gerne Geschichten über DeLereo, ihren ersten Mann – Frank hieß er –, Erbe eines Müllabfuhr-Imperiums. Sie nannten ihn Delirium, aber die Geschichten waren nicht ohne Sympathie. Loyalität war ihr wichtig, das stammte aus ihrer Kindheit und aus den Jahren der Ehe, acht anstrengenden Jahren, wie sie sagte. Die Regeln ihrer Ehe waren einfach gewesen, gab sie zu. Es war ihre Aufgabe, gut angezogen zu sein, das Abendessen fertig zu haben und sich einmal am Tag vögeln zu lassen. In Florida charterten sie einmal zusammen mit einem anderen Paar ein Boot, um vor Bimini Meeräschen zu angeln.

»Wir essen ein gutes Dinner«, hatte DeLereo glücklich gesagt, »dann gehen wir an Bord und schlafen. Wenn wir aufstehen, sind wir schon durch den Golfstrom durch.«

So fing es an, aber es endete anders. Die See war rau. Sie kamen nie durch den Golfstrom – der Skipper war aus Long Island und verlor den Kurs. DeLereo zahlte ihm fünfzig Dollar, damit er ihm das Steuer überließ und nach unten ging.

»Verstehen Sie denn was von Booten?«, fragte der Skipper.

»Mehr als Sie«, sagte DeLereo.

Er stand unter einem Ultimatum von Adele, die leichenblass in ihrer Kabine lag. »Bring uns in irgendeinen Hafen, oder du schläfst alleine.«

Philip Ardet kannte diese Geschichte und viele andere zur Genüge. Er hatte gute Manieren, er war elegant. Wenn er mit einem sprach, legte er den Kopf ein wenig zurück, als wäre man eine Speisekarte. Er und Adele waren einander auf dem Golfplatz begegnet, als sie zu spielen lernte. Es war ein feuchter Tag, und der Parcours war fast leer. Adele und ein Freund schlugen gerade ab, als ein Mann mit dünnen Haaren, der einen Stoffbeutel mit ein paar Schlägern darin trug, sie fragte, ob er sich ihnen anschließen dürfe. Adele schlug einen ganz anständigen Drive. Der Schlag ihres Freundes hoppelte über die Straße, und er legte einen neuen Ball auf, den er flach ins Gras schlug. Phil zog schüchtern ein altes Dreierholz heraus und schlug seinen Ball zweihundert Meter weit schnurgerade den Fairway hinunter.

So war er, tüchtig und ruhig. Er hatte in Princeton studiert und in der Navy gedient. Er sah auch aus wie jemand, der in der Navy gewesen war, sagte Adele – er hatte kräftige Beine. Beim ersten Mal, als sie mit ihm ausging, bemerkte er, es sei komisch, einige Leute mochten ihn, andere nicht.

»Und an denen, die mich mögen, verlier ich meist das Interesse.«

Sie war sich nicht sicher, was das heißen sollte, aber sie fand, er sah gut aus, wenn auch etwas müde, besonders um die Augen herum. Das gab ihr das Gefühl, dass er ein echter Mann war, wenn auch vielleicht nicht mehr der Mann, der er einmal gewesen war. Und er war klug, mehr oder weniger, so wie Professoren es waren, erklärte sie. Von ihr gemocht zu werden, war etwas wert, aber von ihm gemocht zu werden, schien auf irgendeine Weise mehr wert zu sein. Da war etwas an ihm, was die Welt zu verachten schien. Ihm schien irgendwie nichts an sich selbst zu liegen, es war, als stünde er über allem.

Wie sich herausstellte, verdiente er nicht viel Geld. Er schrieb für ein wöchentlich erscheinendes Wirtschaftsblatt. Sie verdiente mit ihren Hausverkäufen fast ebenso viel. Sie begann zuzunehmen. Das war ein paar Jahre, nachdem sie geheiratet hatten. Sie war immer noch schön – wenigstens ihr Gesicht –, aber sie hatte sich einen bequemeren Umriss zugelegt. Sie ging jetzt mit einem Drink in der Hand ins Bett, wie sie es gemacht hatte, als sie fünfundzwanzig war. Phil saß mit einer Wolljacke über dem Pyjama im Bett und las. Manchmal schlenderte er in dieser Aufmachung schon morgens auf dem Rasen herum. Sie nippte an ihrem Drink und beobachtete ihn.

»Weißt du was?«

»Was?«

»Ich hab guten Sex gehabt, seit ich fünfzehn war«, sagte sie. Er sah auf. »Ganz so früh hab ich nicht angefangen«, gestand er.

»Vielleicht hättest du das tun sollen.«

»Guter Rat. Kommt nur etwas spät.«

»Erinnerst du dich noch, wie wir angefangen haben?«

»Natürlich.«

»Wir konnten gar nicht genug kriegen«, sagte sie. »Erinnerst du dich?«

»Das gleicht sich alles aus.«

»Na toll!«, sagte sie.

Nachdem er eingeschlafen war, sah sie sich einen Film an. Die Stars wurden auch alt und hatten Probleme mit der Liebe. Bei denen war das aber was anderes – sie hatten schon reiche Ernte eingefahren. Sie sah zu und dachte nach. Sie dachte daran, was sie gewesen war, was sie gehabt hatte. Sie hätte ein Star sein können.

Was wusste Phil schon – der schlief.

Der Herbst kam. Eines Abends waren sie bei den Morrisseys eingeladen – Morrissey war ein hoch gewachsener Anwalt, Testamentsvollstrecker vieler Erbschaften und Treuhänder großer Vermögen. Testamente zu lesen war für ihn eine wahre Erziehung gewesen, sagte er, ein Blick ins menschliche Herz.

Mit am Tisch saß auch ein Mann aus Chicago, der ein Vermögen mit Computern gemacht hatte, ein Dummkopf, wie sich herausstellte, der während des Essens einen Toast ausbrachte.

»Auf das Ende der Privatsphäre und eines Lebens in Würde«, sagte er.

Er war mit einer niedergeschlagenen Frau gekommen, die vor kurzem festgestellt hatte, dass ihr Mann in Cleveland eine Affäre mit einer schwarzen Frau gehabt hatte, eine Affäre, die irgendwie sieben Jahre lang gelaufen war. Vielleicht hatten sie sogar ein Kind.

»Ihr versteht, warum es für mich wie ein frischer Wind ist, hier zu sein«, sagte sie.

Die Frauen fühlten mit ihr. Sie wussten, was sie tun musste – sie musste die letzten sieben Jahre völlig überdenken.

»Das stimmt«, sagte ihr Begleiter.

»Was gibt's da zu überdenken?«, wollte Phil wissen.

Sie antworteten ihm ungeduldig. Der Betrug, sagten sie, der Betrug – sie war die ganze Zeit betrogen worden. Adele goss sich unterdessen noch etwas Wein ein. Ihre Serviette verdeckte die Stelle, wo sie schon ein Glas verschüttet hatte.

»Aber es war doch eine glückliche Zeit, oder nicht?«, fragte Phil harmlos. »Sie ist gelebt worden. Das kann man nicht ändern. Das kann man nicht einfach in Unglück verwandeln.«

»Diese Frau hat meinen Mann gestohlen. Sie hat alles gestohlen, was er mir versprochen hatte.«

»Verzeihen Sie mir«, sagte Phil sanft. »Aber das passiert doch jeden Tag.«

Es gab einen Aufschrei wie von einem Chor, mit vorgestreckten Köpfen wie die zischenden heiligen Gänse. Nur Adele saß schweigend da.

»Jeden Tag«, wiederholte er, aber seine Stimme wurde übertönt, die Stimme der Vernunft oder zumindest der Realität.

»Ich würde nie einer Frau den Mann wegnehmen«, sagte Adele dann. »Nie.« Ihre Stimme wirkte ein wenig müde, wenn sie trank, eine Müdigkeit, die auf alles eine Antwort hatte. »Und ich würde nie ein Versprechen brechen.«

»Das würdest du auch nicht«, sagte Phil.

»Ich würd mich auch nie in einen Zwanzigjährigen verlieben.«

Sie redete über die Nachhilfelehrerin, das Mädchen, das damals gekommen war, deren Jugend durch ihre Kleider zu glühen schien.

»Nein, das würdest du nicht.«

»Er hat seine Frau verlassen«, sagte Adele ihnen.

Ein Schweigen folgte.

Phils kleines Lächeln war verschwunden, aber sein Gesicht war noch immer freundlich.

»Ich hab meine Frau nicht verlassen«, sagte er ruhig. »Sie hat mich rausgeworfen.«

»Er hat seine Frau und seine Kinder verlassen«, sagte Adele.

»Ich hab sie nicht verlassen. Es war sowieso vorbei zwischen uns. Schon seit über einem Jahr.« Er sagte es gelassen, als wäre es jemand anderem passiert. »Sie war die Nachhilfelehrerin meines Sohnes«, erklärte er. »Ich hab mich in sie verliebt.«

»Und du hast was mit ihr angefangen?«, hakte Morrissey nach.

»Oh ja.« Das ist Liebe, wenn man nicht mehr reden kann, wenn man nicht einmal mehr atmen kann.

»Innerhalb von zwei oder drei Tagen«, gestand er.

»Im Haus selbst?«

Phil schüttelte den Kopf. Er hatte ein seltsames Gefühl von Hilflosigkeit. Er gab sich selbst auf. »Ich hab im Haus nichts gemacht.«

»Er hat seine Frau und seine Kinder verlassen«, wiederholte Adele.

»Das wusstest du doch«, sagte Phil.

»Er ist einfach gegangen, hat sie im Stich gelassen. Sie waren fünfzehn Jahre verheiratet – seit er neunzehn war.«

»Wir waren keine fünfzehn Jahre verheiratet.«

»Sie hatten drei Kinder«, sagte sie. »Eines davon war zurückgeblieben.«

Etwas war geschehen – er merkte, dass er kaum noch sprechen konnte, er spürte es in der Brust wie eine Art Übelkeit. Als gäbe er Teile einer privaten Vergangenheit preis.

»Er war nicht zurückgeblieben«, brachte er heraus. »Er hatte … nur Schwierigkeiten mit dem Lesenlernen, das ist alles.«

In dem Moment tauchte ein quälendes Bild von ihm und seinem Sohn vor ihm auf. Sie waren eines Nachmittags bis in die Mitte eines Teiches gerudert, der einem Freund gehörte, und waren hineingesprungen, nur sie beide. Es war Sommer. Sein Sohn war sechs oder sieben. Eine Schicht warmen Wassers lag über tieferem, kühlerem Wasser, das blasse Grün von Fröschen und Algen. Sie schwammen zur anderen Seite hinüber und dann wieder ganz zurück, der blonde Schopf und das ängstliche Gesicht seines Jungen über der Oberfläche wie der Kopf eines Hundes. Ein Jahr der Freude.

»Also – erzähl ihnen den Rest«, sagte Adele.

»Es gibt keinen Rest.«

»Es stellte sich heraus, dass die Nachhilfelehrerin eine Art Callgirl war. Er hat sie mit einem anderen Mann im Bett gefunden.«

»Stimmt das?«, fragte Morrissey.

Er hatte den Ellenbogen auf den Tisch gestützt, das Kinn in der Hand. Man denkt, man kennt jemanden, man denkt, weil man mit ihm essen geht oder Karten spielt, man kennt ihn, aber in Wirklichkeit kennt man ihn nicht. Es ist immer eine Überraschung. Man weiß gar nichts.

»Das war nicht wichtig«, murmelte Phil.

»Und der Dummkopf heiratet sie trotzdem«, fuhr Adele fort. »Sie kommt nach Mexico City, wo er arbeitet, und er heiratet sie.«

»Du verstehst überhaupt nichts, Adele«, sagte er. Er wollte mehr sagen, konnte es aber nicht. Es war, als wäre er außer Atem.

»Hast du noch Kontakt zu ihr?«, fragte Morrissey beiläufig.

»Ja, nur über meine Leiche«, sagte Adele.

Keiner von ihnen konnte es wissen, keiner von ihnen konnte sich Mexico City vorstellen und das erste unglaubliche Jahr; wie sie übers Wochenende an die Küste fuhren, durch Cuernavaca, ihre bloßen Beine, auf denen die Sonne lag, ihre Arme, der Taumel und die Unterwürfigkeit, die er vor ihr empfand, wie vor einer verbotenen Fotografie, wie vor einem überwältigenden Kunstwerk. Zwei Jahre in Mexico City, in denen er die Zerstörung, die er angerichtet hatte, vergaß. Es war das Gefühl der Anbetung, das ihn dazu befähigte. Er konnte den vorgebeugten Hals sehen, den schlanken Nacken. Er konnte die zarten Spuren ihrer Knochen sehen, wie Perlen, die sich den glatten Rücken hinunterzogen. Er konnte sich selbst sehen, sein früheres Ich.

»Ich rede ab und zu mit ihr«, gab er zu.

»Und mit deiner ersten Frau?«

»Auch. Wir haben drei Kinder.«

»Er hat sie verlassen«, sagte Adele. »Dieser Casanova hier.«

»Einige Frauen denken wie Polizisten«, sagte Phil zu niemand Besonderem. »Das ist richtig, das ist falsch. Na ja, wie auch immer ...« Er stand auf. Er hatte alles falsch gemacht, begriff er, in der falschen Reihenfolge. Er hatte sein eigenes Leben versenkt.

»Wie auch immer, eines kann ich in aller Ehrlichkeit sagen. Ich würde es alles noch einmal tun, wenn ich die Chance hätte.«

Nachdem er hinausgegangen war, redeten sie weiter. Die Frau, deren Mann sieben Jahre untreu gewesen war, wusste, wie das war.

»Er tut so, als könnte er's nicht ändern«, sagte sie. »Mir ist dasselbe passiert. Ich bin eines Tages an Bergdorf vorbeigegangen und hab einen grünen Mantel im Schaufenster gesehen. Der hat mir gefallen, und ich bin reingegangen und hab ihn mir gekauft. Ein bisschen später hab ich irgendwo anders einen gesehen, der besser war als der erste, dachte ich, also hab ich den gekauft. Na ja, schließlich hatte ich vier grüne Mäntel im

Schrank – einfach, weil ich meine Wünsche nicht beherrschen konnte.«

Draußen war der Himmel, die oberste Kuppel, dünn mit Wolken gestreift, und die Sterne waren blass. Adele entdeckte ihn schließlich, er stand weit weg vom Haus in der Dunkelheit. Unsicher ging sie auf ihn zu. Sein Kopf, sah sie, war erhoben. Sie blieb ein paar Schritte vor ihm stehen und hob auch den Kopf. Der Himmel begann sich zu drehen. Sie machte ein, zwei ungewollte Schritte, um sich zu fangen.

»Wo guckst du hin?«, sagte sie schließlich.

Er antwortete nicht. Er hatte auch nicht die Absicht, zu antworten.

»Der Komet«, sagte er dann. »Es stand in der Zeitung. Heute Nacht soll er am deutlichsten zu sehen sein.«

Ein Schweigen folgte.

»Ich seh keinen Kometen«, sagte sie.

»Nein?«

»Wo ist er?«

»Er ist da oben«, zeigte er. »Er sieht nicht nach viel aus, nur wie so ein kleiner Stern. Es ist der zusätzliche da, bei den Plejaden.« Er kannte alle Sternbilder. Er hatte gesehen, wie sie in der Dunkelheit über herzensbrechenden Küsten aufgingen.

»Komm, du kannst ihn dir morgen angucken«, sagte sie fast tröstend, obwohl sie nicht näherkam.

»Er ist morgen nicht da. Nur ein Mal.«

»Woher willst du wissen, wo er morgen ist?«, sagte sie. »Komm schon, es ist spät, lass uns verschwinden.«

Er bewegte sich nicht. Nach einer Weile ging sie auf das Haus zu, in dem alle Zimmer, unten und oben, verschwenderisch erleuchtet waren. Er blieb stehen, wo er war, sah in den Himmel und dann auf sie, während sie auf dem Rasen kleiner und kleiner wurde, erst die schwache Aura, dann die Helligkeit erreichte, dann auf der Küchentreppe stolperte.

DIE ZERSTÖRUNG DES GOETHEANUMS

Er traf die junge Frau im Garten, sie stand allein da, eine Freundin des Schriftstellers William Hedges, zu der Zeit noch unbekannt, aber selbst Kafka hatte in der Namenlosigkeit gelebt, sagte sie, und auch Mendel, vielleicht meinte sie Mendelejew. Sie wohnten in einem kleinen Hotel auf der anderen Seite des Rheins. Niemand schien es finden zu können, sagte sie.

Die Strömung war an dieser Stelle sehr stark, voller Leben an der Oberfläche. Sie trug Dinge mit sich fort, Holzstücke und Äste. Sie drehten sich, gingen unter, tauchten wieder auf. Manchmal trieben Möbelstücke vorbei, Leitern, Fenster. Einmal im Regen ein Stuhl.

Sie wohnten in demselben Zimmer, aber es war vollkommen platonisch. An ihrer Hand trug sie, wie er bemerkte, keinen Ring oder irgendeinen Schmuck. Ihre Handgelenke waren bloß.

»Er kann nicht gut allein sein«, sagte sie. »Er ringt mit seiner Arbeit.« Es war ein Roman, er war noch lange nicht fertig, aber einzelne Teile waren außergewöhnlich. Ein Fragment war in Rom veröffentlicht worden. »Er heißt *Das Goetheanum*«, sagte sie. »Wissen Sie, was das ist?«

Er versuchte sich zu erinnern, während sich das seltsame Wort bereits in seinen Gedanken auflöste. Die Lichter im Innern des Hauses tauchten langsam im blauen Abend auf. »Es ist das Buch seines Lebens.«

Das Hotel, von dem sie gesprochen hatte, war klein mit kleinen Zimmern und gelben Buchstaben, die sich über die Fassade zogen. Es gab viele solcher Häuser. Wenn man an der kühlen Seitenwand der Kathedrale stand, konnte man es unten, ein wenig flussabwärts, zwischen den anderen stehen sehen. Und auch durch die Schaufenster von Antiquitätengeschäften und durch Gassen.

Zwei Tage später sah er sie von weitem. Sie war unverkennbar. Sie bewegte sich mit einer Art nachlässiger Anmut, wie eine Tänzerin, deren Karriere zu Ende ist. Die Leute beachteten sie nicht.

»Oh«, begrüßte sie ihn. »Ja, hallo.«

Ihre Stimme wirkte etwas vage. Er war sich sicher, dass sie ihn nicht wiedererkannte. Er wusste nicht genau, was er sagen sollte.

»Ich habe über ein paar der Dinge nachgedacht, die Sie mir erzählt haben ...«, begann er.

Sie stand da, Leute drängten an ihr vorbei, die Arme voller Pakete. Es war heiß auf der Straße. Sie wusste nicht, wer er war, dessen war er sich sicher. Sie erledigte einfache Besorgungen, die eines fernen und geheiligten Paars.

»Verzeihen Sie«, sagte sie. »Ich bin nicht ganz bei mir.«

»Wir haben uns bei Sarrens gesehen«, erklärte er.

»Ja, ich weiß.«

Es folgte ein Schweigen. Er wollte ihr etwas ganz Einfaches sagen, aber sie verhinderte es.

Sie war im Museum gewesen. Wenn Hedges arbeitete, musste er allein sein, manchmal, wenn sie zurückkam, fand sie ihn schlafend auf dem Boden.

»Er ist verrückt«, sagte sie. »Jetzt glaubt er, dass es Krieg geben wird. Es wird alles zerstört werden.«

Ihre eigenen Worte schienen sie nicht zu interessieren. Der Menschenstrom zog sie mit.

»Kann ich Sie ein Stück begleiten?«, fragte er. »Gehen Sie in Richtung Brücke?«

Sie sah in beide Richtungen.

»Ja«, entschied sie.

Sie gingen die schmalen Straßen hinunter. Sie sagte nichts.

Sie blickte in Schaufenster. Sie hatte einen Mund mit nach unten gezogenen Mundwinkeln, den Mund eines Dienstmädchens, eines Mädchens aus einer kleinen Stadt.

»Interessieren Sie sich für Malerei?«, hörte er sie sagen.

»Ja.«

Im Museum gab es Bilder von Holbein und Hodler; El Greco, Max Ernst. Die Stille langer Säle. In ihnen verstand man, was Größe bedeutete.

»Wollen Sie morgen hingehen?«, sagte sie. »Nein, morgen haben wir etwas vor. Vielleicht den Tag darauf?«

An dem Tag wachte er früh auf, bereits nervös. Das Zimmer wirkte leer. Der Himmel war von gelbem Licht erfüllt. Die Oberfläche des Flusses, gesäumt von Steinmauern, war gleißend. Das Wasser strömte in weißglänzenden Fragmenten dahin, wenn man hineinsah, wurde man geblendet.

Gegen neun war der Himmel blasser geworden, der Fluss war jetzt ein gebrochenes Silber. Um zehn war er braun, die Farbe von Suppe. Kähne und altmodische Dampfer arbeiteten sich langsam flussaufwärts oder glitten schnell hinab. Ein Fluss ist die Seele einer Stadt, die nur durch Wasser und Luft gereinigt werden kann. In Basel verläuft der Rhein zwischen gut befestigten Steinufern. Die Bäume sind sorgfältig gestutzt, dahinter verborgen stehen die alten Häuser.

Er suchte sie überall. Er überquerte die Rheinbrücke, achtete auf jedes Gesicht, ging auf dem Markt durch die Menschenmenge. Er suchte bei den Ständen. Frauen kauften Blumen, sie stiegen in Straßenbahnen und saßen mit den Sträußen auf dem Schoß. Im Börsenrestaurant aßen dicke Männer, ihre kleinen Ohren lagen eng am Kopf.

Sie war nirgends zu finden. Er betrat sogar die Kathedrale, er glaubte einen Moment, sie dort wartend vorzufinden. Es war niemand darin. Die Stadt wurde zu Stein. Die reine Stunde Sonnenlichts war vorüber, es war nichts geblieben als ein flammender Nachmittag, der seine Füße verbrannte. Die Uhren schlugen drei. Er gab es auf und kehrte in sein Hotel zurück. In seinem Fach lag eine abgerissene Ecke von einem weißen Blatt Papier. Es war eine Nachricht, sie würde ihn um vier treffen.

Erregt legte er sich hin, um nachzudenken. Sie hatte es nicht vergessen. Er las den Zettel noch einmal. Würden sie sich wirklich heimlich treffen? Er war sich nicht sicher, was das bedeutete. Hedges war vierzig, er hatte fast keine Freunde, seine Frau war irgendwo daheim in Connecticut, er hatte sie verlassen, er hatte der Vergangenheit den Rücken gekehrt. Wenn er nicht groß war, so folgte er doch dem Pfad der Größe, was einer Katastrophe gleichkam, und er besaß die Macht, jemanden dazu zu bringen, sich ihm ganz zu widmen. Sie war ständig um ihn. Er lässt mich nie aus den Augen, beschwerte sie sich. Nadine: Es war ein Name, den sie selbst gewählt hatte.

Sie kam zu spät. Es war schließlich fünf Uhr, als sie zum Tee gingen; Hedges war damit beschäftigt, englische Zeitungen zu lesen. Sie saßen an einem Tisch mit Blick auf den Fluss, die Karten in ihren Händen waren lang und schmal wie Flugtickets. Sie wirkte sehr ruhig. Er wollte sie immerzu ansehen. Hummersalat, gelang es ihm irgendwie zu lesen, Rumpsteak. Sie habe großen Hunger, kündigte sie an. Sie war im Museum gewesen, die Gemälde machten sie heißhungrig.

»Wo waren Sie denn?«, sagte sie.

Plötzlich wurde ihm klar, dass sie ihn dort erwartet hatte. Junge Paare schlenderten durch die Museumsflügel, die Beine vom Sonnenlicht gebadet. Sie war zwischen ihnen herumgewandert. Sie wusste genau, was sie taten: Sie bereiteten sich auf die Liebe vor. Seine Augen glitten weg.

»Ich sterbe vor Hunger«, sagte sie.

Sie bestellte Spargel, dann eine Gulaschsuppe und danach einen Kuchen, den sie nicht ganz aufaß. Ihm kam der Gedanke, dass sie vielleicht kein Geld hatten, sie und Hedges, dass dies ihre einzige Mahlzeit an diesem Tag war.

»Nein«, sagte sie. »William hat eine Schwester, die mit einem sehr reichen Mann verheiratet ist. Von der kann er Geld kriegen.«

Er glaubte einen leichten Akzent zu erkennen. Kam sie aus England?

»Ich bin in Genua geboren«, erzählte sie ihm.

Sie zitierte ein paar Zeilen von Valéry, die, wie er später herausfand, nicht ganz richtig waren. *Nachmittage, vom Wind zerrissen, die stechende See ...* Sie liebte Valéry. Er war Antisemit, sagte sie.

Sie beschrieb einen Ausflug nach Dornach, vierzig Minuten mit der Straßenbahn, dann, vom Bahnhof aus, ein langer Fußmarsch, sie hatte dort mit Hedges gestanden und sich mit ihm gestritten, welchen Weg sie einschlagen sollten, es regte sie immer auf, dass er keinerlei Orientierungssinn hatte. Es ging bergauf, er war bald außer Atem.

Dornach war der Ort, den der Lehrer Rudolf Steiner zum Mittelpunkt seines Reiches erwählt hatte. Es war sein Traum gewesen, dort, unweit von Basel, noch hinter den ruhigen Vororten eine Gemeinde zu gründen, mit einem großen zentralen Gebäude, das nach Goethe benannt werden sollte, dessen Ideen es inspiriert hatten, und im Jahre 1913 wurde schließlich der Grundstein gelegt. Der Entwurf stammte von Steiner selbst, auch alle Details, die Technik, die Malereien, die spezielle Gravur des Glases. Er bestimmte die Bauweise und Form.

Es sollte ganz aus Holz gebaut werden, mit zwei riesigen, sich überschneidenden Kuppeln, allein die Linie dieser Kurvenführung war eine mathematische Sensation. Steiner glaubte nur an Rundungen, nirgendwo gab es rechte Winkel. Kleine helmartige Gauben umfassten die Fenster und Türen. Alles war aus Holz, alles außer dem glänzenden norwegischen Schiefer, mit dem das Dach gedeckt war. Die frühesten Fotos zeigten es umstellt von Gerüsten wie ein großes Denkmal, im Vordergrund waren Apfelbaumhaine. Der Bau wurde von Menschen aus aller

Welt ausgeführt, viele von ihnen hatten dafür Arbeit und Karriere aufgegeben. Im Frühjahr 1914 war der Dachstuhl fertig, und während sie noch arbeiteten, brach der Krieg aus. Aus den nahe gelegenen französischen Provinzen konnte man den Kanonendonner hören. Es war der heißeste Monat des Sommers.

Sie zeigte ihm das Foto eines großen brütenden Gebäudes.

»Das Goetheanum«, sagte sie.

Er schwieg. Die Dunkelheit des Bildes, die Resonanz der Kuppeln begannen sich seiner zu bemächtigen. Er gab sich dem hin wie dem Spiegel eines Hypnotiseurs. Er spürte, wie er der Wirklichkeit entglitt. Er kämpfte nicht. Er sehnte sich danach, die Finger zu küssen, die die Postkarte hielten, die schlanken Arme, die Haut, die wie Zitronen duftete. Er spürte, wie er zitterte, er wusste, dass sie es sehen konnte. So saßen sie da, ihr Blick war ruhig. Er tauchte in die graue, die wagnerische Atmosphäre des Fotos ein, die sie ihm jeden Augenblick wie eine Streichholzschachtel, die man schließt, entziehen und in ihre Tasche zurückstecken konnte. Die Fenster glichen einem alten Hotel irgendwo in Zentraleuropa. In Prag. Die Formen sangen ihm zu. Es war eine Festung, ein Bahnhof, ein Observatorium, von dem man in die Seele blicken konnte.

»Wer ist Rudolf Steiner?«, fragte er.

Er hörte ihre Erklärung kaum. Er geriet in einen rauschhaften Zustand. Steiner war ein großer Lehrer, ein Gelehrter, der glaubte, dass sich in der Kunst tiefe Erkenntnis offenbarte. Er glaubte an Bewegung und Mysterienspiele, Rhythmus, schöpferische Kraft, die Sterne. Natürlich. Und irgendwie hatte sie sich all das angeeignet. Sie war zum Impresario von Hedges Leben geworden.

Es war Hedges gewesen, der Joyce-Anbeter, der zerzauste Geist auf literarischen Partys, der sie gefunden hatte. Er war zuerst sehr distanziert. An dem Abend, an dem sie sich kennenlernten, sprach er kaum ein Wort mit ihr. Sie lebte damals noch nicht lange in New York. Sie wohnte in der Zwölften Straße in einem Zimmer ohne Möbel. Am nächsten Tag klingelte das Telefon. Es war Hedges. Er lud sie zum Mittagessen ein. Er habe von Anfang an genau gewusst, wer sie sei, sagte er. Er rief aus einer Telefonzelle an, der Verkehr donnerte vorbei.

»Können wir uns bei *Haroot's* treffen?«, sagte er.

Sein Haar war ungekämmt, seine Finger zitterten. Er saß an der Wand, zu nervös, um etwas anderes anzusehen als seine Hände. Sie wurde seine Gefährtin.

Sie verbrachten lange Tage zusammen, sie durchstreiften die Stadt. Er trug Hemden in der Farbe von blauer Tinte, er kaufte ihr Kleider. Er war unglaublich großzügig, Geld schien ihm nichts zu bedeuten, es zerkrumpelte in seinen Taschen wie altes Papier, wenn er Dinge bezahlte, fiel es auf den Boden. Er ließ sie in Restaurants kommen, in denen er mit seiner Frau saß, und sie musste sich an die Bar setzen, damit er sie sehen konnte, während sie aßen.

Langsam begann er, sie in eine andere Welt einzuführen, eine Welt, die jede Öffentlichkeit verschmähte, eine Welt, die reicher war als die, die sie kannte, bestimmte okkulte Bücher, Philosophien, sogar Musik. Sie entdeckte, dass sie ein Talent dafür besaß, einen Instinkt. Sie gewann eine Art Macht über sich selbst. Es gab Zeiten tiefer Zuneigung zwischen ihnen, Zeiten heiteren Glücks. Sie saßen in dem Haus eines Freundes und hörten Skrjabin. Sie aßen im Russian Tea Room, die Kellner kannten ihn beim Namen. Hedges tat etwas Außergewöhnliches, er schloss ihr Leben an einen neuen Kreislauf an. Auch er hatte eine neue Existenz: Er wurde endlich zum Verbrecher. Nach einem Jahr gingen sie nach Europa.

»Er ist intelligent«, erklärte sie. »Man spürt es sofort. Sein Geist berührt alles.«

»Seit wann sind Sie mit ihm zusammen?«

»Seit ewig«, sagte sie.

Sie gingen in jener einen sterbenden Stunde, die den Tag beschließt, zu Fuß zurück in Richtung ihres Hotels. Die Bäume am Fluss waren schwarz wie Stein. *Wozzeck* wurde in der Oper gegeben, später *Die Zauberflöte*. In den Geschäften mit alten Stichen gab es Stadtpläne und Zeichnungen der berühmten Brücke, wie sie zur Zeit Napoleons ausgesehen hatte. In den Banken stapelten sich die frisch geprägten Münzen. Sie war merkwürdig still.

Einmal blieben sie vor einem Restaurant mit einem Fischbecken stehen, in dem sich mächtige gesprenkelte Forellen drängten, größer als Schuhe. Sie lagen im grünen Wasser, ihre Mäuler arbeiteten langsam. Er sah ihr Gesicht in der Scheibe, wie das einer Frau in einem Zug, gleichgültig, allein. Ihre Schönheit war an niemanden gerichtet. Sie schien ihn nicht zu sehen, sie war in Gedanken verloren. Dann, kalt und ohne ein Wort, trafen ihre Augen die seinen. Sie wichen seinen nicht aus. In diesem Moment erkannte er, dass sie alles wert war.

Sie hatten es nicht leicht gehabt. Die Vernunft ist den Problemen der Menschen nicht gewachsen, sagte Hedges. Seine Frau hatte irgendwie Zugriff auf sein Bankkonto bekommen, nicht, dass viel Geld darauf war, aber sie hatte eine Nase wie ein Frettchen, sie tat andere Einkünfte auf, die ihm hätten zukommen können. Auch war er sicher, dass seine Briefe an seine Kinder nicht ankamen. Er musste ihnen in die Schule schreiben und unter der Adresse von Freunden.

Das Hauptproblem war allerdings immer das Geld. Es erdrückte sie. Er schrieb Artikel, aber sie ließen sich nur schwer verkaufen, er war unfähig, über aktuelle Themen zu schreiben. Er schrieb etwas über Giacometti, mit vielen eindringlichen Zitaten, die allesamt erfunden waren. Er versuchte alles. Gleichzeitig schienen rechts und links junge Männer Drehbücher zu schreiben oder andere Sachen für Unsummen zu verkaufen.

Hedges war allein. Die Männer in seinem Alter hatten sich einen Namen gemacht, an ihm zog alles vorbei. Zumindest empfand er das oft so. Er kannte die Leben von Cervantes, Stendhal, Italo Svevo, aber keines davon war so unsäglich wie sein eigenes. Und wo immer sie hingingen, mussten sie seine Hefte und Papiere mitschleppen. Nichts ist schwerer als Papier.

In Grasse hatte er Probleme mit den Zähnen, etwas war mit den Wurzeln unter den alten Füllungen nicht in Ordnung. Es ging ihm schlecht, sie mussten einem französischen Zahnarzt fast jeden Pfennig geben, den sie besaßen. In Venedig wurde er von einer Katze gebissen. Er bekam eine schreckliche Infektion, sein Arm schwoll zu seiner zweifachen Größe an, es schien, als würde die Haut platzen. Die *cameriera* erzählte ihnen, Katzen hätten Gift im Mund wie Schlangen, dasselbe sei ihrem Sohn passiert. Die Bisse seien immer tief, sagte sie, das Gift dringe in die Blutbahn.

Hedges litt Qualen, er konnte nicht schlafen. Vor fünfzig Jahren wäre es viel schlimmer gewesen, sagte ihnen der Arzt. Er zeigte auf eine Stelle kurz unter der Schulter. Hedges war zu schwach, um zu fragen, was das heißen sollte. Zweimal am Tag kam eine Frau mit einer Spritze in einem zerbeulten Blechkasten und gab ihm Injektionen. Das Fieber stieg. Er konnte nicht mehr lesen. Er wollte ein paar letzte Dinge diktieren, Nadine schrieb sie auf. Er bestand darauf, mit ihrem Foto auf dem Herzen begraben zu werden, sie musste ihm versprechen, es aus ihrem Pass zu reißen.

»Wie soll ich dann nach Hause kommen?«, hatte sie gefragt.

Unter ihnen strömte der große Fluss fast lautlos im Sonnenlicht. Das Leben der Künstler war letztlich doch schön, selbst die schrecklichen Auseinandersetzungen über Geld, die leeren Abende. Außerdem war Hedges während der ganzen Zeit nie hilflos gewesen. Er lebte ein Leben und stellte sich zehn andere vor, er konnte immer in einem davon Zuflucht finden.

»Aber ich bin es müde«, gestand sie. »Er ist egoistisch. Er ist ein Kind.«

Sie sah nicht aus wie eine Frau, die gelitten hatte. Ihre Kleider waren seidig. Ihre Zähne waren weiß. Auf den Wegen unten am Fluss aßen Paare zu Mittag, die Mädchen hatten die Schuhe ausgezogen, ihre Füße lagen auf der abschüssigen Böschung. Sie warfen Brotkrumen ins Wasser.

Die Entwicklung des Individuums habe ihren Gipfel erreicht, glaubte Hedges, das sei die wesentliche Erkenntnis unserer Zeit. Eine neue Richtung müsse gefunden werden. Er glaubte allerdings nicht an irgendeinen Kollektivismus. Er war sich noch nicht sicher, was der Weg sein würde. Seine Schriften würden es offenbaren, aber er arbeitete gegen eine Flut von Ereignissen, er war im Exil, wie Trotzki. Unglücklicherweise gab es niemanden, der ihn töten würde. Es war egal, seine Zähne würden das am Ende besorgen, sagte er.

Nadine starrte ins Wasser.

»Dort unten gibt es Unmengen von Aalen«, sagte sie.

Er folgte ihrem Blick. Die Oberfläche war undurchdringbar. Er versuchte, einen einzigen schwarzen Schatten zu entdecken, der sich durch sein Schlängeln verriet.

»Wenn die Paarungszeit kommt«, erzählte sie ihm, »ziehen sie zum Meer.«

Sie beobachtete das Wasser. Wenn die Zeit käme, spürten sie es irgendwie, sie glitten am Morgen über Wiesen, glänzend wie Tau. Sie war vierzehn, erzählte sie ihm, als ihre Mutter ihre Lieblingspuppe zum Fluss hinuntertrug und hineinwarf, die Kleinmädchentage seien vorbei.

»Was soll ich hineinwerfen?«, fragte er.

Sie schien ihn nicht zu hören. Dann sah sie auf.

»Meinen Sie das ernst?«, sagte sie schließlich.

Sie wollte, dass sie zusammen zu Abend aßen, würde Hedges etwas bemerken? Er versuchte, nicht darüber nachzudenken oder sich beunruhigen zu lassen. In jeder Literatur gab es Szenen dieses Moments, aber dennoch konnte er sich nicht vorstellen, wie es sein würde. Ein großer Schriftsteller könnte sagen, ich weiß, ich kann sie nicht halten, aber würde er es wagen, sie aufzugeben? Hedges, die Zähne voller Löcher und all die Jahre, die auf seinen ungeschriebenen Büchern lasteten?

»Ich schulde ihm so viel«, hatte sie gesagt.

Dennoch, es war schwierig, dem Abend ruhig entgegenzusehen. Um fünf Uhr war er voller Nervosität, er legte Patiencen in seinem Zimmer, las mehrmals dieselben Artikel in der Zeitung. Es schien, als hätte er vergessen, wie man über Dinge sprach, er war sich seines Gesichtsausdrucks bewusst, nichts, was er tat, wirkte natürlich. Die Person, die er gewesen war, hatte sich irgendwie aufgelöst, es war unmöglich, eine neue zu erschaffen. Alles war unmöglich, er stellte sich ein Essen vor, bei dem er gedemütigt würde, betrogen.

Um sieben Uhr, aus Angst, das Telefon könnte jeden Moment klingeln, fuhr er mit dem Fahrstuhl hinunter. Der Blick in den Spiegel beruhigte ihn, er wirkte normal, er wirkte ruhig. Er berührte sein Haar. Sein Herz hämmerte. Er sah sich noch einmal an. Die Tür ging auf. Er trat hinaus, halb erwartete er, sie dort zu sehen. Es war niemand da. Er blätterte die Seiten der *Zürcher Zeitung* durch, ein Auge auf die Tür gerichtet. Schließlich schaffte er es, sich in einen der Sessel zu setzen. Er fühlte sich unbequem darin. Er erhob sich. Es war zehn nach sieben. Zwanzig Minuten später setzte ein alter Citroën mit lautem Scherbenkrachen rückwärts direkt in den Kühlergrill eines Mercedes, der auf der Straße parkte. Der Concierge und der Empfangschef rannten nach draußen. Überall lagen Splitter. Der Fahrer des Citroën öffnete die Tür.

»Gott noch mal«, murmelte er und sah sich um.

Es war William Hedges. Allein.

Sie fingen alle gleichzeitig an zu reden. Der Besitzer des Mercedes, dessen Scheinwerfer gelöscht worden waren, war zum Glück nicht da. Ein Polizist kam die Straße herauf auf sie zu.

»Na ja, so schlimm ist es nicht«, sagte Hedges. Er untersuchte seinen Wagen. Die Rücklichter waren zersplittert. Der Kofferraum hatte eine Delle.

Nach langen Diskussionen durfte er schließlich das Hotel betreten. Er trug ein gestreiftes Baumwolljackett und ein tintenfarbenes Hemd. Er hatte ein weißes Gesicht, feucht vom Schweiß, das Gesicht eines unbeliebten Schuljungen, hohe Stirn, ausdünnendes Haar, einen weichen Bart mit einem Hauch Grau darin, der Bart eines Entdeckungsreisenden, eines Mannes, der seine Socken im Amazonas wäscht.

»Nadine kommt ein bisschen später nach«, sagte er.

Als er nach einem Drink griff, zitterte seine Hand.

»Mein Fuß ist von der Bremse gerutscht«, erklärte er. Er zündete sich schnell eine Zigarette an. »Die Versicherung zahlt das doch, oder? Wahrscheinlich nicht.«

Er schien an einem Halt angekommen zu sein, die erste vieler langer Pausen, während derer er in seinen Schoß starrte. Dann, als wäre es die Frage, nach der er verzweifelt gesucht hatte, fragte er gequält: »Was ... halten Sie von Basel?«

Der Ober hatte sie einander gegenüber am Tisch platziert, zwischen ihnen der leere Stuhl. Seine Gegenwart schien auf Hedges zu lasten. Er bestellte einen weiteren Drink. Als er sich umdrehte, warf er ein Glas um. Dies Missgeschick schien ihn irgendwie zu erleichtern. Der Kellner tupfte mit einer Serviette das nasse Tischtuch ab. Hedges redete um ihn herum.

»Ich weiß nicht genau, was Ihnen Nadine erzählt hat«, sagte er mit leiser Stimme. Eine lange Pause. »Sie erzählt manchmal ... die fantastischsten Lügen.«

»Ach ja?«

»Sie kommt aus einer kleinen Stadt in Pennsylvania«, murmelte Hedges. »Julesberg. Sie war nie ... sie war nur ein ... ganz gewöhnliches Mädchen, als wir uns kennenlernten.«

Sie waren nach Basel gekommen, um bestimmte Institutionen aufzusuchen, erklärte er. Es sei eine ... interessante Stadt. In der Geschichte gebe es bestimmte Orte, die Schauplätze seien für historische Wendepunkte, und das Dorf Dornach sei Beweis für etwas ... Der Satz blieb unvollendet. Rudolf Steiner habe Goethe studiert ...

»Ja, ich weiß.«

»Natürlich. Nadine hat Ihnen davon erzählt, nicht wahr?«

»Nein.«

»Verstehe.«

Schließlich fing er wieder mit Goethe an. Die Fülle seines Geistes, sagte er, sei so außergewöhnlich gewesen, dass es ihm möglich war – wie Leonardo vor ihm –, das gesamte menschliche Wissen seiner Zeit in sich zu vereinen. Das allein schon impliziere einen ... alles umfassenden Zusammenhang, und die Tatsache, dass nach ihm kein Mensch mehr dazu fähig gewesen sei, könne durchaus bedeuten, dass es den Zusammenhang nicht mehr gebe, dass er sich aufgelöst habe ... Das Meer des Wissens sei über die Ufer getreten.

»Wir stehen am Rande«, sagte Hedges, »radikaler Veränderungen im Schicksal der Menschen. Diejenigen, die sie offenbaren ...«

Die Worte, mit gequälter Langsamkeit gesprochen, schienen endlos viel Zeit zu beanspruchen. Sie waren eine List, ein Täuschungsmanöver. Es war schwierig, sie bis zum Ende anzuhören.

»... wird man in Stücke reißen wie Galileo.«

»Glauben Sie das wirklich?«

Wieder eine lange Pause.

»Oh, ja.«

Sie bestellten noch einen Drink.

»Ich nehme an, wir sind ein wenig merkwürdig, Nadine und ich«, sagte Hedges wie zu sich selbst.

Der Zeitpunkt war gekommen.

»Ich glaube nicht, dass sie eine sehr glückliche Frau ist.«

Es folgte ein Moment der Stille.

»Glücklich?«, sagte Hedges. »Nein, sie ist nicht glücklich. Sie ist nicht fähig, glücklich zu sein. Ekstasen. Sie ist ekstatisch. Das sagt sie mir jeden Tag«, sagte er. Er legte die Hand an die

Stirn, halb über die Augen. »Sehen Sie, Sie kennen sie überhaupt nicht.«

Sie würde nicht kommen, das war plötzlich klar. Es würde kein Essen geben.

Er hätte etwas sagen sollen, es endete zu unbestimmt. Zehn Minuten später war Hedges fort, er hinterließ eine peinliche weiße Fläche und drei Gedecke, ihm fiel ein, was er hätte verlangen sollen: Ich will mit ihr reden.

Alle Türen hatten sich geschlossen. Er fühlte sich elend, er konnte sich niemanden mit Schwächen, mit Unzulänglichkeiten wie den seinen vorstellen. Er hatte vorgehabt, diesen Mann niederzumachen, und es wurde zu einem Monolog – wahrscheinlich lachten sie gerade in diesem Moment darüber. Das Ganze war demütigend gewesen. Der Fluss bewegte sich unter seinem Fenster, selbst in der Dunkelheit konnte man die Strömung erkennen. Er stand da und sah hinab. Er ging umher und versuchte sich zu beruhigen. Er lag auf dem Bett, es schien, als zitterten seine Glieder. Er verabscheute sich. Schließlich wurde er ruhig.

Er hatte gerade die Augen geschlossen, als in der Leere des Zimmers das Telefon klingelte. Es klingelte wieder. Ein drittes Mal. Natürlich! Er hatte es erwartet. Sein Herz machte einen Satz, als er den Hörer abhob. Er versuchte, ruhig Hallo zu sagen. Eine Männerstimme antwortete. Es war Hedges.

»Ist Nadine bei Ihnen?«, brachte er heraus.

»Nadine?«

»Bitte, könnte ich sie sprechen?«, sagte Hedges.

»Sie ist nicht hier.«

Es folgte ein Schweigen. Er konnte Hedges' hilfloses Atmen hören. Es schien endlos.

»Hören Sie«, begann Hedges, seine Stimme war weniger mutig. »Ich will nur einen Moment mit ihr reden, das ist alles ... ich bitte Sie ...«

Sie war also irgendwo in der Stadt, er lief hinaus, um sie zu finden. Er überlegte sich nicht, wo sie sein könnte. Irgendwie hatte sich die Nacht ihm zugewandt, alles veränderte sich. Er ging, er lief durch die Straßen, er hatte Angst, zu spät zu kommen.

Es war fast Mitternacht, Leute kamen aus den Theatern, im *Café des Casinos* war der Teufel los. Ein Meer aus verdeckten und halbverdeckten Gesichtern, die Kellner standen immer so, dass jemand hinter ihnen verborgen sein konnte, er durchkämmte es langsam. Sicher war sie da. Sie saß allein an einem Tisch, sie wartete darauf, gefunden zu werden.

Dieselben Autos drehten auf den Straßen ihre Runden, er ging zwischen ihnen hindurch. Leute schlenderten vorüber, blieben vor erleuchteten Schaufenstern stehen. Sie würde sich eine Auslage mit teuren Schuhen ansehen, vielleicht antiken Schmuck, Goldketten. An den Straßenecken überkam ihn ein Gefühl von Verlust. Er ging durch Passagen. Er verließ die vertrautere Gegend. Die Zeitungsstände waren geschlossen, die Kinos dunkel.

Plötzlich, als sähe er der Wahrheit einer Krankheit ins Gesicht, verließ ihn das Selbstvertrauen. War sie in ihr Hotel zurückgekehrt? Vielleicht war sie sogar in seinem, oder dort gewesen und wieder gegangen? Er wusste, sie war zielloser, intuitiver Handlungen fähig. Anstatt sich durch die Dunkelheit der Stadt treiben zu lassen, mit trägen Schritten, die nur dazu bestimmt waren, von seinen verschlungen zu werden, anstatt einen Ort zu wählen, an dem sie so geschickt gefunden würde, wie sie ihn dazu bewegt hatte, ihr zu folgen, könnte sie plötzlich entmutigt zu Hedges zurückgekehrt sein, um nichts weiter zu sagen als: Ich war nur kurz spazieren.

Es gibt immer nur einen Moment, dachte er, er kommt nie wieder. Er begann auf Straßen, die er schon gesehen hatte, zurückzugehen, als hätte er sich verirrt. Die Aufregung war verschwunden, er suchte, er war sich seines Instinkts nicht mehr sicher, fragte sich nur noch, wozu sie sich entschlossen haben mochte.

Auf der Treppe in der Nähe der Heuwaage blieb er stehen. Der Platz war leer. Ihm war plötzlich kalt. Ein einsamer Mann ging unten vorüber. Es war Hedges. Er trug keinen Schlips, der Kragen seines Jacketts war hochgeschlagen. Er hatte kein Ziel, er war auf der Suche nach seinen Träumen. In seinen Taschen waren zerkrumpelte Banknoten, in der Mitte geknickte Zigaretten. Die Blässe seiner Haut war von weitem sichtbar. Sein Haar war ungekämmt. Er gab nicht vor, jung zu sein, das lag hinter ihm, er war im Zentrum seines Lebens angekommen, seiner erfolglosen Arbeit, ein Mann, der Nahverkehrszüge benutzte, der Tee trank und auf etwas hoffte, auf den Beweis, der am Ende zeigte, dass sein Talent so groß wie das von anderen gewesen war. Diese Welt gebiert eine neue, sagte er. Wir nähern uns dem Zentrum der Galaxie. Darüber schrieb er, er dachte es sich aus. Seine Lyrik würde zu unserer Geschichte werden.

Die Straßen waren verlassen, die Restaurants hatten das Licht ausgeschaltet. Allein in einem Café, in der Wiederholung leerer Tische, den umgekehrt daraufgestellten Stühlen, mit dunklem Hemd und seinem Ärztebart, saß Hedges. Er würde sie nie finden. Er war wie ein Mann ohne Arbeit, ein Invalide, er wusste nicht, wohin. Die Städte Europas waren still. Er hustete ein wenig in der Kälte.

Das Goetheanum auf dem Foto, das sie ihm gezeigt hatte, gab es nicht mehr. Es war in der Nacht des 31. Dezember 1922 abgebrannt. Am Abend hatte ein Vortrag stattgefunden, das Publikum war nach Hause gegangen. Der Nachtwächter entdeckte Rauch, und bald danach war das Feuer zu sehen. Es griff mit erstaunlicher Geschwindigkeit um sich, und die Feuerwehrmänner bekämpften es vergeblich. Es war hoffnungslos. Ein Inferno erhob sich hinter den großen Fenstern. Steiner rief alle aus dem Gebäude. Genau um Mitternacht stürzte die Hauptkuppel ein, die Flammen brachen durch und schossen nach oben. Die

Fenster mit ihren speziell angefertigten Scheiben glühten, sie begannen durch die Hitze zu bersten. Eine große Menschenmenge war aus den nahe gelegenen Dörfern gekommen und selbst aus Basel, wo man das Feuer trotz der meilenweiten Entfernung sehen konnte. Schließlich brach das Dach ganz in sich zusammen, grüne und blaue Flammen stiegen von den metallenen Orgelpfeifen auf. Das Goetheanum verschwand, sein Meister, sein Priester, sein alleiniger Schöpfer schritt in der Morgendämmerung langsam durch die Asche.

Ein neuer Bau, diesmal aus Beton, entstand an seiner Stelle. Von dem alten blieben nur Fotografien.

BANGKOK

Hollis saß hinten an einem Tisch, auf dem stapelweise Bücher lagen, mit ein wenig Platz zum Schreiben dazwischen, wo er schrieb, als Carol hereinkam.

»Hallo«, sagte sie.

»Na, guck an, wer da ist«, sagte er kühl. »Hallo.«

Sie trug einen grauen Wollpullover und einen schmalen Rock, gut angezogen, wie immer.

»Hast du meine Nachricht nicht bekommen?«, fragte sie.

»Doch.«

»Du hast nicht zurückgerufen.«

»Nein.«

»Wolltest du nicht?«

»Natürlich nicht«, sagte er.

Er sah breiter aus als beim letzten Mal, und sein Haar, das fast bis zur Schulter herunterhing, musste mal geschnitten werden.

»Ich bin bei dir zu Hause vorbeigegangen, aber du warst schon weg. Ich hab mit Pam geredet, so heißt sie doch? Pam.«

»Ja.«

»Wir haben uns unterhalten. Nicht sehr lange. Sie schien nicht sehr daran interessiert, sich zu unterhalten. Ist sie schüchtern?«

»Nein, sie ist nicht schüchtern.«

»Ich hab sie etwas gefragt. Willst du wissen, was?«

»Nicht unbedingt«, sagte er.

Er lehnte sich zurück. Sein Jackett hing über der Stuhllehne, und er hatte die Hemdsärmel ein Stück hochgekrempelt. Sie bemerkte eine runde Armbanduhr mit einem braunen Lederarmband.

»Ich hab sie gefragt, ob du es immer noch gerne hast, wenn man dir den Schwanz lutscht.«

»Mach, dass du rauskommst!«, befahl er. »Los. Raus!«

»Sie hat nicht geantwortet«, sagte Carol.

Da war ein Moment der Angst, fast der Schuld, Angst vor den Folgen. Andererseits glaubte er ihr nicht.

»Und, magst du's immer noch?«, sagte sie.

»Verschwinde, ja? Bitte«, sagte er in einem zivilisierten Ton. Er machte eine scheuchende Handbewegung. »Ich mein's ernst.«

»Ich bleib nicht lange, nur ein paar Minuten. Ich wollte dich sehen, mehr nicht. Warum hast du nicht zurückgerufen?«

Sie war groß und sie hatte eine lange elegante Nase wie ein Vollblut. Wie jemand aussieht, entspricht nicht immer der Erinnerung, die man an sie hat. Einmal war sie aus einem Restaurant gekommen, ein paar Stufen herunter, lange nach dem Lunch, in einem Seidenkleid, das an den Hüften klebte und das der Wind an ihre Beine drückte. Die Nachmittage, dachte er einen Augenblick lang.

Sie setzte sich in den Ledersessel ihm gegenüber und lächelte leicht, unsicher.

»Du hast es nett hier.«

Sein Laden hätte nett sein können, zwei Räume im Parterre mit einem kleinen Garten, einer Grasfläche, an die die Rückseiten anderer Häuser stießen. Aber es gab nur ein Fenster, und die Dielenbretter waren abgenutzt. Er verkaufte wertvolle Bücher und Manuskripte, meist Briefe, und er hatte einen zu großen Bestand für einen Händler seiner Größe. Nach zehn Jahren im Textileinzelhandel hatte er sein wahres Leben gefunden. Die Räume hatten hohe Decken, die Bücherregale waren voll, und vor ihnen auf dem Fußboden lehnten ein paar gerahmte Fotografien.

»Chris«, sagte sie, »verrat mir eines. Was ist aus dem Foto geworden, das von uns gemacht wurde, damals, als Diana Wald diesen Lunch im Haus ihrer Mutter gegeben hat? Da oben auf dem künstlichen Hügel, der aus lauter alten Autos bestand? Hast du das noch?«

»Das muss verloren gegangen sein.«

»Ich hätte das wirklich gerne. Es war ein wunderbares Bild. Was für eine Zeit!«, sagte sie. »Weißt du noch, das Bootshaus, das wir hatten?«

»Natürlich.«

»Ich frag mich, ob du dich genauso daran erinnerst wie ich.«

»Das ist schwer zu beantworten.« Er hatte eine tiefe, überzeugende Stimme. Viel Selbstvertrauen lag darin, vielleicht ein wenig zu viel.

»Der Billardtisch, erinnerst du dich an den? Und das Bett vor den Fenstern.«

Er antwortete nicht. Sie nahm eines der Bücher vom Tisch und sah es durch, *e. e. cummings*: The Enormous Room, *Schutzumschlag unten leicht beschädigt, Titelseite ein wenig verschmutzt, sonst in sehr gutem Zustand. Erstausgabe.* Der Preis stand mit Bleistift in der oberen Ecke des Vorsatzblattes. Sie blätterte geistesabwesend darin herum.

»Da ist das drin, was du so gerne magst. Was war das noch mal?«

»Jean Le Nègre.«

»Genau.«

»Immer noch unübertroffen«, sagte er.

»Das erinnert mich aus irgendeinem Grund an Alan Baron. Hast du noch Kontakt mit ihm? Hat er jemals was veröffentlicht? Der hat mir immer was von tantrischem Yoga erzählt und dass ich es mal versuchen sollte. Er wollte es mir zeigen.«

»Und, hat er das?«

»Machst du Witze?«

Sie blätterte die Seiten mit ihren langen Fingern durch.

»Sie reden immer über tantrisches Yoga«, sagte sie, »oder sie erzählen dir von ihren dicken Schwänzen. Du allerdings nicht. Also, wie geht's Pam, wenn wir schon dabei sind. Ich wusste nicht so recht. Ist sie glücklich?«

»Sie ist sehr glücklich.«

»Wie schön. Und ihr habt ein kleines Mädchen, wie alt ist sie noch mal?«

»Sie heißt Chloe. Sie ist sechs.«

»Oh, so groß schon. In dem Alter wissen die schon viel, stimmt's? Sie wissen es und sie wissen's nicht«, sagte sie. Sie schloss das Buch und legte es hin. »Ihre Körper sind so rein. Hat Chloe einen schönen Körper?«

»Einen, für den du über Leichen gehen würdest«, sagte er beiläufig.

»Ein vollkommener kleiner Körper. Das kann ich mir vorstellen. Badest du sie? Ich wette, das tust du. Du bist ein vorbildlicher Vater, der Vater, den jedes kleine Mädchen haben sollte. Wie wird's dir gehen, wenn sie größer wird, frage ich mich? Wenn die Jungs anfangen, hinter ihr her zu sein.«

»Es wird nicht viele Jungs geben.«

»Herr Gott noch mal. Natürlich. Die werden in Scharen kommen. Das weißt du doch. Sie wird Brüste kriegen und das erste weiche Schamhaar.«

»Weißt du, Carol, du bist widerlich.«

»Du willst nur nicht daran denken, das ist alles. Aber sie wird eine Frau sein, weißt du, eine junge Frau. Du weißt doch noch, wie du in dem Alter hinter jungen Frauen her warst. Glaubst du, das hat mit dir aufgehört? Das geht weiter, und sie wird Teil davon sein, mit ihrem vollkommenen Körper und so weiter. Wie ist denn Pams Körper, wo wir schon davon reden.«

»Wie ist deiner?«

»Siehst du das nicht?«

»Ich hab nicht darauf geachtet.«

»Hast du noch Sex?«, fragte sie ungerührt.

»Gelegentlich.«

»Ich nicht. Kaum.«

»Es fällt mir etwas schwer, das zu glauben.«

»Es ist nicht mit früher zu vergleichen, das ist das Problem. Es ist nie, wie es sein sollte oder wie es mal war. Wie alt bist du jetzt? Du siehst ein bisschen schwerer aus. Trainierst du? Gehst du in die Sauna und siehst an dir herunter?«

»Dafür hab ich keine Zeit.«

»Na ja, wenn du mehr Zeit *hättest*. Wenn du frei wärst, könntest du in die Sauna gehen, duschen, frische Kleidung anziehen, und dann ist es, lass mal sehen, nicht zu früh, um ins, wie heißt das jetzt, ins *Odeon* zu gehen und einen trinken, gucken, ob irgendwer da ist, irgendwelche Mädchen. Du könntest dem Barmann sagen, dass er ihnen was zu trinken anbietet, oder gleich selbst mit ihnen reden, sie fragen, ob sie heute Abend schon was vorhaben, ob sie irgendwelche Pläne haben. So einfach. Du mochtest immer schöne Zähne. Du mochtest schlanke Arme und, wie soll ich das ausdrücken, gute Titten, nicht unbedingt riesig – mittlere Größe, mehr nicht. Und lange Beine. Fesselst du ihnen immer noch gerne die Hände? Das mochtest du früher gerne, das ist immer aufregend, festzustellen, ob sie das zulassen oder nicht. Sag mal, Chris, hast du mich geliebt?«

»Dich geliebt?« Er lehnte sich zurück. Zum ersten Mal hatte sie den Eindruck, dass er neuerdings vielleicht etwas mehr als sonst trank. Sein Gesicht wirkte so. »Ich hab jede Minute des Tages an dich gedacht«, sagte er. »Ich habe alles geliebt, was du gemacht hast. Was ich an dir mochte, war, dass du absolut neu warst und dass alles, was du gemacht und gesagt hast, neu war. Du warst unvergleichlich. Mit dir hatte ich das Gefühl, alles im Leben zu haben, alles, wovon man je geträumt hat. Ich hab dich angebetet.«

»Wie keine andere Frau?«

»Keine kam auch nur in die Nähe. Ich hätte für immer in dir schwelgen können. Du warst die, die für mich bestimmt war.«

»Und Pam? In ihr hast du nicht geschwelgt?«

»Ein bisschen. Pam ist etwas anderes.«

»In welcher Hinsicht?«

»Pam nimmt das nicht alles und bietet es jemand anderem an. Ich komme nicht unerwartet von einer Reise zurück und finde ein ungemachtes Bett, in dem du und irgendein Mann eine wunderbare Nacht verbracht habt.«

»So wunderbar war die nicht.«

»Das tut mir aber leid.«

»Es war alles andere als wunderbar.«

»Und warum hast du's dann getan?«

»Ich weiß nicht. Ich hatte einfach die dumme Idee, mal was anderes auszuprobieren. Ich wusste nicht, dass das wahre Glück darin liegt, die ganze Zeit immer dasselbe zu haben.«

Sie sah auf ihre Hände. Ihm fielen wieder ihre langen, biegsamen Daumen auf.

»Stimmt das etwa nicht?«, fragte sie kühl.

»Werd nicht gemein. Außerdem, was weißt du schon vom wahren Glück?«

»Oh, ich hab es erlebt.«

»Wirklich?«

»Ja«, sagte sie. »Mit dir.«

Er sah sie an. Sie erwiderte seinen Blick nicht, und sie lächelte auch nicht.

»Ich fahr nach Bangkok«, sagte sie, »na ja, erst nach Hongkong. Warst du schon mal im Peninsula Hotel?«

»Ich war noch nie in Hongkong.«

»Man sagt, es ist das beste Hotel überhaupt, Berlin, Paris, Tokio.«

»Woher soll ich das wissen?«

»Du warst doch schon in Hotels. Weißt du noch, Venedig, das kleine Hotel beim Theater? Und das Wasser kniehoch in den Straßen?«

»Ich hab viel zu tun, Carol.«

»Ach, komm!«

»Ich hab ein Geschäft.«

»Gut, was willst du für diesen e. e. cummings haben?«, sagte sie. »Ich kauf ihn, und dann kannst du ein paar Minuten mit mir reden.«

»Der ist schon verkauft«, sagte er.

»Da steht aber noch der Preis drin.«

Er zuckte mit den Achseln.

»Was ist mit Venedig«, sagte sie.

»Ich erinnere mich an das Hotel. Jetzt lass uns auf Wiedersehn sagen.«

»Ich fahre mit jemandem nach Bangkok.«

Er spürte einen Phantomaussetzer des Herzens, ganz sacht.

»Gut«, sagte er.

»Molly. Sie würde dir gefallen.«

»Molly.«

»Wir reisen zusammen. Du weißt, dass Daddy gestorben ist.«

»Das wusste ich nicht.«

»Ja, vor einem Jahr. Er ist gestorben. Und jetzt brauch ich mir keine Sorgen mehr zu machen. Das ist ein schönes Gefühl.«

»Das kann ich mir vorstellen. Ich mochte deinen Vater.«

Er war im Ölgeschäft gewesen, gesellig, mit gewissen offen eingestandenen Vorurteilen. Er trug teure Anzüge und war zwei Mal geschieden, aber er hatte es geschafft, der Einsamkeit zu entgehen.

»Wir bleiben zwei Monate in Bangkok, kommen vielleicht über Europa zurück«, sagte Carol. »Molly hat Stil. Sie war mal Tänzerin. Was war Pam früher, war sie nicht Lehrerin oder so was? Na ja, wenn du Pam liebst, würdest du Molly auch lieben. Du kennst sie nicht, aber du würdest sie lieben.« Sie war einen Moment still. »Warum kommst du nicht mit?«, sagte sie.

Hollis lächelte verhalten.

»Wir könnten sie uns teilen, was?«, sagte er.

»Du brauchtest nicht zu teilen.«

Sie wollte ihn nur quälen, das wusste er.

»Meine Familie und mein Geschäft im Stich lassen, einfach so?«

»Gauguin hat das getan.«

»Ich bin ein bisschen zu verantwortungsvoll für so was. Du würdest das vielleicht machen.«

»Wenn es eine Wahl gäbe«, sagte sie, »zwischen Leben und ...«

»Was?«

»Leben und einer Art Scheinleben. Tu nicht so, als ob du das nicht verstündest. Es gibt niemanden, der das besser versteht als du.«

Er empfand einen unterdrückten Widerwillen. Wenn die Jagd doch vorüber wäre, dachte er. Möge es enden. Er hörte sie weiterreden.

»Reisen. Der Orient. Die Atmosphäre einer anderen Welt. Baden, trinken, lesen ...«

»Du und ich.«

»Und Molly. Als Geschenk.«

»Also, ich weiß nicht. Wie sieht sie aus?«

»Sie sieht gut aus, was denkst du denn? Ich zieh sie für dich aus.«

»Ich sag dir was Komisches«, sagte Hollis, »etwas, was ich gehört habe. Man sagt, dass alles im Universum, die Planeten, all die Galaxien, alles – das gesamte Universum – ursprünglich aus etwas entstanden ist, was nur so groß war wie ein Reiskorn. Das ist explodiert und zu dem geworden, was wir jetzt sehen, die Sonne, die Sterne, die Erde, die Meere, alles, was es gibt, einschließlich dessen, was ich für dich empfunden habe. Dieser Morgen in der Hudson Street, als wir in der Sonne saßen, die Füße hochgelegt, ganz erfüllt und in dem Wissen darum, miteinander redend, verliebt – da wusste ich, dass ich alles hatte, was das Leben mir je bieten würde.«

»Das hast du so empfunden?«

»Natürlich. Jeder hätte das so empfunden. Ich erinnere mich an all das, aber ich hab das Gefühl jetzt nicht mehr. Es ist weg.«

»Das ist traurig.«

»Ich hab jetzt mehr als das. Ich habe eine Frau, die ich liebe, und ein Kind.«

»Das ist so ein Klischee, oder? Eine Frau, die ich liebe.«

»Es ist einfach die Wahrheit.«

»Und du freust dich auf die Jahre, die ihr zusammen haben werdet, auf die Ekstase.«

»Es ist keine Ekstase.«

»Da hast du recht.«

»Man kann Ekstase nicht täglich haben.«

»Nein, aber man kann was ebenso Gutes haben«, sagte sie. »Man kann die Vorfreude darauf haben.«

»Gut. Geh und freu dich. Du und Molly.«

»Ich werd an dich denken, Chris, in unserem Haus am Fluss in Bangkok.«

»Oh, das kannst du dir sparen.«

»Ich werd an dich denken, wie du im Bett liegst, von alldem zu Tode gelangweilt.«

»Hör auf, um Himmels willen. Lass es. Gib mir die Chance, dich noch ein bisschen zu mögen.«

»Ich will nicht, dass du mich magst.« Halb flüsternd sagte sie: »Ich will, dass du mich verfluchst.«

»Mach ruhig so weiter.«

»Das ist so niedlich«, sagte sie. »Die kleine Familie, die schönen Bücher. Na gut. Du hast deine Chance verpasst. Adieu. Geh nach Haus und bade sie, dein kleines Mädchen. Jedenfalls solange das noch geht.«

Sie sah ihn von der Tür aus ein letztes Mal an. Er konnte das Geräusch ihrer Absätze hören, als sie durch den Vorraum ging. Er konnte sie an den Schaukästen vorbei und auf die Tür zugehen hören, wo sie zu zögern schienen, dann schloss sich die Tür.

Der Raum verschwamm vor seinen Augen, er konnte seine Gedanken nicht festhalten. Die Vergangenheit hatte ihn wie eine Springflut überspült, nicht, wie sie gewesen war, sondern so, wie sie in seiner Erinnerung zwanghaft auftauchte. Am besten arbeitete er weiter. Er wusste, wie sich ihre Haut anfühlte, sie war wie Seide. Er hätte ihr gar nicht erst zuhören sollen.

Auf den nachgiebigen, stillen Tasten begann er zu schreiben: *Jack Kerouac, schreibmaschinengeschriebener Brief, gezeichnet (»Jack«), 1 Seite, an seine Freundin, die Lyrikerin Lois Sorrells, einzeilig, mit Bleistift unterschrieben, leichte Kerbung vom Zusammenfalten.* Es war kein Scheinleben.

ERDE

Billy lag unter dem Haus. Es war kühl dort, es roch nach der seit fünfzig Jahren nicht umgegrabenen Erde. Eine Art ranziger Staub rieselte durch die Bodenbretter und fiel ihm wie ein leichter Regen aufs Gesicht. Er spuckte ihn aus. Er drehte den Kopf und wischte sich, die Hand vorsichtig zum Gesicht führend, mit dem Ärmel die Augen. Er sah hinter sich zu dem Streifen Tageslicht am Rand des Hauses. Harrys Beine standen in der Sonne – dann und wann kniete er sich mit einem Stöhnen hin und guckte nach, wie es lief. Sie gossen einen Zementboden unter dem Haus des alten Bryant. Wie alle Häuser in der Gegend besaß es kein Fundament, es stand auf Holzpfählen.

»Da kann man anfangen«, rief Harry.

»Hier?«

»Genau.«

Billy wischte sich erneut langsam den Staub aus den Augen und begann den Heber aufzustellen. Die Balken waren wenige Zentimeter über seinem Gesicht.

Sie aßen ihren Lunch draußen. Es war heiß, Bergwetter. Die Sonne war trocken, die Luft dünn wie Papier. Harry aß langsam. Er hatte einen faltigen Hals und weiße Stoppeln entlang der Kinnlinie.

Der Tod stand vor Harry Mies' Tür. Er würde ausgezehrt daliegen, Rouge auf den Wangen, die feinen Altmännerohren taub. Keiner wüsste mehr, was er wusste. Er war allein auf der weiten Flur seines Lebens. Der Regen fiel auf ihn herab, er rührte sich nicht.

Es gibt Tiere, die sich, wenn ihre Zeit gekommen ist, nicht

mehr hinlegen. Er war genauso. Wenn er kniete, stand er langsam wieder auf. Er hob sich auf ein Knie, machte eine Pause und rappelte sich schließlich auf die Beine wie ein altes Pferd.

»Der Kerl in der Stadt, mit den langen Haaren ...«, sagte er. Billys Finger hinterließen schwarze Abdrücke auf dem Brot.

»Den Haaren?«

»Was macht der eigentlich?«

»Spielt Schlagzeug, soviel ich weiß«, sagte Billy.

»Schlagzeug.«

»In 'ner Band.«

»Ja, wird schon so was sein«, sagte Harry.

Er schraubte den Deckel einer zerbeulten Thermosflasche ab und goss sich etwas ein, das nach Tee aussah. Sie saßen in der Stille der hohen Pappeln, nicht einmal die Blätter ganz oben bewegten sich.

Sie fuhren zur Müllhalde, die Sonne brannte durch die Windschutzscheibe auf ihre Knie. Am Eingang war ein altes Viehgatter, irgendwo aufgetrieben, von irgendeiner pleitegegangenen Ranch. Es stand offen, Harry fuhr hinein. Sie befanden sich auf einem Feld mit Schutt und Abfall am Rande des Bachs, ein nacktes Stück Land, das ewig vor sich hin schwelte. Ein Schwarzer in einem Overall kam aus einem mit Bettrosten umstellten Schuppen. Er hatte runde Schultern, war kräftig wie ein Stier. Hinter dem Schuppen stand ein alter grüner Chrysler.

»Suchen 'n paar Rohre, Al«, sagte Harry.

Der Mann sagte nichts. Er gab ihnen halbherzig eine Art Zeichen. Harry war schon an ihm vorbeigefahren und in eine Gasse aus alten Möbeln, Öfen, Aluminiumstühlen eingebogen. In der Luft lag ein säuerlicher Geruch. Ein paar Kühlschränke waren das Ufer hinuntergefallen, unzerstörbar, und lagen halb versunken im Bach.

Die Rohre waren alle an einer Stelle. Sie waren größtenteils verrostet, Billy kickte ziellos mit dem Fuß nach ein paar Teilen.

»Die können wir gebrauchen«, kommentierte Harry.

Sie begannen, Rohrstücke zum Auto zu bringen und sie aufs Dach zu legen. Sie fuhren langsam, der Kopf des alten Mannes war ein wenig zurückgelehnt. Das Auto holperte durch die Schlaglöcher. Die Rohre rollten auf dem Dachgepäckträger hin und her.

»Al ist in Ordnung«, sagte Harry. Sie kamen zum Schuppen. Er hob die Hand, als sie vorbeifuhren. Niemand war da.

Billy war in Gedanken. Die Fahrt in die Stadt schien ihm lang.

»Er hat 'ne Menge Ärger mit den Leuten«, sagte Harry. Er sah auf die Straße, die leere Straße, die so viele Städte miteinander verband.

»Das Zeug da draußen ist nicht viel wert«, sagte er. »Manchmal versucht er, etwas Geld dafür zu kriegen. Die Leute finden, sie sollten das Zeug einfach so mitnehmen dürfen.«

»Dir hat er nichts abgeknöpft.«

»Mir? Nein, ich bring ihm ab und zu was vorbei«, sagte Harry. »Der alte Al und ich sind Freunde.«

Nach einer Weile sagte er: »Dies soll ein freies Land sein. Ich weiß ja nicht ...«

Die Cowboys bei *Gerhart's* nannten ihn den Schweden, er selbst ging nie dahin. Sie sahen ihn draußen vorbeikommen, pergamentene Haut, hängende Arme, die Langsamkeit des Alters im Gang. Er sah vielleicht ein wenig schwedisch aus, blasse Augen von den blendend weißen Morgen, die Morgen des großen Südwestens, schwarzer Kaffee in seiner Tasse, der Tag vor ihm. Die Aschenbecher auf der Theke waren aus Plastik, auf dem Zifferblatt der Uhr war der Name einer Whiskymarke gedruckt.

Es war halb sechs. Billy kam herein.

»Da ist er ja.«

Er beachtete sie nicht.

»Was soll's sein?«, sagte Gerhart.

»Ein Bier.«

An der Wand hing der ausgestopfte Kopf eines Bären, er hatte eine Brille auf der Nase und eine rote Gipszunge. Darüber hing eine amerikanische Flagge und ein Schild: HUNDE VERBOTEN. Während der Mittagszeit kamen Leute wie Wayne Garrich vorbei, der eine Versicherungsagentur hatte, sie trugen an der Seite hochgebogene Cowboyhüte aus Stroh. Später kamen Bauarbeiter in T-Shirts und mit Sonnenbrillen, Männer von der Erdgasfirma. Nach fünf war es immer voll. Die Rancharbeiter blieben unter sich, sie saßen mit lang ausgestreckten Beinen an den Tischen. Sie trugen Gürtelschnallen mit vergoldeten Stierköpfen.

»Macht dreißig Cents«, sagte Gerhart. »Was treibst du so? Arbeitest du noch für den alten Harry?«

»Ja, schon ...«, Billys Stimme driftete ab.

»Was zahlt er dir?«

Es war ihm zu unangenehm, die Wahrheit zu sagen.

»Zwei fünfzig die Stunde«, sagte Billy.

»Großer Gott«, sagte Gerhart. »Das zahl ich fürs Fegen.«

Billy nickte. Er konnte nichts dazu sagen.

Harry nahm selber drei Dollar die Stunde. Da gäb's sicher Leute in der Stadt, die mehr nähmen, sagte er, aber das sei nun mal sein Preis. Dafür goss er ein Fundament, sagte er, das dauerte drei Wochen.

Es regnete an keinem einzigen Tag. Die Sonne lag wie ein Brett auf ihren Rücken.

Harry holte Schaufel und Hacke aus dem Kofferraum seines Autos. Er war groß, er trug sie in einer Hand. Er drehte die Schubkarre um, die Zementsäcke lagen auf einem Stück Sperrholz gestapelt darunter. Er spritzte die Schubkarre mit einem Schlauch ab. Dann begann er die erste Ladung Beton zu mischen: fünf Schaufeln Kies, drei mit Sand, eine mit Zement. Manchmal hörte er auf und holte einen Zweig oder Grashalme heraus. Die Sonne schlug auf sie herab wie heiße Blechplatten. Dasselbe zehntausend Tage lang unten in Texas und sonst wo. Er schaufelte das trockene Gemisch immer wieder um, schließlich begann er Wasser dazuzugeben. Er fügte mehr Wasser hinzu, arbeitete es in die Masse ein. Die Farbe wurde zu einem satten Flussgrau, die glatte Oberfläche durch den Kies aufgebrochen. Billy stand daneben und sah zu.

»Will es nicht zu flüssig haben«, sagte der alte Mann. Man hatte immer das Gefühl, dass er auch mit sich selber sprechen könnte. Er legte die Hacke hin. »Na dann«, sagte er.

Sein Rücken war rund von der Arbeit. Er nahm die Griffe der Schubkarre, ohne sich aufzurichten.

»Ich nehm sie«, sagte Billy und streckte den Arm aus.

»Es geht schon«, brummte Harry. Seine Zähne pfiffen beim »s«.

Er schob sie selbst, die mittlerweile glatte Oberfläche bewegte sich ein wenig hin und her, und setzte sie mit einem Ruck neben der Verschalung ab, die er gebaut hatte – Billy hatte die Rinne ausgehoben. Er überprüfte sie ein letztes Mal, kippte die Schubkarre nach vorne, und die schwere Flüssigkeit floss über die Schürze. Er kratzte sie aus und ging dann mit der Schaufel an der Rinne entlang und verteilte mit ihr den Zement in den Lücken. Bei der zweiten Ladung ließ er Billy die Schubkarre schieben, sein Oberkörper war bloß, die Sonne brannte ihm auf Schultern und Rücken, seine Muskeln zuckten, als er sie anhob. Am nächsten Tag ließ Harry ihn schaufeln.

Billy wohnte in der Nähe der katholischen Kirche in einem Zimmer im Erdgeschoss. Es hatte eine Metalldusche. Er schlief ohne Laken, am Morgen trank er Milch aus der Tüte. Er hatte eine Freundin namens Alma, die Kellnerin im *Daly's* war. Sie hatte Beine mit festen Waden. Sie redete nicht viel, ihre Gleichgültigkeit machte ihn wahnsinnig, manchmal war sie mit jemand anderem bei *Gerhart's*, saß im Nebel der Stimmen, dem bellenden Lachen, die Fotos berühmter Schwergewichtsboxer waren an die Wand hinter ihr geheftet. An der Decke waren Wasserflecken. Die Tür zur Männertoilette knallte immer wieder zu.

Sie sprachen über sie. Sie standen an der Bar, sodass sie sie sehen konnten, wenn sie sich ein wenig umdrehten. Sie war ein Mädchen in einer kleinen Stadt. Im Fernsehen lief Football, ein Spiel in Grand Junction. Sie dachten an ihre Beine, während sie sich das Spiel ansahen, sie war wie ein Tier, das sie besitzen wollten. Alma rauchte viel, aber ihre Zähne waren weiß. Sie hatte ein flaches Gesicht wie ein Boxer. Sie würde mal in der Trailersiedlung enden, sagte Billy. Ihre Kinder würden große Packungen weiches Weißbrot aus dem Woody Creek Store essen.

»Ach ja?«

Sie widersprach nicht. Sie sah weg. Wie ein Tier, egal, wie rein sie waren, wie schön. Sie kamen in klappernden Viehlastern den Highway entlang, manchmal wurde etwas Stroh vom Fahrtwind weggeweht. Sie wurden von den kalten Augen der Cowboys beobachtet. Sie kamen ins Schlachthaus, ins Haus des Blutes, mit seinen jähen knochenspaltenden Schlägen, seinen gedämpften Schreien. Er gab nicht viel Geld für sie aus – er sparte für später. Sie erwähnte es nie.

Sie gossen die Seite des Hauses, die zur Third Street lag, und begannen dann mit der Vorderseite. Während er in der Sonne arbeitete, die seine Arme bräunte, dachte er an sie. Er schob die schwere Schubkarre, und sein Körper wurde insgesamt kräftiger. Wenn sie am Abend Schluss machten, spritzte Harry alles mit dem Schlauch ab, er legte die Schaufel und die Hacke hinten ins Auto. Er saß auf dem Vordersitz, die Tür geöffnet. Er lächelte vor sich hin. Er hob die Mütze und glättete sich das Haar.

»Sag mal«, sagte er. Es gab etwas, was er erzählen wollte. Er sah zu Boden. »Warst du schon mal im Westen?«

Es war eine Geschichte aus Kalifornien in den Dreißigern. Damals gab es eine Handvoll von ihnen, die von Stadt zu Stadt zogen und Arbeit suchten. Eines Tages kamen sie in eine Stadt, er hatte den Namen vergessen, und gingen in ein kleines Restaurant. Damals bekam man für dreißig Cents eine volle Mahlzeit, aber als sie bezahlen wollten, sagte der Wirt, es koste für jeden einen Dollar fünfzig. Wenn es ihnen nicht passte, sagte er, dort, gleich die Straße runter, wär die Polizei. Danach ging Harry rüber zum Friseur – er sah schon aus wie dieser Musiker, so langes Haar hatte er. Der Friseur legte ihm den Umhang um. Haare schneiden, sagte Harry. Dann, he, warten Sie einen Moment, wie viel kostet das? Der Friseur hatte die Schere in der Hand. Sie haben wohl drüben beim Griechen gegessen, sagte er.

Er lachte ein wenig, fast schüchtern. Er warf Billy einen Blick zu, man sah seine langen Zähne. Es waren seine eigenen. Billy knöpfte sich das Hemd zu.

Es war heiß an dem Abend. Der heißeste Sommer seit Jahren, sagten alle, der heißeste überhaupt. Bei *Gerhart's* standen sie in großen, staubigen Schuhen herum.

»Verdammt, ist das heiß«, sagten sie einander.

»Viel heißer kann's nicht werden.«

»Was soll's sein?«, fragte Gerhart. Sein schwachsinniger Sohn spülte Gläser.

»Ein Bier.«

»Heiß genug für dich?«, sagte Gerhart, als er das Bier hinstellte.

Sie standen an der Bar, die Arme voller Staub. Auf der anderen Straßenseite war das Kino. Oben in Richtung Pass war die Sand- und Kiesgrube. Rundherum Viehzucht, ein Schotterwerk, Männer wie Wayne Garrich, die kaum ein Wort sprachen, die Bitterkeit war ihnen bis in die Knochen gedrungen. Sie waren bedächtige Männer mit eingeschliffenen Gewohnheiten. Sie sahen durch die großen ladenähnlichen Fenster nach draußen.

»Da ist Billy.«

»Ja, das ist er.«

»Na, was meint ihr?« Sie legten mit leiser Stimme Sätze aus wie Wetten. Ihre Arme lagen auf der Theke, schwer wie Holzscheite. »Will er noch, oder hat er schon?«

Das Fundament war Anfang September fertig. Ein Rest Sand war geblieben, wo der Haufen gewesen war, ein paar Körnchen Kies. Die Nächte waren schon kalt, die erste Leere des Winters, in der Stadt nicht ein einziges Licht. Die Bäume schienen still, gedämpft. Sie würden plötzlich ihr Laub abwerfen, die großen zuletzt.

Harry starb gegen drei Uhr morgens. Er hatte sich im Supermarkt hinter den gestapelten Kisten auf den Einkaufswagen gestützt und nach Luft gerungen. Er versuchte etwas Tee zu trinken. Er saß in seinem Sessel. Er trieb zwischen Schlaf und Wachsein, das Küchenlicht brannte. Plötzlich fühlte er einen schrecklichen, einen reißenden Schmerz. Sein Kiefer fiel nach unten, seine Lippen waren trocken.

Er hinterließ sehr wenig, ein paar Kleider, den Chevrolet mit dem Werkzeug. Alles schien leblos und grau. Der Griff seines Hammers war glatt. Er hatte überall gearbeitet, er hatte während des Krieges in Galveston Schiffe gebaut. Es gab Fotos von ihm, als er zwanzig war, dieselbe Hakennase, das harte Gesicht eines Mannes vom Lande. Er sah aus wie ein Pharao, als er aufgebahrt beim Bestattungsunternehmer lag. Sie hatten ihm die Hände gefaltet. Seine Wangen waren eingefallen, seine Augenlider wie Papier.

Billy Amstel fuhr mit einem Auto, das er und Alma für hundert Dollar gekauft hatten, nach Mexiko. Sie einigten sich, die Kosten zu teilen. Die Sonne polierte die Windschutzscheibe, hinter der sie saßen, unterwegs nach Süden. Sie erzählten einander Geschichten aus ihrem Leben.

AMERICAN EXPRESS

Es ist jetzt nicht mehr so einfach, sich an all die Lokale und Nächte zu erinnern, an *Nicola's*, das aussah wie ein Eisenbahnwaggon, lang und blinkend, die vielen Leute im *Un, Deux, Trois*, im *Billy's*. Unbekannte strahlende Gesichter an der Bar. Dunkle, dramatische Augen, die einen Augenblick aufblitzen und wieder verschwinden.

In jenen Tagen lebten sie in Wohnungen mit komischen Möbeln, und sonntags schliefen sie bis Mittag. Sie marschierten in der letzten Reihe der Armee des Gesetzes. Gerissene Jungpartner standen über ihnen, Partner, Assoziierte, Männer in teuren Anzügen, die zum Lunch ins *Four Seasons* gingen. Franks Vater aß drei- bis viermal die Woche dort, oder im *Century Club* oder dem *Union*, wo die Leute noch älter waren als er. Die Hälfte der Mitglieder kann nicht urinieren, pflegte er zu sagen, und die andere Hälfte kann nicht aufhören.

Alan dagegen stammte aus Cleveland, wo sein Vater berühmt, sogar berüchtigt war. Kein Angeklagter war zu schuldig für ihn, kein Fall zu eindeutig. Einmal verteidigte er in einem anderen Teil des Staates einen Mörder, einen Schwarzen. Er wusste, wie die Jury dachte, er wusste, wie er auf sie wirkte. Er stand langsam auf. Vielleicht hatten sie irgendwas gehört, begann er. Sie könnten zum Beispiel gehört haben, dass er ein hochbezahlter Anwalt aus der Stadt sei. Sie könnten gehört haben, dass er 300-Dollar-Anzüge trage, dass er einen Cadillac fahre und teure Zigarren rauche. Er ging vor ihnen auf und ab, den Blick auf den Boden gerichtet, als suchte er da etwas. Sie könnten gehört haben, dass er Jude sei.

Er blieb stehen und sah auf. Na gut, er war aus der Stadt, sagte er. Er trug 300-Dollar-Anzüge, er fuhr einen Cadillac, und er war Jude. »Jetzt, wo das klar ist, können wir ja mal über den Fall reden.«

Anwälte und die Söhne von Anwälten. Tage der Jugend. Morgens, in der schalen Dunkelheit, kreischte die U-Bahn.

»Hast du die Neue am Empfang gesehen?«
»Was ist mit der?«, fragte Frank.
Rings um sie Lärm wie beim Start einer Rakete.
»Die ist heiß«, vertraute Alan ihm an.
»Woher weißt du das?«
»Ich weiß es eben.«
»Was soll das heißen, du weißt das?«
»Intuition.«
»*Intuition?*«, sagte Frank.
»Ja und?«
»Das zählt nicht.«

Das machte sie unzertrennlich, die Arbeitsstunden, die Lyrik, die Träume. Wie sich herausstellte, sollten sie das Mädchen am Empfang mit ihrer Kurzsichtigkeit und ihrem wilden vollen Haar nie kennenlernen. Sie lernten andere Mädchen kennen, sie kannten Julie, sie kannten Catherine, sie kannten Ames. Fast zwei Jahre lang war Brenda die Beste – sie hatte es irgendwie geschafft, das Examen in Marymount zu bestehen, und sie lebte in einer kleinen Wohnung auf der Fourth Street, West. Ein Foto in einem schmalen, glatten Silberrahmen zeigte ihren Vater mit den beiden Töchtern im Plaza, Brenda war dreizehn, im Gesicht ein seltsames dünnes Lächeln.

»Ich wollte, ich hätte dich damals schon gekannt«, sagte Frank.

Brenda sagte: »Das kann ich mir vorstellen.«

Es war ihre Stimme, die ihn anzog, spöttisch und warm. Sie glichen einander, sagte sie oft, und in gewisser Weise stimmte das. Sie gingen in ihre Lieblingsbars, wo der Besitzer Klavier spielte und alle sie zu kennen schienen. Und dennoch, sie zählte auf ihn. Die Stadt hat ihre unvergleichlichen Momente – sie drehten sich die Wand der Wohnung entlang, sich küssend, herumrollend wie Steine. Fünf Uhr nachmittags, das schwindende Licht. »Nein«, befahl sie. »Nein, nein, nein.«

Er küsste sie auf die Kehle. »Was für eine schöne Struma. Was wirst du damit machen?«

»Du gehst nie mit mir essen«, sagte sie.

»Doch, tu ich.«

»Schöne was?«

Sie war wie ein großer Hund, der aus seinen Armen sprang. »Komm wieder her«, bat er.

Sie ging ins Bad und begann sich die Haare zu bürsten. »In welches Restaurant gehen wir?«, rief sie.

Manchmal gab sie nach, aber es war selten vorhersagbar. Sie machte alles, was ihre Mutter nicht gemacht hatte, aber sie wollte einmal so leben, wie ihre Mutter lebte, in genau so einer Wohnung, mit genau solchen tiefen Sesseln. Weihnachten und die Umschläge für die Portiers, das Schneetreiben vor den Markisen, ihre Kinder, die aus der Schule nach Hause kamen. Sie liebte ihren Vater. Sie fuhr mit ihm nach Hawaii und schickte Ansichtskarten, darauf standen zwei oder drei höhnische Zeilen in einer riesigen, krakeligen Handschrift.

Es war Sommer.

»Ist jemand da?«, rief Frank.

Er klopfte laut an die Tür, die nur angelehnt war. Er trug sein Jackett über der Schulter, es war heiß.

»In Ordnung«, sagte er mit lauter Stimme, »kommt mit erhobenen Händen raus. Alan, du deckst mich.«

Die Party war anscheinend schon vorbei. Er schob die Tür auf. Eine Lampe brannte, das Zimmer war dunkel.

»Hey, Bren, sind wir zu spät dran?«, rief er. Sie erschien wie ein Gespenst im Flur, mit bloßen Beinen, aber in hohen

Hacken. »Wir wären früher gekommen, aber wir mussten arbeiten. Wir sind da nicht früher rausgekommen. Wo sind all die Leute? Wo ist was zu essen? Heh, Alan, wir sind zu spät gekommen. Hier gibt's nichts zu essen, gar nichts.«

Sie lehnte in der Tür.

»Wir haben versucht, es her zu schaffen«, sagte Alan. »Es gab kein Taxi.«

Frank hatte sich auf die Couch fallen lassen. »Bren, sei nicht böse«, sagte er. »Wir haben gearbeitet, das ist wirklich wahr. Ich hätte dich anrufen sollen. Kannst du nicht wenigstens Musik auflegen oder so was? Gibt's was zu trinken?«

»Da ist noch ein kleiner Rest Wodka«, sagte sie schließlich.

»Eis?«

»Ungefähr zwei Würfel.« Sie stieß sich ohne viel Begeisterung von der Wand ab. Er sah zu, wie sie in die Küche ging, und hörte, dass sie die Kühlschranktür öffnete.

»Also, was meinst du, Alan?«, sagte er. »Was willst du machen?«

»Ich?«

»Wo ist Louise?«, rief Frank.

»Im Bett«, sagte Brenda.

»Ist sie wirklich schon nach Hause gegangen?«

»Sie muss morgen arbeiten.«

»Alan auch.«

Brenda kam mit den Drinks aus der Küche.

»Tut mir leid, daß wir so spät gekommen sind«, sagte er. Er sah ins Glas. »War es eine gute Party?« Er rührte mit dem Finger um. »Ist das das Eis?«

»Sie haben Jane Harrah gefeuert«, sagte Brenda.

»Ach Gott! Wer ist Jane Harrah?«

»Sie macht die großen Kampagnen. Ross will, dass ich das jetzt übernehme.«

»Fantastisch.«

»Ich weiß nicht, ob ich das will«, sagte sie langsam.

»Warum nicht?«

»Sie hatte was mit ihm.«

»Und er hat sie gefeuert?«

»Spricht nicht für ihn, nicht?«

»Spricht auch nicht für sie.«

»Das kann nur ein Mann sagen. Gott!«

»Wie sieht sie aus? Sieht sie so aus wie Louise?«

Das Lächeln der Dreizehnjährigen ging über Brendas Gesicht. »Niemand sieht so aus wie Louise«, sagte sie. Sie dehnte den Namen der Frau, von deren Beinen Alan träumte.

»Jane hat so schmale Lippen.«

»Ist das alles?«

»Schmallippige Frauen sind immer kalt.«

»Lass mal deine sehen«, sagte er.

»Geh zum Teufel.«

»Deine sind nicht dünn. Alan, ihre sind nicht dünn, oder? Hey, Brenda, versteck sie nicht.«

»Wo wart ihr? Ihr habt gar nicht gearbeitet.«

Er zog ihre Hand herunter. »Komm, lass sie in Ruhe«, sagte er. »Die sind nicht dünn, die sind schön. Ich hab sie mir nur noch nie richtig angeguckt.« Er lehnte sich zurück. »Alan, was ist los? Bist du müde?«

»Ich hab nachgedacht. Wie sich die Stadt verändert hat«, sagte Alan.

»In fünf Jahren?«

»Ich bin schon fast sechs Jahre hier.«

»Sicher ändert die sich. Die anderen steigen ab, wir sind auf dem Weg nach oben.«

Alan dachte an die verschwundene Louise, wegen der ihm nur die holprige Fahrt nach Hause durch endlose Straßen übrigblieb. »Ich weiß.«

In dem Jahr saßen sie im Dampfbad auf feuchten Handtüchern, atmeten Eukalyptus ein und redeten über Hardmann Roe. Wie

Champions traten sie unter die Dusche. Ihr Fleisch war noch fest. Ihre Schenkel waren jung und kräftig.

Hardmann Roe war eine kleine pharmazeutische Firma in Connecticut, die sich ein wenig abseits ihres Spezialgebiets begeben hatte und einen großen Konzern wegen Verstoßes gegen ein obskures Patent verklagt hatte. Es war ein hochkomplizierter Fall mit wenig Aussicht auf Erfolg. Die Anwälte der Gegenseite hatten eine ganze Barrikade von Anträgen und Aufschubsgründen aufgebaut, und der Fall war langsam nach unten durchgereicht worden, bis zu ihnen beiden, deren Büros neben den Kopiermaschinen lagen. Sie hatten Zeit für so was und dachten darüber jetzt im zischenden Dampf nach. Niemand sonst wollte den Fall, und das machte ihn auch wieder interessant.

Also gingen sie an die Arbeit. Sie waren wieder Studenten, saßen in Polohemden mit den Füßen auf dem Schreibtisch da und warfen sich hoffnungslose Ideen zu. Sie verbrachten ihre Abende in der Bibliothek, bis die Buchstaben ihnen vor den Augen verschwammen.

Sie blieben während der Ferien im Büro und auch an Wochenenden, manchmal übernachteten sie dort und machten sich Kaffee, lange bevor sonst jemand zur Arbeit kam. Nach einem späten Abendessen redeten sie immer noch über den Fall, seine Komplikationen, wo bestimmte Details hingehörten, die Abfolge von Briefen, Artikel in Zeitschriften, Konferenzen, die Bedeutung dieser Dinge und ihre Grenzen.

Brenda traf einen gutaussehenden Holländer, der für eine Bank arbeitete. Alan traf Hopie. Immer noch war da dieser endlose Dschungel ihres Falles, dessen Stämme und Lianen kein Licht einließen, die Wurzeln, weit entfernt liegender Dinge verflochten. Monat um Monat verschwanden sie tiefer darin, ohne jede Gewissheit, wo sie sich befanden und ob er endlos war. Sie waren wie alte Partner geworden, deren Existenz immer weniger Leuten bewusst war, sie bekamen weniger Anrufe, sie wurden kaum noch zu Konsultationen hinzugezogen, deren Leben zu einem einzigen Lunch wurde. Es sprach sich herum, dass sie von diesem Fall geschluckt worden waren und kaum noch etwas anderes kannten. Aber auch das Gegenteil war richtig – niemand sonst durchschaute alle Details. Drei Jahre waren vergangen. Allein die Dauer machte den Fall bedeutend. Der Ruf der Kanzlei, so hieß es zumindest ironisch, hing von ihnen ab.

Zwei Monate vor dem Verhandlungstermin kündigten sie bei Weyland, Braun. Frank setzte sich zum Sonntagsessen bei seinen Eltern an den polierten Tisch. Sein Vater galt als einer der besten Anwälte in der Stadt. Es gibt diesen Typ des Anwalts, dem man vertraut und der ein Freund wird.

»Was ist denn passiert?«, wollte er wissen.

»Wir gründen unsere eigene Kanzlei«, sagte Frank.

»Was ist mit dem Fall, an dem ihr sitzt? Ihr könnt sie doch nicht mit einer Sache im Stich lassen, die ihr jahrelang vorbereitet habt.«

»Tun wir auch nicht. Wir nehmen den Fall mit«, sagte Frank.

Es entstand ein Augenblick schrecklicher Stille.

»Du nimmst ihn mit? Das darfst du nicht. Du bist auf einer der besten Universitäten gewesen, Frank. Sie werden dich verklagen. Du ruinierst dich.«

»Das haben wir bedacht.«

»Hör auf mich«, sagte sein Vater.

Alle sagten dasselbe, seine Mutter, sein Onkel Cook, Freunde. Es war schlimmer, als sich zu ruinieren, es war unehrenhaft. Das sagte sein Vater.

Der Fall Hardmann Roe kam, wie sich herausstellte, nie vor Gericht. Sechs Wochen später gab es eine außergerichtliche Einigung über achtunddreißig Millionen Dollar, ein Drittel davon ihr Honorar.

Sein Vater hatte sich getäuscht, was kaum zu erhoffen gewesen war. Weyland, Braun klagte nicht. Auch da einigte man sich. Statt des Ruins gab es ein neues Büro mit Blick auf den Bryant Park, der von oben wie ein Garten hinter einem dunklen Chateau wirkte. Und junge Klienten, Opernbesuche, Abendessen bei geschiedenen Gastgeberinnen, in Apartments mit Bücherwänden und großen gefliesten Küchen, die den Frauen in der Scheidungsvereinbarung zugesprochen worden waren.

In der Stadt gab es, wie er einmal gesagt hatte, eine Trennungslinie zwischen denen, die auf dem Weg nach oben waren, und denen, die absteigen, jenen in überfüllten Restaurants und denen auf der Straße, jenen, die warteten, und denen, die das nicht taten, solchen mit drei Schlössern an den Türen und solchen, die in Aufzügen aus Lobbys mit silbernen Spiegeln und Walnusstäfelung zu ihren Apartments hinaufschwebten.

Und dann gab es noch die wie Mrs. Christie, die sich irgendwo dazwischen befand, aber sehr siegessicher wirkte. Sie wollte den Scheidungsvertrag mit ihrem früheren Mann neu verhandeln. Frank hatte die Papiere durchgeblättert. »Was meinen Sie?«, fragte sie geradeheraus.

»Ich meine, es wär einfacher für Sie, wieder zu heiraten.«

Sie trug ihren Pelzmantel, man sah das dunkle Futter. Sie stieß ungläubig den Atem aus. »So einfach ist das nicht«, sagte sie.

Er ahne nicht, wie das war, sagte sie. Kürzlich war sie jemandem vorgestellt worden. Ein Paar, das sie gut kannte, hatte das arrangiert. »Wir gehen mal zu ihm zum Essen«, hatten sie gesagt, »du wirst ihn mögen, du bist wie geschaffen für ihn, er redet gerne über Bücher.«

Als sie sich dann trafen, verschwanden die Frauen sofort in der Küche und bereiteten das Essen vor. Wie fand sie ihn? Sie hatte ihn ja kaum gesehen, aber sie mochte ihn, seinen schönen kahlen Schädel, seinen Morgenrock. Sie überlegte schon, wie sie das Apartment verändern würde, es war zu viel Blau darin.

Der Mann – Warren hieß er – war den ganzen Abend ziemlich still. Er hatte seinen Job verloren, erklärte ihre Freundin in der Küche. Geld war kein Problem, aber er war deprimiert. »Es war ein Schock für ihn«, sagte sie. »Er mag dich.« Und tatsächlich fragte er sie, ob sie sich wiedersehen könnten.

»Warum kommen Sie nicht morgen zum Tee vorbei?«, sagte er.

»Warum nicht«, sagte sie. »Na klar. Ich bin sowieso in der Gegend.«

Am nächsten Tag ging sie mit einer ganzen Tasche voller Bücher um vier Uhr zu ihm. Sie hatten mindestens hundert Dollar gekostet, und sie wollte sie ihm schenken. Er war im Pyjama. Tee gab es nicht. Er schien sich kaum mehr zu erinnern, wer sie war oder warum sie da war. Sie sagte, ihr sei plötzlich eingefallen, dass sie verabredet sei, und ging. Die Bücher ließ sie da. Als sie mit dem Lift hinunterfuhr, wurde ihr plötzlich schlecht.

»Na ja«, sagte Frank. »Vielleicht haben wir eine Chance, den Vertrag annullieren zu lassen, Mrs. Christie, aber das würde erst mal eine Menge Geld kosten.«

»Ich verstehe«, sagte sie mit leiser Stimme. »Könnten Sie das nicht auf Prozentsatzbasis machen?«

»In so einem Fall leider nicht«, sagte er.

Es dämmerte schon. Er bot ihr etwas zu trinken an. Sie schob die Lippen nachdenklich gegeneinander. »Was soll ich denn jetzt machen?«

Ihr Leben war voller Enttäuschungen, sagte sie ihm und sah in ihr Glas, meistens weil sie sich in die falschen Männer verliebte. Mit einem älteren Mann auszugehen, nur weil der einen weißen Anzug trug. Das war in Nashville, woher sie kam. George Christie das Jawort zu geben, als sie vor der Küste von Maine segelten. »Ich weiß nicht, wo und wie ich an Geld kommen soll«, sagte sie.

Sie blickte auf. Sie sah, dass er sie anguckte, ohne Hast. Die

Lichter in den Gebäuden um den Park gingen an, die Scheinwerfer der nach Hause fahrenden Wagen auf den Straßen. Sie redeten, während der Abend anbrach. Sie gingen zusammen essen.

Zu Weihnachten dieses Jahres trennten sich Alan und seine Frau. »Das kann nicht dein Ernst sein«, sagte Frank. Er war in eine neue Wohnung mit dicken Handtüchern und schönen Teppichen gezogen. Im Foyer stand eine Biedermeierkommode in den Farben Schwarz, Ocker und Gold. Auf der anderen Straßenseite befand sich eine Privatschule.

Alan starrte aus dem Fenster, von dem eine Kälte ausging wie von einer Schiffswand. »Ich weiß nicht, was ich machen soll«, sagte er verzweifelt. »Ich will keine Scheidung. Ich will meine Tochter nicht verlieren.«

Sie hieß Camille. Sie war zwei Jahre alt.

»Das kann ich dir nachfühlen«, sagte Frank.

»Nur wenn du Kinder hättest, wüsstest du, wie das ist.«

»Hast du das hier gesehen?«, fragte Frank. Er hatte die Universitätszeitung in der Hand. Es war der fünfzehnte Jahrestag ihres Examens. »Erkennst du noch irgendwen?« Fünf Angehörige ihres Jahrgangs waren aufgrund besonderer Leistungen hervorgehoben. Alan erkannte zwei oder drei von ihnen. »Cummings«, sagte er. »Diese Null – in den Kongress gewählt. O Gott, ich weiß einfach nicht, was ich machen soll.«

»Überlass ihr nicht die Wohnung«, sagte Frank.

Das war natürlich nicht so einfach. Es war leicht, wenn es um jemand anderen ging. Nan Christie wollte heiraten. Eines Abends brachte sie das Gespräch darauf.

»Ich glaube nicht«, sagte er schließlich.

»Du liebst mich doch, oder?«

»Es ist nicht der beste Moment, mich das zu fragen.«

Sie lagen schweigend da. Sie starrte auf irgendetwas an der gegenüberliegenden Wand. Es machte ihn unruhig. »Es würde nicht funktionieren. Das ist die Anziehung der Gegensätze«, sagte er.

»So gegensätzlich sind wir nicht.«

»Ich mein nicht nur dich und mich. Frauen verlieben sich, wenn sie einen kennenlernen. Bei Männern ist es das Gegenteil. Wenn sie dich schließlich kennen, sind sie schon wieder so weit zu verschwinden.«

Sie stand auf, ohne etwas zu sagen, und sammelte ihre Kleider ein und zog sich an. Er sah ihr schweigend zu. Es interessierte ihn nicht. Das Komische war, dass er gar nicht vorgehabt hatte, sich von ihr zu trennen.

»Ich ruf dir ein Taxi«, sagte er.

»Ich dachte immer, du wärst intelligent«, sagte sie halb zu sich selbst.

Erschöpft suchte er nach der Nummer.

»Ich will kein Taxi. Ich geh zu Fuß.«

»Durch den Park?«

»Ja.« Sie sah sich selbst wie in einer Momentaufnahme in der Zeitung von morgen. An der Tür blieb sie einen Augenblick stehen. »Adieu«, sagte sie kühl.

Sie schrieb ihm einen Brief, den er mehrere Male las. *Keine Liebe, die ich kannte, hat mich so berührt wie Du. Von allen Männern hat keiner mir mehr gegeben.* Er zeigte ihn Alan, der nichts dazu sagte.

»Lass uns was trinken gehen«, sagte Frank.

Sie gingen die Lexington Avenue hinauf. Frank wirkte sorglos, der Schal um den Hals, der offene Mantel, das dünner werdende Haar. »Ach, weißt du ...«, sagte er schließlich.

Sie gingen in eine Bar, *Jack's*.

Das Licht spiegelte sich in dem dunklen Holz und glänzte auf den Gläserreihen in schmalen Regalen. Der junge Barmann stand mit den Händen auf den Rand der Bar gestützt da.

»Wie geht's euch denn?«, fragte er lächelnd. »Schön, euch mal wiederzusehen.«

»Kennen wir uns?«, fragte Frank.

»Sie kommen mir bekannt vor«, lächelte der Barmann.

»Ach ja? Wie heißt der Laden überhaupt? Erinner mich daran, nicht wieder hierherzukommen.«

Mehrere Leute standen an der Bar. Der neben Frank sah mit großer Konzentration in die andere Richtung. Nach einer Weile kam der Manager herüber. Er war aus einem mit einem braunen Vorhang abgeteilten Hinterzimmer aufgetaucht. »Irgendwas nicht in Ordnung, Sir?«, fragte er höflich.

Frank sah ihn an. »Nein«, sagte er. »Alles bestens.«

»Wir haben einen harten Tag hinter uns«, erklärte Alan. »Wir wollen nur ein bisschen abschalten.«

»Sie können bei uns auch essen, oben«, sagte der Manager. Hinter ihm wand sich eine Eisentreppe an gerahmten Hundezeichnungen vorbei – sie sahen nach Windhunden aus. »Wir haben von sechs bis elf jeden Abend warme Küche.«

»Ganz bestimmt haben Sie das«, sagte Frank. »Hören Sie, Ihr Barmann kennt mich überhaupt nicht.«

»Das war ein Fehler«, sagte der Manager.

»Er kennt mich nicht, und er wird mich nie kennen.«

»Das heißt nichts, es heißt gar nichts«, sagte Alan mit beiden Händen abwinkend.

Sie setzten sich an einen Tisch am Fenster. »Ich kann diese arbeitslosen Schauspieler nicht ausstehen, die denken, dass sie mit jedermann dick befreundet sind«, sagte Frank.

Beim Essen redeten sie über Nan Christie. Alan dachte an ihre Seidenkleider, an ihre Ergebenheit. Das Problem, sagte er nach einer Weile, liege darin, dass er nie diese Art Frau treffe, solche Frauen, wie sie manchmal draußen an *Jack's* vorbeigingen. Die Frauen, die er traf, waren zu menschlich, klagte er. Seit seiner Trennung habe er versucht, die richtige zu finden.

»Das kann doch nicht so schwer sein«, sagte Frank. »Die suchen doch alle jemanden wie dich.«

»Die suchen jemanden wie dich.«

»Das glauben sie nur.«

Frank bezahlte die Rechnung, ohne sie anzusehen. »Wenn

man erst mal verheiratet gewesen ist«, erklärte Alan, »will man wieder verheiratet sein.«

»Ich traue keiner genug, um zu heiraten«, sagte Frank.

»Was willst du denn dann?«

»So, wie es ist, ist es schon in Ordnung«, sagte Frank.

Etwas fehlte in ihm, und Frauen hatten immer alles getan, um herauszufinden, was es war. Und das würden sie auch weiter tun. Vielleicht war es einfacher, dachte Alan. Vielleicht fehlte gar nichts.

Das Auto, ein großer Renault, ein Tourenwagen, bremste und fuhr an den Rand der *autostrada*. Brenda schlief auf dem Rücksitz, ihr Mund stand ein wenig offen, und das Tageslicht lag auf ihren Wangenknochen. Sie waren in der Nähe von Como, sie hatten gerade die Grenze überquert, die Grenzpolizisten hatten zu ihr hineingeschaut.

»Komm, Bren, wach auf«, sagten sie. »Wir trinken einen Kaffee.«

Sie kam mit gekämmten Haaren und frischem Lippenstift aus der Toilette zurück. Der Junge in der weißen Jacke hinter der Theke spülte Löffel ab.

»Heh, Brenda, wie heißt es noch mal, *espresso* oder *expresso*?« fragte Frank.

»*Espresso*«, sagte sie.

»Woher weißt du das?«

»Ich komm aus New York«, sagte sie.

»Stimmt«, erinnerte er sich. »Die Italiener haben kein *x*, nicht?«

»Ein *j* haben sie auch nicht«, sagte Alan.

»Wieso eigentlich?«

»Die sind so nachlässig«, sagte Brenda. »Sie haben sie einfach verloren.«

Es war wie in alten Zeiten. Sie hatte sich von Doop oder Boos, oder wie er hieß, scheiden lassen. Ihre beiden kleinen

Töchter waren bei ihrer Mutter. Sie hatte noch immer das komische Lächeln.

In Paris hatte Frank sie ins *Crazy Horse* geführt. In samtschwarzer Dunkelheit hatte die Musik eingesetzt, und dann hatten sechs Mädchen im strahlenden Licht die Beine hochgeworfen. Sie trugen hohe Hacken und ein paar Strapse. Die unsterbliche Nacktheit. Er lehnte in der Dunkelheit auf einem Ellbogen. Er blickte zu Brenda hinüber. »Du lernst noch, was?«, sagte sie.

Sie waren auf drei Wochen in Europa. Frank wusste es noch nicht genau, vielleicht würden sie auch länger bleiben, ein Haus im Süden Frankreichs mieten oder so etwas. Ihre Klienten mussten es mal eine Weile ohne sie aushalten. Es kommt die Zeit, sagte er, da muss man einfach mal raus.

Sie aßen zusammen Frühstück in Hotels, begleitet vom Klang der Meißel von Männern, die draußen am Stein eines Brunnens arbeiteten. Sie hörten der wütenden Frau zu, die in der Küche herumschrie, fuhren in kleine Städte und tranken jeden Abend. Sie hatten getrennte Zimmer, Prunkgemächer, sie waren wie Passagiere auf einem verschwundenen Schiff.

Gegen Mittag bewegte sich das Licht über die Biegung der Fassaden, und in der Ferne gingen Leute spazieren. Eine Welle von Tauben erhob sich vor einem dahintrottenden Hund. Der Mann am Tisch vor ihnen hatte ein Fernglas und sah mal hierhin, mal dorthin.

»Jetzt werden sie dunkel«, sagte der Mann.

»Was wird dunkel?«, fragte seine Frau.

»Die Tauben.«

»Alan«, sagte Frank leise.

»Was?«

»Die Tauben werden dunkel.«

»Das ist ja furchtbar.«

Einen Augenblick herrschte Schweigen.

»Warum fotografierst du sie nicht einfach?«, sagte die Frau.

»Fotografieren? Wen?«

»Die Frauen da. Du guckst sie ständig an.«

Er ließ das Fernglas sinken.

»Weißt du, diese Biegung ist so schön«, sagte sie. »Das macht diesen Platz so perfekt.«

»Ist das Wetter nicht herrlich?«, sagte Frank im selben Tonfall.

»Und die Tauben«, sagte Alan.

»Die Tauben auch.«

Nach einer Weile stand das Paar auf und ging. Die Tauben stoben vor einem laufenden Kind auf und sirrten über sie hinweg. »Immer noch dieselben Spiele, wie ich sehe«, sagte Brenda. Frank lächelte.

»Wir sollten uns in New York auch mal treffen«, sagte sie an dem Abend. Sie warteten darauf, dass Alan herunterkam. Sie griff über den Tisch, um eine Illustrierte aufzunehmen. »Du kennst meine Kinder gar nicht, oder?«, sagte sie.

»Nein.«

»Sie sind wundervoll.« Sie blätterte die Seiten durch, ohne richtig hinzusehen. Ihre Unterarme waren braun. Sie trug keinen Ehering mehr. Der erste Akt war vorbei, oder besser die ersten fünf Minuten. Jetzt begann die Handlung. »Erinnerst du dich noch an die Abende bei *Goldie's*?«, sagte sie.

»Damals war alles anders, nicht?«

»So anders eigentlich nicht.«

»Wie meinst du das?«

Sie wackelte mit ihrem nackten Ringfinger in der Luft und sah ihn an. In dem Moment tauchte Alan auf. Er setzte sich und guckte erst sie, dann ihn an. »Was ist los?«, fragte er. »Hab ich was unterbrochen?«

Als sie zurückmusste, schlug sie vor, dass die beiden sie nach Rom brachten. Sie konnten doch ein, zwei Tage dort bleiben, und sie würde dann in ihr Flugzeug steigen. Das war nicht ihre Richtung, sagte Frank.

»Es ist nur eine Drei-Stunden-Fahrt.«

»Ich weiß, aber wir wollen nach Norden«, sagte er.

»Gott noch mal, warum wollt ihr mich denn nicht bringen?«

»Lass uns das doch tun«, sagte Alan.

»Du kannst das ja machen. Ich bleib hier.«

»Du hättest Politiker werden sollen«, sagte Brenda. »Das schein dir zu liegen.«

Nachdem sie fort war, veränderte sich die Atmosphäre. Sie waren allein. Sie fuhren durch das schläfrige Land nach Norden. Das grüne Wasser klatschte an die Steinmauern, als die Dunkelheit auf Venedig fiel. Die Lichter in manchen *palazzos* waren an. Hinter den Vorhängen des oberen Stockwerks glitten Herzoginnenbeine über Laken wie Schlampen.

In *Harry's Bar* hob Frank ein beschlagenes, eiskaltes Glas und murmelte den alten Spruch seines Vaters: »Gute Nacht, Schwester.« Er unterhielt sich mit Leuten vom Nachbartisch, einem Deutschen, der ein Hotel in Düsseldorf leitete, und seiner Freundin. Sie hatte ihn angesehen. »Wollen Sie mal probieren?«, fragte er. Es war sein zweiter. Sie trank, während sie ihn unverwandt ansah. »Sie haben ihn ja ganz ausgetrunken«, sagte er.

»Ja, das ist so meine Art.«

Er lächelte. Wenn er trank, war er seltsam ruhig. Einmal in Lugano in einem Park hatte sich ein Vogel auf seinem Schuh niedergelassen.

Am Morgen lagen auf der anderen Seite des Kanals, der breit wie ein Fluß war, die Gebäude der Giudecca in ihren weichen Farben. Sie wirkten wie eine große gesunkene Barke mit Dächern und den Kronen versteckter Bäume. Die ersten Herbstwinde bliesen und kräuselten das Wasser.

Frank fuhr, als sie Venedig verließen. Er konnte nicht in einem Auto sitzen, wenn er nicht selbst fuhr. Alan lehnte sich zurück und sah aus dem Fenster, das Sonnenlicht fiel auf die uralten Hügel. Europäische Tage, die Stille, die Tachonadel schwebte über der Einhundert.

In Padua wachte Alan früh auf. Die Stände auf dem Markt wurden aufgebaut. Es war noch vor Sonnenaufgang und kühl. Ein Mann legte Bretter auf dem Gehsteig aus, acht jeweils zu einer Plattform, um Getreidesäcke daraufzusetzen. Er trug eine Anzugjacke. Nachdem er im Lastwagen herumgesucht hatte, kam er mit ein paar Keilen zurück, um die Bretter auszugleichen. Mit dem Fuß überprüfte er ihre Festigkeit.

Der Himmel wurde violett. Unter der Kolonnade hatten die Fleischer Hühner und Hähne aufgehängt, die gespornten Beine zusammengebunden. Zwei Männer rupften Artischocken. Der blaue Wagen der *carabinieri* rollte gemächlich vorbei. Die großen Tüten mit Reis und Trockenbohnen wurden auf die Tische gesetzt, der obere Teil aufgerollt wie Ärmel. Ein Mädchen in einer Kostümjacke und mit einem um den Kopf gebundenen Schal rief: »Signore«, und dann herausfordernd: »Dica!«

Er sah die Welt neu, ihr Pflaster und ihre Architektur, die Namen, die tausend Jahre gehalten hatten. Ihm schien, als werde sein Leben klarer, als sinke das Sediment herab. Auf der anderen Straßenseite legte ein Mädchen Dinge im Fenster eines Juweliers aus. Sie trug weiße Handschuhe und arrangierte die Stücke mit großer Sorgfalt. Sie blickte zu ihm auf, während er dastand und sie beobachtete. Einen Moment trafen sich ihre Augen, nur durch das Glas getrennt. Sie hielt eine Lapislazuli-Kette in der Hand, blau wie der Polizeiwagen. Ermutigt formte er die Worte: *Quanto costa? Tre cento settanta mille*, sagten ihre Lippen. Es war acht Uhr, als er ins Hotel zurückkehrte. Ein Taxi kam heran und hielt vor dem Eingang, der Lärm des Motors erfüllte die enge Gasse. Eine Frau in Abendgarderobe stieg aus und ging hinein.

Die Tage vergingen. In Verona traten zuerst die Kirchtürme und dann die Kuppeln aus dem Dunst. Die Kellner in ihren weißen Jacken tauchten aus der Küche auf. *Primi, secondi, dolce.*

Sie übernachteten in Arezzo. Frank kam mit ein paar Ansichtskarten an den Tisch. Alan versuchte, seiner Tochter einmal die Woche zu schreiben. Er wusste nie, was er ihr erzählen sollte: wo sie waren und was sie gesehen hatten. Giotto – was könnte sie damit anfangen?

Sie saßen im Wagen. Frank trug ein weiches Tweedjackett. Es war wie Kaschmir – er hatte bei Missoni und so weiter eingekauft, Anoraks, Schuhe. Schulmädchen in dunklen Röcken kamen durch einen Torbogen auf der anderen Straßenseite. Etwas später kam ein einzelnes Mädchen und blieb stehen, als wartete es auf jemanden. Alan war in die Karte vertieft. Er spürte, dass der Motor ansprang. Sehr langsam bewegten sie sich vorwärts. Das Fenster glitt herunter.

»*Scusi, signorina*«, hörte er Frank sagen.

Sie wandte sich um. Sie hatte klare Züge, und ihr Gesicht war ausdruckslos, als hätte ein Vogel sich umgedreht, um zu schauen, ein Vogel, der jeden Moment wegfliegen konnte. Wo ging es zum *centro*, fragte Frank, zum Stadtzentrum? Sie blickte in die eine Richtung, dann die andere. »Da«, sagte sie.

»Sicher?«, sagte er. Er wandte den Kopf ohne Hast in die Richtung, die sie ihm wies.

»*Si*«, sagte sie.

Sie wollten nach Siena, sagte Frank. Sie schwieg. Wusste sie, welche Straße nach Siena führte?

Sie deutete in die andere Richtung.

»Alan, sollen wir dich ein Stück mitnehmen?«, fragte er.

»Wovon redest du?«

Zwei Männer in so etwas wie weißen Ärztekitteln arbeiteten an den Holzflügeln des Kirchenportals. Sie standen auf einem kleinen Gerüst. Frank griff nach hinten und öffnete die Tür.

»Hast du Lust auf eine Tour?«, fragte er. Er machte eine kreisförmige Bewegung mit dem Finger.

Sie fuhren schweigend durch die Straßen. Das Radio spielte. Niemand sagte etwas. Frank sah sie ein- oder zweimal im Rückspiegel an. Damals war in Polen gerade ein Priester umgebracht worden, ein Mord, der überall Schlagzeilen machte. Die Abenddämmerung kam. Die Lichter in den Schaufenstern gingen an, und die Abendzeitungen tauchten an den Kiosken auf. Die Leiche des ermordeten Mannes lag in einem langen offenen Sarg, der *Corriere della Sera* brachte das Bild oben rechts auf der Titelseite. Er trug einen sauberen Anzug wie ein Arbeiter nach einem schrecklichen Unfall.

»Möchtest du einen *aperitivo*?«, fragte Frank über seine Schulter hinweg.

»Nein«, sagte sie.

Sie fuhren zur Kirche zurück. Er stieg aus und blieb ein paar Minuten mit ihr stehen. Seine Haare waren sehr dünn geworden, stellte Alan fest. Merkwürdigerweise wirkte er dadurch jünger. Sie standen da und redeten, dann drehte sie sich um und ging die Straße hinunter.

»Was hast du ihr gesagt?«, fragte Alan. Er war nervös.

»Ich hab sie gefragt, ob sie ein Taxi wollte.«

»Wir werden Ärger bekommen.«

»Es wird keinen Ärger geben«, sagte Frank.

Er hatte ein Eckzimmer. Es war groß, und es hatte eine Couch und Sessel bei den Fenstern. Auf dem Holzfußboden lagen zwei abgewetzte Orientteppiche. Auf einem Spiegelschrank im Bad standen seine Flaschen mit Rasierwasser und Eau de Cologne, seine Haarbürste. Die Handtücher waren blassgrün mit dem Namenszug des Hotels in Weiß. Sie sah das alles nicht an. Er hatte dem *portiere* vierzigtausend Lire gegeben. In Italien waren die Gesetze streng. Es war fast zur selben Stunde am Nachmittag. Er kniete sich nieder, um ihr die Schuhe auszuziehen.

Er hatte die Vorhänge zugezogen, aber an den Seiten kam Licht herein. An einem Punkt schien sie zu zittern, ihr Körper erbebte. »Ist dir nicht gut?«, sagte er.

Sie hatte die Augen geschlossen.

Später, als er aufgestanden war, sah er sich selbst im Spiegel. Er schien um die Taille herum dicker geworden zu sein. Er wandte sich um, damit es nicht so sichtbar war. Er legte sich wieder zu ihr ins Bett, war aber zu hastig. »*Basta*«, sagte sie schließlich.

Später gingen sie hinunter und trafen Alan in einem Café. Es fiel ihm schwer, die beiden anzusehen. Er begann, albernes Zeug zu reden. Was lernte sie in der Schule, fragte er. Gott noch mal, sagte Frank. Na dann, was machte ihr Vater? Sie verstand das nicht.

»Was für eine Arbeit hat er?«

»Möbel«, sagte sie.

»Verkauft er Möbel?«

»*Restauro.*«

»In unserem Land kein *restauro*«, erklärte Alan. Er machte eine Handbewegung. »Wegwerfen.«

»Ich muss wieder anfangen zu laufen«, sagte Frank.

Der nächste Tag war ein Sonnabend. Er ließ den *portiere* bei ihr anrufen, und als sie dran war, nahm er den Hörer.

»Hallo, Eda? Frank.«

»Ich weiß.«

»Was machst du?«

Er verstand ihre Antwort nicht.

»Wir fahren nach Florenz. Willst du mit nach Florenz?«, sagte er. Sie war still. »Warum kommst du nicht ein paar Tage mit?«

»Nein«, sagte sie.

»Warum nicht?«

Mit leiserer Stimme sagte sie: »Wie soll ich erklären?«

»Du kannst dir doch was ausdenken.«

An einem Tisch auf der anderen Seite des Raums spielten Kinder Karten. Drei gutgekleidete Frauen, ihre Mütter, saßen in der Nähe und unterhielten sich. Mit aufgeregten Schreien warfen die Kinder die Karten auf den Tisch.

»Eda?«

Sie war noch da. »*Si*«, sagte sie.

Auf den Hügeln verbrannten die Bauern Laub. Der Rauch war unsichtbar, aber sie konnten ihn riechen, als sie hindurchfuhren, es war wie der Geruch eines Restaurants oder einer Papiermühle. Es erinnerte Frank an seine Kindheit, an Landhäuser, daran, wie er vor langer Zeit mit seinem Vater zusammen die Blätter vom Rasen geharkt hatte. Auf den grünen Schildern tauchte der Name Firenze auf. Es fing an zu regnen. Die Wischer glitten lautlos über das Glas. Alles war schön und gedämpft.

Sie aßen in einem einfachen Restaurant zu Abend, der Speisesaal war weiß gekalkt wie Gewölbe in einem Keller. Sie sah sehr jung aus. Sie wirkte wie ein junger Hund, so rein war das Weiß ihrer Augen. Sie sagte wenig und spielte mit einem Streifen rosa Papier, der sich von der Speisekarte gelöst hatte.

Am Morgen gingen sie ziellos spazieren. In den Schaufenstern lagen Dinge für ältere Frauen aus, für mindestens Dreißigjährige, Seidenkleider, Halsketten, Schals. Bei Fendi gab es einen schönen Mantel, der Preis stand in kleinen Metalllettern darunter.

»Gefällt er dir?«, fragte er. »Komm, ich kaufe ihn dir.«

Er wollte den Mantel im Fenster sehen, sagte er drinnen. »Für die *signorina*?«

»Ja.«

Sie schien das nicht zu verstehen. Ihr Gesicht wirkte in dem Pelz ganz verloren. Er berührte ihre Wange damit.

»Ist dir klar, was der kostet?«, sagte Alan. »Vier Millionen fünfhunderttausend.«

»Gefällt er dir?«, fragte Frank sie.

Sie trug ihn unablässig. Sie guckte sich darin die Fußballspiele im Fernsehen an, die Beine unter sich zusammengezogen. Das Zimmer war unaufgeräumt, sie waren den ganzen Tag nicht draußen gewesen.

»Was meinst du, wollen wir nicht weiter?«, fragte Alan unerwartet. Die Reporter schrien auf Italienisch herum. »Ich würde mir gerne Spoleto angucken.«

»Sicher. Wo ist das?«, sagte Frank. Seine Hand lag auf ihrem Knie und streichelte es mit einer fast unmerklichen Bewegung, so wie man eine dösende Katze streichelte.

Die Landschaft war flach und nebelverhangen. Sie ließen die Vergangenheit hinter sich, unabgewaschene Gläser, Handtücher auf dem Badezimmerfußboden. Er hatte einen Fleck auf dem Jackettrevers, stellte Frank im Speisesaal fest. Er versuchte, ihn wegzubekommen, während der Oberkellner frischen Parmesan über jeden Teller rieb. Er befeuchtete die Ecke seiner Serviette mit Wasser und rieb auf dem Fleck herum. Der Tisch stand in der Nähe des Eingangs, er war vom Empfang aus zu sehen. Eda setzte sich einen Ohrring wieder ein.

»Häng doch die Serviette drüber«, sagte Alan.

»Hier, mach das bitte mal weg?«, bat er Eda.

Sie kratzte es schnell mit dem Fingernagel ab.

»Was soll ich bloß ohne sie machen?«, sagte Frank.

»Wie meinst du das, ohne sie?«

»Das ist also Spoleto«, sagte Frank. Der Fleck war verschwunden. »Lass uns noch etwas Wein bestellen.« Er rief den Kellner. »*Senta*. Sag's ihm«, sagte er zu Eda.

Sie lachten und redeten über alte Zeiten, die Tage, als sie achthundert Dollar die Woche verdienten und zehn, zwölf Stunden am Tag arbeiteten. Weyland und die Adern auf seiner Nase fiel ihnen wieder ein. Das Wort, das er immer benutzte, war »lebhaft«, eine etwas zu lebhafte Zeugenaussage, viel zu lebhaft, eine ziemlich lebhafte Einrichtung.

In ein lautes Gespräch vertieft, gingen sie. Eda in ihrem weiten Mantel nahmen sie in die Mitte. »*Alla rovina*«, murmelte der Mann am Empfang, als sie auf die Straße traten, »*alle macerie*«, sagte er, und das Mädchen an der Telefonanlage sah zu ihm hinüber, »*alla polvere*«. Es war etwas über Müll und Staub.

Die Morgen wurden kalt. Im Garten sammelte sich Laub an den Tischbeinen. Alan saß allein in der Bar. Eine Kellnerin, die mit dem Muttermal auf der Lippe, kam herein und stellte die Kaffeemaschine an. Frank kam herunter. Er hatte sich den Mantel um die Schultern gelegt. Im Hemd, ohne Krawatte, sah er aus wie ein reicher Patient in irgendeinem Krankenhaus. Oder wie ein Industrieller, der die ganze Nacht Karten gespielt hatte.

»Also, was meinst du?«, sagte Alan.

Frank setzte sich. »Schöner Tag«, bemerkte er. »Vielleicht sollten wir irgendwohin fahren.«

In dem Raum, vielleicht im ganzen Hotel, waren ihre Stimmen das einzige Geräusch, leise und mit Pausen, wie die leichten Laute eines weichen Besens. Ein gedämpfter Laut, dann wieder einer.

»Wo ist Eda?«

»Sie badet.«

»Ich wollte mich nur von ihr verabschieden.«

»Warum? Was ist denn los?«

»Ich glaub, ich fahr nach Hause.«

»Was ist denn passiert?«, sagte Frank.

Alan konnte sich selbst in dem Spiegel hinter der Bar sehen, sein sandfarbenes Haar. Er wirkte blass, fast so, als wäre er gar nicht da. »Nichts ist passiert«, sagte er. Sie war in die Bar gekommen und hatte sich ans andere Ende des Raums gesetzt. Er spürte, wie sich seine Brust verengte. »Europa deprimiert mich.«

Frank sah ihn an. »Ist es Eda?«

»Nein. Ich weiß nicht.« Es erschien ihm schrecklich still. Alan legte die Hände in den Schoß. Sie zitterten.

»Ist das alles? Wir können sie doch teilen«, sagte Frank.

»Wie meinst du das?« Er war zu nervös, um es richtig herauszubringen. Er warf einen kurzen Blick auf Eda. Sie sah auf etwas im Garten hinaus.

»Eda«, rief Frank, »möchtest du etwas zu trinken? *Cosa vuoi?*« Er machte eine Geste, als höbe er ein Glas an den Mund. Im College war er sehr beliebt gewesen. Sein Nachname Shuford war zu Shuf verkürzt worden und dann zu Shoes. Er war bei den Meisterschaften von Pennsylvania mitgelaufen. Seine Mutter konnte ihre Familie sechs Generationen zurückverfolgen.

»Orangensaft«, sagte sie.

Sie saßen da und redeten leise miteinander. Das machten sie oft, hatte Eda festgestellt. Sie redeten über Geschäftliches oder Dinge in New York.

Als sie an dem Abend ins Hotel zurückkehrten, erklärte Frank es ihr. Sie verstand sofort. Nein. Sie schüttelte den Kopf. Alan saß allein in der Bar. Er trank einen süßen Likör. Es würde nicht geschehen, er wusste es. Es war auch egal. Dennoch fühlte er sich beschämt. Das Hotel über seinem Kopf, die Korridore und stillen Zimmer, wofür sonst waren sie da?

Frank und Eda kamen herein. Er schaffte es, sich ihnen zuzuwenden. Sie schien regungslos – in ihrem Gesicht war nichts zu erkennen. Wie hieß das, was er da trank, fragte er schließlich. Sie verstand die Frage nicht. Er sah Frank einmal leicht nicken, wie im Einverständnis. Sie waren wie Diebe.

Am Morgen lag das erste Licht blau auf dem Fensterglas. Es klang, als regnete es. Aber es war das Laub, das der Wind durch den Garten trieb, das Geräusch von Blättern auf dem Kies. Alan schlüpfte aus dem Bett, um den losen Fensterladen festzuhaken. Unter ihm leuchtete, halb verdeckt von den Hecken, eine Statue weiß herauf. Die wenigen geparkten Autos glänzten schwach. Sie schlief, das weiche dicke Kissen unter dem Kopf. Er hatte Angst, sie zu wecken. »Eda«, flüsterte er. »Eda.«

Ihre Augen öffneten sich ein wenig und schlossen sich wieder. Sie war jung, sie konnte weiterschlafen. Er hatte Angst, sie zu berühren. Sie war nicht glücklich, das wusste er, ihr bloßer Hals, ihr Haar, die Dinge, die er nicht sehen konnte. Es würde dauern, bis sie daran gewöhnt waren. Er wusste nicht, was er machen sollte. Davon abgesehen, war es perfekt. Es war das Natürlichste auf der Welt. Er würde ihr auch etwas kaufen, etwas Schönes.

Im Bad blieb er vor dem Fenster stehen. Er dachte an den ersten Arbeitstag bei Weyland, Braun – als er und Frank angefangen hatten. Sie wurden unzertrennlich. Herbst in den Gärten des Veneto. Die Morgendämmerung hatte kaum begonnen. Er würde nie vergessen, wie er Frank das erste Mal traf. Er hätte das alles alleine nie geschafft. Ein junger Mann mit Mütze trat plötzlich aus dem Torweg unter ihm heraus. Er überquerte die Straße und sprang auf ein Motorrad. Der Motor sprang an, ein schwacher Dunst. Der Scheinwerfer ging an, und er fuhr los, einen großen Korb hinten drauf. Er holte die Backwaren fürs Frühstück. Sein Leben war einfach. Die Luft war rein und kühl. Er war Teil der großen unwandelbaren Ordnung jener, die für Lohn arbeiten, deren Welt unerleuchtet ist und die nicht wissen, was über ihnen vorgeht.

PALM COURT

Spät am Nachmittag, kurz vor Börsenschluss, sagte ihm sein Assistent Kenny, die Hand über den Hörer gelegt, dass ihn eine Frau mit Namen Noreen sprechen wollte. »Sie sagt, Sie kennen sie.«

»Noreen? Stellen Sie durch«, sagte Arthur. »Einen Moment.«

Er stand auf und schloss die Tür. Er war durch das Glas der Tür noch sichtbar, als er den Bürosessel zum Fenster drehte, als wollte er sich von allem anderen distanzieren, den Dutzenden von Kundenbetreuern, darunter ein paar Frauen, was früher undenkbar gewesen war, die auf ihre Bildschirme blickten und telefonierten. Sein Herz schlug schneller, als er sich meldete.

»Hallo?«

»Arthur?«

Dies eine Wort, und eine Art Schauer durchlief ihn, ein ängstliches Glücksgefühl, als hätte ihn der Lehrer aufgerufen.

»Ich bin's, Noreen«, sagte sie.

»Noreen. Wie geht's dir? Gott, ist das lange her. Wo bist du?«

»Ich bin hier. Ich leb jetzt wieder hier«, sagte sie.

»Wirklich? Wieso das?«

»Wir haben uns getrennt.«

»Wie schade«, sagte er. »Das tut mir sehr leid.«

Er klang immer vollkommen aufrichtig, selbst die gewöhnlichsten Bemerkungen klangen bei ihm so.

»Es war ein Fehler«, sagte sie. »Ich hätte es nie tun dürfen. Ich hätte es wissen müssen.«

Auf dem Fußboden um seinen Schreibtisch herum lag überall Papier, Berichte, Jahresbilanzen mit ihren vielen Zahlen. Das war nicht seine Stärke. Er redete gern mit Leuten; er konnte den ganzen Tag reden und Geschichten erzählen. Und er galt als ehrlicher Mann. Seine Vorbilder waren die alten Händler, Männer, die längst verschwunden waren, wie Henry Braver, der Vater von Patsy Millinger, der nur einer der Partner in der Firma gewesen war und hier schon vor dem Krieg gearbeitet hatte. Onassis war einer seiner Klienten gewesen. Braver hatte einen internationalen Ruf und eine Nase für die entscheidenden Deals gehabt. Arthur hatte die Nase nicht, aber er konnte reden und zuhören. In diesem Geschäft konnte man auf alle möglichen Arten Geld machen. Seine Art war es, einen oder zwei Gewinner zu finden und den Einsatz zu verdoppeln. Und er redete jeden Tag mit seinen Kunden.

»Mark, wie geht's dir, mein Junge? Schade, dass du nicht hier bist. Micronics hat die neuesten Zahlen veröffentlicht. Die haben alle Tränen in den Augen. Es war wirklich schlau von uns, da nicht reinzugehen. Schätzchen, soll ich dir was sagen? Es gibt hier ein paar Oberschlaumeier, die damit baden gegangen sind.« Er sprach leiser. »Morris, zum Beispiel.«

»Morris? Den sollten sie endlich mal einschläfern.«

»Er war diesmal ein bisschen zu schlau. Die große Depression überlebt zu haben, hat diesmal nichts genützt.«

Morris hatte einen Schreibtisch neben dem Kopierer, aus Pietät. Er war mal Partner gewesen, aber nachdem er in Pension gegangen war, hatte er nichts zu tun – er mochte Florida nicht und spielte auch nicht Golf –, also kam er zurück in die Firma und handelte ein bisschen mit seinem eigenen Geld. Schon sein Alter unterschied ihn von den anderen. Er war ein Überbleibsel mit perfekten falschen Zähnen, und er lebte mit seiner alt gewordenen Frau in einer bernsteinartigen Welt. Sie machten ständig Witze über ihn. Nach all den Jahren wirkte er wie ausgesetzt, allein an seinem Schreibtisch und in seinem Apartment an der Park Avenue, das nie jemand von innen gesehen hatte.

Morris hatte an Micronics eine Menge verloren. Niemand wusste genau, wie viel. Er führte zittrig Buch über seine Zahlen, aber Arthur hatte es aus Marie herausgekriegt, die geschlechtslose Frau, die sich um die Verwaltungsseite der Abschlüsse kümmerte.

»Hunderttausend«, sagte sie. »Halt aber den Mund.«

»Keine Sorge, Darling«, sagte Arthur.

Arthur wusste alles und war den ganzen Tag am Telefon. Es war eine nie endende Unterhaltung, Klatsch, Freundschaft, Nachrichten. Er sah mit seiner gebogenen Nase, dem nach oben weisenden Kinn und seinem unschuldigen Lächeln aus wie der Kasper beim Puppentheater. Er war immer fröhlich, aber es war eine Fröhlichkeit, die ihre Grenzen kannte. Er hatte bei Frackman, Wells angefangen, als es dort erst sieben Angestellte gab, und jetzt waren es zweihundert, auf drei Stockwerke des Gebäudes verteilt. Er selbst war reich geworden, reicher, als er es sich je hätte vorstellen können, obwohl sein Leben sich nicht verändert hatte und er immer noch in derselben Wohnung an der London Terrace hauste. Er hatte dort auch schon gewohnt, als er eines Abends Noreen begegnet war, im *Goldie's*. Sie machte etwas, was bis dahin nur wenige Mädchen in seinem Leben gemacht hatten, sie lachte und setzte sich dicht neben ihn. Vom ersten Augenblick war da diese Offenheit zwischen ihnen. Noreen. Das perlende Klavier, die alten Lieder, der Lärm.

»Ich bin geschieden«, sagte sie. »Und du?«

»Ich? Dasselbe«, sagte er.

Die Straße unter ihnen war voller dahineilender Leute und Autos und war oben gedämpft zu hören.

»Wirklich?«, sagte sie.

Es war Jahre her, seit er sich mit ihr unterhalten hatte. Eine Zeit lang waren sie unzertrennlich gewesen. Sie trafen sich jeden Abend bei *Goldie's* oder im *Clarke's*, wo er auch regelmäßig hinging. Sie gaben ihm immer einen guten Tisch, im mittleren Teil mit der Seitentür oder hinten, wo die meisten Leute saßen und die sich nie ändernde Speisekarte sauber mit Kreide an einer Tafel stand. Manchmal standen sie vorne an der langen zerkratzten Bar, über der ein Schild hing, das sagte, dass hier Frauen unter keinen Umständen bedient wurden. Der Manager, die Barleute, die Kellner, alle kannten ihn. Clarke's war seine eigentliche Heimat, nur zum Schlafen ging er woandershin. Dem Anschein zum Trotz trank er sehr wenig, aber er gab gerne Runden aus und blieb stundenlang an der Bar, unterbrochen von den paar Schritten zur Toilette, die ein richtiger Pavillon war, lang und altmodisch, und wo man wie ein Großherzog auf Eisblöcke pinkelte. Leute aus der Werbung kamen ins *Clarke's*, Models, Männer wie er und später in der Nacht Polizisten, die ihren Dienst hinter sich hatten. Er zeigte Noreen, woran man sie erkannte, schwarze Schuhe mit weißen Socken. Noreen liebte den Laden. Sie war dort sehr beliebt, mit ihrem guten Aussehen und dem wunderbaren Lachen. Die Kellner nannten sie beim Vornamen.

Noreen war dunkelblond, obwohl ihre Mutter Griechin war, wie sie sagte. Im Norden Griechenlands, wo ihre Familie herkam, gab es eine Menge Blondinen. Im Laufe der Zeit hatten sich die Reihen der römischen Legionen mit Germanen gefüllt, und als Rom fiel, siedelten einige der verstreuten Legionen in den griechischen Bergen – zumindest war das die Version, die sie gehört hatte.

»Ich bin also Griechin, aber auch ein bisschen deutsch«, sagte sie zu Arthur.

»Gott, ich hoffe, das stimmt nicht«, sagte er. »Ich könnte nicht mit einer Deutschen gehen.«

»Wie meinst du das?«

»Mit einer Deutschen gesehen werden.«

»Arthur«, erklärte sie, »du musst die Dinge akzeptieren, wie sie sind, was ich bin und was du bist und warum es so gut ist.«

Es gab Dinge, die sie ihm hätte sagen wollen, aber nicht sagte, Dinge, die er nicht gerne gehört hätte, zumindest glaubte sie das. Zum Beispiel wie es war, als junges Mädchen mit neunzehn eines Abends im *St. George Hotel* mit einem Mann, den sie wirklich nett fand, nach oben zu gehen. In die Suite von seinem Chef. Der Chef war weg, und sie tranken seinen zwölf Jahre alten Scotch, und dann wusste sie nur noch, dass sie auf dem Bett lag, das Gesicht nach unten, die Hände auf dem Rücken gefesselt. Das war in einer anderen Welt, nicht in der Arthurs. Seine war anständig, großzügig, warm.

Sie waren beinahe drei Jahre zusammen, die besten Jahre. Sie sahen sich fast jeden Abend. Sie wusste genau, was er machte. Er konnte das so interessant darstellen, die ehrgeizigen Leute in seiner Firma, die Partner, Buddy Frackman, Warren Sender. Und Morris; sie begegnete Morris sogar einmal im Lift.

»Sie sehen sehr gut aus«, sagte sie kühn.

»Sie auch«, sagte er lächelnd.

Er wusste nicht, wer sie war, aber dann beugte er sich zu ihr und formte mit den Lippen tonlos eine Zahl: »Siebenundachtzig.«

»Wirklich?«

»Ja«, sagte er stolz.

»Das hätte ich nie gedacht.«

Sie wusste, dass Arthur und Buddy, als sie eines Tages vom Mittagessen zurückgekommen waren, Morris auf der Straße hatten liegen sehen, sein weißes Hemd voller Blut. Er war gestürzt, und zwei oder drei Leute hatten versucht, ihm aufzuhelfen.

»Guck nicht hin. Geh weiter«, hatte Arthur zu Buddy gesagt.

»Der hat ja Glück, Freunde wie euch zu haben«, sagte Noreen.

Sie arbeitete bei Grey, einer Werbeagentur im selben Gebäude, und das machte es ihnen leicht, sich zu treffen. Sie zu sehen erfüllte ihn immer mit Vergnügen, auch noch als ihr Anblick ihm vollkommen vertraut geworden war. Sie war fünfundzwanzig und voller Leben. In dem Sommer sah er sie beim Baden im Bikini. Sie sah blendend aus, ihre Haut schien zu strahlen. Sie störte sich nicht an ihrem leicht vorstehenden Klein-Mädchen-Bauch und rannte in die Wellen. Er ging vorsichtiger hinein, wie es sich für einen Mann gehörte, der in der Armee auf der Schreibstube gearbeitet hatte, dann Vertreter für einen Herrenausstatter gewesen und schließlich an der Wall Street gelandet war, wovon er immer geträumt hatte und wo er auch umsonst gearbeitet hätte.

Die Wellen, das Meer, der weiße blendende Sand. Es war Westhampton, wohin sie fürs Wochenende gefahren waren. Im Zug war jeder Platz besetzt. Junge Männer mit breiten Schultern in T-Shirts alberten auf den Gängen herum. Noreen saß neben ihm, das Glück strahlte von ihr ab wie Hitze. Sie hatte ein kleines goldenes Kreuz, so groß wie ein Zehn-Cent-Stück, das an einer dünnen Goldkette auf ihrer Bluse lag. Es war ihm noch nie aufgefallen. Er wollte gerade etwas sagen, als der Zug ruckelte und langsam zum Stehen kam.

»Was war das? Was ist passiert?«

Sie standen nicht in einem Bahnhof, sondern neben einem niedrigen, unkrautüberwucherten Damm. Nach einer Weile hörten sie von vorne, dass der Zug einen Radfahrer erfasst hatte.

»Wo? Wie?«, sagte Arthur. »Wir sind in einem Wald.«

Niemand wusste Genaueres. Die Leute sprachen darüber, ob man aussteigen und versuchen sollte, ein Taxi zu bekommen, wo waren sie überhaupt? Einige stellten Mutmaßungen an. Ein paar Leute stiegen tatsächlich aus und gingen neben dem Zug auf und ab.

»Gott noch mal. Ich wusste, dass so was passieren würde«, sagte Arthur.

»So was?«, sagte Noreen. »Wie hätte man so was vorhersehen können?«

»So, wie als wir die Kuh überfahren haben«, sagte ein Mann, der ihnen gegenübersaß.

»Die Kuh? Haben wir auch noch eine Kuh überfahren?«, rief Arthur aus.

»Vor zwei Wochen«, erklärte der Mann.

An dem Abend zeigte Noreen ihm, wie man einen Hummer aß.

»Meine Mutter würde sterben, wenn sie das wüsste«, sagte Arthur.

»Sie wird es nie erfahren.«

»Sie würde mich verstoßen.«

»Man fängt mit den Zangen an«, sagte Noreen.

Sie hatte ihm die Serviette in den Kragen gesteckt. Sie tranken einen italienischen Wein.

Westhampton, ihre gebräunten Beine und blassen Fersen. Sie gab ihm das Gefühl, jünger zu sein, sogar, Gott steh ihm bei, lässig. Er war verspielt. Am Strand trug er einen Kokusnusshut. Er hatte sich verliebt, schwer verliebt, ohne es zu wissen. Er hatte sich nie klargemacht, wie oberflächlich sein Leben gewesen war. Er wusste nur, dass er in ihrer Gesellschaft glücklich war, glücklicher als je zuvor. Dieses warmherzige Mädchen mit ihren Beinen, ihrem Duft und ihren vollkommenen kleinen Ohren, die sich auf ihn eingestellt hatten. Und sie hatte irgendeine Art Gefallen an ihm gefunden! Sie waren Gäste der Senders, und er schlief in einem Zimmer im Keller, während sie oben untergebracht war, aber sie waren unter demselben Dach und er würde sie am Morgen sehen.

»Wann heiratest du sie?«, fragten ihn alle.

»Sie würde mich nie nehmen«, wich er aus.

Dann, ganz nebenbei, gab sie zu, dass sie noch jemanden traf. Es war eher ein Witz, Bobby Piro. Er war untersetzt, er wohnte bei seiner Mutter, hatte nie geheiratet.

»Er hat bestimmt schwarzes, glänzendes Haar«, gab Arthur sich gutmütig.

Er musste es leichtnehmen, und Noreen tat das auch. Sie machte sich über Bobby lustig, wenn sie über ihn sprachen, über seine Brüder Dennis und Paul, und dass er nach Las Vegas gehen wollte, dass seine Mutter Hühnchen Vesuvio für sie kochte, Sinatras Lieblingsessen.

»Hühnchen Vesuvio«, sagte Arthur.

»Es war ziemlich gut.«

»Du hast also seine Mutter getroffen.«

»Ich bin zu dünn«, sagte sie.

»Hört sich an wie meine Mutter. Bist du sicher, dass sie Italienerin ist?«

Sie mochte Bobby, jedenfalls ein bisschen, das merkte er. Trotzdem war es schwer, in ihm eine ernsthafte Konkurrenz zu sehen. Er war nur jemand, über den sie redeten. Bobby wollte, dass sie übers Wochenende mit ihm wegfuhr.

»Ins *Euripides*«, sagte Arthur, und ihm wurde plötzlich schlecht.

»Nichts so Schickes.«

Das Hotel Euripides gab es gar nicht, sie machten nur immer Witze darüber, weil er nicht wusste, wer Euripides war.

»Lass ihn dich nicht ins *Euripides* schleppen«, sagte er.

»Das würd ich nie machen. Das ist ein griechisches Hotel«, sagte sie. »Für uns Griechen.«

Dann, eines Abends, spät, im Oktober, läutete es an seiner Tür.

»Wer ist da?«, sagte Arthur.

»Ich bin's.«

Er machte auf. Sie stand lächelnd vor ihm, aber er sah das Zögern in ihrem Gesicht.

»Kann ich reinkommen?«

»Aber ja, Darling. Natürlich. Komm rein. Was ist los, ist was passiert?«

»Es ist nichts, wirklich nicht. Ich dachte nur, ich komm ... mal vorbei.«

Das Zimmer war ordentlich, aber irgendwie kahl. Er saß nie darin, hatte hier noch nie auch nur ein Buch gelesen. Er lebte in seinem Schlafzimmer wie ein Vertreter. Die Gardinen waren seit langem nicht gewaschen worden.

»Hier, setz dich«, sagte er.

Sie ging ein wenig behutsam. Sie hatte was getrunken, das konnte er sehen. Sie tastete sich um den Sessel herum und setzte sich.

»Möchtest du was? Kaffee? Ich mach uns Kaffee.«

Sie sah sich um. »Weißt du, ich bin noch nie hier gewesen. Das ist das erste Mal.«

»Es ist nichts Besonderes. Ich sollte mir mal was Besseres suchen.«

»Ist das dein Schlafzimmer?«

»Ja«, sagte er, aber ihr Blick war schon wieder woanders.

»Ich wollte nur mal mit dir reden.«

»Ja klar. Worüber?«

Er wusste es oder fürchtete, es zu wissen.

»Wir kennen uns schon eine lange Zeit. Wie lange schon, drei Jahre?«

Er war nervös. Die ziellose Art, wie das lief. Er wollte sie nicht enttäuschen. Andererseits war er sich nicht sicher, was sie eigentlich wollte. Ihn? Jetzt?

»Du bist ziemlich schlau«, sagte sie.

»Ich? Ach, Gott, nein.«

»Du verstehst die Menschen. Kannst du wirklich Kaffee kochen? Ich glaub, ich hätte gern eine Tasse.«

Während er damit beschäftigt war, saß sie still da. Er blickte kurz zu ihr hinüber und sah, dass sie auf das Fenster starrte, hinter dem man die Lichter in den Wohnungen anderer Häuser sah und den schwarzen, sternenlosen Himmel.

»Also«, sagte sie, die Kaffeetasse in der Hand, »sag mir, was ich tun soll. Bobby will heiraten.«

Arthur schwieg.

»Er will mich heiraten. Der Grund, warum ich ihn nie ernst genommen hab, warum ich mich über ihn lustig gemacht hab, darüber, wie italienisch er ist, über sein breites Grinsen, der Grund war, dass er zu der Zeit noch was mit irgendeinem dänischen Mädchen hatte. Ode heißt sie.«

»Ich hab mir schon so was gedacht.«

»Was hast du dir gedacht?«

»Na ja, ich wusste, dass da irgendwas nicht stimmte.«

»Ich hab sie nie getroffen. Ich hab sie mir hübsch vorgestellt und mit diesem wunderbaren Akzent. Du weißt ja, wie man sich selbst quält.«

»Ach, Noreen«, sagte er. »Niemand ist besser als du.«

»Egal, gestern hat er mir gesagt, dass er mit ihr Schluss gemacht hat. Es ist vorbei. Er hat das meinetwegen gemacht. Er weiß jetzt, dass er nur mich liebt und dass er mich heiraten will.«

»Na, das ist ja …«

Arthur wusste nicht, was er sagen sollte; seine Gedanken flogen wild herum wie Papierfetzen in einem Windstoß. Es gibt diesen furchterregenden Moment in der Zeremonie, wenn gefragt wird, ob jemand da ist, der weiß, warum diese beiden Menschen nicht heiraten sollten. Dies war der Moment.

»Was hast du ihm gesagt?«

»Ich hab noch gar nichts gesagt.«

Ein Abgrund öffnete sich zwischen ihnen. Es geschah, während sie da saßen.

»Hast du irgendeine Meinung dazu?«, fragte sie.

»Ja, also, ich würde gern ein bisschen darüber nachdenken. Das kommt ziemlich überraschend.«

»Ja, für mich auch.«

Sie hatte den Kaffee nicht angerührt.

»Weißt du, ich könnte hier ewig sitzen«, sagte sie. »Ich fühl mich hier so gut wie nirgendwo sonst. Das ist es, was mich zweifeln lässt. Was ich ihm sagen soll.«

»Ich hab ein bisschen Angst«, sagte er. »Ich kann das nicht erklären.«

»Natürlich hast du das.« In ihrer Stimme lag so viel Verständnis. »Wirklich. Ich weiß.«

»Dein Kaffee wird kalt«, sagte er.

»Wie auch immer, ich wollte nur mal deine Wohnung sehen«, sagte sie. Ihre Stimme klang plötzlich seltsam. Sie schien nicht weiterreden zu wollen.

Während sie da saß, eine Frau in seiner Wohnung spät am Abend, eine Frau, die er, wie er wusste, liebte, da begriff er, dass sie ihm eine letzte Chance gab. Er wusste, dass er die Chance ergreifen sollte.

»Ach, Noreen«, sagte er.

Nach diesem Abend verschwand sie. Nicht plötzlich, aber es dauerte nicht lange. Sie heiratete Bobby. Es war so schlicht wie ein Todesfall, aber es hielt länger an. Es schien nicht weggehen zu wollen. Sie blieb in seinen Gedanken. Er fragte sich oft, ob sie auch an ihn dachte. Hatte sie noch dieselben Gefühle – vielleicht ein bisschen – wie er? Die Jahre schienen daran nichts zu ändern. Sie war irgendwo in New Jersey, an einem Ort, den er sich nicht vorstellen konnte. Sie hatte wahrscheinlich eine Familie. Dachte sie jemals an ihn? Ach, Noreen.

Sie hatte sich nicht verändert. Er merkte es ihrer Stimme an, sie sprach wie immer nur zu ihm allein.

»Du hast wahrscheinlich Kinder«, sagte er, versuchte, es beiläufig klingen zu lassen.

»Er wollte keine. Das war eins der Probleme. Na ja, das ist alles *acqua passata*, wie er gerne sagte. Du wusstest gar nicht, dass ich geschieden bin?«

»Nein.«

»Ich hab ein bisschen Kontakt zu Marie gehalten, bis sie in den Ruhestand ging. Sie hat mir erzählt, wie's dir ergangen ist. Du bist jetzt eine große Nummer.«

»Nicht wirklich.«

»Ich hab das immer gewusst. Es wär schön, dich mal wieder zu sehen. Wie lang ist das jetzt her?«

»Eine Ewigkeit.«

»Fährst du noch ab und zu nach Westhampton?«

»Nein, seit Jahren nicht mehr.«

»*Goldie's*?«

»Er hat's zugemacht.«

»Ich glaub, das wusste ich. Das waren wunderbare Zeiten.«

Es war wie immer, die Leichtigkeit, mit ihr zu reden. Er sah ihr offenes, gewinnendes Lächeln, das Wohlgefühl darin, ihren sorglosen Gang.

»Ich würde dich zu gerne wiedersehen«, sagte sie noch einmal.

Sie verabredeten sich im *Plaza* – sie war am folgenden Tag in der Nähe.

Kurz vor fünf begann er, die Fifth Avenue hinaufzugehen. Er fühlte sich unsicher, aber weich gestimmt, in den Händen eines märchenhaften Schicksals. Das Hotel ragte vor ihm auf, riesig und weiß. Er ging die breiten Stufen hinauf. Drinnen gab es eine Art Foyer mit einem großen Tisch und Blumen, das Geräusch von sich unterhaltenden Leuten. Als könnte er, wie ein Tier, die leisesten Laute wahrnehmen, schien er das Klingeln der Tassen und Löffel ausmachen zu können.

Da waren Blumenkästen mit rosa Blumen, die hohen Säulen mit ihren vergoldeten Kapitellen, und im Palm Court selbst, der voll war, sah er sie durch eine Glasscheibe hindurch auf einem Stuhl sitzen. Einen Augenblick lang war er sich nicht sicher, ob sie es war. Er wandte sich ab. Hatte sie ihn gesehen?

Er konnte nicht hineingehen. Er drehte sich stattdessen um und ging durch den Korridor zur Herrentoilette. Ein alter Mann in schwarzen Hosen und einer gestreiften Weste, der Wärter, bot ihm ein Handtuch an, als Arthur sich selbst in dem langen Spiegel betrachtete, um zu sehen, ob er sich auch so sehr verändert hatte.

Er sah einen Mann von fünfundfünfzig Jahren mit demselben Kirmesgesicht wie immer, halb komisch, freundlich. Nichts Schlimmeres als das. Er gab dem Mann einen Dollar und ging in den Palm Court, wo Noreen im lauten Gerede unter den Talmikandelabern und der illuminierten Decke auf ihn wartete. Er hatte sein vertrautes Hundelächeln aufgesetzt.

»Arthur, Gott, du siehst immer noch genauso aus. Du hast dich überhaupt nicht verändert«, sagte sie begeistert. »Ich wollte, ich könnte das von mir sagen.«

Es war kaum zu glauben. Sie war zwanzig Jahre älter, sie hatte zugenommen, selbst ihrem Gesicht war es anzusehen. Sie war das schönste Mädchen gewesen.

»Du siehst wunderbar aus«, sagte er. »Ich hätte dich überall erkannt.«

»Das Leben ist gut zu dir gewesen«, sagte sie.

»Na ja, ich kann mich nicht beklagen.«

»Ich eigentlich auch nicht. Was ist aus all den anderen geworden?«

»Was meinst du?«

»Morris?«

»Der ist gestorben. Vor fünf oder sechs Jahren.«

»Das tut mir leid.«

»Sie haben kurz vorher noch ein großes Dinner für ihn veranstaltet. Er war überglücklich.«

»Weißt du, ich hab mich so danach gesehnt, mit dir zu reden. Ich wollte dich anrufen, aber ich steckte in diesem ganzen langweiligen Scheidungskram. Wie auch immer, jetzt bin ich endlich frei. Ich hätte deinen Rat befolgen sollen.«

»Was für einen Rat?«

»Ihn nicht zu heiraten«, sagte sie.

»Das hab ich gesagt?«

»Nein, aber ich hab gemerkt, dass du ihn nicht mochtest.«

»Ich war eifersüchtig.«

»Wirklich?«

»Natürlich. Ich mein, was denkst du denn?«

Sie lächelte ihn an.

»Ist es nicht komisch«, sagte sie, »fünf Minuten mit dir, und es ist, als wär all das nie geschehen.«

Ihre Kleidung, bemerkte er, selbst ihre Kleidung versteckte, was sie einmal gewesen war.

»Die Liebe stirbt nie«, sagte er.

»Meinst du das wirklich?«

»Das weißt du doch.«

»Hör mal, können wir nicht zusammen essen gehen?«

»Ach, Schätzchen«, sagte er. »Das wäre zu schön, aber ich kann nicht. Ich weiß nicht, ob du das weißt, aber ich bin verlobt.«

»Herzlichen Glückwunsch«, sagte sie. »Das wusste ich nicht.«

Er hatte keine Ahnung, warum er das gesagt hatte. Es war ein Wort, das er niemals zuvor in seinem Leben benutzt hatte.

»Wie schön«, sagte sie aufrichtig und lächelte ihn mit einem solchen Verständnis an, dass er sicher war, sie habe ihn durchschaut, aber er konnte sich einfach nicht vorstellen, wie sie zusammen ins *Clarke's* gingen, wie ein altes Paar, ein Paar aus vergangener Zeit.

»Ich hab mir gedacht, es wird Zeit, zur Ruhe zu kommen«, sagte er.

»Natürlich.« Sie sah ihn nicht an. Sie betrachtete ihre Hände. Dann lächelte sie wieder. Sie verzieh ihm, dachte er. Das war es. Sie verstand immer alles.

Sie redeten weiter, aber nur so dahin.

Er ging durch dasselbe Foyer mit seinem abgetretenen Mosaik hinaus, Leute kamen herein. Es war noch hell draußen, das reine volle Licht vor dem Abend, die Sonne in tausend Fenstern, die auf den Park hinausblickten. Mädchen gingen auf ihren hohen Absätzen die Straße hinunter, Mädchen, so wie Noreen eines gewesen war, viele von ihnen. Sie würden sich bestimmt nicht irgendwann zum Mittagessen treffen. Er dachte an die Liebe, die die große zentrale Kammer seines Lebens gefüllt hatte, und daran, dass er nie wieder so jemandem begegnen würde. Er wusste nicht, was über ihn kam, aber auf der Straße brach er in Tränen aus.

VERLORENE SÖHNE

Den ganzen Nachmittag kamen die Autos die Straße herauf, viele mit Nummernschildern aus anderen Staaten. Die lange Reihe der hochgelegenen Backsteinquartiere ragte über der Straße auf. Graue Mauern flankierten die Strecke.

Im Empfangsbereich wurde eine Willkommensparty gegeben. Man sah Gesichter, die sich kaum verändert hatten, und andere wie Reemstmas, dessen Namensschild mehr als einmal gelesen wurde. Jemand mit einer Kamera und Blitzgerät lief in einem Kadettenschlafrock herum. Drüben in der Kaserne wurde getrunken. Türen standen offen. Stimmen drangen nach draußen.

»Hakennase wird kommen«, versicherte Dunning mit lauter Stimme. Auf dem Schreibtisch neben seinen Füßen stand eine Flasche. »Er wird kommen, keine Sorge. Er hat mir geschrieben.«

»Einen Brief? Klingbeil hat in seinem Leben noch keinen Brief geschrieben.«

»Hat seine Sekretärin für ihn gemacht«, sagte Dunning. Er sah aus wie ein Richter, groß und wohlgenährt. Seine Brille verlieh ihm einen Hauch von Eleganz. »Er bringt ihr das Schreiben bei.«

»Wo lebt er jetzt?«

»In Florida.«

»Weißt du noch, wie wir uns um zwei Uhr morgens nach Buckner zurückschlichen und plötzlich ein Auto die Straße entlangkam?«

Dunning versuchte, ein ernstes Gesicht zu machen.

»Wir sind in die Büsche gesprungen. Es war nur ein Taxi. Der Fahrer stieg auf die Bremse und setzte ein Stück zurück. Die Tür geht auf, und auf dem Rücksitz sitzt Klingbeil, blau wie ein Veilchen. Steigt ein, Jungs, sagt er.«

Dunning brach in dröhnendes Gelächter aus. Seine Uniformjacke, mit ihren Reihen bunter Ordensstreifen, stand offen, der Umfang seiner Rockschöße ließ auf ein kräftiges Gesäß schließen.

»Wisst ihr noch«, sagte er, »wie wir Devereaux' Spanischbuch mit seinen ganzen Notizen aus dem Fenster warfen? In den Schnee. Er hat es nie wiedergefunden. Er ist völlig durchgedreht. Ihr Schweine, ich bring euch um!«

»Er hätte es zu was bringen können, wenn er nicht mit dir zusammengewohnt hätte.«

»Wir haben versucht, seinen Horizont zu erweitern«, erklärte Dunning.

Sie spielten den Untergang der »Bismarck«, während er über seinen Büchern saß. Klingbeil war der Kapitän. Sie sprangen auf die Tische. *Der Schiff ist kaputt!*, brüllten sie auf Deutsch. Sie feuerten die Kanonen ab. Das Ruder war blockiert, sie drehten sich im Kreis. Devereaux saß am Tisch, den Kopf gesenkt, die Hände auf die Ohren gepresst. Würdet ihr Arschlöcher endlich ruhig sein!, brüllte er.

Bush, Buford, Jap Andrus, Doane und George Hilmo saßen auf den Betten und auf dem Fensterbrett. Ein unsicheres Gesicht erschien im Türrahmen.

»Wer ist denn das?«

Es war Reemstma, den seit Jahren keiner mehr gesehen hatte. Sein Haar war grau geworden. Er lächelte unbeholfen. »Was ist denn hier los?«

Sie sahen ihn an. Irgendwann sagte jemand: »Komm rein und trink was mit uns.«

Er fand einen Platz neben Hilmo, der ihm den Arm entgegenstreckte, um ihm mit eisernem Griff die Hand zu schütteln. »Wie geht es dir?«, sagte er. Die anderen unterhielten sich weiter. »Du siehst gut aus.«

»Du auch.«

Hilmo schien es nicht zu hören. »Wo wohnst du?«, sagte er.

»Rosemont. Rosemont, New Jersey. Da kommt die Familie meiner Frau her«, sagte Reemstma. Er sprach mit einer merkwürdigen Intensität. Er war schon immer seltsam gewesen. Alle hatten sich gefragt, wie er es je habe schaffen können. Im Unterricht war er ganz gut gewesen, aber das Bild, das in Erinnerung blieb, war das von völliger Unbeholfenheit beim Exerzieren. Er schien es erst nach zwei Jahren zu beherrschen, und dann mit der Steifheit einer Katze, die zu schwimmen versucht. Er hatte volle Lippen, die ihm einen wenig schmeichelhaften Spitznamen eingetragen hatten. Er war auch unter dem Namen Zurück-Marsch-Marsch bekannt, wegen der Katastrophen, die er verursachte, wenn er das Kommando hatte.

Man gab ihm einen gebrauchten Pappbecher. »Von wem ist die Flasche?«, fragte er.

»Keine Ahnung«, sagte Hilmo. »Hier.«

»Kommen viele Leute?«

»Junge, du stellst Fragen«, sagte Hilmo.

Reemstma verstummte. Eine halbe Stunde lang erzählten sie Geschichten. Er saß am Fenster, manchmal sah er in seinen Becher. Die große Uhr draußen mit den schwarzen Ziffern begann zu leuchten. West Point lag majestätisch im frühen Abendlicht, das ehrwürdige Laub reglos. Unten der stille Fluß, geheimnisvolle Inseln trieben in der Dämmerung. An der Ecke vor der Bibliothek dirigierte ein Militärpolizist mit präzisen Armbewegungen den Verkehr. Hinter ihm stand ein Hinweisschild zum Treffen des Jahrgangs von 1960, ein Jahrgang, auf den Vietnam herabstürzte wie Sterne auf die Jahre 1915 und 1931. In der Ferne hörte man das schwache Geräusch eines Zuges.

Es war fast Zeit für das Abendessen. Von unten drangen noch immer vereinzelte Begrüßungsrufe nach oben, Unterhaltungen, Stimmen. Füße bewegten sich gemächlich die Treppen hinunter.

»He«, sagte jemand plötzlich, »was zur Hölle hast du denn da um?«

Reemstma sah an sich herunter. Es war eine Krawatte aus rotem geblümten Stoff. Seine Frau hatte sie gemacht. Er hatte sie noch gewechselt, bevor er das Haus verließ.

»Hallo.« Eine weißhaarige Gestalt mit einer Armbinde, auf der 1930 stand, kam ihm langsam entgegen.

»Welcher Jahrgang sind Sie?«

»Neunzehnsechzig«, sagte Reemstma.

»Gerade als ich hier so langging, hab ich mich gefragt, was wohl aus all den Leuten geworden ist. Es ist kaum zu glauben, aber als ich hier war, gab es Männer, die nach ein paar Wochen einfach ihre Sachen packten und ohne ein Wort nach Hause verschwanden. Haben Sie so was schon mal gehört? Neunzehnsechzig, sagen Sie?«

»Ja, Sir.«

»Je von Frank Kissner gehört? Ich war sein Stabschef. Er war ein harter Bursche. Regimentskommandeur in Italien. Eines Tages kam Mark Clark angefahren und sagte, Frank, kommen Sie mal kurz, ich will mit Ihnen reden. Keine Zeit, hab zu tun, sagte Frank.«

»Wirklich?«

»Mark Clark sagte, Frank, ich will Sie zum Brigadegeneral machen. Okay, ich hab Zeit, sagte Frank.«

Die Offiziersmesse, in der das Dinner für die Ehemaligen stattfand, ragte vor ihnen auf, die Türen standen offen. Die Ausmaße des Gebäudes waren seit jeher bombastisch gewesen. Jetzt schien sie doppelt so groß, weiße Tischtücher, so weit das Auge reichte. Die Bars waren überfüllt, fünfzehn bis zwanzig Männer standen geduldig davor Schlange. Viele der Frauen trugen Abendkleider. Über allem lag das widerhallende Gewirr der Gespräche.

Es gab jene, denen man den Erfolg ansah, wie Hilmo, der einen grauen, metallisch glänzenden Sommeranzug trug, und mit dem sich jeder gerne unterhielt, obwohl er dazu neigte, abrupt in Schweigen zu verfallen, und es gab die unvergänglichen Helden, die ehemaligen Kadettenoffiziere, die zu neuem Leben erwacht waren. Aber die Vielversprechenden hatten sich nicht immer bewährt. Und unter den Männern, die hohe Ränge erreicht hatten, waren auch solche, die sich in der Ausbildungszeit relativ wenig hervorgetan hatten. Reemstma, der kaum Kontakt gehalten hatte, war davon ein wenig überrascht. Für ihn hatte sich die Hierarchie nie geändert.

Ein furchterregendes, rot geflecktes Gesicht tauchte plötzlich auf. Es war Cramner, der am anderen Ende des Gangs gewohnt hatte.

»He, Eddie, wie geht's?«

Er hielt zwei Drinks in den Händen. Er habe erst letztes Jahr den Dienst quittiert, sagte Cramner. Er arbeite für eine Anwaltskanzlei in Reading.

»Bist du Anwalt?«

»Ich führ nur das Büro«, sagte Cramner. »Bist du verheiratet? Ist deine Frau hier?«

»Nein.«

»Warum nicht?«

»Sie konnte nicht kommen«, sagte Reemstma.

Seine Frau hatte ihn kennengelernt, als er dreißig war. Warum sollte sie dazu Lust haben, hatte sie gefragt? In gewisser Weise war er froh, dass sie nicht mitgekommen war. Sie kannte niemanden, und bei jeder Gelegenheit lenkte sie das Gespräch auf religiöse Themen. Zusammen wären sie zwei merkwürdige Menschen statt eines gewesen. Natürlich glaubte er nicht wirklich, dass er merkwürdig war, nur in den Augen der anderen. Man begrüßte ihn, sprach mit ihm. Besonders die Frauen, die die alten Vorurteile nicht kannten, waren freundlich. Er unterhielt sich mit der lebhaften Frau eines Kameraden, an den er sich nur vage erinnerte, R. C. Walker, ein hagerer Mann mit leicht sardonischem Lächeln.

»Sie sind was?«, sagte sie erstaunt. »Maler? Sie meinen, Sie sind Künstler?« Sie hatte kräftiges, natürlich gelocktes blondes Haar und ihre Wangen hatten eine angenehm weiche Rundung. Sie hatte ein zartes Doppelkinn. »Das ist ja fabelhaft!« Sie rief eine Freundin: »Nita, ich muss dir jemanden vorstellen. Wie war doch gleich Ihr Name, Ed?«

»Ed Reemtsma.«

»Er ist Maler«, sagte Kit Walker überschwänglich.

Reemtsma war benommen von der Aufmerksamkeit. Als sie hörten, dass er tatsächlich Bilder verkaufte, waren sie noch interessierter.

»Können Sie davon leben?«

»Nun, ich habe eine Warteliste für meine Gemälde.«

»Wirklich!«

Er begann, die Farben und das Licht – er malte Landschaften – der Gegend um Delaware zu beschreiben, die Hügel und Täler, die Felder, Hecken, wie die Dinge sich von Jahr zu Jahr stets ein wenig veränderten, Kleinigkeiten, wie schwer es war, den Himmel wiederzugeben. Er beschrieb das schöne, metallische Grün eines Kolibris, den ihm seine Frau gebracht hatte. Sie hatte ihn in der Garage gefunden; er war natürlich tot.

»Tot?«, sagte Nita.

»Seine Augen waren geschlossen. Ansonsten hätte man es nicht gemerkt.«

Er hatte ein fast wehmütiges Lächeln. Nita nickte vorsichtig.

Später wurde getanzt. Reemstma hätte sich gerne weiter unterhalten, aber die Leute zerstreuten sich. Tische lösten sich nach dem Essen in Grüppchen von Freunden auf.

»Bis später dann«, sagte Kit Walker.

Er sah, wie sie mit Hilmo sprach, der ihm kurz zuwinkte. Er schlenderte eine Weile umher. Sie spielten »Army Blue«. Eine Welle von Traurigkeit erfasste ihn, Erinnerungen an Paraden, das Ende von Bällen, den Weihnachtsurlaub. Vier Jahre, die älteren Jahrgänge nehmen stolz und bewegt Abschied, unbekannte Gesichter rücken nach. Es war vorbei, aber niemand kehrt dem jemals ganz den Rücken. Das Leben, das er hätte führen können, tauchte fast greifbar vor ihm auf.

Spät am Abend saßen fünf oder sechs Gestalten draußen auf den Stufen vor der Kaserne, sie tranken und redeten. Reemstma setzte sich zu ihnen, er sagte nichts, er wollte den Zauber nicht brechen. Er war wieder einer von ihnen, wie an hektischen Abenden, wenn sie Gewehre reinigten und ihre Schuhe putzten, bis sie wie Spiegel glänzten. Der Dunst des Juni lag über den Weiten, die ihn von jenen endlosen Aufgaben vergangener Jahre trennten. Wie tief hatte er sich in ihnen verloren. Wie leidenschaftlich hatte er an das Bild des Soldaten geglaubt. Es war eine Religion für ihn gewesen, er hatte blind an ihr gehangen, wie ein Krüppel, der sich an Gott klammert.

Am Morgen kam Hilmo die Treppe heruntergetrottet, die muskulösen Beine in engen Tennisshorts, und verschwand durch eines der Kasernentore zu einer frühen Partie. Seine Sorglosigkeit war ungebrochen. Man erzählte sich, dass damals, vor dem Spiel gegen Penn State, als er zur ersten Football-Mannschaft zählte, der Trainer sie angefeuert habe – sie würden Penn State nicht nur schlagen, sie würden sie in den Boden rammen. Und dann wandte er sich an Hilmo: »Und wer wird der beste Quarterback im ganzen Osten sein?«

»Ich weiß nicht. Wer?«, sagte Hilmo.

Der Morgen war leer. Wie gewöhnlich gab es außer Sport nicht viel zu tun. Kurz nach zehn formierten sie sich, um zu einer Gedenkzeremonie auf dem Exerzierplatz zu marschieren. Vor einer Statue von Sylvanus Thayer stellten sie sich in Reih und Glied auf, einer, hochgewachsen und eigensinnig, trug einen Cowboyhut, während der Kadettenchor »The Corps« sang. Die begeisterten Stimmen, die feierlich getragenen Teile stiegen in die Luft auf. Hinter Reemstma sagte jemand leise: »Weißt du, die besten Freunde, die ich je hatte oder haben werde, hatte ich hier.«

Danach gingen sie zurück, um ihre Plätze auf dem Paradeplatz einzunehmen. Der Leiter von West Point, ein schlanker Generalleutnant, stand mit seinem Stab und dem ältesten noch lebenden Absolventen, der in einem Rollstuhl saß, in der Nähe.

»Guck dir den an«, sagte Dunning. Er meinte den Generalleutnant. »Das ist, was an West Point faul ist. Das ist, was an der ganzen Armee faul ist.«

Marschmusik kam in leisen Wellen näher. Es war warm. Im Gras gab es Bienen. Die ersten, in der Ferne winzigen Formationen von Kadetten kamen in Sichtweite, die Bajonette blitzten. Gegen den Himmel zeichnete sich ein einzelnes Gebäude ab, die Kapelle, eine Kopie eines klassischen Vorbildes. Viele Sonntage mit ihren männlichen Predigten über Ehre, der uniformierte Chor, der mit schönem Zögerschritt zur Tür marschierte, Goldlitzen auf den Ärmeln der Offiziere. Weiter unten, halb verdeckt, die Sporthalle, die dunkle Patina auf allem darin, dem Boden, den Wänden, den schweren Boxhandschuhen. Ein Schrein von Champions, die nie entthront werden würden. Alles sprach von unerschütterlichen Grundsätzen.

Während des Picknicks wurde bekanntgegeben, dass von den 550 ursprünglichen Jahrgangsangehörigen noch 529 lebten und 176 bislang erschienen seien.

»Klingbeil nicht mitgerechnet!«

»Hundertsechsundsiebzig plus ein möglicher Klingbeil.«

»Ein *un*möglicher Klingbeil«, rief jemand.

Es folgte ein kurzes Beifallsgejohle.

Die Tische standen in einem großen Pavillon mit Fliegengittern am Rande des Sees. Reemstma sah sich nach Kit Walker um. Er hatte sie zuvor in der Essensschlange gesehen, konnte sie aber jetzt nicht finden. Sie schien gegangen zu sein. Der Jahrgangssprecher hielt eine Rede.

»Joe Waltsak hat eine Karte geschrieben. Joe hat dieses Jahr den Dienst quittiert. Er wollte kommen, aber seine Tochter hat ihre Highschool-Abschlussfeier. Ich weiß nicht, ob ihr die Geschichte kennt. Joe war ein großer Football-Spieler. Er lebt in Palo Alto, und die Leute wollten die Straße, in der er wohnt, nach ihm benennen, aber die Stadtverwaltung lehnte das ab. Joe wohnt im Parkwood Drive. Sie wollten die Straße Waltsak Drive nennen, aber das ging nicht durch, und stattdessen nennen sie ihn jetzt Joe Parkwood.«

Als Nächstes kamen die Wahlen. Der Schatzmeister und der zweite Jahrgangssprecher wollten nicht wieder kandidieren. Neue Namen mussten her.

»Lasst uns zur Abwechslung mal jemand anders nehmen«, bemerkte jemand mit leiser Stimme.

»Jemand, den wir kennen«, sagte Dunning.

»Willst du nicht kandidieren, Mike?«

»Na klar doch, großartig«, brummte Dunning.

»Wie wär's mit Reemstma?«, sagte Cramner, die Blüten des Alkoholismus flammten auf seinem Gesicht. Er lächelte, seine Zahnkanten waren unebenmäßig, als wären sie angenagt.

»Gute Idee.«

»Wer, ich?«, sagte Reemstma. Er war verwirrt. Er sah sich erstaunt um.

»Wie wär's, Eddie?«

Er wusste nicht, ob sie es ernst meinten. Alles geschah beiläufig – in der Art wie General Grant eines Abends, als er in St. Louis auf einer Bank saß, aus der Namenlosigkeit geholt wurde. Er murmelte etwas, protestierte. Er war rot geworden.

Andere Namen wurden genannt. Reemstma spürte, wie sein Herz klopfte. Er hatte aufgehört, nein, nein zu sagen, und saß da, verwirrt, den Mund halb geöffnet. Er wagte nicht, sich umzusehen. Er schüttelte leicht den Kopf, nein. Eine Hand ging nach oben: »Ich beantrage, dass die Nominierungen hiermit abgeschlossen sind.«

Reemstma kam sich albern vor. Sie hatten ihn wieder reingelegt. Er fühlte sich betrogen. Niemand achtete auf ihn. Sie zählten die erhobenen Hände.

»Also komm, du kannst doch nicht wählen«, sagte jemand zu seiner Frau,

»Kann ich nicht?«, sagte sie.

Reemstma schlenderte umher, der Tag neigte sich dem Ende zu, als er schließlich Kit Walker erblickte. Sie verhielt sich ein wenig merkwürdig. Sie schien ihn zuerst nicht zu erkennen. Hinten auf ihrem weißen Rock war ein Grasfleck.

»Oh, hallo«, sagte sie.

»Ich habe Sie gesucht.«

»Würden Sie mir einen Gefallen tun?«, sagte sie. »Könnten Sie mir etwas zu trinken bringen? Mein Mann scheint mich zu ignorieren.«

Noch jemand ignorierte sie. Es war Hilmo, der etwas weiter weg stand. Sie hatten darauf geachtet, getrennt zum Pavillon zurückzukehren. Freunde, die sich bald trennen würden, unterhielten sich in kleinen Gruppen, ihre Gesichter waren schattig vor dem Wasser des Sees, das hinter ihnen glänzte. Reemstma kam mit etwas Wein in einem Plastikglas zurück.

»Hier, bitte. Stimmt etwas nicht?«

»Danke. Nein, warum? Wissen Sie, Sie sind sehr nett«, sagte sie. Sie hatte über seine Schulter hinweg etwas bemerkt.

»Oje.«

»Was?«

»Nichts. Sieht aus, als würden wir gehen.«

»Müssen Sie schon weg?«, brachte er heraus.

»Rick steht drüben bei der Tür. Sie wissen ja, wie er ist, er wartet nicht gern.«

»Ich hatte gehofft, wir könnten uns noch unterhalten.«

Er drehte sich um. Walker stand draußen im Sonnenlicht. Er trug ein Hawaii-Hemd und braune Hosen. Er wirkte ein wenig unnahbar. Reemstma beneidete ihn.

»Wir müssen heute Abend in Belvoir sein«, sagte sie.
»Das ist ziemlich weit.«
»Es war wirklich nett, Sie kennenzulernen«, sagte sie.

Sie ließ den Becher unberührt auf der Tischkante stehen. Reemstma sah ihr nach, als sie den Pavillon durchquerte. Sie war nicht wie die anderen, dachte er. Er sah, wie sie zum Auto gingen. Hatte sie Kinder?, fragte er sich. Fand sie ihn wirklich interessant?

Kurz bevor es dunkel wurde, um sechs Uhr abends, hörte er Lärm und sah hinaus. Quer über den Platz kam er auf sie zu, der unbesiegbare Schuljunge, langbeinig wie ein Kranich, der Ex-Infanterie-Offizier, jetzt mit einem kleinen, wohlgerundeten Bauch, und winkte mit beiden Armen.

Dunning grölte aus einem Fenster: »Hakennase!«
»Seht mal, wen ich hier habe!«, rief Klingbeil zurück.
Er war mit Devereaux gekommen, dem gequälten Streber. Sie hatten einander die Arme um die Schultern gelegt. Sie kamen gemeinsam grinsend an, waren Freunde seit der Kadettenzeit, Freunde fürs Leben. Sie kamen die Treppe herauf.
»Hakennase!«, rief Dunning.
Klingbeil breitete ironisch die Arme aus.

Er war der Sohn eines Armeeoffiziers. Als Junge war er auf den Schiffen der Matson Line gefahren und war viel herumgekommen. Er erzählte Geschichten über Verführungen in seiner Koje. Mein Sohn, mein Sohn, stöhnte sie. Er war unzähmbar, er konnte mit Menschen jeder Art umgehen, seine Männer verehrten ihn. Er war nur langsam befördert worden, war ausgestiegen, hatte sich mit Erfolg ins Immobiliengeschäft geworfen. Er fuhr einen grünen Cadillac, der in ganz Tampa berühmt war. Er liebte das Pokern, Trinken und lange Nächte.

Sie hatte es wahrscheinlich nicht ernst gemeint, dachte Reemstma. Die Erfahrung hatte ihn das gelehrt. Er durchschaute Lügen.

»Oh«, sagten die Ehefrauen zu ihm. »Natürlich. Ich glaube, mein Mann hat einmal von Ihnen gesprochen.«

»Ich kenne Ihren Mann nicht«, sagte Reemstma.

Ein Moment der Beunruhigung.

»Natürlich kennen Sie ihn. Waren Sie nicht im selben Jahrgang?«

Er konnte sie unten hören.

»*Der Schiff ist kaputt!*«, brüllten sie. »*Der Schiff ist kaputt!*«

VIA NEGATIVA

Es gibt eine bestimmte Art von unbedeutendem Schriftsteller, man trifft ihn in einem Raum der Leihbücherei, wo er seine Bücher signiert. Sein Zeigefinger ist teefarben, sein Lächeln voll schlechter Zähne. Er kennt sich allerdings in der Literatur aus. Seine traurigen Knochen bestehen aus ihr. Er weiß, was geschrieben wurde und an welchen Orten Schriftsteller gestorben sind. Seine Urteile sind kalt, aber präzise. Sie sind rein, das zumindest kann man sagen.

Er ist unbekannt, doch nicht gänzlich ohne Bewunderer. Es ist eigentlich wie in einer Ehe, uninteressant, aber was gibt es sonst? Sein Leben sind seine Tagebücher. Irgendwo darin steht der Satz eines Astrologen: Deine natürlichen Gefährten sind Frauen. Gelegentlich vielleicht. Mehr auch nicht. Sein Haar ist spärlich. Seine Kleider sind etwas aus der Mode. Er weiß allerdings, dass es einen großen, einen letzten Ruhm gibt, der auf bestimmte Menschen herabfällt, die zu ihrer Zeit kaum beachtet wurden, der sie aus der Dunkelheit zieht und ihr Leben neu erstehen lässt. Seine Helden sind Musil und natürlich Gerard Manley Hopkins. Bunin.

Es gibt Schriftsteller wie P., die in einem teuren Anzug und englischen Schuhen im blendenden Sonnenlicht die Straße herunterkommen, die Menge scheint sich vor ihnen aufzutun, ihnen in ihrer Mitte einen Raum zu schaffen wie das Auge eines Sturms.

»Ich hab gehört, Sie haben ein Vermögen mit Ihrem Buch gemacht.«

»Was? Glauben Sie das doch nicht«, sagen sie, obwohl es jeder weiß.

Bei näherer Betrachtung sind die Schuhe sogar handgearbeitet. Ihr Besitzer hat kräftiges Haar. Sein Gesicht ist gebieterisch, die Stirn, die lange Nase. Ein leidendes Gesicht, stark wie eine Tür. Er erkennt in seinem Gegenüber jemanden, der ein paar Geschichten veröffentlicht hat. Er hat nur einen Moment Zeit.

»Geld hat keinerlei Bedeutung«, sagt er. »Sehen Sie mich an. Ich kann nicht mal einen anständigen Haarschnitt kriegen.« Er meint es ernst. Er lächelt nicht.

Damals, als er aus London zurückkehrte und man ihn bat, den Roman eines jungen Bekannten zu unterstützen, sagte er, der solle es so machen wie er, ganz alleine. Die wollen alle irgendwas, sagte er.

Und es gibt alte Schriftsteller, die ihr Ansehen dem *New Yorker* schulden und sich in wohlhabenden Kreisen bewegen, wie W., der mit zwanzig berühmt war. Heute meinen einige Kritiker, sein Werk sei flach und epigonenhaft – er war ein Freund des größten Schriftstellers unserer Zeit gewesen, eines Autors, der zahllose Nachahmer inspirierte; vielleicht wäre es besser, einer der größten Schriftsteller zu sagen, nicht alle stimmen da überein, und ich will mich nicht streiten. Aber sie haben später miteinander gebrochen, W. wollte nicht sagen, warum.

Seine erste, oft veröffentlichte Erzählung – jeder kennt sie – habe ihm über die Jahre mindestens fünfzig Frauen eingebracht, sagte er immer. Seine Frau wusste Bescheid. Am Ende trennte er sich auch von ihr. Er war kein Mann, der sich sein Aussehen bewahrte. Kleine Äderchen erschienen auf seinen Wangen. Seine Augen wurden rot. Er beleidigte Menschen, sogar Kellner in Restaurants. Dennoch, in seiner Jugend, hieß es, war er sehr großzügig, sehr mutig. Er war gegen Ungerechtigkeit. Er spendete Geld für die Loyalisten in Spanien.

Es ist Morgen. Die Zahnärzte legen ihre Bestecke aus. Wo die Sonne auf sie fällt, erwachen in den Hauseingängen stöhnend die Obdachlosen. Nile fuhr mit dem Bus zu seiner Mutter, auf einer Anzeige über seinem Kopf die Worte von Victor

Hugo: *Alle Armeen der Welt können eine Idee nicht aufhalten, deren Zeit gekommen ist.* Sein Haar war ungekämmt. Sein Gesicht besaß die Selbstsicherheit, die aufgesprungenen Lippen eines Menschen, der entschlossen ist, ohne Geld zu leben. Seine Mutter begrüßte ihn an der Tür und nahm sein blasses Gesicht in die Hände. Sie trat zurück, um ihn besser zu sehen. Sie zitterte leicht, eine gleichmäßige, rhythmische Bewegung.

»Deine Zähne«, sagte sie.

Er verdeckte sie mit der Zunge. Seine Tante kam aus der Küche, um ihn zu umarmen.

»Wo bist du gewesen?«, rief sie. »Rat mal, was es zu Mittag gibt?«

Wie viele dicke Frauen lachte sie gerne. Sie war zweimal verwitwet, aber ein Glas reichte, um sie zum Tanzen zu bringen. Sie ging den Tisch decken. Als sie am Fenster vorbeikam, sah sie hinaus. Auf der anderen Straßenseite war ein Kino.

»Dekadent«, sagte sie.

Nile saß zwischen ihnen, er rückte den Stuhl mit kurzem Kratzen an den Tisch. Sie hatten sich nicht extra umgezogen. Die Wärme von Mahlzeiten im Familienkreis, wenn der einzige Zweck das Essen ist. Er hatte immer Hunger, wenn er kam. Während er redete, aß er eine dick mit Butter bestrichene Scheibe Brot. Es gab gekochten Kabeljau und geröstete Zwiebeln auf einer riesigen Platte. Von überall kamen Stimmen – der Fernseher lief, das Radio in der Küche. Er beantwortete ihre Fragen mit vollem Mund.

»Es schmeckt ein wenig fad«, sagte seine Mutter. »Hast du es so gekocht wie immer?«

»So wie immer«, sagte seine Tante. Sie kostete selbst. »Vielleicht fehlt Salz.«

»Man tut kein Salz an Seefisch«, sagte seine Mutter.

Nile aß weiter. Der Fisch zerfiel ihm unter der Gabel, feucht und weiß, er konnte den schwachen Jodhauch des Meeres schmecken. Er kannte den Markt, auf dem der Fisch auf Eis gelegen hatte, den jüdischen Besitzer, der sich nicht rasierte. Seine Tante beobachtete ihn.

»Weißt du was?«, sagte sie.

»Was?«

Sie sprach nicht mit ihm. Sie hatte eine Entdeckung gemacht.

»Eine Minute eben, beim Essen, hat er genau wie sein Vater ausgesehen.«

Eine plötzliche, andächtige Stille breitete sich im Raum aus, eine Tiefe, die vorher nicht dagewesen war, als sie nur von Sittenlosigkeit und der Bedrohung durch die Schwarzen gesprochen hatten. Seine Mutter sah ihn liebevoll an.

»Hast du das gehört?«, fragte sie. Ihre Stimme war gedämpft, sie sehnte sich nach den Mythen der Vergangenheit. Ihre Augen hatten dunkle Ränder, ihre Haut war alt.

»Was an dir ähnelt ihm?« Sie wollte es noch einmal hören.

»Ich seh nicht aus wie er«, sagte er.

Sie hörten ihn nicht. Sie sprachen über seine Kindheit, über verschiedene kleine Dinge, Gedichte, die er auswendig gelernt hatte, sein schönes Haar. Was für ein guter Schüler er gewesen war. Wie erwachsen, wenn er aß, mit der Gabel, die viel zu groß für seine Hand war. Sein Kinn war das seines Vaters, sagten sie. Seine Kopfform.

»Hinten«, sagte seine Tante.

»Ein guter Kopf«, bestätigte seine Mutter. »Du hast einen wunderschönen Kopf, weißt du das?«

Danach lag er auf dem Sofa und hörte zu, wie sie das Geschirr abräumten. Er schloss die Augen. Alles war ihm vertraut, Wendungen, die er schon einmal gehört hatte, Streitereien über die Vergangenheit, sogar der Geruch der Kissen unter seinem Kopf. Im Schlafzimmer gab es eine Sammlung von schlecht gerahmten Fotos. Auf ihnen war, wenn man sie der Reihe nach betrachtete, ein immer älter werdendes Gesicht, das immer weniger versprach. Hatte er wirklich all diese ernsten Briefe geschrieben, die in Schuhkartons, zusammen mit Schulbüchern und gefalteten Programmheften, aufbewahrt wurden? Er schlief in dem Museum seines Lebens.

Er ging um vier. Der Portier las Zeitung, sein Kragen war aufgeknöpft, die Luft um ihn herum angefüllt mit Essensgerüchen. Er sah nicht einmal auf, als Nile hinausging. Er war vertieft in eine Beschreibung zweier junger Frauen, deren gefesselte Körper am Ufer eines Kanals gefunden worden waren. Es gab keine Fotos, nur die aus einem Highschool-Jahrbuch. Es war Juni. Die Straße war von Autos gesäumt, die Rinnsteine schmolzen in der Hitze.

Die Geschäfte waren geschlossen. In den Schaufenstern, dem Nachmittag überlassen, Auslagen von Büchern, Kosmetikartikeln, Lederbekleidung. Er blieb davor stehen. Ein großes Verlangen nach Geld, ein Durst stieg in ihm auf, ein Verlangen, anerkannt zu sein. Er ging zum hundertsten Mal auf Straßen entlang, die in keiner Weise Notiz von ihm nahmen, vorbei an endlosen Miethäusern, Konsulaten, Banken. Er kam in die Gegend um die Fünfzigste Straße, hinter den großen Hotels. Die Straßen waren verkommen wie ein Dienstbotentrakt. Überall lag Papier herum, Umschläge, leere Zigarettenschachteln.

In Jeanines Wohnung war es besser. Der Boden glänzte. Ihr Atem erschien ihm süß.

»Warst du draußen?«, fragte er.

»Nein, noch nicht.«

»Der Asphalt kocht«, sagte er. »Du hast nicht gearbeitet, oder?«

»Ich hab gelesen.«

Von ihren Fenstern aus konnte man auf der Rückseite des Hotel Plaza den Salon in der zweiten Etage sehen, in dem Friseure arbeiteten. Er war rot, mit Spiegeln, die seine Geheimnisse vervielfachten. An manchen Nachmittagen hatten sie, nackt, die stillen Handlungen dort beobachtet.

»Was liest du?«, fragte er.

»Gogol.«

»Gogol ...« Er schloss die Augen und begann laut zu zitieren: »*In der Kalesche saß ein Herr, nicht schön, aber auch nicht von häßlichem Äußeren, nicht zu dick und auch wieder nicht zu dünn ...*«

»Was für ein Gedächtnis du hast.«

»Hör mal, welcher Roman ist das? ›*Lange Zeit bin ich früh schlafen gegangen ...*‹«

»Das ist zu einfach«, sagte sie.

Sie saß auf dem Sofa, die Beine unter sich gezogen, das Buch lag neben ihr.

»Ja, wahrscheinlich«, sagte er. »Wusstest du, daß Gogol als Jungfrau gestorben ist?«

»Ist das wahr?«

»Die Russen sind ein bisschen merkwürdig, was das angeht«, sagte er. »Tschechow war der Ansicht, einmal pro Jahr sei ausreichend für einen Schriftsteller.«

Er hatte ihr das schon einmal erzählt, wurde ihm klar.

»Nicht alle sind dieser Ansicht«, murmelte er. »Weißt du, wen ich gestern auf der Straße getroffen habe? Angezogen wie ein Banker. Sogar die Schuhe.«

»Wen?«

Nile beschrieb ihn. Nach einem kurzen Moment wusste sie, von wem er sprach.

»Er hat ein neues Buch geschrieben«, sagte sie.

»Hab davon gehört. Ich dachte, er würde mir seinen Ring hinhalten, damit ich ihn küsse. Ich sagte: Hören Sie, sagen Sie mir eins, aber ehrlich: das ganze Geld, die Aufmerksamkeit ...«

»Das hast du nicht.«

Nile lächelte. Die Zähne, die seine Mutter zum Weinen brachten, wurden sichtbar.

»Er war entsetzt. Er wusste, was ich sagen wollte. Er hat alles, jedermann spricht über ihn, und alles, was ich habe, ist ein Dorn. Eine Nadel. Wenn ich zustäche, ginge es direkt ins Herz.«

Sie hatte das Gesicht eines Jungen und sogar einen Ansatz von Oberarmmuskeln. Ihre Fingernägel waren ganz heruntergebissen. Das Licht des Nachmittags, das irgendwie einen Weg ins Zimmer gefunden hatte, leuchtete auf ihren Knien. Sie kam aus Montana. Als sie sich kennenlernten, hielt Nile sie für willfährig, was ihn erregte, ja, sogar für dumm, aber er fand heraus, dass nur eine ungeheure Distanziertheit, vielleicht die eines Kindes sie umgab. Ihr Wesen zeigte sich in einfachen, unerwarteten Handlungen, wie bei einem Bauernjungen, der seine Kleider ablegt. Sie saß auf dem Sofa, einen Arm neben sich ausgestreckt. In der Armbeuge konnte er die lange, kräftige Arterie sehen, die sich bis zu ihrem Handgelenk zog. Sie lag fest und ohne Puls da.

Sie war verheiratet gewesen. Ihre Vergangenheit erstaunte ihn. Ihr Körper wies keine Spuren davon auf, nicht einmal eine Erinnerung, so schien es. Alles, was sie gelernt hatte, war, alleine zu leben. Im Badezimmer lagen Seifenstücke mit eingestanzten Firmennamen, Seifenstücke, die nie nass gewesen waren. Es gab frische Handtücher, Blumen in einem blauen Glas. Das Bett war ebenmäßig und glatt. Bücher, Obst, in den Rahmen des Spiegels gesteckte Einladungen.

»Was hast du ihn wirklich gefragt?«, sagte sie.

»Hast du Wein da?«, sagte Nile. Während sie draußen war, sprach er mit lauterer Stimme weiter. »Er hat Angst vor mir. Er hat Angst vor mir, weil ich nichts erreicht habe.«

Er sah nach oben. Putz bröckelte von der Decke.

»Weißt du, was Cocteau gesagt hat«, rief er. »Es gibt eine Art von Ruhm, die schlimmer ist als das Versagen. Ich hab ihn gefragt, ob er das Ganze seiner Meinung nach wirklich verdient hätte.«

»Und was hat er gesagt?«

»Weiß nicht mehr. Was ist das?« Er nahm ihr die Flasche aus meeresgrünem Glas aus der Hand. Das Etikett war fleckig. »Ein Pauillac. Ich erinner mich gar nicht. Hab ich den gekauft?«

»Nein.«

»Kam mir auch nicht so vor.« Er roch an ihm. »Sehr gut. Den hat dir wohl jemand geschenkt«, bemerkte er.

Sie füllte sein Glas.

»Hast du Lust, ins Kino zu gehen?«, fragte er.

»Ich glaub nicht.«

Er sah auf den Wein.

»Nein?«, sagte er.

Sie schwieg. Nach einem Moment sagte sie: »Ich kann nicht.«

Er begann die Buchtitel im Regal neben sich zu betrachten, viele davon hatte er nie gelesen.

»Wie geht es deiner Mutter?«, fragte er. »Ich mag deine Mutter.« Er schlug eines der Bücher auf. »Schreibst du ihr?«

»Manchmal.«

»Weißt du, Viking ist an mir interessiert«, sagte er plötzlich. »Sie interessieren sich für meine Erzählungen. Sie wollen, dass ich *Liebesnächte* ein wenig ausbaue.«

»Die Erzählung habe ich immer gemocht«, sagte sie.

»Ich arbeite schon daran. Ich steh sehr früh auf. Sie wollen, dass ich ein Foto machen lasse.«

»Wen hast du bei Viking gesprochen?«

»Ich hab seinen Namen vergessen. Er hat, ähm ... dunkles Haar, ungefähr meine Größe. Wie hieß er doch gleich. Na ja, auch egal.«

Sie ging ins Schlafzimmer, um sich umzuziehen. Er wollte ihr folgen.

»Nein«, sagte sie.

Er setzte sich wieder. Er konnte vereinzelte alltägliche Geräusche hören, Schubladen, die aufgezogen und geschlossen wurden, dann wieder Stille. Es war, als packte sie.

»Wohin willst du?«, rief er, die Augen auf den Boden gerichtet.

Sie bürstete sich das Haar. Er konnte das geschmeidige,

rhythmische Streichen hören. Sie stand vor dem Spiegel, sie war sich seiner Anwesenheit nicht einmal bewusst. Er war wie ein Brief, der auf dem Tisch lag, der zur Hälfte gelesene Gogol, der Wein. Als sie aus dem Zimmer trat, konnte er sie nicht ansehen. Er saß zusammengesackt da, wie ein leidenschaftliches Kind.

»Jeanine«, sagte er. »Ich weiß, daß ich dich enttäuscht habe. Aber das mit Viking ist die Wahrheit.«

»Ich weiß.«

»Ich werde hart arbeiten ... Musst du gerade jetzt gehen?«

»Ich bin schon zu spät dran.«

»Nein, bist du nicht«, sagte er. »Bitte.«

Sie konnte nicht antworten.

»Na ja, ich muss sowieso nach Hause und arbeiten«, sagte er. »Wohin gehst du?«

»Um elf bin ich wieder da«, sagte sie. »Warum rufst du mich nicht an?«

Sie versuchte sein Haar zu berühren.

»Da ist noch Wein«, sagte sie. Sie glaubte nicht mehr an ihn. An Dinge, die er sagte, ja, aber nicht mehr an ihn. Sie hatte das Vertrauen verloren.

»Jeanine ...«

»Auf Wiedersehen, Nile«, sagte sie. So, wie sie Telefongespräche beendete.

Sie ging in die Neunziger zum Dinner in einem Apartment, in dem sie noch nicht gewesen war. Ihre Arme waren nackt. Ihr Gesicht wirkte sehr jung.

Als sich die Tür hinter ihr schloss, ergriff ihn die Panik. Er war plötzlich außer sich. Seine Gedanken schienen fortzufliegen, auseinanderzustieben wie Vögel. Es war eine todesähnliche Stunde. Im Fernsehen beantworteten Journalisten komplexe Fragen. Die Straßen waren still. Er begann ihre Sachen zu durchsuchen. Zuerst die Schränke. Die Schubladen. Er fand ihre Briefe. Er setzte sich hin, um sie zu lesen, Briefe von ihrem Bruder, ihrem Anwalt, von Leuten, die er nicht kannte. Er begann alles herauszuziehen, Hemden, Unterwäsche, lange Schlingpflanzen, die Strümpfe waren. Er kickte ihre Schuhe beiseite, schüttete Kästchen aus. Er zerriß ihre Halsketten, Stücke regneten zu Boden. Die Wildheit, die Hemmungslosigkeit eines Mörders erfüllte ihn. Während sie dort in den Neunzigern saß, manchmal ein paar Worte sagte, die Männer neben ihr unsicher, bemüht, ihrem Blick standzuhalten, peitschte er sie wie einen jaulenden Hund von Zimmer zu Zimmer, presste sie gegen Wände, zerriss ihre Kleider. Sie stolperte, weinte, er fühlte das Entsetzliche dessen, was er tat. Er hatte kein Recht dazu – wieso rechtfertigte das alles?

Er war schweißgebadet, atemlos, er hatte Angst zu bleiben. Er schloss leise die Tür. Im Flur stapelten sich alte Zeitungen, aus anderen Wohnungen hörte man schwache Geräusche, Kinder, die von Besorgungen aus dem Laden unten zurückkehrten.

Auf der Straße sah er auf allen Seiten, in dunkler werdenden Fenstern, in Spiegelungen – als wäre es ihm plötzlich sichtbar geworden – eine Art Chaos. Es hieß ihn willkommen, applaudierte ihm. Die riesigen Reifen von Bussen dröhnten an ihm vorüber. Es war die letzte Stunde vor Einbruch der Dunkelheit. Er fühlte die Einsamkeit des Verbrechens. Er stellte sich, wie ein Süchtiger, in eine Telefonzelle. Seine Beine waren schwach. Nein, unter der Schwäche verbarg sich etwas anderes. Einen Moment lang entdeckte er in sich ungeahnte Tiefen, er sprühte vor Bildern. Es schien, als würde er die Blicke vorbeigehender Frauen auf sich ziehen. Sie erkennen mich, dachte er, sie riechen mich im Dunkeln wie Stuten. Er lächelte sie mit den aufgesprungenen Lippen des Draufgängers an. Sie waren ihm nicht wichtig, wichtig war nur die Macht, zu beunruhigen. Er machte sich ihre Liebe zu eigen, eine dumme Liebe, eine Liebe, ohne die er nicht atmen konnte.

Es war spät, als er nach Hause kam. Er schloss die Tür. Dunkelheit. Er drehte das Licht an. Er hatte nicht das Gefühl, dort hinzugehören. Er betrachtete sich im Badezimmerspiegel. Über ihm befand sich ein Oberlicht, die Scheiben waren schwarz. Er saß unter dem kleinen Aktfoto eines Mädchens, mit dem er einmal zusammengelebt hatte, die Ränder rollten sich nach innen, und begann zu spielen, das G klemmte, das Klavier war verstimmt. In der Musik von Bach gab es nicht nur Ordnung und Zusammenhang, vielmehr einen Code, eine Wiederholung, auf der alles beruhte. Nach einer Weile fühlte er ein Hämmern unter seinen Füßen, der Besen des Idioten aus der Wohnung unter ihm. Er spielte weiter. Das Hämmern wurde lauter. Wenn er ein Auto hätte ... Der Gedanke überkam ihn plötzlich, als wäre es die eine Sache, nach der er in Gedanken gesucht hatte: ein Auto. Er würde aus der Stadt rasen, um sich bei Morgendämmerung auf endlosen Landstraßen wiederzufinden. Vermont, nein, weiter, Neufundland, wo die Küste noch unberührt war. Das war es, ein Auto, er sah es klar vor sich. Er sah es bei Tagesanbruch im weichen Licht stehen, die Karosserie von der Fahrt verschmutzt, eine leicht angeschlagene Karosserie, die einen schrecklichen frühen Unfall überstanden hatte.

Alles ist Zufall, oder nichts ist Zufall. An diesem Abend traf Jeanine einen Mann, der sich, wie er sagte, danach sehnte, etwas unendlich Großmütiges zu tun, wie Genet, als er sein Haus einem früheren Geliebten schenkte.

»Hat er das gemacht?«, fragte sie.

»So heißt es.«

Es war P. Der Raum war voller Menschen, und er redete mit ihr, ganz selbstverständlich, als hätten sie sich schon einmal getroffen. Sie überlegte nicht, was sie sagen sollte, sie musste gar nichts sagen. Er war sehr nah. Die zarten Fältchen auf seiner Stirn waren zu sehen, Fältchen, die sich noch nicht eingegraben hatten.

»Großzügigkeit läutert«, sagte er. Später würde er ihr sagen, dass Worte nichts Zufälliges hätten, Zusammenstellung und Auswahl seien wie eine andere Stimme, eine Stimme, die alles sagte. Das Vokabular sei wie ein Fingerabdruck, sagte er, wie eine Handschrift, wie der Körper, der die unsichtbare Seele offenbarte, die er ausdrückte.

Sein Gesicht war dunkel, seine Züge ausgeprägt. Er gehörte einem anderen, geheimnisvollen Menschenschlag an. Sie war sich bewusst, wie anders ihr eigenes Gesicht war, der breite Mund, die grauen Augen, langsam, neugierig, klar wie ein Strom. Sie war sich auch bewusst, dass das Kleid, das sie trug, die Tiefe der Sessel, die Ausmaße des Zimmers, das jetzt im Abend dahintrieb, dass all dies ein Eintauchen in den Fluss eines großen Lebens war. Ihr Herz schlug langsam, aber kräftig. Sie war noch nie zuvor so selbstsicher gewesen, so erstaunt über die Leichtigkeit, mit der sich ihr alles öffnete.

»Ich bin misstrauisch und besitzergreifend«, sagte er. Er begann seine Geständnisse. »Das weiß ich.« Später erzählte er ihr, dass er sich in seinem ganzen Leben nur eine Stunde frei gefühlt habe, und diese Stunde sei immer die mit ihr gewesen.

Sie stellte keine Fragen. Sie erkannte ihn. In ihrer eigenen Wohnung brannte das Licht. Die Luft der Stadt, bitter wie Säure, war völlig still. Sie atmete sie nicht. Sie atmete eine andere Luft. Sie hatte bisher noch nicht einmal gelächelt. Er sagte ihr später, das sei das Machtvollste unter all dem gewesen, was ihn angezogen habe. Ihre Brüste, sagte er, seien wie die schwarzer Stammesmädchen in der *National Geographic*.

FREMDE KÜSTEN

Mrs. Pence und ihre weißen Schuhe waren fort. Sie hatte zwei Tage zuvor das Haus verlassen, und das Zimmer oben stand leer, es drängten sich keine Kosmetika mehr auf der Kommode, das Bügelbrett war endgültig zusammengeklappt. Nur ein paar vereinzelte Haarnadeln und ein Hauch von Puder waren geblieben. Am nächsten Tag kam Truus, mit zwei Koffern und rotgefleckten Wangen. Es war März und kalt. Christopher begegnete ihr wie zufällig in der Küche. »Erschießt du Menschen?«, fragte er.

Sie war Holländerin und hatte, wie sich herausstellte, keine Arbeitsgenehmigung. Das Haus war ein Saustall. »Ich kann dir 135 Dollar die Woche zahlen«, erklärte ihr Gloria.

Christopher mochte sie zuerst nicht, aber bald waren die Teller, die sich auf der Küchenablage türmten, gespült, der Boden gewischt, und eine gewisse Ordnung kehrte wieder ein – das Mädchen, das sauber machte, kam nur einmal die Woche. Truus war langsam, aber fleißig. Sie wusch die Wäsche, etwas, was Mrs. Pence, eine staatlich geprüfte Krankenschwester, immer abgelehnt hatte, ging einkaufen, kochte das Essen und kümmerte sich um Christopher. Sie arbeitete hart, war neunzehn Jahre alt und in schmollender Blüte. Gloria schickte sie mit ihrer unreinen Haut in den Kosmetiksalon von Elizabeth Arden in Southampton und gab ihr montags und einen Abend die Woche frei.

Mit der Zeit kannte Truus sich aus. Das Haus, ein großes, umgebautes Kutscherhaus, war gemietet. Gloria, die neunundzwanzig war, schlief gerne lange, und manchmal tauchten Brandflecken im Wohnzimmerteppich auf.

Christophers Vater lebte in Kalifornien, und Gloria hatte einen Freund namens Ned. »Dieser Scheißkerl«, sagte sie oft, »kann es gleich vergessen, Christopher wiederzusehen, wenn er mir nicht zahlt, was er mir schuldet.«

»Genau«, sagte Ned.

Als es wärmer wurde, konnte man Truus im Dorf in diesem oder jenem Geschäft oder mit Christopher im Schlepptau durch die Straßen gehen sehen. Sie war ein wenig farblos. Sie hatte mittlerweile ein anderes Mädchen kennengelernt, eine Französin, ebenfalls Au-pair, mit der sie ins Kino ging. Die teuren Autos glitten unter den Bäumen mit ihrem jungen Grün dahin, mit jeder Woche wurden es mehr. Truus begann, mit Christopher an den Strand zu gehen. Gloria sah sie zusammen aufbrechen. Sie war oft noch im Bademantel. Sie winkte und trank Kaffee. Diesmal hatte sie Glück gehabt. Alle ihre Freunde sagten ihr das, und sie wusste es selbst: Truus war eine Perle. Sie war Teil der Familie geworden.

»Truus weiß, wo man Mäusen bekommt«, sagte Christopher.

»Wo man was bekommt?«

»Kleine Mäusen.«

»Mäuse«, sagte Gloria.

Er sah ihr beim Schminken zu, es faszinierte ihn. Das Gesicht fast am Spiegel, konzentriert, strich sie ihre langen Wimpern nach oben. Sie hatte eine Menge blondes Haar, einen Leberfleck auf der Oberlippe, aus dem ein paar stehen gelassene Haare wuchsen, einen kleinen Makel auf der Stirn, aber ansonsten ein schönes Gesicht. Der erste Eindruck von ihr war immer überwältigend. Später bemerkte man vielleicht die dünnen Beine, sie nannte sie aristokratisch, ihre Mutter hatte die gleichen. Im Laufe des Abends nahm ihre Vollkommenheit ab. Der Glanz verschwand von ihren Lippen, sie verlegte Ohrringe. Die Highway-Polizisten kannten sie alle. Vor ein paar Wochen war sie auf dem Nachhauseweg von einer Party in den Graben gefahren und um drei Uhr morgens die Georgica Road entlangspaziert und hatte zwei Scheiben eingeschlagen, um durch die Küchentür reinzukommen.

»Ihr Freund weiß, wo man sie kriegt«, sagte Christopher.

»Welcher Freund?«

»Ach, nur ein Freund«, sagte Truus.

»Wir haben ihn auf der Straße getroffen.«

Glorias Augen schweiften von ihrem Spiegelbild ab und ruhten für einen Moment auf dem von Truus, das sie nicht weniger vertieft betrachtete.

»Kann ich nicht Mäusen haben?«, bat Christopher.

»Hmm?«

»Bitte.«

»Nein, Schatz.«

»Bitte!«

»Nein. Wir haben hier schon genug davon.«

»Wo?«

»Im ganzen Haus.«

»Bitte.«

»Nein. Und jetzt Schluss damit.« Zu Truus bemerkte sie beiläufig: »Ist das dein Freund?«

»Es ist niemand«, sagte Truus. »Nur jemand, den ich kennengelernt hab.«

»Denk daran, dass du aufpassen musst. Man weiß nie, auf wen man trifft, du musst vorsichtig sein.« Sie zog den Kopf ein wenig zurück und prüfte ihre Augen, groß und schwarz umrandet. »Gott sei Dank, dass wir nicht in Italien sind«, sagte sie.

»Italien?«

»Da kann man nicht mal allein auf die Straße gehen. Man kann sich nicht mal ein Paar Schuhe kaufen, sie machen sich gleich über einen her, grapschen und tatschen einen an.«

Es war vor dem Supermarkt gewesen, als Christopher darauf bestand, die Tasche zu tragen, und sie kurz hinter dem Eingang fallen ließ.

»Jetzt sieh dir das an«, sagte Truus gereizt. »Ich hab dir gesagt, du sollst sie nicht fallen lassen.«

»Sie ist mir runtergerutscht.«

»Nicht anfassen«, warnte sie. »Da sind Glasscherben.«

Christopher starrte auf den Boden. Er hatte einen stämmigen Körper, kurzgeschnittenes Haar und ein Grübchen im Kinn wie sein verbannter Vater. Leute gingen an ihnen vorbei. Truus war sauer. Es war heiß, der Laden war voll, sie würde wieder hineingehen müssen.

»Sieht aus, als wär hier ein kleiner Unfall passiert«, sagte eine Stimme. »Was ist denn kaputtgegangen? Das ist schon in Ordnung, das tauschen die um. Ich kenn den Kassierer.«

Als er ein paar Momente später wieder herauskam, sagte er zu Christopher: »Meinst du, du wirst sie diesmal gut festhalten?«

Christopher war still.

»Wie heißt du?«

»Nun, sag schon«, sagte Truus. Dann, nach einem Moment: »Er heißt Christopher.«

»Schade, dass du heute Morgen nicht bei mir warst, Christopher. Da, wo ich war, hatten sie ganz viele zahme Mäuse. Schon mal welche gesehen?«

»Wo?«, sagte Christopher.

»Man kann sie richtig in die Hand nehmen.«

»Wo ist das?«

»Du kannst keine Maus haben«, sagte Truus.

»Kann ich wohl.« Er sagte es immer wieder, während sie weitergingen. »Ich kann alles haben, was ich will«, sagte er.

»Sei still.« Sie redeten über seinem Kopf. Kurz vor der Ecke blieben sie eine Weile stehen. Christopher war still, während sie weitersprachen. Er fühlte, wie an seinem Haar gezupft wurde, sah aber nicht auf.

»Sag auf Wiedersehen, Christopher.«

Er sagte nichts. Er weigerte sich, den Kopf zu heben.

Am späten Nachmittag war die Sonne wie ein Glutofen. Alles andere daneben war dunkel, der Horizont im Dunst verloren. Weit hinten am Strand wehte vor einem der stattlichen Häuser eine große Fahne. Christopher hinter sich, stapfte Truus durch den Sand. Schließlich sah sie, wonach sie gesucht hatte. Oben in den Dünen saß jemand.

»Wo gehen wir hin?«, fragte Christopher.

»Nur hier rauf.«

Christopher sah bald, worauf sie zugingen.

»Ich habe Mäuse«, war das Erste, was er sagte.

»Wirklich?«

»Willst du wissen, wie sie heißen?« Es waren zwei verzweifelte Wüstenrennmäuse in einem Kasten mit Sägespänen. »Catman und Batty«, sagte er.

»Catman?«

»Das ist der Größere.« Er bemerkte, dass Truus ein Handtuch ausbreitete. »Müssen wir hierbleiben?«

»Ja.«

»Warum?«, fragte er. Er wollte ans Wasser.

Schließlich willigte Truus ein. »Aber nur, wenn du da bleibst, wo ich dich sehen kann«, sagte sie.

Die Schaufel fiel aus seinem Eimer, als er losrannte. Sie musste ihn zurückrufen. Er rannte wieder los, und sie tat, als beobachtete sie ihn.

»Ich bin wirklich froh, dass Sie gekommen sind. Wissen Sie, ich weiß gar nicht, wie Sie heißen. Ich weiß, wie er heißt, aber wie Sie heißen, weiß ich nicht.«

»Truus.«

»Den Namen habe ich noch nie gehört. Woher kommt er, aus Frankreich?«

»Holland.«

»Ach, wirklich?«

Sein Name war Robbie Werner – »Nicht halb so schön«, sagte er. Er hatte ein unbefangenes Lächeln und blassblaue Augen. Er hatte etwas Verzogenes an sich, wie ein Student, der von der Uni gewiesen worden ist und den das nicht kümmert. Die Sonne brannte herab und traf Truus' Schultern unter ihrem Hemd. Sie trug einen blauen Badeanzug darunter. Sie wusste, dass sie zu kräftig war, sie spürte die Hitze, die kräftigen männlichen Beine, die neben ihr ausgestreckt lagen.

»Leben Sie hier?«, sagte sie.

»Ich bin nur auf Urlaub.«

»Und woher kommen Sie?«

»Raten Sie mal.«

»Ich weiß nicht«, sagte sie. Sie war bei so etwas nicht gut.

»Saudi-Arabien. Da ist es ungefähr dreimal so heiß.«

Er arbeite dort, erklärte er. Er habe eine eigene Wohnung und ein kostenloses Telefon. Zuerst glaubte sie ihm nicht. Sie guckte ihn von der Seite an, während er redete, und sah, dass er die Wahrheit sagte. Er bekam zwei Monate Urlaub im Jahr, sagte er, normalerweise in Europa. Sie stellte es sich so vor, dass er in Hotels schlief, spät aufstand und mittags essen ging. Sie wollte nicht, dass er aufhörte zu reden. Sie wusste nicht, was sie sagen könnte.

»Und Sie?«, sagte er. »Was machen Sie?«

»Ach, ich kümmer mich nur um Christopher.«

»Wo ist seine Mutter?«

»Sie wohnt hier. Sie ist geschieden«, sagte Truus.

»Es ist schrecklich, dass sich alle Leute scheiden lassen«, sagte er.

»Das finde ich auch.«

»Ich mein, warum heiraten?«, sagte er. »Sind Ihre Eltern noch verheiratet?«

»Ja«, sagte sie, obwohl sie ihr kein gutes Beispiel schienen. Sie waren seit fast fünfundzwanzig Jahren verheiratet. Die Ehe hatte sie ausgelaugt, besonders ihre Mutter.

Plötzlich richtete sich Robbie leicht auf. »Oha«, sagte er.

»Was ist?«

»Ihr Junge. Ich kann ihn nicht mehr sehen.«

Truus sprang schnell auf, sah sich um und begann auf das Ufer zuzulaufen. Die Flut hatte eine Art Sandbank gebildet, die den Rand des Wassers verdeckte. Während sie lief, sah sie schließlich den kleinen blonden Schopf dahinter auftauchen. Sie rief seinen Namen.

»Ich hab dir gesagt, du sollst bleiben, wo ich dich sehen kann«, rief sie außer Atem, als sie ihn erreichte. »Ich musste den ganzen Weg runterrennen. Wie kannst du mich so erschrecken?«

Christopher schlug ziellos mit der Schaufel auf den Sand. Er blickte auf und sah Robbie. »Wollen wir eine Burg bauen?«, fragte er unschuldig.

»Sicher«, sagte Robbie nach einem Moment. »Komm, lass uns ein Stück weiter runtergehen, näher ans Meer. Dann können wir auch einen Burggraben bauen. Helfen Sie uns?«, sagte er zu Truus.

»Nein«, sagte Christopher, »sie kann das nicht.«

»Natürlich kann sie das. Sie wird uns einen ganz wichtigen Teil bauen.«

»Was?«

»Wirst schon sehen.« Sie gingen den samtigen Hang hinunter, feucht von der Flut.

»Wie heißt du?«, fragte Christopher.

»Robbie. Hier ist eine gute Stelle.« Er kniete sich hin und fing an, große Händevoll Sand auszuheben.

»Hast du einen Penis?«

»Sicher.«

»Ich auch«, sagte Christopher.

Als sie ihm sein Abendessen machte, spielte er draußen auf der Terrasse, er schlug mit der Schaufel auf die Schieferplatten.

Es war heiß. Ihre Kleider klebten an ihr, und ihre Oberlippe war feucht, aber danach würde sie nach oben gehen und duschen. Sie hatte ein Zimmer im zweiten Stock – nicht das, das Mrs. Pence bewohnt hatte –, ein kleines Gästezimmer, weiß gestrichen mit einer ausgebesserten Stelle an der Tür, wo man das ursprüngliche Schloss abgenommen hatte. Vor dem Fenster standen Bäume und die dichte Hecke des Nachbarhauses. Das Zimmer ging nach Süden und fing die Brise ein.

Am Morgen kroch Christopher oft in ihr Bett, die Beine kühl, das Haar duftete leicht säuerlich. Das Zimmer war erfüllt von zerfließendem Licht. Sie konnte Sand auf dem Laken spüren, nur eine Spur. Schlaftrunken drehte sie den Kopf, um auf ihre Uhr auf dem Nachttisch zu sehen. Nicht einmal sechs. Die ersten Vögel sangen. Neben ihr, die Augen geschlossen, der leicht geöffnete Mund entblößte eine Reihe kleiner Zähne, lag dieser vollkommene Junge.

Er hatte begonnen, im Blumenbeet herumzugraben. Er häufte Erde auf den Rand der Terrasse.

»Lass das, du wirst ihnen noch wehtun«, sagte Truus. »Wenn du nicht aufhörst, setz ich dich oben in den Baum neben dem Schuppen.«

Das Telefon klingelte. Gloria nahm den Hörer in einem anderen Teil des Hauses ab. Nach einem Moment rief sie: »Es ist für dich.«

»Hallo?«, sagte Truus.

»Hi.« Es war Robbie.

»Hallo«, sagte sie. Sie wusste nicht, ob Gloria aufgehängt hatte. Dann hörte sie es klicken.

»Können wir uns heute Abend treffen?«

»Ja, das müsste gehen«, sagte sie. Sie fühlte sich außerordentlich leicht.

Christopher hatte begonnen, mit der Schaufel über das Fliegengitter zu kratzen. »Entschuldigung«, sagte sie und bedeckte das Mundstück mit der Hand. »Hör auf damit«, befahl sie.

Sie drehte sich zu ihm um, nachdem sie aufgehängt hatte. Er beobachtete sie von der Tür aus. »Hast du Hunger?«, fragte sie.

»Nein.«

»Komm, waschen wir dir erst mal die Hände.«

»Warum gehst du aus?«

»Zum Spaß. Komm jetzt.«

»Wohin gehst du?«

»Jetzt ist Schluss, ja?«

Am Abend war es windstill. Die Hitze überkam einen wie eine Fieberwallung. In der klirrenden Kühle des *Laundry*, jenseits der dunklen Bahnstation, saßen sie in der Nähe der Theke, an der dichtgedrängt Männer standen. Es war laut und voll. Dann und wann grüßte sie jemand, der an ihnen vorbeikam.

»Ein ganz schöner Zirkus hier, was?«, sagte Robbie.

Gloria kam oft hierher, wie sie wusste.

»Was willst du trinken?«

»Bier«, sagte sie.

An der Bar standen mindestens zwanzig Männer. Sie war sich vereinzelter Blicke bewusst.

»Weißt du, du siehst gar nicht schlecht im Badeanzug aus«, sagte Robbie.

Das Gegenteil traf zu, wie sie fand.

»Hast du dir mal überlegt, ein paar Pfund abzunehmen?«, sagte er. Er hatte eine ruhige, entspannte Art zu sprechen. »Es würde dir guttun.«

»Ja, ich weiß«, sagte sie.

»Hast du dir mal überlegt, als Model zu arbeiten?«

Sie sah ihn nicht an.

»Ganz im Ernst«, sagte er. »Du hast ein hübsches Gesicht.«

»Ich seh nicht aus wie ein Model«, murmelte sie.

»Und nicht nur das. Du hast auch einen sehr schönen Hintern, das stört dich doch nicht, wenn ich das sage?«

Sie schüttelte den Kopf.

Später fuhren sie an großen dunklen Häusern vorbei und eine Straße hinunter, die am Ende unerwartet den Blick freigab, wie auf die Aussicht, die sich ihr, wie sie wusste, irgendwie eröffnete. Vor ihnen lagen sanft gewellte Felder und ferne Lichter. Ein Straßenschild, auf dem Egypt Lane stand – sie war zu benommen, um es zu lesen –, schwebte einen Moment im Scheinwerferlicht.

»Weißt du, wo wir sind?«

»Nein«, sagte sie.

»Das ist der Maidstone Club.«

Sie überquerten eine kleine Brücke und fuhren weiter. Schließlich bogen sie in eine Auffahrt ein. Sie konnte das Meer hören, als er den Motor abstellte. In der Nähe standen noch zwei andere Autos.

»Ist irgend jemand hier?«

»Nein, sie schlafen alle«, flüsterte er.

Sie gingen über den Rasen zur anderen Seite des Hauses. Sein Zimmer lag in einer Art Anbau. Es roch feucht. Auf der Kommode war ein Durcheinander aus Kleidern, Rasierzeug, Zeitschriften. Sie sah dies alles schemenhaft, als er ein Streichholz anriss, um eine Kerze anzuzünden.

»Bist du sicher, dass niemand hier ist?«, sagte sie.

»Keine Angst.«

Es war alles ein wenig unbeholfen. Danach duschten sie zusammen.

Es gab fast nichts auf der Karte, was Gloria gerne gegessen hätte.

»Was nimmst du?«, sagte sie.

»Krabbensalat«, sagte Ned.

»Ich glaube, ich nehm die Avocado«, entschied sie.

Der Kellner nahm die Karten entgegen.

»In der Pharmaindustrie, sagst du?«

»Ich glaube, er arbeitet für eine dieser großen Firmen«, sagte sie.

»Für welche?«

»Ich weiß nicht. Sie ist in Saudi-Arabien.«

»Saudi-Arabien?« sagte er ungläubig.

»Da sitzt doch das ganze Geld, oder nicht?«, sagte sie. »Also, hier ist es bestimmt nicht.«

»Wie hat sie den Typen kennengelernt?«

»Ihn irgendwo aufgegabelt, denke ich.«

»Typisch«, sagte er. Er schob seine randlose Brille mit einem Finger höher auf die Nase. Er trug einen leichten Pullover, die Ärmel waren hochgeschoben. Sein Haar war von der Sonne gebleicht. Er sah sehr jungenhaft und attraktiv aus. Er war dreiunddreißig und nie verheiratet gewesen. Es gab nur zwei Dinge, die bei ihm nicht stimmten: Seine Mutter hatte alles Geld in einen Trust gesteckt, und sein Rücken. Er hatte manchmal schreckliche Schmerzen und musste dann stundenlang auf dem Boden liegen.

»Na ja, ich bin mir sicher, er weiß, dass sie nur eine Babysitterin ist. Er ist hier auf Urlaub. Hoffentlich bricht er ihr nicht das Herz«, sagte Gloria. »Eigentlich bin ich froh, dass er aufgetaucht ist. Es ist besser für Christopher. Dann kommt sie nicht in Versuchung, die erotischen Gefühle, die er für sie hegt, zu erwidern.«

»Die was?«

»Glaub mir. Ich bilde mir das nicht ein.«

»Also wirklich, Gloria.«

»Irgendwas geht da vor. Vielleicht weiß sie es nicht. Er ist ständig in ihrem Bett.«

»Er ist erst fünf.«

»Mit fünf kann man schon Erektionen haben.«

»Ach, wirklich?«

»Darling, ich hab's gesehen.«

»Mit fünf?«

»Du würdest dich wundern«, sagte sie. »Sie werden damit geboren. Du erinnerst dich nur nicht mehr daran, das ist alles.«

Sie bekam keinen Liebeskummer, sie wurde nicht grüblerisch. In den folgenden Wochen war sie stiller, aber auch gefestigter, und nicht unbedingt traurig. Sie ging in ihren flachen Schuhen, die ihr ein leicht biederes Aussehen verliehen, wie gewöhnlich einkaufen. Gloria kam sogar der Gedanke, dass sie schwanger sein könnte.

»Ist alles in Ordnung?«, fragte sie.

»Bitte?«

»Mein Liebes, fühlst du dich gut? Du weißt schon, was ich meine.«

Es gab Momente, wenn die beiden vom Strand zurückkamen und Truus geduldig den Sand von Christophers Füßen rieb, da empfand Gloria großes Mitleid mit ihr und verstand, warum sie so still war. Wie viel Schicksal lag doch im Aussehen! Truus' Gesicht schien leer, ausdruckslos, außer wenn sie mit Christopher spielte, dann hellte es sich auf. Sie war ohnehin wie ein Kind, ein unförmiges Kind, ein fantasieloser Spielkamerad, den man mit der Zeit vergaß. Und die Einfältigkeit ihrer Träume! Sie wollte Modedesignerin werden, sagte sie eines Tages. Sie wollte Kleider entwerfen.

Was sie wirklich empfand, nachdem ihr Freund abgereist war, wusste niemand. Sie kam mit den Einkäufen herein, die Fliegentür schlug hinter ihr zu. Sie ging ans Telefon, nahm Nachrichten entgegen. Abends saß sie mit Christopher oben auf dem abgewetzten Sofa und sah fern. Manchmal lachten beide. Auf den Regalen türmten sich Spiele, Plastikspielzeug, Kinderbücher. Manchmal wurde Christopher aufgetragen, eines davon mit nach unten zu nehmen, sodass seine Mutter ihm eine Geschichte vorlesen konnte. Es war wichtig, dass er Bücher mochte, sagte Gloria.

Es war ein hellblauer Umschlag mit arabischen Buchstaben in der Ecke. Truus öffnete ihn – sie stand an der Küchentheke – und begann den Brief zu lesen. Die Handschrift war kindlich und klein. *Liebe Truus*, stand dort. *Danke für Deinen Brief. Ich habe mich sehr darüber gefreut. Aber Du brauchst nicht so viele Briefmarken auf Briefe nach Saudi-Arabien zu kleben. Eine U.S.-Luftpostmarke reicht. Es ist schön, daß Du mich vermißt.* Sie sah auf. Christopher trommelte auf etwas im Flur herum.

»Das funktioniert nicht«, sagte er.

Er schleifte ein Spielzeugauto hinter sich her, das man aufpumpen musste, damit es fuhr.

»Komm, lass mich mal sehen«, sagte sie. Er schien kurz davor zu weinen. »Das gehört doch hierhin, oder?« Sie brachte den kleinen Plastikschlauch an. »Da, jetzt geht es.«

»Nein, tut es nicht«, sagte er.

»Nein, tut es nicht«, äffte sie ihn nach.

Er sah düster zu, während sie pumpte. Als der Griff fest wurde, setzte sie das Auto auf den Boden und ließ es los. Es schoss quer durch den Raum und krachte gegen die gegenüberliegende Wand. Er ging hinüber und schubste es mit dem Fuß.

»Willst du damit spielen?«

»Nein.«

»Dann heb es auf und räum es weg.«

Er bewegte sich nicht.

»Räum … es … weg …«, sagte sie mit tiefer Stimme und kam Schritt für Schritt auf ihn zu. Er beobachtete sie aus dem Augenwinkel. Noch ein wankender Schritt. »Oder ich fress dich«, brummte sie.

Er rannte kreischend zur Treppe. Sie kam mit tiefer Stimme, schlurfend langsam auf die Treppe zu. Der Hund bellte. Gloria kam zur Tür herein, bückte sich, um die Schuhe auszuziehen und sie beiseitezuschleudern. »Hallo, irgendwelche Anrufe?«, fragte sie.

Truus hörte mit ihrer Vorstellung auf. »Nein. Niemand.«

Gloria hatte ihre Mutter besucht, was immer anstrengend war. Sie sah sich um. Sie merkte, dass etwas im Gange war. »Wo ist Christopher?«

Ein Streifen blondes Haar tauchte kurz über dem oberen Treppenabsatz auf.

»Hallo, Liebling«, sagte sie. Es folgte eine Pause. »Mami hat Hallo gesagt. Was ist los? Was geht hier vor?«

»Wir spielen nur ein Spiel«, erklärte Truus.

»Also, dann hör jetzt einen Moment auf zu spielen und gib mir einen Kuss.«

Sie nahm ihn mit ins Wohnzimmer. Truus ging nach oben. Kurz darauf hörte sie, dass Gloria nach ihr rief. Sie faltete den Brief, den sie zum fünften oder sechsten Mal gelesen hatte, und ging zum Treppenabsatz. »Ja?«

»Kommst du herunter?«, rief Gloria. »Er treibt mich zum Wahnsinn.«

»Er ist unmöglich«, sagte sie, als Truus hereinkam. »Er hat seine Milch verschüttet, er hat den Wassernapf umgetreten. Sieh dir die Sauerei an!«

»Lass uns rausgehen und etwas spielen«, sagte Truus zu ihm und griff nach seiner Hand, die er wegzog. »Komm. Oder willst du auf deinem Pony reiten?«

Er starrte auf den Boden. Als wäre sie allein im Zimmer, ließ sie sich auf Hände und Knie herab. Sie schüttelte ihr Haar und machte ein merkwürdiges Geräusch, ein zartes Wiehern, klar wie das Klirren eines Glases. Sie drehte sich um und blickte ihn gleichmütig über die Schulter hinweg an. Er beobachtete sie.

»Komm«, sagte sie ruhig. »Dein Pony wartet.«

Wenn danach Briefe kamen, faltete Truus sie und steckte sie in die Tasche, während Gloria ihre Post durchsah: Rechnungen, Vernissagen, Mahnungen, manchmal ein Brief. Sie schrieb selber sehr wenige, beschwerte sich aber immer, wenn sie keine erhielt. Bemerkungen über die Logik der Sache brachten sie nur auf.

Der Herbst kam. Alles schien ihn zu leugnen. Die Tage waren noch warm, eine große, letzte Sonne verströmte ihr Licht.

Das Laub, reicher denn je, bedeckte die Bäume. Hinter den Hecken lärmten Rasenmäher zum letzten Mal. Auf dem warmen Schieferstein der Terrasse ein einsamer Grashüpfer, zurückgelassen, ein Veteran, dunkelgrün und gelb, der sich humpelnd fortbewegte. Die Vögel hatten ihm ein Bein ausgerissen.

Eines Morgens, als Gloria oben im Haus war, sah sie etwas, was ihre Aufmerksamkeit erregte. Die Tür zu dem kleinen Gästezimmer stand offen, und auf dem Nachttisch lag zusammengefaltet ein Brief. Er lag dort in der Stille, eine Hälfte ragte wie ein Flügel in die Luft.

Das Haus war leer. Truus war einkaufen gegangen und würde danach Christopher von der Vorschule abholen. Mit der Neugier eines Schulmädchens setzte sich Gloria aufs Bett. Sie öffnete den Umschlag und nahm die Seiten heraus. Das Erste, worauf ihr Auge fiel, war eine Zeile etwas oberhalb der Mitte. Es traf sie wie ein Schlag. Einen Moment war sie wie benommen. Nervös las sie den Brief von Anfang bis Ende. Sie öffnete die Schublade. Dort lagen weitere. Sie las sie ebenfalls. Wie Liebesbriefe wiederholten sie sich, aber es waren keine Liebesbriefe. Dieser Mann arbeitete nicht nur in einem Büro, er tat mehr, viel mehr. Er zog durch Europa, von Stadt zu Stadt, und suchte nach jungen Menschen, die sich in Hotelzimmern und billigen Apartments – die Bilder, die sich ihr aufdrängten, entsetzten sie – auszogen und in einem Strom von Widerwärtigkeiten versanken. Die Briefe waren wie die eines Highschool-Jungen, das war das Schrecklichste. Es waren Rekrutierungsbriefe, und so einfach, als hätte ein Analphabet sie nachgemalt.

Eingerahmt vom Türrahmen, saß sie da, mit fast zitternder Hand, und wusste nicht, was sie tun sollte. Sie war tief bestürzt, verängstigt, hintergangen worden. Sie sah aus dem Fenster. Sie überlegte, ob sie gleich zur Vorschule gehen – sie könnte in ein paar Minuten dort sein – und Christopher irgendwohin bringen sollte, wo er sicher war. Nein, das wäre albern. Sie lief nach unten zum Telefon.

»Ned«, sagte sie, als sie ihn erreichte – ihre Stimme bebte. Sie sah auf einen der Briefe, der eine Anzahl sachlicher Fragen stellte.

»Was ist? Stimmt was nicht?«

»Komm sofort her. Ich brauch dich. Es ist etwas passiert.«

Eine Weile stand sie da, die Briefe in der Hand. Sie sah sich hastig um und legte sie in eine Schublade, in der Gartensaat aufbewahrt wurde. Sie begann auszurechnen, wie lange es dauern würde, bevor er aus der Stadt mit dem Auto da sein könnte.

Sie hörte sie hereinkommen. Sie war in ihrem Schlafzimmer. Sie hatte ihre Fassung wiedergewonnen, aber als sie die Küche betrat, spürte sie, dass ihr Herz schlug. Truus machte Mittagessen.

»Mami, guck mal«, sagte Christopher. Er hielt ein Blatt Papier hoch. »Siehst du, was das ist?«

»Ja. Sehr schön.«

»Das ist der Motor«, sagte er. »Das sind die Flügel. Das sind die Kanonen.«

Sie versuchte, sich auf den gekritzelten Umriss mit den grellen Farben zu konzentrieren, aber sie war sich nur des Mädchens bewusst, das an der Küchentheke arbeitete. Als Truus die Teller an den Tisch brachte, versuchte Gloria, ihr ruhig ins Gesicht zu blicken, ein Gesicht, das sie, wie sie feststellte, vorher nie gesehen hatte. Sie entdeckte darin zum ersten Mal Verkommenheit, und in Truus' Gliedern, ihrer Glätte, ihren Ausmaßen, sah sie Brutalität und Laster. Draußen standen die Bäume am Rande des Grundstücks im gewohnten Tageslicht, ein Häuserdach, der Rasen, ein paar verstreute Spielsachen. Es war eine Landschaft, die nichts Gutes verhieß, zu idyllisch, zu still.

»Iss nicht mit den Fingern, Christopher«, sagte Truus und setzte sich zu ihm. »Nimm deine Gabel.«

»Ich komm da nicht ran.«

Sie schob den Teller ein paar Zentimeter zu ihm.

»Hier, versuch es jetzt mal«, sagte sie.

Später, als Gloria sie draußen auf dem Rasen beim Spielen beobachtete, musste sie feststellen, daß die Aufregung ihres Sohnes etwas Wildes, fast Tierisches an sich hatte, als steckte ihre Roheit ihn an, sie schien ihn zu beschmutzen. Eine Zeile der vielen, die sich in ihrem Kopf drängten, fiel ihr wieder ein. *Ich hoffe, Du bist für meinen großen Schwanz bereit, wenn ich Dich wiedersehe. PS Hast Du in letzter Zeit irgendwelche großen Schwänze gehabt? Ich vermisse Dich und denke an Dich und dann wird er hart.*

»Hast du so was schon mal gelesen?«, fragte Gloria.

»Eigentlich nicht.«

»Es ist absolut widerlich. Ich kann es nicht glauben.«

»Na ja, sie hat sie ja nicht geschrieben«, sagte Ned.

»Sie hat sie aufgehoben. Das ist noch schlimmer.«

Er hielt die Briefe in der Hand. *Es wäre toll, wenn Du nach Europa kämst,* hieß es in einem. *Wir würden herumreisen, und Du könntest mir helfen. Wir könnten zusammenarbeiten. Ich weiß, dass Du das sehr gut könntest. Die Mädchen, nach denen wir suchen würden, sind zwischen 13 und 18 Jahre alt. Auch Jungen, aber ein bisschen älter.*

»Du mußt da jetzt reingehen und ihr sagen, dass sie verschwinden soll«, sagte Gloria. »Sag ihr, dass sie das Haus verlassen muss.«

Er sah wieder auf die Briefe. *Manche sind schon sehr entwickelt, du wärst überrascht. Ich glaub, Du weißt, welchen Typ wir suchen.*

»Ich weiß nicht ... Vielleicht sind das nur irgendwelche blöden Liebesbriefe.«

»Ned, ich mein es ernst«, sagte sie.

Natürlich wird auch sehr viel gevögelt.

»Ich ruf das FBI an.«

»Nein«, sagte er. »Lass nur. Hier, nimm die solange. Ich werd es ihr sagen.«

Truus war in der Küche. Als er mit ihr redete, versuchte er, in ihren grauen Augen die Unverfrorenheit zu sehen, die ihm bislang entgangen war. Er sah nur Verwirrung. Sie schien ihn nicht zu verstehen. Sie ging zu Gloria hinein. Sie war den Tränen nahe.

»Aber warum?«, wollte sie wissen.

»Ich hab die Briefe gefunden«, war alles, was Gloria sagte.

»Was für Briefe?«

Sie lagen auf dem Schreibtisch. Gloria nahm sie auf.

»Das sind meine«, protestierte Truus. »Sie gehören mir.«

»Ich hab das FBI angerufen«, sagte Gloria.

»Bitte, geben Sie sie mir.«

»Ich werde sie dir nicht geben. Ich werde sie verbrennen.«

»Bitte, ich möchte sie haben«, beharrte Truus.

Sie war durcheinander und weinte. Auf dem Weg nach oben kam sie an Ned vorbei. Er meinte, an ihr die Dinge erkennen zu können, die in den Briefen gerühmt wurden, den Saudi-Briefen, wie er sie später nannte.

Truus saß in ihrem Zimmer auf dem Bett. Sie wusste nicht, was sie jetzt tun oder wohin sie gehen sollte. Sie begann ihre Kleider zu packen, sie hoffte, dass sich die Dinge ändern würden, wenn sie lange genug brauchte. Sie bewegte sich sehr langsam.

»Wohin gehst du?«, sagte Christopher von der Tür aus.

Sie antwortete ihm nicht. Er fragte wieder und kam ins Zimmer.

»Ich fahr zu meiner Mutter«, sagte sie.

»Sie ist unten.«

Truus schüttelte den Kopf.

»Doch, ist sie«, sagte er trotzig.

»Geh weg. Stör mich jetzt nicht«, sagte sie mit ausdrucksloser Stimme.

Er begann mit dem Fuß gegen die Tür zu treten. Nach einer Weile setzte er sich aufs Sofa. Dann verschwand er.

Als das Taxi kam, um sie abzuholen, versteckte er sich draußen hinter ein paar Bäumen neben der Auffahrt. Sie suchte ihn.

»Ach, da bist du«, sagte sie. Sie setzte ihre Koffer ab und kniete sich hin, um sich von ihm zu verabschieden. Er stand mit gesenktem Kopf vor ihr. Von Weitem sah es wie eine Unterwerfungsgeste aus.

»Sieh dir das an«, sagte Gloria. Sie war im Haus. Ned stand hinter ihr. »Die Schlampen lieben sie immer am meisten«, sagte sie.

Christopher stand am Straßenrand, nachdem das Taxi weggefahren war. In der Nacht kam er nach unten zu seiner Mutter ins Zimmer. Er weinte, und sie machte das Licht an.

»Was ist denn?«, sagte sie. Sie versuchte, ihn zu trösten. »Wein nicht, mein Liebling. Hat dich was erschreckt? Komm, Mami bringt dich wieder nach oben. Hab keine Angst. Alles wird gut.«

»Gute Nacht, Christopher«, sagte Ned.

»Sag ›gute Nacht‹, Liebling.«

Sie ging nach oben, legte sich zu ihm ins Bett und schaffte es schließlich, dass er einschlief, aber er strampelte so sehr, dass sie wieder nach unten ging, den Morgenmantel mit der Hand um sich gezogen. Ned hatte ihr einen Zettel geschrieben: Sein Rücken machte ihm zu schaffen, er war nach Hause gefahren.

Truus' Platz wurde von einer kolumbianischen Frau eingenommen, die sehr religiös war und weder trank noch rauchte. Danach kam ein schwarzes Mädchen namens Mattie, die beides tat, aber lange blieb.

Eines Abends im Bett, sie las gerade *Town and Country*, stieß Gloria auf etwas, das sie erstaunte. Es war ein Foto von einer Gartenparty in Brüssel, nur ein kleines Foto, aber sie erkannte darauf ein Gesicht, sie war sich ganz sicher, und mit einem schrecklich flauen Gefühl hielt sie die Fotografie näher ans Licht. Sie war ungeschminkt und also besonders verletzlich. Sie sah sich das Bild genauer an. Sie hatte keinen Kontakt mehr zu Ned, sie hatte ihn über ein Jahr nicht gesehen, aber sie war versucht, ihn trotzdem anzurufen. Dann, als sie die Bildunterschrift gelesen und sich das Bild noch einmal angesehen hatte, entschied sie, dass sie sich irrte. Das war nicht Truus, nur eine Frau, die ihr ähnlich sah, und außerdem, und wenn schon? Es schien alles lange her. Christopher hatte sie vergessen. Er ging inzwischen zur Schule, er hatte sich gut entwickelt, war schon in der Fußballmannschaft, spielte mit Acht- und Neunjährigen, er war größer als die anderen und intelligent. Er würde eins neunzig werden. Er würde eine Menge Freundinnen haben, Mädchen, deren Familien Häuser auf den Bahamas besaßen. Er würde ihnen das Herz brechen.

Und doch konnte sie – die Zeitschrift in ihrem Schoß – nicht anders, als daran zu denken. Was war wohl aus Truus geworden? Sie sah sich das Foto noch einmal an. Hatte sie sich nach Amsterdam oder Paris durchgeschlagen und schmutzige Filme oder sonst etwas gemacht, jemanden getroffen? Es war unerträglich, sich vorzustellen, dass sie schick eingeladen wurde, schlanker, in dem Glanz überfüllter Restaurants, mit ihrem immer noch schlechten Teint unter dem Make-up und der Moral einer Stubenfliege. Ihr wurde fast schlecht bei dem Gedanken, dass es so etwas wie unverdientes Glück gab, das bestimmte Menschen fanden. Wie das Mädchen, das Ned bald heiraten würde, das in dem Restaurant am Highway in der Nähe von Bridgehampton gearbeitet hatte. Das war ein Schlag, das war mehr als nur ein Schlag gewesen. Aber schließlich stimmte ja nichts, eigentlich gar nichts mehr.

CHARISMA

Bei Männern geht es nicht ums Aussehen. Darauf kommt es nicht an.

Während Cecily und ihre Freundin sich darüber unterhielten, saßen sie zusammen auf der Couch, abseits der Party, die Beine unter den Körper gezogen wie zwei junge Mädchen. Sie sprachen über Männer, insbesondere über Lucien Freud. Cecily hatte ihn am Morgen im Met gesehen, wie er allein und gedankenversunken umherging, die Bilder nicht anschaute und dann plötzlich vor einem Rembrandt innehielt, einfach innehielt und lange davorstand und das Bild anstarrte.

»Ich wüsste zu gerne, was er gedacht hat«, sagte Cecily. »Ich gäbe alles dafür, es zu wissen.«

»Er stand einfach nur so da?«

»Er stand ganz dicht davor, sah es an, unglaublich intensiv. Es wallte in Wellen aus ihm hervor. Seine Stirn.«

»Ich weiß. Er hat eine unglaubliche Stirn, mit diesen beiden Knubbeln. Hat er alt ausgesehen?«

»Ja, aber du weißt schon, nicht im eigentlichen Sinne alt.«

»Er hatte massenhaft Affären, stimmt's? Nach allen Seiten Kinder gezeugt.«

»Ehrlich?«

»Ich hab gehört, dass eine seiner Freundinnen vierzehn war. Ihr Bruder hat versucht, ihn umzubringen.«

»Vierzehn. Das geht irgendwie zu weit. Das ist ja noch ein Kind«, sagte Cecily.

»Ich frag mich, wie er sie kennengelernt hat.«

»Vielleicht die Tochter von einem Freund. Sie sollte ihm

Modell stehen. Und es hat sehr lange gedauert, und er war sehr zugewandt.«

»Was glaubst du, wie alt er eigentlich ist?«

»Weiß nicht.«

»Siebzig?«

»Älter.«

»Wie macht er das bloß alles?«

»Keine Ahnung«, gestand Cecily.

Sie dachten darüber nach.

»Trotzdem, ich würde mit ihm ficken«, sagte sie.

»Ehrlich?«

»Auf der Stelle.«

»Ich auch.«

Ihr Gespräch hatte beinahe etwas Verschwörerisches, so abseits von den anderen, die gegenseitigen Geständnisse, während um sie herum getrunken und gelacht wurde.

Lucien Freud war tatsächlich neunundsiebzig. Er war alterslos, mit seinem eindrucksvollen Ahnengesicht. Im Museum hatte er ein dunkles Samtjackett über einem Jeanshemd getragen. Er reiste nicht mehr. Er wäre nicht mehr nach New York gekommen, nicht einmal für die Vernissage, aber sein Galerist hatte ihm einen Privatjet organisiert. Cecily stellte ihn sich vor, wie er in einem der Ledersitze saß, das Gesicht mehr oder weniger im Profil, zu einer Seite gewandt, während er aus dem runden Fenster auf das dunkle Meer tief unter sich schaute. Er dachte, wie er später jemandem erzählte, an Fische und wie das Flugzeug über sie hinwegflog. Überall waren Fische, in jedem einzelnen Fluss und in jedem Meer, und sie wussten nichts voneinander, konnten nichts davon wissen. Sie lebten in einem Kontinuum. Sie wussten lediglich um ihr eigenes Leben, aber wie verschieden war das? Nach einer Weile drehte er sich weg vom Fenster und saß da, blätterte in einer Zeitschrift. Er hatte blassblaue Augen und konnte einen geradeherzu anzustarren, obwohl er den Blick oft abwandte. Er war selbst ein Fisch, ein

Piranha. Er sah Frauen und setzte ihnen nach, griff sich eine heraus. So stellte Cecily es sich vor. Es gab nur zwei Dinge, für die er sich interessierte, seine Malerei und Frauen. Beides war ineinander verflochten.

Im anderen Teil des Raumes war die Party weiter in vollem Gang. Sie würden sich wieder unter die Gäste mischen müssen, andernfalls kämen ihre Männer zu ihnen herüber.

Nicht weit von dort, inmitten der zahllosen Lichter anderer Apartments bei Nacht, lag jenes, in dem Leila Aaron mit einer Mitbewohnerin lebte. Leila war ein hübsches Mädchen an der Schwelle zum Leben. Sie kam aus einer guten Familie, die sie enttäuscht hatte mit dem Entschluss, nicht wie geplant aufs College zu gehen – sie wäre überall angenommen worden –, sondern stattdessen die Sekretärinnenschule zu besuchen, doch war sie so bezaubernd und so hochherzig, dass ihre Entscheidung schon bald akzeptiert wurde. Sie war die Jüngste in der Familie und ihre Eltern verziehen ihr alles.

Eines Abends aß sie in einem Restaurant, als ein Mann, den ich damals nicht kannte, Paul Millard, genannt Polo, zusammen mit der Frau eines seiner Freunde hereinkam und sich gemeinsam mit ihr lässig den Weg durch das Gedränge bahnte zu einer Stelle, wo er mit dem Oberkellner sprechen und, falls es nötig sein sollte, auf einen Tisch warten konnte. Er trug einen dunkelblauen Mantel, den er trotz des Wetters nicht zugeknöpft hatte, und während er dicht bei Leilas Tisch wartete, beugte er sich ein wenig hinunter und sagte etwas zu ihr auf eine Weise, die sie aufblicken und lächeln ließ. Man sagt, das Lächeln einer Frau sei ihr größtes Kapital, aber in diesem Fall war es seins, so strahlend und offen ungezwungen. Dann hatte der Oberkellner einen freien Tisch für ihn.

»Wer war das?«

»Ich weiß es nicht«, sagte sie.

Manchmal tauscht man Blicke und alles steht schon darin geschrieben, es gilt lediglich zu erfahren, was dann konkret passiert. Als Leila und ihr Begleiter gingen, drehte sie sich nicht um, aber später fand sie in ihrer Manteltasche einen gefalteten Zettel, den das Garderobenmädchen dort deponiert hatte, mit dem Namen Polo Millard und einer Telefonnummer.

Am nächsten Tag zögerte sie zunächst, aber irgendwie rief sie dann doch an.

Ein Mann meldete sich. »Hallo«, sagte er.

»Polo?«

Er verstand sofort.

»Hi«, sagte er.

»Also, wer sind Sie denn eigentlich?«

»Ich hab gehofft, dass Sie anrufen. Ich bin Paul Millard. Alle nennen mich Polo.«

»Ich finde, Sie sind ein bisschen nassforsch.«

»Mir blieb nichts anderes übrig.«

Sie sagte nichts.

»Hören Sie«, sagte er lässig, »ich hab zwei Karten für die Oper. Wollen Sie mit?«

»Für die Oper? Wann?«

»Heute Abend«, sagte er.

So fing es an. Es war Zufall, aber als es geschah, war sie ganz nach seinem Geschmack, und sie fühlte sich unwiderstehlich zu ihm hingezogen. Er war ein fröhlicher Mensch. Aber um ihn wirklich zu kennen – man sagt, um jemanden wirklich zu kennen, müsse man dessen Ängste kennen, und in seinem Fall fragte man sich, welche das sein könnten. Es war schwer, ihn sich ängstlich vorzustellen. Beim Spielen hatte er keine Angst. Wie alle echten Spieler scherte ihn das Geld nicht. Er spielte Backgammon um hohe Einsätze, Tausende, auch Zehntausende. Im Spiel ging es um die Verdopplung, Verdopplung und abermalige Verdopplung. Es brauchte Mut, mit ihm zusammenzubleiben, denn er hatte Mut, und dieses Lächeln.

Er stellte ihr Sachen vor die Tür, Whiskeyflaschen, Schokolade. Er rief sie an.

»Ich liebe dich«, sagte er zu ihr. »Ich bin total verrückt nach dir.«

»Ach, sag so was nicht.«

Er war im wahrsten Sinne verrückt, wahnsinnig, wirklich. Er ignorierte die normale Wirklichkeit, wie jeder sie kennt. Darin lag seine Macht, und sein Charme. Wenn man mit ihm zusammen war, befand man sich ebenfalls in dieser Welt. Was genau sie ausmachte, war schwer zu sagen.

»Ich möchte, dass du mit mir auf die Bahamas kommst.«

»Polo, ich kann nicht auf die Bahamas fahren.«

»Warum nicht? Warst du schon mal dort?«

Sie fuhr nicht mit Männern irgendwo hin – ihre Familie würde es erfahren.

»Klar kannst du fahren«, sagte er.

Auf den Bahamas lernte sie einige seiner Freunde kennen. Es waren Männer wie er, nur nicht ganz seine Klasse. Er blieb nachts lange auf und spielte mit ihnen. Er trank und nahm Kokain, aber er war in keinerlei Hinsicht gefährdet. Sie nahm dort zum ersten Mal Kokain, aber nicht so viel. Er trug ein grünes Hemd und weiße Shorts. Sein Gesicht war breit und gebräunt. Sie kamen aus der Sonne zusammen nach drinnen.

»Geh nicht baden«, sagte er zu ihr.

»Warum nicht? Was meinst du?«

»Ich will, dass du so schmeckst und riechst, wie du bist.«

»Und das wäre?«

»Gottes Fuchs«, sagte er.

Es gab ein Foto von ihr, darauf sah man sie in einem Spiegel, eine nahezu beliebige Gestalt, die auf einem Bett saß mit einem benommenen, fast missmutigen Ausdruck auf dem von Haaren halb verdeckten Gesicht. Er tat Dinge mit ihr, die ich mir niemals hätte träumen lassen.

»Oh, Gott«, sagte sie sacht.

Stille.

»Oh, mein Gott.«

Hinterher schrieb er in Briefen an sie darüber, die sie voller Erregung las. Die Briefe gibt es noch. Natürlich war sie nicht vierzehn, sie war dreiundzwanzig, aber dies alles war auf beängstigende Weise neu.

Das Geld kam von seiner Familie, aber es störte, irritierte Leila, dass er seine Mutter hasste und nicht sagen wollte, warum. Er warf Briefe von ihr ungeöffnet in den Müll.

»Was ist das mit deiner Mutter?«, fragte sie.

»Sie hat fürchterliche Sachen gemacht«, antwortete er.

»Was für Sachen?«

Er wechselte das Thema.

Er fuhr zwei Wochen geschäftlich nach Los Angeles und schlief mit einer Schauspielerin, die er dort kennenlernte. Leila hatte einen Verdacht, aber er stritt es ab. Sie machte sich Sorgen wegen seines Trinkens. Er wurde ausfallend, wenn er trank, und sie hatten handgreiflichen Streit, aber hinterher tat es ihm leid, und es war, als wäre nichts geschehen. Nachdem sie miteinander geschlafen hatten, lasen sie sich manchmal etwas vor – keine Gedichte, Dichter machten einen traurig, sagte er – Lawrence Durrell und *Anna Karenina*. Es gab Abende, da kam er wer weiß woher und ließ sich ohne Erklärung ins Bett fallen. Er gab ihr das Gefühl, seine Favoritin zu sein, doch sie vermochte nicht zu widerstehen. Sie spürte, dass sie sich seinem Leben unterwarf, er hatte Besitz ergriffen von ihr. Er war ein Lügner, aber die Hälfte der Zeit sagte er die Wahrheit.

Sie hatte Angst vor dem, was sie tat. Was würde als Nächstes kommen? Sie wusste von Kalifornien, aber sie hatte sich aufgegeben.

»Was soll werden?«, fragte sie ihn.

»Wie meinst du das?«

»Sag mir die Wahrheit. Was genau willst du?«

»Du weißt, was werden wird.«

»Was soll das heißen?«, sagte sie verzweifelt.

Er nahm sie in die Arme.

»Nicht«, sagte sie. »Bitte nicht.«
Sie wandte sich ab.

Sie waren seit drei Monaten verheiratet, als sie, nach einer Reihe von Streitereien während eines Thanksgiving-Dinners mit Freunden, ein Schlafzimmerfenster öffnete und aus dem achtzehnten Stock in den Tod sprang. Sie hatte nichts gesagt. Sie hinterließ keinen Abschiedsbrief.

Das ist natürlich nicht geschehen. Sie waren nicht verheiratet, obwohl es später so schien, als wären sie es gewesen und als hätten sie sich aus unbekannten Gründen getrennt. Er war zu undurchschaubar, als dass sie ihm hätte vertrauen können, zu unzuverlässig.

»Wir werden heiraten«, sagte er zu ihr.

»Polo, ich glaube nicht.«

»Doch, werden wir. Wir sind füreinander bestimmt.«

Sehr viel später schrieb er ihr ein wenig wehmütig,

Warum haben wir den Weg nicht eingeschlagen, der uns vorgezeichnet war?

Der Weg. Sie war ihn ein weites Stück gegangen. Sie hatte Dinge getan, die zu tun oder gebeten werden zu tun sie sich nicht hatte vorstellen können. Sie ließ sich peitschen. Es war wie ein unbekanntes Zimmer, in das man irgendwie hineingeraten war, als man sich im Dunkeln, ohne das Licht anzuschalten, durch die Türöffnung tastete, vorbei an dem großen Sessel, man die Hand nach der Bettkante ausstreckte und, weil man sie nicht fand, weiter tastete nach der Wand, gleich da drüben, die man aber auch nicht fand und schließlich, mit vorsichtigen Bewegungen, gegen etwas stieß, das da nicht hingehörte und mit ausgestreckter Hand weiter tastete, bis man an einen Türpfosten stieß – welcher Türpfosten?, die Tür zum Zimmer ist irgendwo hinter einem –, aber es *ist* eine Türöffnung und man wird hindurchgeführt und man betritt einen Raum, den man bis dahin nicht kannte.

Es war nachmittags gewesen und sie hatte sich fest vorgenommen, nicht zu schreien oder einen Laut von sich zu geben, aber sie schaffte es nicht.

Anschließend gingen sie nach unten und nahmen einen Drink. Ihre Hand zitterte und sie empfand einen unbestimmten Stolz. Sie fürchtete, ihre Mitbewohnerin könne irgendwie die Spuren auf ihrer Haut entdecken. Er schrieb ihr einen langen Brief über das Geschehene, und es gab ein paar Fotos, die sie später vernichtete.

Seine Mutter starb und hinterließ ihm ein Anwesen in Santa Monica. Er fuhr ein paar Mal nach Kalifornien, um sich zu kümmern. Er nahm Leila mit. Sie blieben lange im Bett und genossen das Wetter. Sie sollten ein Kind miteinander haben, sagte er zu ihr.

Er kaufte ein Haus auf dem Lande, verkaufte es wieder, kaufte ein anderes. Er traf sich seltener mit Leila. Er verliebte sich in ein sechzehnjähriges brasilianisches Mädchen und flog sogar nach Brasilien, um sich ihrer Familie vorzustellen, die ihm eine höfliche Absage erteilte. Die Freunde wussten davon, allerdings nicht von der Absage.

Derweil hatte Leila jemanden kennengelernt. Sie würde heiraten, erzählte sie Polo.

»Wen?«

»Alex Dereff.«

»Wer ist das?«

»Du kennst ihn nicht. Er ist Musiker.«

»Tu das nicht, Leila. Ich will dich nicht verlieren.«

»Ich weiß«, sagte sie. »Trotzdem ...«

»Was ist er für ein Typ?«

»Weiß nicht.« Dann sagte sie: »Er ist ziemlich genau wie du.«

Niemand war wie er, hatte seine Energie, seine Ausstrahlung. Man brauchte bloß, eine Straßenecke entfernt, seinen Kopf zu sehen und wusste, dass er es sein musste. Wenn er, unverkennbar, im dunklen Anzug im Four Seasons Hotel stand und auf den Aufzug wartete. Es gab andere Männer wie ihn, aber niemand war wirklich wie er oder genoss das Leben wie er mit solcher Intensität, ohne wirklich darin klarzukommen.

Er ließ sie nie wirklich los. Er wusste, dass sie in gewisser Weise immer ihm gehören würde. Er schrieb ihr aus einem Gasthaus in Connecticut, wo ein gewisser Polo und Fermina – das war einer ihrer Namen aus *Die Liebe in den Zeiten der Cholera*, einem ihrer Lieblingsbücher – eine Nacht verbracht hatten, und Polo erinnerte sich, als er dort vorbeikam, daran, was er damals empfunden hatte und wie sehr er sich jetzt nach ihr verzehrte. *Ich weiß, du wirst niemals wieder mit mir auf Reisen gehen.* Er schrieb ihr in jenem Sommer aus Porto Ercole. *Heute Abend gibt es ein Feuerwerk im Ort. Dir zu schreiben löst die Starre. Ich stelle mir die ganze Zeit vor, dass ich dir in der Lobby begegne und dass wir einfach zusammen fortfahren. Du könntest mir einen Brief schreiben.*

Er schrieb ihr vom Schiff, bloß um ihr zu schildern, wie es war, am frühen Morgen in den Hafen von Genua einzulaufen, die Berge und der Nebel, die Stille des Wassers, durch das sie fuhren, und woran es ihn erinnerte – wie sie zusammen aufwachten, die Schönheit der Tage. Der Anruf weckte sie gegen eins in der Früh. Lange lauschte sie, ohne etwas zu sagen, den Hörer auf dem Kissen nahe an ihrem Ohr, und ihr Mann lag wach und reglos neben ihr.

Er schrieb ihr vom Nil, während er in der Dunkelheit den großartigen Fluss hinauffuhr, kein Licht war zu sehen, nur der schwarze Himmel und die Sterne, fünftausend Jahre alt.

Als er aus ihrem Leben verschwand, war dies nicht das Ende seines Lebens. Er lebte, wie er gelebt hatte, nur noch aufwendiger. Auf den Partys, die er auf dem Lande gab, traf man Frauen in langen Abendkleidern und kambodschanische Serviermädchen. Es spielte Musik, Frauen saßen an Tischen und redeten und lachten, wollten eigentlich tanzen, was ihre reichen Ehemänner ignorierten. Polo war nicht Gatsby. Er hatte es von Anbeginn in der Hand gehabt.

Er wusste immer, dass sie kommen würde, so wie Yeats' Geliebte gekommen war, als er starb. Er dachte jeden Tag an den Tod, sprach aber nie davon. Am Ende kam er, wie im Märchen, plötzlich, die eifersüchtigen Götter streckten ihn nieder. *Bleib, bleib noch ein wenig, bevor du hinabtauchst in das unermessliche Nichts*, hatte er ihr geschrieben, *bleib, bis der Tag sich in der Abendandacht verliert*. Er hatte Speiseröhrenkrebs. Sie sah ihn das letzte Mal drei Wochen vor seinem Tod.

Ich hatte gehört, er sei in East Hampton beigesetzt, und als ich dort war, besuchte ich sein Grab. Es war im Frühjahr und früh am Morgen war das Gras noch feucht. Nah dem Eingang waren Lastwagen im Einsatz. Ich ging zum hinteren Ende des Friedhofs, wo sich das Grab befand. Eigenartigerweise konnte ich es nicht finden. Jener Teil des Friedhofs schien weniger gerichtet oder gepflegt, an manchen Stellen war der Boden eingesunken. Von einem Eisenzaun waren Stücke abgebrochen. Das hintere Tor hing herab.

Eine halbe Stunde lang wanderte ich mit einem wachsenden Gefühl des Zweifels umher. Ich suchte nach einer simplen Inschrift. Ich hatte mir das Grab beschreiben lassen, auf etwas abfallendem Gelände, ein wenig abseits, auf einer kleinen Anhöhe, aber trotzdem konnte ich es nicht finden. Es war gerade neun Uhr morgens. Am Tor parkten keine weiteren Autos. Ich saß lange in meinem und fragte mich, wie es sein konnte, dass ich das Grab nicht gefunden hatte, aber es passte zu ihm, dass er mir ausgewichen war, im Tod wie im Leben. Dass er hingegangen war, wo man ihn nicht finden konnte. Dass er den letzten Fragen entkommen wollte.

GABE

Am Morgen – es war der Geburtstag meiner Frau, ihr einunddreißigster – hatten wir ein wenig verschlafen, und ich stand am Fenster und sah auf Des hinunter. Er war im Bademantel, sein helles Haar war zerwühlt, und er hatte einen Bambusstock in der Hand. Er wehrte ab und machte manchmal mit einer großen Geste eine Ausfallbewegung. Billy, der damals sechs war, sprang vor ihm herum. Ich hörte seine Freudenschreie. Anna trat neben mich.

»Was machen sie jetzt?«

»Ich weiß auch nicht. Billy wedelt mit irgendwas über dem Kopf herum.«

»Ich glaub, das ist eine Fliegenklatsche«, sagte sie.

Sie war gerade einunddreißig, das Alter, wenn die Frauen nicht mehr albern und noch nicht gefühllos sind.

»Guck ihn an«, sagte sie. »Man muss ihn doch einfach lieben!«

Das Gras war in dem Sommer braun, und sie tanzten darauf herum. Des war barfuß, das sah ich. So früh stand er normalerweise nicht auf. Er schlief oft bis mittags und schaffte es dann, mit viel Grazie in den Rhythmus des Haushalts zu schlüpfen. Er hatte das Talent, so zu leben, wie es ihm gefiel, so, als würde er das ersehnte Ziel auf die eine oder andere Art erreichen, ohne sich von dem behelligen zu lassen, was dazwischen war. Das schloss auch mehrere Festnahmen ein, einmal, weil er nackt auf die Moore Street hinausgeirrt war. Keiner der Psychiater hatte eine Ahnung, wer er war. Keiner hatte auch nur eine verdammte Zeile gelesen, sagte er. Manche der Patienten schon.

Er war natürlich ein Dichter. Er sah sogar aus wie ein Dichter, intelligent, schlaksig. Er hatte mit fünfundzwanzig den Yale-Preis gewonnen und hatte von da an weitergemacht. Wenn man ihn sich vorstellte, dann in einem grauen Fischgrätenjackett, Khakihosen und aus irgendeinem Grund Sandalen. Passt nicht zusammen, aber das war bei ihm mit einigen Dingen so. Er war in Galveston geboren, ging als Offiziersanwärter aufs College und heiratete sogar in den ersten Studienjahren. Was allerdings aus dieser Frau geworden war, erklärte er nie so genau. Sein eigentliches Leben begann danach, und das hatte er seither immer geführt, manchmal arbeitete er als Lehrer an der Abendschule, er reiste nach Griechenland und Marokko, lebte da eine Zeit lang, erlitt einen Nervenzusammenbruch und schrieb durch all das hindurch an dem Gedicht, das ihm einen Namen machte.

Ich habe das Gedicht gelesen, zumindest ein Drittel davon, in einem Buchladen im Village, im Stehen. Ich weiß noch den Nachmittag, bedeckt und still, und ich weiß auch noch, dass ich fast aus mir heraustrat, aus der Person, die ich war, aus meiner üblichen Art, die Dinge zu sehen, aus meiner Betrachtung der – es gibt kein anderes Wort dafür – Tiefe des Lebens, und über alldem die Erregung der aufeinanderfolgenden Zeilen. Das Gedicht war eine Arie, zerrissen und ohne Abschluss. Sein Ton machte es zu etwas Besonderem – als wäre es aus dem Schattenreich heraus geschrieben. *Da lag das Delta, da die brennenden Arme ...*, so begann es, und ich hatte sofort das Gefühl, dass es nicht um mündende Flüsse, sondern um Sehnsucht ging. Es enthüllte sich nur langsam, wie in einer Art Traum, *das Licht auf den Palmwedeln zitternd*, mit Namen und Hauptwörtern, Neapel, abgenutzten Bänken, Luxor und den Königen, Saloniki, kleinen Wellen, die auf Steine schlugen. Es gab Wiederholungen, sogar einen Refrain. Zeilen, die unzusammenhängend erscheinen, werden allmählich Teil einer Beichte, in deren Zentrum Räume in der brennenden Augusthitze stehen, Räume, in denen etwas geschehen ist, offensichtlich etwas Sexuelles, aber dann gibt es auch die leeren Straßen von Texas, Chausseen, vergessene Freunde, das Schlagen der Hände auf Gewehrriemen und gegabelte Banner, die bei Paraden schlaff herabhängen. Es gibt Kondome, sonnengebleichte Autos, schmutzige Speisekarten mit Schreibfehlern, eine Art Scheiterhaufen, auf den er sein Leben gelegt hatte. Deshalb erschien er so rein – er hatte alles gegeben. Jeder lügt, was das eigene Leben betrifft, aber er hatte nicht gelogen. Er hatte ein großes Klagelied daraus gemacht, durch das sich die Erkenntnis zieht, dass du etwas gehabt hast, dass du es immer haben wirst, es aber nie haben kannst. *Da stand Erechtheus, mit strahlenden Gliedern, geschient ..., komm zu mir, Hellas, ich sehne mich nach deiner Berührung.*

Ich war ihm auf einer Party begegnet, und alles, was ich sagen konnte, war: »Ich habe Ihr schönes Gedicht gelesen.« Er war unerwartet offen auf eine Art, die mich beeindruckte, geradeheraus auf eine Art, die furchtlos war. Er erwähnte den einen oder anderen Buchtitel und bezog sich auf ein paar Dinge, von denen er annahm, dass ich sie natürlich kennen würde, und er war witzig – all das und noch etwas darüber hinaus. So wie er redete, schien er mich aufzufordern, heiter zu sein, so zu reden, wie die Götter – ich gebrauche die Mehrzahl, weil es schwer ist, sich vorzustellen, dass er einem einzigen Gott gehorchte – es gewollt hatten. Wir redeten immer von Dingen, die wir, wie sich herausstellte, beide kannten, und das war seltsam, denn er wusste viel mehr als ich. Lafcadio Hearn, ja, natürlich wusste er, wer das war, und er kannte sogar den Namen der japanischen Witwe, die Hearn geheiratet hatte, und die Stadt, in der sie lebten, obwohl er selbst nie in Japan gewesen war. Arletty, Nestor Almendros, Jacques Brel, die Lawrenceville-Storys, der *cordon sanitaire*, alles, dazu noch, was ihn wirklich interessierte, Jazz, worauf ich nur schwach reagierte. *The Answer Man*, Billy Cannon, der Hellespont, Stendhal über die Liebe – es war, als hätten wir dieselben Kurse besucht und dieselben Städte bereist. Und da war Billy, der ihm auf die Beine schlug.

Billy liebte ihn, er war für ihn fast ein Freund. Er hatte ein ansteckendes Lachen und war immer bereit, mit ihm zu spielen. Während der Zeit, die er bei uns war, machte er Schiffe aus den Sofakissen und Schwerter und Schilde aus allem, was in der Garage herumlag. Als er ein Auto hatte, dessen Motor immer wieder ausging, behauptete er, dass man es regeln konnte, indem man das Radio an und aus schaltete. Die Drähte seien falsch verbunden oder so etwas. Billy durfte das Radio bedienen.

»Oh, oh«, sagte Des dann, »schon wieder. Radio an!«

Und Billy machte dann mit riesigem Vergnügen das Radio an und aus, an und aus. Wie soll man sich erklären, dass es funktionierte? Es war die Kraft eines Poeten oder vielleicht auch nur ein Trick.

An Annas Geburtstag kam um die Mittagszeit ein schönes Blumenarrangement aus Lilien und gelben Rosen. Es war von ihm. An dem Abend hatten wir ein Dinner mit Freunden in der *Roten Bar*. Da war es immer laut, aber unser Tisch war in einem kleinen Raum hinter der Bar.

Ich hatte keinen Geburtstagskuchen bestellt, weil wir zu Hause einen hatten, den wir danach essen wollten, eine Rumtorte, die mochte sie am liebsten. Billy saß auf ihrem Schoß, als sie ihre Ringe, einen nach dem anderen, über je eine Kerze legte, jeder Ring für einen Wunsch.

»Hilfst du mir, sie auszublasen?«, sagte sie zu Billy, ihr Gesicht dicht an seinem Haar.

»Zu viele«, sagte er.

»Oh Gott, du weißt wirklich, wie man eine Frau trifft.«

»Mach schon«, sagte Des zu ihm. »Wenn du nicht genug Luft hast, hol ich welche für dich.«

»Wie geht das?«

»Ich kann das. Hast du noch nie gehört, dass jemand sagt, ich muss Luft holen?«

»Sie brennen runter«, sagte Anna. »Komm, eins, zwei, drei.«

Die beiden bliesen sie zusammen aus. Billy wollte wissen, was sie sich wünschte, aber sie wollte es ihm nicht sagen.

Wir aßen die Torte, nur wir vier, und ich gab ihr das Geschenk. Ich wusste, dass sie sich darüber freuen würde. Es war eine Armbanduhr, sehr flach, quadratisch, mit römischen Zahlen und einem kleinen blauen Stein, einem Turmalin, glaube ich, der in die Aufziehwelle eingebettet war. Es gibt nicht viele Dinge, die schöner sind als eine Uhr, die neu in ihrer Schachtel liegt.

»Oh, Jack«, sagte sie. »Die ist hinreißend.«

Sie zeigte sie Billy und dann Des.

»Wo hast du die her?« Dann, genauer hinsehend, sagte sie: »Cartier.«

»Ja.«

»Wie *wunder*schön.«

Beatrice Hage, eine Bekannte von uns, hatte so eine Uhr, die sie von ihrer Mutter geerbt hatte. Sie besaß eine Eleganz, der die Jahre und die wechselnden Moden nichts anhaben konnten.

Es war leicht, Dinge zu finden, die Anna mochte. Wir hatten den gleichen Geschmack, das war von Anfang an so gewesen. Es wäre unmöglich gewesen, mit jemandem zusammenzuleben, der das nicht hatte. Ich bin schon immer davon überzeugt gewesen, dass dies das Wichtigste von allem war, auch wenn viele Leute das nicht begriffen. Vielleicht erfuhren sie es nur in der Weise, wie jemand sich kleidete, oder auch, wie er oder sie sich auskleidete, aber Geschmack ist nichts Angeborenes, man erwirbt ihn, und irgendwann kann man ihn nicht mehr ändern. Wir redeten manchmal darüber, was sich ändern und was sich nicht ändern ließ. Die Leute sagten immer, dass irgendetwas sie vollkommen verändert habe, irgendeine Erfahrung oder ein Buch oder ein Mensch, aber wenn man wusste, wie sie vorher waren, dann hatte sich nicht wirklich viel verändert. Wenn man einen Menschen fand, der enorm attraktiv war, wenn auch nicht ganz perfekt, dann mochte man glauben, ihn in der Ehe verändern zu können, nicht alles, nur ein paar Dinge, aber tatsächlich konnte man im äußersten Fall erwarten, *eine* Sache zu verändern, und auch die würde schließlich wieder so werden, wie sie vorher gewesen war.

Wir hatten eine Methode entwickelt, die kleinen Dinge, die zuerst übersehen wurden, aber einen im Laufe der Zeit irritierten, auszuräumen, sozusagen den Stein aus dem Schuh zu schütteln. Wir nannten das eine »Gabe«, und wir waren uns einig, dass so eine Gabe für immer war. Eine Wendung, die man zu oft benutzte, eine Angewohnheit beim Essen, sogar ein Kleidungsstück, das man besonders liebte – die Gabe war das Versprechen, es aufzugeben, es nicht mehr zu tun. Man durfte nicht *um* etwas bitten, nur darum, mit etwas aufzuhören. Die Fläche um das Waschbecken im Badezimmer war immer trocken gewischt, weil eine Gabe erbeten worden war. Anna spreizte nicht mehr den kleinen Finger ab, wenn sie aus einer Tasse trank. Es mochte mehr als eine Sache geben, die man sich gerne erbeten hätte, aber es war befriedigend zu wissen, dass man ein Mal im Jahr in der Lage sein würde, seinen Mann oder seine Frau zu bitten, etwas zu unterlassen, ohne dass dies böses Blut verursachte.

Des war unten, als wir Billy ins Bett brachten. Ich stand auf dem Flur, als Anna herauskam, das Licht ausmachte und den Finger auf die Lippen legte.

»Schläft er?«

»Ja.«

»Gut, herzlichen Glückwunsch zum Geburtstag«, sagte ich.

»Danke.«

Es lag etwas Seltsames in der Art, wie sie es sagte. Sie stand da mit ihrem langen Hals und dem blonden Haar.

»Was ist, Liebling?«

Sie sagte einen Moment lang nichts. Dann sagte sie: »Ich möchte eine Gabe.«

»In Ordnung«, sagte ich.

Ich weiß nicht, warum. Ich spürte ein nervöses Kribbeln.

»Was möchtest du?«

»Ich möchte, dass du das mit Des aufgibst«, sagte sie.

»Aufgeben? Was aufgeben?«

Mein Herz überschlug sich.

»Den Sex«, sagte sie.

Ich wusste, dass sie das sagen würde. Aber ich hatte gehofft, sie würde etwas anderes sagen, und die Worte waren wie ein fallender Vorhang oder ein Teller, der auf dem Boden zerbrach.

»Ich weiß nicht, wovon du sprichst.«

Ihr Gesicht war hart.

»Doch, das weißt du. Du weißt genau, wovon ich spreche.«

»Liebling, du täuschst dich. Da ist nichts zwischen Des und mir. Er ist ein Freund, er ist mein engster Freund.«

Die Tränen liefen ihr über das Gesicht.

»Nicht«, sagte ich. »Bitte. Nicht weinen. Du täuschst dich.«

»Ich muss weinen«, sagte sie mit unsicherer Stimme. »Jeder würde weinen. Du musst! Du musst aufhören! Wir haben uns das versprochen.«

»Oh, Gott, du bildest dir da was ein.«

»Bitte«, sagte sie. »Hör auf. Bitte, bitte. Hör auf.«

Sie wischte sich die Wangen ab, wie um sich wieder herzurichten.

»Du musst tun, was wir uns versprochen haben«, sagte sie. »Du musst mir das geben.«

Es gibt Dinge, die kann man nicht geben, die einem das Herz zerreißen würden. Es war das halbe Leben, was sie verlangte, wie er seine Uhr abzog, ihn in den Armen zu halten, ihn zu besitzen, das unbeschreibliche Glück, seine Verliebtheit. Kein anderer Triumph kam dem gleich. Es gab eine Wohnung in der Twelfth Street, die wir benutzen konnten, der Garten dahinter, die wunderbaren Akkorde von *Petruschka* – die Platte war zufällig da, und wir spielten sie oft –, Akkorde, die mich immer, solange ich lebe, dahin zurückbringen werden, zu seiner Nachgiebigkeit und seinem langsamen Lächeln.

»Ich hab nichts mit Des«, sagte ich. »Ich schwöre es dir.«
»Du schwörst es mir.«
»Ja.«
»Und ich soll dir das glauben.«
»Ich schwöre es dir.«
Sie sah weg.
»Gut«, sagte sie schließlich.
Eine große Freude erfüllte mich. Dann sagte sie: »Gut. Aber er muss gehen. Für immer. Wenn du willst, dass ich dir glaube, dann muss das geschehen.«
»Anna ...«
»Nein, das ist der Beweis.«
»Wie kann ich ihm sagen, dass er gehen muss? Aus welchem Grund?«
»Denk dir was aus. Das ist mir egal.«

Am nächsten Morgen war er spät aufgestanden und stand in der Küche, noch weich vom Schlaf. Anna war weggegangen. Meine Hände zitterten.

»Guten Morgen«, sagte er mit einem Lächeln.
»Guten Morgen.«
Ich konnte mich nicht dazu bringen. Alles, was ich sagen konnte, war: »Des ...«
»Ja?«
»Ich weiß nicht, was ich sagen soll.«
»Worüber?«
»Uns. Es ist vorbei.«
Er schien nicht zu verstehen.
»Was ist vorbei?«
»Alles. Ich hab das Gefühl, als würde ich innerlich zerrissen.«

»Ach«, sagte er sanft. »Ich versteh. Vielleicht versteh ich. Was ist passiert?«

»Du kannst einfach nicht mehr hier bleiben.«

»Anna«, riet er.

»Ja.«

»Sie weiß es.«

»Ja. Ich weiß nicht, was ich machen soll.«

»Könnte ich mit ihr reden? Was meinst du?«

»Das würde nichts nützen. Glaub mir.«

»Aber wir sind immer miteinander ausgekommen. Es kann nicht schaden. Lass mich mit ihr reden.«

»Sie will das nicht«, log ich.

»Wann ist das passiert?«

»Gestern Abend. Frag mich nicht, wie. Ich weiß es nicht.«

Er seufzte. Er sagte etwas, was ich nicht verstand. Alles, was ich hörte, war das Schlagen meines Herzens. Er ging später an diesem Tag.

Ich empfand die Ungerechtigkeit noch lange. Er hatte uns nur Freude bereitet, und wenn er sie besonders mir bereitet hatte, so verminderte das nicht, was er uns allen geschenkt hatte. Ich besaß ein paar Fotos, die ich an einer bestimmten Stelle versteckte, und ich hatte natürlich die Gedichte. Ich verfolgte sein Leben aus der Distanz, so wie eine Frau es bei einem Mann tut, den sie nie heiraten konnte. Das schimmernde blaue Wasser glitt vorbei, als er sich seinen Weg durch die Inseln bahnte. Da war Ios, weiß im Dunst, wo, wie es heißt, der Staub Homers liegt.

ARLINGTON

Newell hatte ein tschechisches Mädchen geheiratet, und sie hattten Ärger. Sie tranken und stritten sich. Das war in Kaiserslautern, und andere Familien aus der Kaserne hatten sich beschwert. Westerveldt, der Adjutant des Kommandeurs, wurde zu ihnen geschickt, um die Sache in Ordnung zu bringen – er und Newell waren Kurskameraden gewesen, obwohl Newell nicht gerade jemand gewesen war, an den man sich erinnerte. Er war still und zurückhaltend. Er sah merkwürdig aus, hatte eine hohe gewölbte Stirn und helle Augen. Jana, seine Frau, hatte einen heruntergezogenen Mund und schöne Brüste. Westerveldt kannte sie eigentlich gar nicht. Er hatte sie nur mal gesehen.

Newell saß im Wohnzimmer, als Westerveldt vorbeikam. Der Besuch schien ihn nicht zu überraschen.

»Ich wollte nur mal ein bisschen mit dir reden«, sagte Westerveldt.

Newell nickte sacht.

»Ist deine Frau da?«

»Ich glaub, sie ist in der Küche.«

»Es geht mich eigentlich nichts an, aber habt ihr Probleme?«

Newell schien darüber nachzudenken.

»Nichts Ernsthaftes«, sagte er schließlich.

In der Küche hatte sich die tschechische Ehefrau die Schuhe ausgezogen und malte sich die Fußnägel an. Sie blickte kurz auf, als Westerveldt hereinkam. Er sah den exotischen, europäischen Mund.

»Könnte ich mal mit Ihnen reden?«

»Worüber?«, sagte sie.

Essensreste und ungespülte Tellerstapel standen auf der Küchentheke.

»Warum kommen Sie nicht mit ins Wohnzimmer?«

Sie sagte nichts.

»Nur ein, zwei Minuten.«

Sie sah ihre Füße konzentriert an, ignorierte ihn. Westerveldt war mit drei Schwestern aufgewachsen und fühlte sich in der Gegenwart von Frauen immer wohl. Er berührte sie am Ellenbogen, um sie zum Aufstehen zu bewegen, aber sie zuckte weg.

»Wer sind Sie?«, sagte sie.

Westerveldt ging wieder in das Wohnzimmer und redete mit Newell wie mit einem Bruder. Wenn das mit ihm und seiner Frau so weiterging, würde das seine Karriere gefährden.

Newell hätte sich Westerveldt gerne anvertraut. Er saß aber schweigend da, unfähig, anzufangen. Er war hoffnungslos in diese Frau verliebt. Wenn sie sich zurechtmachte, war sie einfach schön. Wenn man die beiden in der *Wienerstube* sah, er mit seiner glänzenden weißen Stirn und sie ihm gegenüber, rauchend, dann fragte man sich, wie hat er die denn gekriegt? Sie war unverschämt, aber manchmal war sie es auch nicht. Ihr die Hand unten auf den nackten Rücken zu legen hieß, alles zu haben, was man je zu besitzen gehofft hatte.

»Was hat sie denn, was ist es?«, wollte Westerveldt wissen.

»Sie hat ein schreckliches Leben hinter sich«, sagte Newell. »Das kommt schon in Ordnung.«

Was sonst noch gesagt wurde, hatte Westerveldt vergessen. Was danach geschah, radierte es aus.

Newell war zeitweise irgendwohin versetzt worden, und seine Frau, die keine Freundinnen hatte, langweilte sich. Sie ging ins Kino und lief in der Stadt herum. Sie ging in den Offiziersclub und saß an der Bar und trank. An einem Samstagabend war sie noch da, mit nackten Schultern, und trank, als die Bar schloss. Der Cluboffizier, Hauptmann Dardy, sah das und fragte sie, ob sie nach Hause gefahren werden wollte. Er bat sie, ein paar Minuten zu warten, bis er alles abgeschlossen hatte.

Am frühen Morgen stand Dardys Wagen in dem grauen Licht noch immer vor der Kaserne. Jana konnte ihn sehen und alle anderen auch. Sie lehnte sich zu ihm hinüber, schüttelte ihn und sagte ihm, er müsse gehen.

»Wie spät ist es?«

»Das ist mir egal. Du musst gehen.«

Danach ging sie zur Militärpolizei und gab an, dass sie vergewaltigt worden sei.

In seiner langen, bewunderten Karriere war es Westerveldt so ergangen wie einer Romanfigur. Im Elefantengras in der Nähe von Pleiku traf ihn ein Granatsplitter und hinterließ eine breite Narbe quer durch eine Augenbraue. Einen halben Zentimeter tiefer und er wäre blind oder tot gewesen. Er sah dadurch eher noch besser aus. Er hatte mit einer Frau in Neapel eine lange Affäre gehabt, als er dort stationiert gewesen war, einer Marquesa. Wenn er das Militär verließe und sie heiratete, würde sie ihm alles schenken, was er wollte. Er könne sogar eine Geliebte haben. Das war nur eine Episode. Frauen hatten ihn schon immer gemocht.

Schließlich heiratete er eine geschiedene Frau aus San Antonio, sie hatte schon ein Kind, und die beiden bekamen noch zwei weitere. Er war achtundfünfzig, als er an irgendeiner Art von Leukämie starb, die mit einem seltsamen Ausschlag auf seinem Hals begann.

Die Kapelle des Bestattungsunternehmens, ein ganz gewöhnlicher Raum mit roten Tapeten und Bänken, war überfüllt. Jemand hielt eine Rede, aber auf dem Korridor, wo viele Leute standen, war kaum etwas zu verstehen.

»Kannst du hören, was er sagt?«

»Niemand versteht was«, sagte der Mann vor Newell. Es war Bressi, begriff er, Bressi, dessen Haar jetzt weiß war.

»Fährst du zum Friedhof?«, fragte Newell, als der Gottesdienst vorbei war.

»Ich nehm dich mit«, sagte Bressie.

Sie fuhren durch Alexandria. Das Auto war voll.

»Da ist die Kirche, in die George Washington ging, als er Präsident war«, erklärte Bressi. Ein wenig später sagte er: »Da ist das Haus, in dem Robert E. Lee aufgewachsen ist.«

Bressi und seine Frau wohnten in Alexandria in einem weißen Holzhaus mit einer schmalen Veranda und schwarzen Fensterläden.

»Wer hat gesagt: ›Lass uns den Fluss überqueren und im Schatten der Bäume rasten‹?«, fragte er sie.

Niemand antwortete. Newell glaubte ihre Verachtung zu spüren. Sie sahen weg, durch die Autofenster hinaus.

»Weiß das jemand?«, sagte Bressi. »Lees größter Taktiker.«

»Von den eigenen Leuten erschossen«, sagte Newell fast unhörbar.

»Aus Versehen.«

»In Chancellorsville, in der Dämmerung.«

»Das ist nicht weit von hier, etwa dreißig Meilen«, sagte Bressi. Er war der Kursbeste in Militärgeschichte gewesen. Er sah in den Rückspiegel. »Wieso wusstest du das? Warst du gut in Militärgeschichte?«

Newell antwortete nicht.

Niemand sagte etwas.

Eine lange Autoschlange bewegte sich langsam vorwärts, fuhr in den Friedhof. Leute, die ihre Wagen schon abgestellt hatten, gingen neben ihnen her. Es gab unglaublich viele Grabsteine.

Bressi machte eine weite Geste mit dem Arm und sagte etwas, was Newell nicht verstehen konnte. »Thill liegt in dem Bereich da drüben«, hatte Bressi gesagt – Thill war Träger der *Medal of Honor* gewesen.

Sie gingen mit vielen anderen weiter, am Ende angezogen von einer fernen Musik, die klang, als käme sie von dem uralten Fluss selbst, dem letzten Fluss, an dem der Fährmann wartete. Das Orchester, in dunkelblauer Uniform, hatte sich in einem kleinen Tal aufgebaut. Es spielte »Waggon Wheels«, Carry me home ... Das Grab war in der Nähe, frische Erde unter einer aufgespannten grünen Plane.

Newell ging wie im Traum. Er kannte die Männer um sich herum, aber eigentlich kannte er sie nicht. Er blieb an dem Grabstein von Westerveldts Vater und Mutter stehen. Sie waren im Abstand von dreißig Jahren gestorben, aber nebeneinander bestattet worden.

Es gab Gesichter, die er während der langen Zeremonie zu erkennen glaubte. Eine dicke, zusammengefaltete Fahne wurde einer Frau überreicht, das musste die Witwe mit den Kindern sein. Mit gelben langstieligen Blumen in der Hand schritten sie einer nach dem anderen am Sarg vorbei, die Familie und auch andere. Einem Impuls folgend, schloss Newell sich ihnen an.

Salven wurden abgefeuert. Ein einzelnes Horn, silbern und rein, begann den Zapfenstreich zu spielen, die Laute trieben über die Hügel. Die pensionierten Generäle und Obersten standen mit auf das Herz gelegter Hand da. Sie hatten überall gedient, wenn auch keiner von ihnen im Gefängnis gesessen hatte wie Newell. Die Anklage der Vergewaltigung gegen Dardy war nach einer Untersuchung fallengelassen worden, und Westerveldt hatte Newell zu einer Versetzung verholfen, um ihm einen Neubeginn zu ermöglichen. Dann hatten Janas Eltern in der Tschechoslowakei Hilfe gebraucht, und Newell, immer noch Leutnant, hatte das Geld irgendwie besorgt und es ihnen geschickt. Janas Dankbarkeit kam von Herzen.

»O Gott, ich liebe dich!«, sagte sie.

Nackt saß sie auf ihm und begann, die eigenen Hinterbacken streichelnd, ihn zu reiten. Fast ohnmächtig lag er da. Es war eine Nacht, die er nie vergessen würde. Später wurde er angeklagt, Funkgeräte verkauft zu haben, die er aus der Versorgung gestohlen hatte. Bei der Kriegsgerichtsverhandlung blieb er stumm. Mehr als alles andere hätte er sich gewünscht, dort nicht in Uniform erscheinen zu müssen, sie war wie eine Dornenkrone. Er hatte die Uniform und die Silberstreifen des Offiziers und seinen Collegering dafür gegeben, sie zu besitzen. Unter den drei Briefen an das Gericht, die um Milde baten und für seinen Charakter bürgten, war einer von Westerveldt.

Obwohl er nur zu einem Jahr verurteilt worden war, wartete Jana nicht auf ihn. Sie zog zu einem Mann namens Rodriguez, dem ein paar Schönheitssalons gehörten. Sie war noch jung, sagte sie.

Die Frau, die Newell später heiratete, wusste nichts von alldem, oder fast nichts. Sie war älter als er, mit zwei erwachsenen Kindern und kranken Füßen, sie konnte nur kurze Strecken gehen, vom Auto zum Supermarkt. Sie wusste, dass er in der Armee gewesen war – es gab ein paar Fotos von ihm in Uniform, vor Jahren aufgenommen worden waren. »Das bist du«, sagte sie. »Was warst du denn damals?«

Newell war nicht mit den anderen zurückgegangen. Er hatte keinen Vorwand dafür. Hier war Arlington, und hier lagen sie alle, zum letzten Mal aufgereiht. Er konnte fast die fernen Klänge des »Adjutant's Call« hören. Er ging in Richtung der Straße, auf der sie gekommen waren. Mit einem zuerst leisen, dann rhythmischen Klappern kamen Pferdehufe hinter ihm her, ein Gespann von sechs Rappen mit drei sich gerade haltenden Reitern und der jetzt leeren Lafette, die den Sarg getragen hatte, die großen Speichenräder mahlten auf der Straße. Die Reiter mit ihren dunklen Kappen sahen ihn nicht an. Die Grabsteine zogen sich in dichten, ungebrochenen Linien die Hügelflanken entlang und zum Fluss hinunter, so weit er sehen konnte, immer in der gleichen Höhe, nur hier und da unterbrochen durch einen größeren grauen Stein, wie ein berittener Offizier unter Fußsoldaten. Im verblassenden Licht schienen sie zu warten, schicksalhaft, wie zu einem großen Angriff gesammelt. Einen Moment fand er den Anblick erhebend, den Gedanken an all diese Toten, die Geschichte der Nation, ihrer Menschen. Es war schwer, in Arlington begraben zu werden. Er würde da nie liegen, das hatte er schon vor langer Zeit aufgegeben. Er würde auch die Tage mit Jana nie wieder erleben. Er dachte in dem Moment an sie, daran, wie sie gewesen war, so schlank und jung. Er war ihr treu. Es war einseitig, aber das war genug.

Als sie am Ende alle mit der Hand auf dem Herzen dagestanden hatten, salutierte Newell energisch, ein wenig abseits, allein, gewissenhaft, als der Narr, der er immer gewesen war.

LETZTE NACHT

Walter Such war Übersetzer. Er schrieb gerne mit einem grünen Füllfederhalter, und er hatte die Gewohnheit, ihn nach jedem Satz leicht in die Luft zu erheben, fast als wäre seine Hand ein mechanisches Gerät. Er konnte Zeilen von Blok auf Russisch zitieren und dann Rilkes Übersetzung auf Deutsch wiedergeben, wobei er auf ihre Schönheit hinwies. Er war ein geselliger, aber manchmal auch empfindlicher Mann, der am Anfang ein wenig stotterte und der mit seiner Frau ein Leben führte, wie sie es mochten. Aber Marit, seine Frau, war krank.

Er saß mit Susanna, einer Freundin der Familie, zusammen. Schließlich hörten sie Marit auf der Treppe, und sie kam in das Zimmer. Sie trug ein rotes Seidenkleid, in dem sie immer sehr verführerisch gewesen war, mit ihren freien Brüsten und ihrem glatten dunklen Haar. In den weißen Drahtkörben in ihrem Schrank lagen Stapel von zusammengefalteten Kleidern, Unterwäsche, Sportsachen, Nachthemden, die Schuhe durcheinander auf dem Boden. Dinge, die sie nie wieder brauchen würde. Auch Schmuck, Armbänder und Halsketten, und eine lackierte Holzschachtel mit all ihren Ringen. Sie hatte die Ringe in der Schachtel lange durchgesehen und hatte sich mehrere ausgesucht. Sie wollte nicht, dass ihre Finger, die jetzt knochig waren, nackt wirkten.

»Du siehst wi-wirklich gut aus«, sagte ihr Mann.

»Ich hab das Gefühl, als wäre es mein erstes Rendezvous oder so was. Trinkt ihr was?«

»Ja.«

»Ich glaub, ich nehm auch einen. Viel Eis«, sagte sie.

Sie setzte sich.

»Ich hab keine Kraft mehr«, sagte sie, »das ist das Schrecklichste daran. Sie ist weg. Sie kommt nicht wieder. Ich mag noch nicht mal aufstehen und rumlaufen.«

»Das muss sehr schwierig sein«, sagte Susanna.

»Du weißt gar nicht, wie sehr.«

Walter kam mit dem Drink zurück und gab ihn ihr.

»Also, auf glückliche Tage«, sagte sie. Dann, als erinnerte sie sich plötzlich, lächelte sie sie an. Ein erschreckendes Lächeln. Es schien genau das Gegenteil zu bedeuten.

Es war die Nacht, in der es geschehen sollte. Sie hatten das zusammen entschieden. Auf einer Untertasse im Kühlschrank lag die Spritze. Ihr Arzt hatte den Inhalt geliefert. Aber vorher ein Abschiedsessen, wenn sie dazu in der Lage war. Es sollten nicht nur sie beide sein, hatte Marit gesagt. Ihr Instinkt. Sie hatten Susanna gebeten, statt anderer, die ihnen vielleicht näherstanden, aber auch voller Kummer waren, wie Marits Schwester zum Beispiel, mit der sie sich jedoch ohnehin nicht mehr so gut verstand, oder ältere Freunde. Susanna war jünger. Sie hatte ein breites Gesicht und eine hohe, reine Stirn. Sie sah aus wie die Tochter eines Professors oder eines Bankers, die sich ein wenig verirrt hatte. Wildes Mädchen, hatte einer ihrer Freunde über sie gesagt, mit einem gewissen Maß an Bewunderung.

Susanna, die einen kurzen Rock trug, war bereits ein wenig nervös. Es war schwer, so zu tun, als wäre dies ein ganz normales Abendessen. Es würde schwer werden, gelassen zu wirken und sie selbst zu sein. Sie war gekommen, als die Dämmerung hereinbrach. Das Haus mit seinen erleuchteten Fenstern – in jedem Raum schienen die Lampen zu brennen – hatte sich von allen anderen abgehoben wie ein Ort, an dem etwas Festliches geschah.

Marit besah sich die Gegenstände in dem Zimmer, die Fotos mit ihren Silberrahmen, die Lampen, die großen Bücher über den Surrealismus, über Landschaftsgärtnerei oder Landhäuser, mit denen sie sich immer hatte hinsetzen wollen, um sie zu lesen, die Sessel, selbst den Teppich mit seinen schönen verblichenen Farben. Sie sah sich das alles an, als wollte sie es sich einprägen, wo es doch in Wirklichkeit alles nichts bedeutete. Susannas langes Haar und ihre Frische bedeuteten etwas, wenn sie auch nicht sicher war, was.

Gewisse Erinnerungen sind das, was man mitnehmen möchte, dachte sie, Erinnerungen sogar noch vor Walter, aus der Zeit, als sie ein Mädchen war. Ihr Zuhause, nicht dieses, sondern das ursprüngliche mit ihrem Kinderbett, dem Fenster auf dem Treppenabsatz, von dem aus sie die wirbelnden Schneestürme längst vergangener Winter beobachtet hatte; ihr Vater, der sich über sie beugte, um ihr gute Nacht zu sagen; das Lampenlicht, in das ihre Mutter das Handgelenk hielt, um ein Armband zu schließen.

Jenes Zuhause. Der Rest war weniger dicht. Der Rest war ein langer Roman, der dem eigenen Leben ähnelte; man ging hindurch, ohne nachzudenken, und dann endete es eines Morgens: da waren die Blutflecken.

»Das hab ich viel getrunken«, sagte Marit nachdenklich.
»Drinks?«, sagte Susanna.
»Ja.«
»Über die Jahre, meinst du.«
»Ja, über die Jahre. Wie spät ist es inzwischen?«
»Viertel vor acht«, sagte ihr Mann.
»Sollen wir los?«
»Wann du willst«, sagte er. »Kein Grund zur Eile.«
»Ich habe keine Eile.«
Sie hatte eigentlich wenig Lust, aufzubrechen. Es war ein Schritt näher.
»Für wann haben wir reserviert?«, fragte sie.
»Wann immer wir wollen.«
»Dann lass uns los.«
Es saß im Uterus, und es hatte von dort auf die Lunge über-

gegriffen. Am Ende hatte sie es akzeptiert. Über dem quadratischen Ausschnitt ihres Kleides schien die blasse Haut Dunkelheit auszustrahlen. Sie war nicht mehr sie selbst. Was sie gewesen war, war verschwunden; es war ihr genommen worden. Die Veränderung war furchtbar, besonders im Gesicht. Sie hatte jetzt ein Gesicht, das für das Nachleben da war und für jene, die sie dort treffen würde. Es war hart für Walter, sich daran zu erinnern, wie sie früher gewesen war. Sie war fast schon eine andere Frau als jene, der er das feierliche Versprechen gegeben hatte, ihr zu helfen, wenn die Zeit kam.

Susanna saß hinten, als sie fuhren. Die Straßen waren leer. Sie kamen an Häusern vorbei, die im Erdgeschoss ein flackerndes bläuliches Licht zeigten. Marit schwieg. Sie empfand Trauer, aber auch ein Gefühl der Verwirrung. Sie versuchte, sich all das morgen vorzustellen, wenn sie nicht mehr da sein würde, um es zu sehen. Sie konnte sich das nicht vorstellen. Der Gedanke, dass die Welt morgen noch da sein würde, fiel ihr schwer.

Im Hotel warteten sie in der Nähe der Bar, an der es laut war. Männer ohne Jackett, Mädchen, die redeten oder laut lachten, Mädchen, die nichts wussten. An den Wänden hingen große französische Plakate, alte Drucke, in dunkel gewordenen Rahmen.

»Ich erkenne niemanden«, bemerkte Marit. »Zum Glück«, fügte sie hinzu.

Walter hatte ein redseliges Paar erblickt, das sie kannten, die Apthalls.

»Guck nicht hin«, sagte er. »Sie haben uns noch nicht gesehen. Ich besorg uns einen Tisch in dem anderen Raum.«

»Haben sie uns gesehen?«, fragte Marit, als sie sich setzten. »Ich hab keine Lust, mit jemandem zu reden.«

»Ist schon in Ordnung«, sagte er.

Der Kellner trug eine weiße Schürze und eine schwarze Fliege. Er gab ihnen die Speisekarte und die Weinkarte.

»Kann ich Ihnen etwas zu trinken bringen?«

»Ja, unbedingt«, sagte Walter. Er sah in die Karte, in der die Weine in der aufsteigenden Ordnung der Preise aufgeführt waren. Da war ein Cheval Blanc für fünfhundertfünfundsiebzig Dollar.

»Dieser Cheval Blanc, haben Sie den?«

»Den 1989er?«, fragte der Kellner.

»Bringen Sie uns eine Flasche.«

»Was ist Cheval Blanc? Ist das ein weißer?«, fragte Susanna, als der Kellner gegangen war.

»Nein, es ist ein roter«, sagte Walter.

»Weißt du, das war sehr nett von dir, heute Abend mitzukommen«, sagte Marit zu Susanna. »Es ist ein ganz besonderer Abend.«

»Ja.«

»Normalerweise bestellen wir keinen so guten Wein«, erklärte sie.

Sie beide hatten hier oft gegessen, gewöhnlich in der Nähe der Bar mit ihren schimmernden Flaschenreihen. Sie hatten noch nie Wein bestellt, der mehr als fünfunddreißig Dollar kostete.

Wie es ihr gehe, fragte Walter, während sie warteten. Ging es ihr ganz gut?

»Ich kann das nicht ausdrücken, wie es mir geht. Ich nehm Morphium«, sagte Marit zu Susanna, »das tut seinen Dienst, aber ...« Sie hielt inne. »Es gibt eine Menge Dinge, die einem nicht passieren sollten«, sagte sie.

Während des Essens waren sie still. Es war schwer, sich ungezwungen zu unterhalten. Sie tranken immerhin zwei Flaschen von dem Wein. Er würde nie wieder so gut trinken, dachte Walter unwillkürlich. Er schenkte Susanna den Rest der zweiten Flasche ein.

»Nein, ihr solltet das trinken«, sagte sie. »Es ist ja für euch.«

»Er hat genug gehabt«, sagte Marit. »Aber er war gut, was?«

»Fabelhaft.«

»Da versteht man erst, dass es Dinge gibt ... oh, ich weiß nicht, verschiedene Dinge. Es wär schön gewesen, so etwas immer zu trinken.« Sie sagte das auf eine Weise, die ungeheuer berührend war.

Sie fühlten sich alle besser. Sie saßen noch eine Weile da und brachen schließlich auf. An der Bar war es immer noch laut.

Marit starrte aus dem Fenster, während sie nach Hause fuhren. Sie war müde. Der Wind bewegte die Wipfel der schattenhaften Bäume. Am Nachthimmel waren strahlend blaue Wolken, die wie im Tageslicht schimmerten.

»Es ist sehr schön heute Nacht, nicht? Das fällt mir auf. Oder täusch ich mich?«

»Nein.« Walter räusperte sich. »Es ist schön.«

»Siehst du das auch?«, fragte sie Susanna. »Sicher siehst du es auch. Wie alt bist du? Ich vergess das immer.«

»Neunundzwanzig.«

»Neunundzwanzig«, sagte Marit. Sie schwieg ein paar Augenblicke. »Wir haben nie Kinder gehabt«, sagte sie. »Wünschst du dir Kinder?«

»Manchmal schon, ja. Ich hab darüber noch nicht so richtig nachgedacht. Ich glaube, darüber denkt man erst wirklich nach, wenn man verheiratet ist.«

»Du wirst heiraten.«

»Ja, vielleicht.«

»Du könntest jederzeit heiraten«, sagte Marit.

Sie war müde, als sie am Haus ankamen. Sie saßen zusammen im Wohnzimmer, als wären sie von einer großen Party zurückgekommen und noch nicht gleich schlafen gehen wollten. Walter dachte an das, was vor ihnen lag, an das Licht, das im Kühlschrank angehen würde, wenn er die Tür öffnete. Die Nadel der Spritze war scharf, die Stahlspitze schräg angeschnitten und wie eine Rasierklinge. Er würde eine Vene damit treffen müssen. Er versuchte, nicht weiter daran zu denken. Er würde das irgendwie schaffen. Er wurde immer nervöser.

»Ich weiß noch, meine Mutter«, sagte Marit. »Am Ende wollte sie mir so viel sagen, Dinge, die passiert waren, als ich Kind war. Rae Mahin hatte mit Teddy Hudner geschlafen. Und Anne Herring auch. Sie waren beide verheiratet. Teddy Hudner war nicht verheiratet. Er arbeitete in der Werbung und spielte immer Golf. Meine Mutter redete immer weiter darüber, wer mit wem geschlafen hatte. Das war es, was sie mir am Ende erzählen wollte. Zu der Zeit war Rae Mahin natürlich eine Berühmtheit.«

Dann sagte Marit: »Ich glaube, ich geh jetzt rauf.«

Sie stand auf.

»Ich schaff das schon«, sagte sie zu ihrem Mann. »Bleib ruhig noch hier. Gute Nacht, Susanna.«

Als nur noch sie beide da waren, sagte Susanna: »Ich muss los.«

»Nein, noch nicht. Geh bitte noch nicht. Bleib hier.«

Sie schüttelte den Kopf. »Ich kann nicht«, sagte sie.

»Bitte, du musst hierbleiben. Ich geh gleich rauf, aber wenn ich wieder runterkomme, kann ich nicht alleine sein. Bitte.«

Sie schwieg.

»Susanna.«

Sie saßen da, ohne etwas zu sagen.

»Ich weiß, dass du das alles durchdacht hast«, sagte sie.

»Ja, das hab ich wirklich.«

Nach ein paar Minuten sah Walter auf die Uhr; er wollte etwas sagen, tat es dann aber nicht. Ein wenig später sah er wieder auf die Uhr; dann ging er hinaus.

Die Küche hatte die Form eines L, altmodisch und ungeplant, mit einem weißen Emailspülbecken und oft übergestrichenen Holzschränken. In den Sommern hatten sie hier eingemacht, als unten an der Treppe zu den Gleisen des Bahnhofs Erdbeeren verkauft wurden, kistenweise unvergessliche Erdbeeren, die wie Parfum dufteten. Sie hatten noch ein paar Gläser davon. Er ging zum Kühlschrank und machte die Tür auf.

Da war sie, die kleinen eingeritzten Linien auf der Längsseite. Es waren zehn Kubikmilliliter. Er versuchte, sich etwas auszudenken, was das verhinderte, was er jetzt tun musste. Wenn er die Spritze fallen ließ, sie irgendwie zerbrach. Er konnte sagen, seine Hand hätte gezittert ...

Er nahm die Untertasse und bedeckte sie mit einem Geschirrtuch. Das machte es noch schlimmer. Er legte es weg und nahm die Spritze in die Hand, hielt sie auf unterschiedliche Weise – legte die Hand mit ihr schließlich an sein Hosenbein, verbarg sie fast. Er fühlte sich so leicht wie ein Blatt Papier, ohne jede Kraft.

Marit hatte sich vorbereitet. Sie hatte sich die Augen geschminkt und ein elfenbeinfarbenes Nachthemd aus Satin angezogen, das am Rücken ausgeschnitten war. Es war das Gewand, das sie in der nächsten Welt tragen würde. Sie hatte sich bemüht, an ein Leben nach dem Tod zu glauben. Man fuhr in einem Nachen hinüber, etwas, woran die Alten mit Gewissheit geglaubt hatten. Auf ihren Schlüsselbeinen lagen die Stränge einer Silberkette. Sie war müde. Der Wein hatte gewirkt, aber sie war nicht ruhig.

Walter blieb in der Tür stehen, als wartete er auf Erlaubnis. Sie sah ihn schweigend an. Er hatte die Spritze in der Hand, das sah sie. Ihr Herz pochte nervös, aber sie war entschlossen, das nicht zu zeigen.

»Also, Liebling«, sagte sie.

Er versuchte zu antworten. Sie hatte frischen Lippenstift aufgelegt, sah er; ihr Mund wirkte dunkel. Da lagen ein paar Fotos, die sie im Bett um sich herum ausgebreitet hatte.

»Komm rein.«

»Nein, ich komm gleich wieder«, brachte er heraus.

Er lief hinunter. Er würde versagen; er musste etwas trinken. Das Wohnzimmer war leer. Susanna war gegangen. Er hatte sich noch nie so gänzlich allein gefühlt. Er ging in die Küche, goss Wodka, geruchlos und klar, in ein Glas und trank ihn schnell. Er ging langsam wieder hinauf und setzte sich neben seine Frau auf das Bett. Der Wodka machte ihn betrunken. Er war nicht ganz bei sich.

»Walter«, sagte sie.

»Ja?«

»Was wir tun, ist richtig.«

Sie nahm seine Hand. Das erschreckte ihn irgendwie, als könnte es bedeuten, dass sie ihn bat, mit ihr zu kommen.

»Du weißt doch«, sagte sie mit ruhiger Stimme, »ich habe niemand auf der Welt mehr geliebt als dich – es klingt rührselig, ich weiß.«

»Ach, Marit!«, rief er aus.

»Hast du mich geliebt?«

Sein Magen drehte sich vor Verzweiflung um.

»Ja«, sagte er. »Ja!«

»Pass auf dich auf.«

»Ja.«

Er war gesund, in der Tat, vielleicht ein bisschen schwerer, als er sein sollte, aber dennoch ... Sein rundlicher Gelehrtenbauch war von einer Schicht weicher dunkler Haare bedeckt, seine Hände und Nägel waren gepflegt.

Sie beugte sich vor und umarmte ihn. Sie küsste ihn. Einen Moment lang hatte sie keine Angst. Sie würde wieder leben, wieder jung sein, wie sie es einst gewesen war. Sie hielt ihm ihren Arm hin. Auf der Innenseite waren zwei Adern in der Farbe von Grünspan zu sehen. Er begann zu drücken, um sie hervortreten zu lassen. Sein Kopf war abgewandt.

»Weißt du noch«, sagte sie zu ihm, »wie ich bei Bates gearbeitet habe und wir uns das erste Mal gesehen haben? Ich wusste es sofort.«

Die Spritze zitterte, als er versuchte, sie richtig zu halten.

»Ich habe Glück gehabt«, sagte sie. »Ich habe großes Glück gehabt.«

Er atmete kaum. Er wartete, aber sie sagte nichts mehr.

Kaum glaubend, was er da tat, stieß er die Nadel hinein – es geschah mühelos – und injizierte den Inhalt langsam. Er hörte sie seufzen. Ihre Augen waren geschlossen, als sie sich zurücklegte. Ihr Gesicht war friedvoll. Sie hatte sich eingeschifft. Mein Gott, dachte er, mein Gott. Er hatte sie gekannt, als sie in den Zwanzigern war, langbeinig und unschuldig. Jetzt hatte er sie, wie in einer Bestattung zur See, dem Fluss der Zeit übergeben. Ihre Hand war noch warm. Er nahm sie und hielt sie an seine Lippen. Er zog ihr die Bettdecke über die Beine. Das Haus war unglaublich still. Es war in ein Schweigen gefallen, das Schweigen einer tödlichen Handlung. Er konnte den Wind nicht hören.

Er ging langsam hinunter. Ein Gefühl der Erleichterung überkam ihn, enorme Erleichterung und Trauer. Draußen füllten die monumentalen blauen Wolken die Nacht. Er stand ein paar Minuten da, dann sah er Susanna, die reglos in ihrem Wagen saß. Sie ließ das Fenster herunter, als er auf sie zukam.

»Du bist nicht weggefahren«, sagte er.

»Ich konnte nicht im Haus bleiben.«

»Es ist vorbei«, sagte er. »Komm rein. Ich mach uns was zu trinken.«

Sie stand mit ihm in der Küche, die Arme über der Brust verschränkt, eine Hand an jedem Ellenbogen.

»Es war nicht schrecklich«, sagte er. »Ich fühl mich nur so ... ich weiß nicht.«

Im Stehen tranken sie.

»Wollte sie wirklich, dass ich dabei bin?«, sagte Susanna.

»Liebling, *sie* hat das vorgeschlagen. Sie wusste nichts.«

»Das frag ich mich.«

»Glaub mir. Nichts.«

Sie setzte ihr Glas ab.

»Nein. Trink«, sagte er. »Es hilft.«

»Ich fühl mich komisch.«

»Komisch? Ist dir übel?«

»Ich weiß nicht.«

»Nicht übergeben! Komm mit. Warte, ich hol dir ein Glas Wasser.«

Sie konzentrierte sich darauf, gleichmäßig zu atmen.

»Leg dich lieber ein bisschen hin«, sagte er.

»Nein, es geht schon.«

»Komm.«

Er führte sie, in ihrem kurzen Rock und ihrer Bluse, in ein Zimmer, das hinter der Haustür seitlich abging, und setzte sie aufs Bett. Sie atmete langsam und tief.

»Susanna.«

»Ja.«

»Ich brauche dich.«

Sie hörte ihn kaum. Ihr Kopf war zurückgelegt wie der einer Frau, die sich nach Gott sehnte.

»Ich hätte nicht so viel trinken dürfen«, murmelte sie.

Er begann, ihre Bluse aufzuknöpfen.

»Nein«, sagte sie und versuchte, sie wieder zuzuknöpfen.

Er machte ihren Büstenhalter auf. Ihre herrlichen Brüste kamen zum Vorschein. Er konnte die Augen nicht von ihnen abwenden. Er küsste sie leidenschaftlich. Sie fühlte sich zur Seite bewegt, als er die Bettdecke unter ihr wegzog. Sie versuchte, wieder zu sprechen, aber er legte ihr die Hand auf den Mund und drückte sie herunter. Er verschlang sie, am Ende wie vor Furcht bebend und sie fest an sich drückend. Sie fielen in einen tiefen Schlaf.

Ganz früh am Morgen war das Licht klar und intensiv. Das Haus, auf das es fiel, wurde noch weißer. Es hob sich von den Nachbarhäusern ab, reiner und heiterer als sie. Der Schatten einer hohen Ulme, die neben dem Haus stand, lag wie von einem spitzen Bleistift gezeichnet auf ihm. Die hellen Vorhänge hingen unbeweglich. Nichts rührte sich im Innern. Hinter dem Haus war der weite Rasen, über den Susanna bei einer Gartenbesichtigung geschlendert war, an dem Tag, als er sie das erste Mal gesehen hatte, mit ihrer guten Figur, hoch gewachsen. Es war ein Bild, das er nicht wieder losgeworden war, auch wenn das andere erst später begonnen hatte, als sie kam, um den Garten mit Marit umzugestalten.

Sie saßen am Tisch und tranken Kaffee. Sie waren wie Komplizen, noch nicht lange auf, und sie sahen einander nicht zu genau an. Walter bewunderte sie dennoch. Ohne Make-up war sie noch attraktiver. Ihr langes Haar war nicht gekämmt. Sie schien sehr zugänglich. Er musste Anrufe machen, aber er dachte nicht daran. Es war noch zu früh. Er dachte über diesen Tag hinaus. An die Morgenstunden, die kamen. Zuerst hörte er das Geräusch hinter sich kaum. Es war ein Fußtritt und dann, langsam, noch einer – Susanna wurde weiß –, als Marit unsicher die Treppe herunterkam. Das Make-up auf ihrem Gesicht war schal und der dunkle Lippenstift hatte Risse. Er starrte sie ungläubig an.

»Da muss was verkehrt gewesen sein«, sagte sie.

»Geht es dir gut?«, fragte er töricht.

»Nein, du musst was falsch gemacht haben.«

»Oh Gott«, murmelte Walter.

Sie setzte sich schwach auf die unterste Stufe. Sie schien Susanna gar nicht wahrzunehmen.

»Ich dachte, du wolltest mir helfen«, sagte sie und begann zu weinen.

»Ich versteh das nicht«, sagte er.

»Es ist alles verkehrt«, wiederholte sie. Dann, zu Susanna: »Du bist noch hier?«

»Ich wollte gerade gehen«, sagte Susanna.

»Ich versteh das nicht«, sagte Walter noch einmal.

»Ich muss das alles noch mal machen«, schluchzte Marit.

»Es tut mir leid«, sagte er. »Es tut mir so leid.«

Er wusste nicht, was er noch sagen sollte. Susanna war gegangen, um ihre Anziehsachen zu holen. Sie ging durch die Haustür hinaus.

So kam es, dass sie und Walter sich trennten. Nachdem sie von seiner Frau überrascht wurden. Sie trafen sich danach zwar noch zwei oder drei Mal, er hatte darauf bestanden, aber es hatte keinen Zweck. Was immer Menschen zusammenhält, war verschwunden. Sie sagte ihm, dass sie es nicht ändern konnte. Es war, wie es war.

**Kapnick Distinguished
Writer-in-Residence Lecture**

ERSTE VORLESUNG
DIE KUNST DER LITERATUR

Bekanntlich fallen Menschen bisweilen beim Anblick gewisser Dinge oder beim Hören irgendwelcher Neuigkeiten oder der Stimme eines lange tot Geglaubten in Ohnmacht, aber niemand wird beim Lesen eines Buches ohnmächtig. Was nicht heißt, dass Bücher keine Wirkung haben; sie haben eine andere Art von Wirkung. Sie sehen oder hören nichts, wenn Sie lesen, aber Sie meinen, Sie täten es. Ich glaube mich in Französisch-Indochina, als ich *Der Liebhaber* von Marguerite Duras las. Ich sah die breiten, von Bäumen gesäumten Boulevards, die weißen Anzüge, das Chinesische Viertel. Ich kannte ihre Mutter und ihren Bruder, ich kannte den faszinierenden nackten Leib von Helene Lagonelle, der leidenschaftlichen Liebhaberin, und ich wusste um die Tatsache, dass alles dies lange zurücklag und sich doch im Gesicht der Frau, die das geschrieben hatte, finden ließe. Das Buch ist in der ersten Person verfasst. Es ist ein Bekenntnis und doch nur erfunden, aber ich habe es geglaubt. Es wurde Teil meiner Geschichte der Welt.

Hier ein paar Zeilen von François Mauriac:

> »Eines Tages betrat ein fünfzehnjähriger Junge namens Paul Bourget eine Bücherei in der rue Soufflot und fragte nach dem ersten Band von ›Vater Goriot‹. Es war ein Uhr, als er mit der Lektüre begann. Es war sieben, als der junge Paul

wieder auf die Straße trat – er hatte das gesamte Buch gelesen. ›Die Sinnestäuschung, die sich während der Lektüre einstellte, war so gewaltig‹, schrieb Bourget, ›dass ich taumelte ... Die Intensität des Traumes, in den Balzac mich hineingezogen hatte, rief Wirkungen bei mir hervor, die denen des Alkohols oder des Opiums vergleichbar sind. Es bedurfte einiger Minuten, bis ich die Wirklichkeit jener Dinge, die mich und mein armseliges Leben betrafen, wieder zu erfassen in der Lage war.‹«

Balzac hatte, wie Sie vermutlich wissen, eine Reihe belangloser Romane unter verschiedenen Pseudonymen geschrieben, ehe er in jene überwältigende zwanzigjährige Periode eintrat, während derer er unter eigenem Namen etwa neunzig Romane veröffentlichte, darunter zahlreiche Meisterwerke, zu denen auch *Vater Goriot* gehört.

Es gibt Schriftsteller, die über die Fähigkeit verfügen, ein Wort mit einem anderen oder mehrere Wörter miteinander in eine Abfolge zu bringen, die die Vorstellungswelt des Lesers erblühen lässt oder Dinge so treffend beschreibt, dass diese für den Leser der Wirklichkeit nahekommen oder ihr entsprechen. Das ist nicht allein darauf zurückzuführen, dass sie gut beobachtet sind; es liegt auch an der Art, wie sie geschildert werden.

Goriot ist ein alter Mann, einst erfolgreich und wohlhabend mit zwei wunderschönen Töchtern, die er vergöttert und für die er alles zu tun bereit ist, wozu auch das Arrangement der vorteilhaftesten Heiraten gehört. Es verhält sich ein wenig wie bei König Lear – er gibt ihnen alles und sie erweisen sich als undankbar und über die Maßen selbstsüchtig. Am Ende hat er nicht einmal mehr Zutritt zu ihren prächtigen Häusern, er lebt verarmt im obersten Stockwerk einer drittklassigen Pension, der Maison Vauquer, wo er als ein Niemand gilt, und doch bleibt er seinen gefühllosen Töchtern, von deren Existenz übrigens niemand etwas weiß, in Liebe zugetan.

Jede Einzelheit in dieser Pension, jedes Zimmer samt seiner Möblierung, jeder Bewohner ist meisterhaft beschrieben und wird zusätzlich getragen von Balzacs Beharren darauf, dass alles dies WAHR SEI. Diese gesamte Geschichte des korrupten, glamourösen, wimmelnden Paris des 19. Jahrhunderts, dieses stinkenden Pfuhls und eleganten Paradieses, ist in jeder Hinsicht wahr.

Wir betreten also das Speisezimmer des Maison Vauquer mit seinen Wänden von einer mittlerweile undefinierbaren Farbe, mit seinen angeschlagenen und schmutzigen Karaffen, den Tellerstapeln auf klebrigen Anrichten, den weinfleckigen Servietten der Bewohner in einer Schachtel. Auf dem Tisch eine fettige Wachsdecke, die geflochtenen Sets in fast vollständiger Auflösung, und die Stühle wacklig und mit gebrochenen Lehnen.

»Kurzum: Es herrscht dort ein Elend ohne alle Romantik, ein knickeriges konzentriertes fadenscheiniges Elend. Wenn es auch noch nicht im Schmutz ertrinkt, so hat es doch schon Flecke; wenn es auch weder Löcher noch Lumpen aufweist, so droht ihm doch der Verfall in Moder.
In seinem vollen Glanze zeigt sich der Raum in dem Augenblick, da morgens gegen sieben Uhr Madame Vauquers Kater vor seiner Herrin hereinkommt.«

In diesem Potpourri des Niedergangs wird die Kaskade an Details, werden die Perspektivwechsel, wird die direkte Ansprache des Lesers, der genial prüfende Blick, wird alles dies als eine Art Fanfare benutzt, um den pseudomajestätischen Auftritt einer der Hauptfiguren, von Madame Vauquer nämlich, der Besitzerin höchstselbst, anzukündigen. Wie eine alte Schauspielerin kommt sie in zerschlissenen Pantoffeln hereingeschlurft, die Tüllhaube schief auf dem Kopf, eine Vorgängerin unserer eigenen Friseurinnen und gefallenen Schönheitsköniginnen. Es folgt eine ganze Seite mit einer großartigen Beschreibung ihrer

Erscheinung, die ich hier nicht ganz zitieren werde, die aber mit folgendem Satz beginnt:

> »Ihr ältliches, schwammiges Gesicht, in dessen Mitte eine Papageiennase hervorspringt, ihr allzusehr gefülltes, wogendes Mieder passen vollauf zu diesem Raum, in den das Elend hineinsickert, in dem die Gewinnsucht kauert und dessen warme, abgestandene Luft Madame Vauquer atmet, ohne den mindesten Ekel zu empfinden.«[1]

Schriftsteller vor Balzac hatten die Details des Alltagslebens, die er so begierig versammelte und derer er sich als wesentliches Mittel bediente, um die Wahrheit zu schildern, ausgespart – sie galten ihnen als vulgär und uninteressant. Er hat das Tor zu dieser Welt geöffnet.

Ich lese aus Freude am Lesen. Mich zwingt niemand, irgendetwas zu lesen, und ich fühle mich nicht gezwungen, irgendetwas zu lesen, auch wenn es bestimmte Bücher gibt, die ich gerne noch lesen möchte, bevor ich sterbe, aus welchem Grunde, kann ich schwer sagen. Ich würde mich sonst unvollständig fühlen, nicht wirklich bereit. Ich möchte gern *Die Schwestern Makioka* von Junichiro Tanizaki lesen. Ich möchte die *Siebenbürger Trilogie* von Miklós Bánffy lesen, und *Die Schlafwandler* von Hermann Broch. Ich sehe mich am Ende so lesen, wie Edmund Wilson in seinen letzten Tagen Hebräisch gelernt hat, mit einer Sauerstoffflasche am Fußende des Bettes.

Natürlich gibt es immer mal wieder Bücher, die ich mir, wenn ich sie auch nicht lese, aus reiner Neugierde anschaue oder weil es mich interessiert, wie sie geschrieben sind. Ich muss das nicht wirklich unbedingt wissen, aber es juckt mich.

Ich habe mich im Laufe der Jahre nie für längere Zeit wirklich vertraut oder wohl gefühlt mit Menschen, die nicht lesen oder nie gelesen haben. Für mich ist das etwas Wesentliches.

Andernfalls fehlt ihnen etwas, Allgemeinwissen, historisches Bewusstsein, eine Art Grundstellung. Bücher sind Passwörter. Film ist zu einfach. Vielleicht irre ich mich.

Ich war irgendwann in einer lauten Bar und ein Mann kam zu mir – das war in meiner Heimatstadt – und sagte etwas zu mir, das ich nicht verstand, dann beugte er sich näher an mein Ohr und wiederholte, »Was halten sie von Neruda?«. Ich hatte keine klare Meinung über Neruda, aber irgendetwas berührte mich an diesem schlichten Versuch, sich anzufreunden. Später las ich Neruda, was ich sonst wahrscheinlich oder bestimmt nicht getan hätte.

Es ist unmöglich, alles zu lesen. Ganz gleich, wie belesen jemand ist, es wird immer zahllose grundlegende oder auch weniger anerkannte Bücher geben, die ungelesen bleiben, die gelesen werden sollten oder die, wie ein bibliophiler Freund, Jacques Bonnet, es ausdrückt, irgendwann gelesen werden müssen. Und dann stößt man andauernd auf interessant klingende Autoren, von denen man noch nie gehört hatte. Es ist Bonnet zu verdanken, dass ich Kafu Nagai, *Der Fluß Sumida*, und zwei oder drei andere Schriftsteller gelesen habe. Es gibt einfach zu viel zu lesen, und daran wird sich auch nie etwas ändern.

An die Bücher, die ich gelesen und gemocht habe, kann ich mich gut erinnern, und zu ihren Autoren ist eine Art von Beziehung entstanden. Ich denke, vielen Lesern geht das ähnlich. Wenn das Buch gut ist, muss auch sein Verfasser gut sein. Das Gefühl reicht von Bewunderung oder Schwärmerei bis, in manchen Fällen, hin zu Verehrung. Ich habe zu viele Schriftsteller kennengelernt, um auf die Idee zu kommen, sie zu verehren, aber ich kann nachvollziehen, dass andere Menschen Derartiges empfinden. Man wird andauernd nach den Namen von Schriftstellern gefragt, die einem gefallen oder die einen beeinflusst haben, und ich habe irgendwie nie die entsprechende Liste parat, aber auf dieser Liste stünden eine Reihe von Autoren, die mir ein Schriftsteller namens Robert Phelps ans Herz gelegt hat, als ich ihn in New York kennenlernte. Das muss 1969 gewesen sein. Ich war 44 Jahre alt und hatte irgendwo ganz woanders, hatte auch nicht im Ansatz ein literarisches Leben gelebt.

Wie es der Zufall wollte, war ›Literarisches Leben‹ – *The Literary Life* – der Titel eines Buches, das Phelps zusammen mit Peter Dean geschrieben hatte, eine mit Fotos illustrierte Geschichte der Jahre von 1900 bis 1950, die um Bücher, literarische Ereignisse und Schriftsteller in ihrem öffentlichen und ihrem Privatleben kreiste. Ich fand es ein unwiderstehliches Buch. Ich war Schriftsteller, und im zweiten Band, der sich mit den Jahren von 1950 bis 2000 beschäftigte, wollte ich vorkommen, aber aus unterschiedlichen Gründen, zu denen auch sein Tod gehörte, hat Phelps es nie geschrieben. Aber er hat mich unter seine Fittiche genommen. Er hielt damals an der *New School* die Vorlesung in Vergleichender Literaturwissenschaft, die ich besuchte.

Phelps und seine Frau, die Malerin Rosemary Beck, lebten in einer kleinen Wohnung, deren zwei Zimmer durch eine Küche verbunden waren. In ihrem Schlafzimmer stand ein kleiner Tisch, an dem sie bisweilen aßen, und das andere Zimmer war eine Art Atelier, dessen eine Hälfte von ihr genutzt wurde, und die andere, sauber abgegrenzt, von ihm. Es gab nur ein einziges Bücherregal, und das stand ausgerechnet in ihrer Hälfte, und auch ein Teil der Bücher gehörte ihr. Die Zahl der Bücher, die er besaß, war also strikt begrenzt, es waren vielleicht dreißig oder fünfunddreißig – die Anzahl Bücher auf jedem einzelnen Regal in der unendlichen Bibliothek von Babel, die Borges als Metapher für das Universum beschreibt, und jedes dieser Bücher konnte jederzeit durch ein anderes Buch ersetzt werden, das Phelps liebte oder als für ihn wertvoller erachtete. Bücher, die ausgemustert worden waren und sämtliche Rezensionsexemplare und Bücher, die keine Chance auf einen Platz im Regal gehabt hatten, wanderten in den Strand Bookstore ganz in der Nähe, oder sie wurden im Flur gestapelt und jeder konnte sich bedienen.

Die Wohnung der Phelps im obersten Stockwerk erinnerte mich an Paris. Vielleicht was es sein Werk, das diese Assoziation in mir weckte. Seine Vorliebe und sein Fachwissen richteten sich vorwiegend auf die französische Literatur. Er hatte aus langen Sektionen, die er ihren Romanen und Sachbüchern entnommen hatte, eine Autobiografie von Colette, *Die Erde mein Paradies*, zusammengestellt. Auch verfasste er eine illustrierte Biografie über sie und eine traditionelle Jean-Cocteau-Biografie. Sein Verlag war Farrar, Straus & Giroux, dessen Büros nur ein paar Straßen entfernt lagen.

Phelps sprach von Straus, dem Verleger, immer nur als Roger, und später, als es danach aussah, dass er auch mich verlegen würde, von Unserem Roger. Damals schrieb ich an einem Roman. Ich war mit meiner Frau zerstritten; wir sprachen kaum noch miteinander, und ich dachte zurück an die Zeit, als wir glücklich miteinander gewesen waren – nicht in erster Linie, um mich an diese Zeit zu erinnern, sondern daran, wie ich mich an sie erinnerte und auch, welche Dinge es waren, an die ich mich erinnerte. Ich schrieb über jene Zeit, die zehn Jahre zurücklag, genauso, wie ich sie in mir abgespeichert hatte, und insbesondere über jene Zeit, da wir mit einem Paar befreundet waren, und über die Frau, die mich faszinierte und die mit einer Geste, an die ich mich gut erinnerte, jedes Mal, wenn sie kochte, ihren Ehering vom Finger zog und auf den Küchentresen legte. Ich spürte, dass ich im Grunde über sie schrieb.

Jahre später erzählte mir eine Schriftstellerin, sie habe das Buch so sehr gemocht, dass sie sich ein Wort daraus auf den Finger habe tätowieren lassen, an die Stelle, wo ihr eigener Ehering seinen Platz hätte.

Welches Wort, fragte ich sie.

Sie zeigte mir ihren Finger.

Das Wort war »inimitable« – unnachahmlich.

Bis zu dem Moment, da ich Robert Phelps kennenlernte, hatte ich mir alles, was ich wusste, selbst beigebracht. Ich hatte meinen Geschmack selbst ausgebildet, und er verfeinerte ihn, indem er mich mit neuen Schriftstellern bekannt machte und viele der alten in ein neues Licht rückte. Ich vertraute ihm.

Einer der Schriftsteller, die er mir empfahl – er schrieb mir die Titel von drei seiner Geschichten auf –, war der russische Autor Isaak Babel.

»Lies diese zuerst«, sagte er. Es war die Geschichte mit dem Titel *Meine erste Gans*.

Ich vermute, dass Sie mehr wissen als ich damals, aber von der Existenz eines Schriftstellers wie Isaak Babel hatte ich schlicht keine Ahnung. In den 1920er-Jahren schrieb er Kurzgeschichten und Theaterstücke, und 1940 wurde er vom NKWD hingerichtet. Seine Geschichten drehen sich im Wesentlichen um das Leben in Odessa, wo er seine Kindheit verbrachte, und um seine Zeit als Reporter in der Roten Armee auf deren Feldzug gegen Polen 1920. Es ist schwierig, die Kraft zu beschreiben, die von diesen Geschichten ausgeht. Sie vermag es, den Leser zu überraschen und zu bewegen. Sie sind zu einer atemberaubenden Intensität verdichtet. Babel ist ein unaufdringlicher Schreiber. Er selbst tritt hinter die Geschichte zurück und erlaubt es ihr, sich zu ihrem eigenen Ende hin zu entwickeln, manchmal auf erstaunliche Weise. Er ist ein kleiner Mann mit Brille, der die Reiterarmee als Reporter begleitet und dem es auf unerklärliche Weise gelingt, das Gemetzel rings um ihn herum mit der Nachsicht Gottes zu betrachten – Borges hat über seinen Stil bemerkt, dass er eine Pracht entfalte, die eigentlich dem Gedicht vorbehalten und in der Prosa nur selten anzutreffen ist. Alles das reicht er dem Leser dar. Es gleicht einer Handvoll Radium – ein Strahlen, das man sich nicht hatte träumen lassen.

Unermüdlich überarbeitete Babel seine Geschichten wieder und wieder. Er sagte, in jedem Satz gebe es eine Art Hebel, auf den man seine Hand legen und den man nur ganz leicht drehen müsse, genau im richtigen Grad, nicht zu viel und nicht zu wenig, und schon landete alles auf dem richtigen Platz. Sie können sich das vielleicht nicht vorstellen, aber an seinen Sätzen können Sie es sehen.

Er hat auch den unvergesslichen Satz gesagt, dass kein Stahl dem Herzen des Menschen einen solchen Stich versetzen könne wie ein genau an der richtigen Stelle gesetzter Punkt.

Ich habe Babels Geschichten wieder und wieder gelesen. Eine, *Dantestraße*, spielt in Paris. Eine heißt *Guy de Maupassant*, obwohl Maupassant darin nicht vorkommt. Babel ist einige Male nach Italien und Frankreich gereist und wäre gern länger geblieben, aber allzu ausgedehnte Auslandsreisen erweckten Verdacht, sodass er schließlich in die Sowjetunion zurückkehrte. Er schrieb weiter, wurde aber mehr und mehr an den Rand gedrängt und war vielleicht ein allzu offenherziger Freidenker. Er wurde überraschend verhaftet, ins Gefängnis gesteckt und der Spionage beschuldigt – schwerwiegende Vorwürfe, gegen die es in der Sowjetunion keine Möglichkeit der Verteidigung gab – und dann eines Nachts in den Gefängniskellern verurteilt und am folgenden Tag hingerichtet. Seine sämtlichen unvollendeten Manuskripte und sonstigen Papiere wurden am Tag seiner Festnahme konfisziert und sind nie wieder aufgetaucht.

Der Roman, den ich geschrieben hatte, *Lichtjahre*, erwies sich als kein Erfolg. Er erhielt eine vernichtende und dann eine zweite, indifferente Besprechung in der *Times*, und niemand zeigte Interesse, ihn in Schutz zu nehmen. Mein Lektor bei Random House rief mich an, um es mir zu erzählen Es sei eine schlechte Besprechung, sagte er.

Tatsächlich? Wie schlecht?

Sehr schlecht.

Gibt's denn trotzdem irgendeinen Halbsatz darin, oder eine kurze Formulierung, irgendwas, was sich in einer Anzeige verwenden ließe?

Nein, sagte er.

Es gibt kaum einen Schriftsteller, der nicht irgendwann einmal mit Ablehnung konfrontiert ist, und das Buch war schließlich kein Heiligtum, auch wenn es mir selbst heilig war. Aber das ist eine philosophische Betrachtungsweise, die damals von keinerlei Nutzen war. Philosophie ist ein langsam wirkendes Mittel.

Natürlich gab es Menschen, denen das Buch gefiel; es gibt immer ein paar solche Menschen, und vielleicht hatten sie recht – aber was Ablehnung angeht, so war dies die einzige, die mich dermaßen geschmerzt hat. Ich hätte mich wohl Hals über Kopf in die Arbeit stürzen können, um über die Sache wegzukommen. Ich hätte ein neues Buch anfangen können, aber meine Leidenschaft schien erschöpft zu sein. Ich hatte fünf Jahre an dem Buch geschrieben. Ich hatte mich aufgezehrt. Stattdessen fuhr ich nach Frankreich, wo man immer glauben kann, dass es sich lohnt, Schriftsteller zu sein, und wo ich immer gut hatte schreiben können. Nicht alle Schriftsteller mögen Frankreich – in der Tat glaube ich, dass Frankreich viel zu sehr geliebt worden ist, das grenzt inzwischen an einen Affekt –, aber ich habe mich dort immer wohlgefühlt.

Babel hat nie einen Roman geschrieben. Der Roman ist eine Gattung, für die er sich nicht eignete. Der Roman ist in meinen Augen eine Erzählung von einer gewissen Länge und nur stellenweise knapp gefasst. Vielleicht sollte er auch über ein gewisses Maß an sozialer Matrix oder Relevanz verfügen, sollte Aspekte eines werteorientierten Lebens enthalten, wie E. M. Forster es ausdrückt, aber das scheint mir nicht unbedingt notwendig.

In den vergangenen zweihundert Jahren, während derer sich der Roman zur vorherrschenden literarischen Gattung entwickelt hat, sind Romanautoren ganz generell zu den wichtigsten literarischen Subjekten geworden. Orhan Pamuk hat, inspiriert durch Schillers richtungsweisenden Essay »Über naive und sentimentalische Dichtung«, die Schriftsteller in eben diese beiden Gruppen eingeteilt, die Naiven und die Sentimentalen. Mit naiv meint er Schriftsteller, die natürlich sind, wie sprudelnde Quellen, spontan, ohne ein Bewusstsein davon, wie sie schreiben, es fließt aus ihnen heraus, und zu dieser Kategorie rechnet er Dante, Shakespeare, Cervantes, Sterne und Goethe. Die sentimentalen Schriftsteller hingegen sehen sich mit den verschiedensten Problemen in Fragen von Stil und Technik konfrontiert und scheinen infolgedessen, ähnlich wie fleißige langsamere Studenten, den Gesegneteren immer ein paar Schritte hinterherzuhinken. Zu dieser Gruppe zählen Tolstoi, Gogol, Virginia Woolf, Thomas Mann und so ziemlich jeder sonst. Auf jeden Fall würde, ganz vornean, Flaubert zu dieser Gruppe gehören.

Flaubert begann 1851, ein Jahr nach Balzacs Tod, mit der Arbeit an *Madame Bovary*. Er war fast dreißig Jahre alt. Er bewunderte Balzac; sie waren beide Realisten. An *Madame Bovary*, dem späteren ikonischen Roman des Realismus, schrieb er viereinhalb Jahre. Woher die Idee zu dem Roman stammte, wie weit sie auf einem aktuellen Fall oder auf einem Fall und einer Fallgeschichte basierte, all das sind interessante Themen, doch ich möchte über Flaubert und seine Methoden sprechen, über seine Arbeitsweise und seine Hoffnungen und Intentionen.

Flaubert war Junggeselle. Er hat nie geheiratet. Er wohnte sein Leben lang in dem behaglichen Haus seiner Familie in Croisset, einem Städtchen in unmittelbarer Nähe von Rouen, mit einem großen Garten und Blick auf den Fluss. Es gab Personal. Er lebte zusammen mit seiner Mutter und einer jungen Nichte, Caroline, der er zugetan war. Er reiste wenig, gelegentlich nach Paris, um aus dem Haus zu kommen oder um Freunde zu sehen, und einmal mit Maxime du Camp, einem Freund, nach Ägypten. Er führte ein ganz und gar bürgerliches Leben, obwohl er alles Bürgerliche verachtete. Der Schleim des Bourgeois, so sagte er, und ihre demokratische Gesellschaft. Er hatte eine Geliebte, die Dichterin Louise Colet, doch die lebte in einer anderen Stadt, sodass er sämtliche Energie auf seine Arbeit konzentrieren konnte.

Sein Arbeitszimmer lag im ersten Stock, ein großer Raum mit Blick über den Garten hinab zur Seine. Gewöhnlich schrieb er in diesem Zimmer vom frühen Nachmittag bis in die frühen Morgenstunden, er unterbrach die Arbeit nur zum Abendessen, und er war unermüdlich, er schrieb, er schrieb neu, er überarbeitete und produzierte auf diese Weise vielleicht »eine Seite in der Woche, oder eine in vier Tagen oder dreizehn in drei Monaten«. Den 300 Seiten des Buches stehen etwa 4.500 Seiten Manuskriptentwürfe gegenüber.

Er wägte jeden Satz ab. Er wählte jedes einzelne Wort auf das Sorgfältigste, er verwarf, er wählte neu. »Ein guter Prosasatz«, sagte er, »muss wie ein guter Vers sein, *unveränderbar*, genauso rhythmisch, genauso klangvoll.«[2] Er prüfte seine Sätze und Absätze, indem er sie in seinem sogenannten *gueuloir* – seinem Brüll-Kabinett – laut vortrug, um sich einen Eindruck von ihrem Rhythmus und ihrem Sprachfluss zu verschaffen. Auch zelebrierte er das Ritual, einem Freund laut vorzulesen, was er im Laufe jeder Woche geschrieben hatte.

Er wollte objektiv, exakt, präzise schreiben und sich jeglicher Metaphorik und jeglichen moralischen Urteils enthalten. Vor allem aber wollte er einen Roman schreiben, der realistisch war, geradezu emotionslos, nicht romantisierend, und er wollte aus den Provinzbewohnern und deren gewöhnlichem, gar belanglosem Leben etwas monumental Schönes machen. Es würde vor allem vom Stil abhängen. Der Schreibstil war ihm von herausragender Bedeutung. Er ging sogar so weit zu sagen, »Was mir schön erscheint und was ich machen möchte, ist ein Buch über nichts, ein Buch ohne äußere Bindung, das sich selbst durch die innere Kraft seines Stils trägt«.[3]

Aber natürlich ist es weit mehr als das, es ist das wunderbare Geschenk eines ganzen Kosmos.

Im Roman ist Emma Bovarys Verführer Rodolphe, der dunkelhaarige maskuline Gutsbesitzer, mit ihr in einen leeren Sitzungssaal hinaufgestiegen, wo sie sich setzen und von oben herab das Treiben auf der Jahresversammlung der Landwirte beobachten konnten.

»Er saß da, die verschränkten Arme auf den Knien, dann hob er das Gesicht empor zu Emma, musterte sie aus der Nähe, eindringlich. Sie bemerkte in seinen Augen kleine goldene Strahlen, die von den schwarzen Pupillen ausgingen, und sie roch sogar den Duft der Pomade, von der seine Haare glänzten. Mattigkeit befiel sie, ihr kam der Vicomte in den Sinn, mit dem sie in La Vaubyessard Walzer getanzt hatte und dessen Bart, genau wie dieses Haar, ein Parfüm von Vanille und Zitrus verströmte; unwillkürlich schloss sie halb ihre Lider, um es tiefer einzuatmen.«

Ich möchte hier kurz unterbrechen. Sie sah die kleinen goldenen Strahlen, roch den Duft von Pomade und erinnerte sich an den Bart des Vicomte, der den gleichen schicksalhaften Duft von Zitrus und Vanille verströmt hatte. Sie hatte ihre Lider halb geschlossen. Solch ein winziges Detail – ihre halbgeschlossenen Lider, nicht ihre Augen. Das ist zarter. Es deutet einen weißen Vorhang an, etwas Anmutiges, etwas, das der Mattigkeit und der Erinnerung entspricht.

»Doch als sie dabei den Rücken straffte, erblickte sie in der Ferne, ganz hinten am Horizont, den alten Postwagen *Hirondelle*, der gemächlich die Anhöhe bei Les Leux herabkam, eine lange Staubfahne im Gefolge. Mit dieser gelben Kutsche war Léon so oft zu ihr heimgekehrt; und auf dieser Straße war er fortgefahren für immer! Sie glaubte ihn gegenüber, an seinem Fenster zu sehen; dann verschwamm alles, Wolken zogen vorüber; ihr schien, sie drehe sich erneut im

Walzer, unter den gleißenden Lüstern, am Arm des Vicomte, und Léon sei nicht fern, werde kommen ... und zugleich roch sie neben sich den Kopf Rodolphes. Dieses angenehm süße Gefühl durchdrang ihre Sehnsüchte, und wie Sandkörner bei einem Windstoß wirbelten sie empor in der zarten Duftwolke, die ihre Seele überflutete.«

So sieht sie aus dem Augenwinkel, klein wie ein Fingernagel, einen zarten gelben Farbtupfer, der sie in die Vergangenheit zurückzieht. Doch das ist erst der Anfang. Die Szene setzt sich fort, Intensität und halluzinatorischer Gehalt nehmen zu, und um ein Gegengewicht zu schaffen, lässt der Autor die beiden in Ruhe und beschreibt das von ihnen kaum noch beachtete Geschehen unter ihnen, wo einer einfachen alten Frau eine Medaille verliehen wird, die mehr als fünfzig Jahre auf einem Gut Dienst getan hat, wie ein Lasttier, und der man nun ein Silberstück überreicht. Wir sehen diese kleine, verängstigte Frau mit ihrem schmalen runzeligen Gesicht und ihren beiden dürren Händen mit knotigen Gelenken förmlich vor uns.

»Der Staub in den Scheunen, die Lauge der Wäsche, das Fett der Schafwolle hatten sie so krustig, schrundig, hornig gemacht, dass sie verdreckt wirkten, obwohl sie mit klarem Wasser geschrubbt waren; und nach all dieser harten Arbeit blieben sie halb geöffnet, als wollten sie demutsvoll Zeugnis ablegen von so viel erlittenem Leid.«

Sie nimmt die Medaille entgegen. Sie betrachtet sie. Dann breitet sich ein seliges Lächeln über ihr schlichtes Gesicht. Sie murmelt vor sich hin:

»»Die geb ich unserm Pfarrer, damit er Messen für mich liest.««[4]

Stil. Flaubert ging es um Objektivität und um den Stil, um die präzise Wahl des richtigen Wortes. Sprache ist ein natürliches Merkmal des Menschen, und meist kommt sie mühelos hervor, sozusagen nolens volens, aber Schreiben ist nicht das Gleiche. Schreiben ist schwieriger.

Maupassant war Flauberts Schüler, ich meine das wörtlich. Sie kannten sich, und Flaubert brachte Maupassant das Schreiben bei, brachte ihm bei, wie man schreibt. Maupassant zeigte Flaubert seine erste Geschichte – ich glaube, dass das stimmt – und erbat sein Urteil. Sie hieß *Boule de Suif* – *Fettklößchen*, und Maupassant war äußerst nervös. Er war neunundzwanzig Jahre alt. Taugte sie etwas oder nicht? Nachdem Flaubert sie gelesen hatte, reichte er sie ihm zurück. Er sagte lediglich:

»Ein Meisterwerk.« Dann fügte er hinzu: »Ich würde nur zwei Wörter ändern.«

Natürlich kann nicht jedes Wort das perfekte Wort sein. Nicht jedes Zimmer blickt hinaus auf den Fluss. Ein Buch besteht aus Tausenden ganz gewöhnlicher Wörter, so wie ein Heer aus zahllosen gewöhnlichen Soldaten und einigen wenigen Helden besteht. Aber falsche Wörter oder Wörter, die den Satz oder die Seite herabwürdigen, die sollte es nicht geben. Man muss hinsichtlich dessen, was man schreibt, über Geschmack verfügen. Man muss in der Lage sein zu erkennen, wenn etwas danebengegangen ist.

Vielleicht gibt es in bestimmten Fällen gar nicht *das* richtige Wort, ganz zu schweigen vom perfekten Wort. Vielleicht muss man neu ansetzen und mit zwei Wörtern arbeiten oder den Satz umformulieren. Nicht jedes Buch verdient diesen Aufwand, nicht für jeden Satz, jeden Absatz. Nicht jeder Schriftsteller tut das. Es gibt verschiedene Grade von Qualität.

Aber Stil kann etwas anderes sein. Stil ist der gesamte Autor. Man kann von jemandem sagen, er habe einen Stil, wenn ein

Leser nach der Lektüre von ein paar Zeilen oder einer halben Seite erkennen kann, wer der Autor ist. Flaubert hat versucht, sich selbst gänzlich aus seinem Buch zu entfernen, ihm eine von ihm unabhängige Existenz zu verleihen, als wären seine Ansichten, sein Sinn für Ironie, sein Geschmack nicht Teil davon, aber er lässt sich nicht entfernen aus dem Buch – es gibt da noch etwas anderes.

Ich habe eine gewisse Aversion gegen das Wort »Stil«, weil in ihm auch etwas Unwesentliches wie »Ornament« oder »Mode« mitschwingt. Ich bevorzuge stattdessen bisweilen das Wort »Stimme«. Das ist nicht genau dasselbe. Stil ist eine Vorliebe, während Stimme beinahe etwas Genetisches, etwas vollkommen Unverwechselbares bezeichnet. Kein anderer Schriftsteller klingt wie Isak Dinesen. Keiner klingt wie Raymond Carver oder Faulkner. Sie schreiben zahllose Neufassungen: Babel, Flaubert, Tolstoi, Virginia Woolf. Schriftsteller zu sein heißt, verdammt zu sein zur ewigen Korrektur. Es war nicht, was sie ursprünglich zu schreiben beabsichtigt hatten. Oder es war, was sie beabsichtigt hatten, aber die Absicht war irrig oder sie ließe sich verbessern; oder was sie geschrieben hatten, war zu lang, es war platt; am eigentlichen Punkt vorbei, es fühlte sich nicht richtig an. Aber es klingt immer nach ihnen. Es ist ihr Stil. Es ist ihre Stimme.

Wer anfängt zu schreiben, hat in der Regel noch keine eigene Stimme. Man ist beeinflusst oder fühlt sich angezogen von einem etablierten Autor, von jemandem, dessen Bücher und dessen Aura einen überwältigen. Was immer derjenige tut, man selbst versucht dasselbe. Wie immer er die Dinge sieht, man sieht sie genauso. Aber nach und nach löst sich die Bindung und man fühlt sich von anderen Schriftstellern angezogen, wenn auch nicht mit der gleichen Intensität, und das eigene Schreiben verändert sich durch die Praxis, und irgendwann kommt die Zeit, da man ganz als man selbst schreibt, unmittelbar, und man klingt wie man selbst.

Stil ist Wesen – das hat Nabokov gesagt, und sein eigener Stil demonstriert genau das. Er schrieb, wie er sprach, nur besser.

Und dann liest man zum ersten Mal die Anfangszeilen eines Buches und spürt eine Art Warnung, man ist elektrisiert, wie beim Sex.

»Im Spätsommer jenes Jahres lebten wir in einem Haus in einem Dorf, das über den Fluß und die Ebene zu den Bergen hinaufsah. Im Flußbett lagen Kieselsteine und Geröll trocken und weiß in der Sonne, und in den Stromrinnen war das Wasser klar und reißend und blau. Truppen marschierten an unserem Haus vorbei und die Straße hinunter, und der Staub, der von ihnen aufgewirbelt wurde, puderte die Blätter der Bäume. Auch die Stämme der Bäume waren bestaubt, und die Blätter fielen in jenem Jahr früh ab, und wir sahen die Truppen auf der Straße vorbeimarschieren und den Staub aufsteigen und die vom Wind geschüttelten Blätter abfallen und die Soldaten marschieren und die Straße nachher leer und weiß bis auf die Blätter.«[5]

Joan Didion hat dazu gesagt, die Sätze schreiben eine bestimmte Art vor, »die Welt zu betrachten, eine Art zu betrachten, ohne sich einzufinden, eine Art, sich durch etwas hindurchzubewegen, ohne Teil davon zu sein, einen romantischen Individualismus, der sich bewusst der jeweiligen Zeit und dem jeweiligen Ort anpasst«.[6] Die Zeit war 1929, auch wenn der Roman 1917 spielt, im vorletzten Jahr des Ersten Weltkrieges und dem Jahr des militärischen Desasters für Italien.

Eine bestimmte Art, Dinge zu betrachten und dies zum Ausdruck zu bringen. Der Absatz besteht (im englischen Original – A.d.Ü.) aus vorwiegend ein- und manchmal zweisilbigen Wörtern, sehr einfachen Wörtern, Wörtern aus der Natur: Fluss, Ebene, Kieselsteine, Bäume, Staub. Vertraute Wörter. Es handelt sich hier um eine ursprüngliche Sprache, die Sprache einer besseren und irgendwie wahrhaftigeren Welt, der Wirkung halber repetitiv, und mit ihren zahlreichen Konjunktionen geradezu liturgisch, ein Kennzeichen für Hemingways Art zu schreiben. Die Blätter fielen ... *und* wir sahen ... *und* den Staub ... *und* die Soldaten ... *und* die Straße nachher – nachher (afterwards) im Englischen ein dreisilbiges Wort. Das ist Realismus, aber mit einer Tendenz. Es ist ebenso Stimme wie Stil. Hemingway war ein sentimentaler Schriftsteller, wenn man Pamuks Klassifizierung folgt. Die Wörter fließen nicht einfach aus ihm heraus, wie sie beispielsweise aus Jack Kerouac und Thomas Wolfe herausflossen, die beide Bücher schrieben, die um viele hundert Seiten gekürzt werden mussten.

Ich ging eines Nachmittags in Pensacola – das war kurz nach dem Krieg – die Straße entlang und blieb vor dem Schaufenster einer Buchhandlung stehen. Da lag ein Buch mit einem verwegenen Umschlag und dem Titel *The Town and the City*. Der Name des Autors fiel mir auf: John Kerouac. Ich kannte einen Jack Kerouac, mit dem ich auf der Highschool war und der damals Kurzgeschichten schrieb. Konnte er das sein?

Ich ging hinein und nahm das Buch zur Hand. Auf der Rückseite war ein Foto. Ich erkannte ihn sofort. Ich war sprachlos. Auf der Schule war er ein Jahr über mir gewesen, genau wie alle seine Freunde. Er war untersetzt und sportlich, ein hervorragender Läufer. Er spielte Football. Ich hatte gehört, er sei an die Columbia gegangen, um für die zu spielen. Ich las ein paar Seiten in dem Buch, dann kaufte ich es und nahm es mit nach Hause.

»Das hat Jack Kerouac geschrieben«, sagte ich und zeigte es meiner Frau. Sie kannte ihn nicht – wir waren uns erst Jahre nach der Schule begegnet. Ich erklärte ihr, wer er war, aber ich erklärte ihr nicht, was ich beim Anblick seines Buches empfunden hatte: Eifersucht, ich war krank vor Eifersucht, abgehängt.

Meine Frau war nicht so begeistert von meinen Ambitionen, zu schreiben. Sie stellte sich nicht dagegen, es war ihr egal, aber ich war in Uniform eine Straße in Pensacola entlanggegangen und hatte plötzlich das Bild von etwas aufblitzen sehen, das sich grundlegend unterschied von dem Leben, das ich führte.

The Town and the City, das waren Lowell, Massachusetts – Kerouacs Geburtsstadt –, und New York, wo er die wichtigsten Persönlichkeiten für sein Lebens kennengelernt hatte, William Burroughs, Alan Ginsberg, Neal Cassidy, und auch eine Reihe seiner Frauen. Sein Schreiben ist stark beeinflusst von Thomas Wolfe. Ich hatte Thomas Wolfe gelesen, die drei gewaltigen Romane, seine endlosen und quirligen Beschreibungen des Banalen und seiner eigenen unversöhnlichen Person, seiner Suche nach Sinn und nach Liebe, manchmal endete er in Jamben; Mrs. Jack – Esther Jack – er pflückte sie aus dem Leben. Es war diese Quirligkeit, die Kerouac bei ihm fand und die sich zu der Kraft entfaltete, ein Klagelied wie einen Jazz anzustimmen. Ich las *The Town and the City*; ich war zutiefst bewegt von der Tatsache, dass es geschrieben worden war.

Ich hatte es zwar versucht, hatte aber nie einen Roman geschrieben. Ich hatte ein paar Erzählungen geschrieben. Irgendwann schrieb ich eine ziemlich lange und zeigte sie einem Freund. Er und seine Verlobte lasen sie und rieten mir, sie zu vergessen. Es ist demütigend, über sich selbst zu schreiben und dafür verspottet zu werden. Natürlich hatte ich behauptet, es sei nicht über mich, aber es war leicht, mich zu erkennen, auf jeder Seite.

Ich weiß nicht, woher der Drang zum Schreiben kommt. Ich glaube nicht, dass er angeboren ist, aber er entwickelt sich früh. Ich war von keinem Dämon beherrscht, wie Faulkner es von sich sagte, oder auch D. H. Lawrence, aber es gibt Schriftsteller ohne Dämonen. Ford Madox Ford hatte keinen, glaube ich. John Updike hatte keinen Dämon. Lampedusa nicht. Wie dem auch sei, der Genius ist auf sich selbst zurückgeworfen. Was mich beherrschte, war lediglich ein Verlangen, das ebenso gut nach einiger Zeit wieder hätte abklingen können. Dann erschien mir ein wohlwollender Mensch. Er war Agent und hatte lange als Redakteur bei einem Magazin gearbeitet, und er nahm mich an, obgleich ich keine Veröffentlichungen vorzuweisen hatte, und auch sonst gab es lediglich diesen einen Versuch, den ich allerdings überarbeitet hatte, und er fand das Stück gut genug, um es anzubieten.

In meinem anderen Leben war ich bei der Transportfliegerei gelandet. Das war langweilig, aber man ist jung; die Namen ferner Orte bedeuten einem etwas. Niemand glaubte, dass es Krieg geben würde; den hatten wir hinter uns. Es war 1946, vier Jahre bevor der Koreakrieg ausbrach, urplötzlich, wie ein Sturm, scheinbar über Nacht. Als das geschah, war ich schon Kampfflieger und wollte unbedingt dabei sein. Es wäre albern, in einem von den Dingern sein Leben zu lassen, es sei denn im Krieg. Es hatte etwas Opernhaftes, Abschied zu nehmen und in sich die Angst zu tragen, vielleicht nicht wiederzukommen – was man natürlich auf keinen Fall eingestand.

Zwischendurch erhielt ich gelegentlich Nachricht von meinem Agenten: *Harper's* hatte das Manuskript abgelehnt, aber der Redakteur hatte im selben Atemzug gesagt, wenn er noch ein Buch schreibt, würden wir es gerne sehen. Ich war also endlich ein Schriftsteller. Oder würde vielleicht in fünf Jahren einer sein. So lange sollte es dauern von dem Zeitpunkt, als ich wieder anfing, bis zu dem, als ich fertig war.

Der Roman, den ich zu schreiben begann, war *Jäger*. Die stilistische Herangehensweise war mir von Anfang an klar, nicht aber die Form. Die war mir nicht klar, obwohl ich die ganze Zeit über nichts anderes nachdachte und sie eigentlich schon fertig vor mir sah – was heißen soll, dass ich mir vorstellte, das Buch sei bereits geschrieben. Dann, eines Tages, war sie da. Ich setzte mich hin und schrieb auf der freien Fläche einer Landkarte das Exposé in Form der Kapitel des Buches nieder. Es wurde angenommen und ich bekam darüber hinaus den Vertrag für ein weiteres Buch.

Schriftsteller, die ich mag, sind solche, die genau beobachten können. Details sind alles. Meine Ziele beim Schreiben sind denen Flauberts nicht unähnlich: Realismus, Objektivität, und Stil. Sätze, die sich aneinanderfügen, als sei dies ihr eigentlicher Daseinszweck, aber keine Sätze, die um ihrer selbst willen existieren. Irgendwann verspürte ich den Drang, ein Buch zu schreiben, das nur aus perfekten Seiten besteht, doch ich kam zu dem Schluss, das brächte allzu große Zwänge mit sich. Ich messe dem Stil trotzdem größte Bedeutung zu. Mir scheint, es ist der Stil, der Bestand hat.

Meine Frau und ich haben, das ist noch nicht lange her, Flauberts Grab in Rouen besucht. Es war wohl eine Pilgerreise – davon hab ich einige gemacht, weniger im Sinne einer Hommage, als vielmehr um dort zu sein und nachzudenken. Das Grab von Willa Cather ist wunderschön. Es ist in New Hampshire an einem Ort namens Jaffrey Center, wo sie ihre Sommer zu verbringen pflegte. Auf ihrem Grabstein steht eine Zeile aus *Meine Antonia*: *Dies jedenfalls ist das Glück; aufzugehen in etwas Umfassendem, Großem.*

Flauberts Grab ist bescheiden; es liegt versteckt zwischen anderen Gräbern und der Stein trägt lediglich die Inschrift: Hier ruht Gustave Flaubert, geboren in Rouen, und die Lebensdaten. Sein wahres Denkmal ist, natürlich, überall.

Thomas Wolfe schrieb – auf dem Sterbebett – einen letzten Brief an seinen ersten Lektor, Maxwell Perkins, von dem er sich später trennte. Er ist in seinem typisch romantischen Tonfall verfasst.

»Ich wollte Dir nur sagen, dass ich (...) immer an Dich denken und so zu Dir stehen werde wie an jenem vierten Juli vor drei Jahren, als Du mich vom Schiff abholtest und wir in das Café am Fluss gingen und etwas tranken; und später standen wir auf dem Dach des hohen Gebäudes, und all die seltsame Macht und Herrlichkeit des Lebens und der großen Stadt lag uns zu Füßen.«[7]

Ich denke, ich mache hier Schluss.
Beim nächsten Mal beabsichtige ich darüber zu sprechen, wie man einen Roman schreibt.

Anmerkungen

[1] Honoré de Balzac, *Die Menschliche Komödie*. Gesamtausgabe in zwölf Bänden, übersetzt von Ernst Sander, Bd III, München, 1998, S. 291.

[2] Aus einem Brief Gustave Flauberts an Louise Colet vom 22. 7. 1852, übersetzt von Niklas Schmitt.

[3] Aus einem Brief Gustave Flauberts an Louise Colet vom 16. 1. 1852, übersetzt von Helmut Scheffel (Gustave Flauberts, *Briefe*, Zürich 1977, S. 181).

[4] Alle Passagen aus Madame Bovary sind zitiert nach: Gustave Flaubert, *Madame Bovary*, herausgegeben und übersetzt von Elisabeth Edl, München 2012.

[5] Ernest Hemingway, *In einem anderen Land*, übersetzt von Annemarie Horschitz-Horst, Reinbek bei Hamburg 1999, S. 7.

[6] Joan Didion, *Last Words* (Essay), in: *The New Yorker*, 9. Nov. 1998

[7] Thomas Wolfe, (letzter) Brief vom 12. August 1938 (zitiert nach: *Briefe*, übersetzt von Susanne Rademacher, hrsg. von Elizabeth Nowell, Reinbek bei Hamburg, 1961, S. 606).

ZWEITE VORLESUNG
WIE MAN ROMANE SCHREIBT

Romane sind länger als Erzählungen, und es ist ihrer Länge oder ihrem Umfang zuzuschreiben, dass sie die Möglichkeit haben – im Grunde ist es vielmehr eine Verpflichtung –, komplexer zu sein und mehr Charaktere, oder nennen wir sie Personen, zu beherbergen. Die meisten Romane sind narrativ, das heißt sie sind in linearer Form verfasst und halten sich an die Chronologie, sie schreiten vorwärts in der Zeit oder sie springen zwischen Vergangenheit und Gegenwart hin und her. Das Narrativ erzählt eine Geschichte, und die Geschichte bildet den Kern des Ganzen. Sie ist die grundlegende Komponente. E. M. Forster spricht in *Ansichten des Romans* – ein englisches und etwas altmodisches Buch – von der Wichtigkeit, eine Geschichte zu erzählen, und von der Könnerschaft einer der bedeutendsten Repräsentantinnen dieses Gewerbes, der klugen Tochter des Wesirs, Scheherazade:

> »So groß sie als Erzählerin war – vortrefflich in ihrer Beschreibung, tolerant in ihrem Urteil, erfinderisch in ihren Zufällen, fortschrittlich in ihrer Moral, lebendig in ihrer Charakterzeichnung, zu Hause in drei orientalischen Hauptstädten –, wenn es darum ging, vor ihrem unausstehlichen Gemahl ihr Leben zu retten, verließ sie sich doch auf keins von all diesen Talenten. Sie alle waren nur beiläufig. Nur weil sie es darauf anlegte, den König in Spannung auf das Kommende zu halten, blieb sie am Leben. Immer wenn sie die Sonne aufgehen sah, brach sie mitten im Satz ab und ließ ihn mit erwartungsvoll aufgesperrtem Munde. ›Da bemerkte

Scheherazade das Nahen des Tages und hielt in der verstatteten Rede inne.‹»[1]

Dieser letzte Satz, so bemerkt Forster, bildet das Rückgrat von *Tausendundeine Nacht*: Scheherazade hielt in ihrer Rede inne – was käme als Nächstes? Das Verlangen, dies zu erfahren, ist der Motor von Literatur: Bitte, erzähl die Geschichte weiter.

Handlung ist mehr als nur die Geschichte. Sie beinhaltet die kausalen Elemente und die Überraschungen. Die Geschichte von *Lolita* ist einfach: Humbert wird aufmerksam auf Lolita, er, sagen wir mal so, verführt sie, installiert sie als seine angebliche Tochter, eine irgendwie abscheuliche, aber erregende Situation, und sie wird ihm von einem Rivalen gestohlen. Er nimmt die Verfolgung auf, findet die beiden und erschießt den Dieb. Doch es ist die Handlung mit ihren zahlreichen komischen Elementen, mit der schrittweisen Enthüllung von Motiven und mit ihren grotesken Begebenheiten, die alles auf eine höhere Ebene hebt. *Lolita* wurde zunächst missverstanden, was nicht weiter verwunderlich ist, und das Buch wurde vor dem Vergessen oder vor einer Existenz auf den Regalen mit schmutziger Literatur bewahrt von Graham Greene, der es in der *Times* auf seine Liste der drei besten Neuerscheinungen des Jahres setzte und ihm damit literarischen Rang verlieh. Nabokov war damals noch fast unbekannt.

Ich will versuchen, heute Abend über das Schreiben von Romanen zu sprechen, aber ich möchte im Vorfeld sagen, dass es möglicherweise nicht um den Roman gehen wird, den Sie zu schreiben beabsichtigen oder bereits begonnen haben zu schreiben oder vielleicht schon halb fertig haben. Es wird um die Romane bestimmter Leute gehen. Ich erhebe nicht den Anspruch, hier viel darüber zu vermitteln, wie man so was macht.

Ich glaube in der Tat, dass niemand Ihnen beibringen kann, wie man einen Roman schreibt, und wenn doch, dann gewiss nicht in einer Stunde. Es ist schwierig, Romane zu schreiben.

Sie brauchen die Idee und die Charaktere, doch es kann passieren, dass im Laufe des Schreibens weitere Charaktere auftauchen. Sie brauchen die Geschichte. Sie brauchen, wenn ich es einmal so ausdrücken darf, die Form: Wie umfangreich wird das Buch sein? Wird es in langen Absätzen geschrieben sein? In kurzen? In welcher Person? Ein Buch, das sich fokussiert oder in alle Richtungen orientiert? Wie dicht? Wenn Sie die Form gefunden haben, können Sie den Roman schreiben. Wenn Sie den Stil haben. Den Stil. Wo Sie als Schriftsteller stehen. Ihre Vorurteile. Ihre moralische Position. Die Art, wie das Buch gelesen werden soll. Und nach alledem brauchen Sie einen Anfang. »Zwei Gebirgsketten ziehen sich in etwa nordsüdlicher Richtung durch die Republik ...«,[2] lauten die verhaltenen ersten Worte der endgültigen Höllenfahrt des Konsuls in *Unter dem Vulkan*. Der Anfang ist außerordentlich wichtig. Ich habe vorher schon den Anfang von *In einem anderen Land* erwähnt. Es ist alles enthalten in diesen ersten Sätzen: der Krieg, aus dem sie sich heraushalten oder vor dem sie fliehen. Für den Augenblick sind sie in Sicherheit, er marschiert vorbei, aber ihr Schicksal ist untrennbar mit ihm verbunden.

Eines der schwierigsten Dinge überhaupt, hat García Márquez gesagt, sei der erste Absatz. Er habe Monate damit verbracht, sagte er, den ersten Absatz zu finden, doch wenn er gefunden sei, wäre der Rest einfach. Er hatte den Stil, den Ton, doch das Problem bestand darin, den Anfang zu finden, um ihn zu transportieren. Der erste Absatz bot das Muster dafür, wie der Rest des Buches sein würde.

Der Anfang – wie es losgeht. Dann folgt, entweder hintereinander weg oder in anderer Abfolge geschrieben, der Rest, Szene für Szene, Seite für Seite. Das ist ein langwieriges Unterfangen. Als Schriftsteller steht man permanent vor der Aufgabe, sich eine Szene oder eine Sequenz oder ein Gefühl bildlich vorzustellen und dann so vollständig, wie man es vermag, niederzuschreiben. Es gibt viele Fehlversuche bei diesem Prozess, sich das manchmal unausdrückbare Etwas abzuringen. Das Etwas hat viele Aspekte, allzu viele, und mindestens einer davon muss am Ende in einer linearen Form, Wort für Wort, zu Papier gebracht sein, und das geht bisweilen so weit, dass einem die Sache egal zu werden droht. Es gibt stets zu viele Möglichkeiten, oder es gibt gar keine, keinen gangbaren Weg. Am Anfang kann man überall schreiben, aber man muss seine reale Zeit für das Schreiben einsetzen, man muss schreiben, anstatt zu leben. Man muss eine Menge investieren, um etwas zurückzubekommen. Man bekommt nicht viel zurück, aber es ist schon der Rede wert. Es gibt keine festen Werte; man gibt eine Menge für nichts; man tut das alles und bekommt dafür fast nichts, so wie Justine, die sich am Anfang hingibt für ein Baumwollhemd.

Wenn es denn wirklich so ist, wenn es so schwierig zu bewerkstelligen ist und für die allermeisten so wenig dabei herausspringt, wenig Geld ... na ja, es ist schon eine Möglichkeit, sein Geld zu verdienen; als Startkapital braucht man nichts weiter als Wörter. Aber was macht den Drang aus? Warum schreibt man? Das ist die eigentliche Frage. Warum eigentlich?

Na ja, doch wohl wegen der Freude, auch wenn klar ist, dass es so eine große Freude nun auch wieder nicht ist. Dann eben, um anderen Freude zu machen. Ich habe bisweilen mit diesem Gedanken im Hinterkopf geschrieben und dabei an bestimmte Leute gedacht, doch wäre es ehrlicher zu sagen, dass ich geschrieben habe, um von anderen bewundert zu werden, geliebt zu werden, gelobt zu werden, um berühmt zu werden. Das ist am Ende der einzige Grund. Das Ergebnis hat damit kaum etwas zu tun. Keiner dieser Gründe steht für das Ausmaß des Verlangens.

Ich muss immer an Paul Léautaud denken, einen alten Theaterkritiker, verarmt, fast vergessen. Am Ende, er lebte allein mit einem Dutzend Katzen, schrieb er »*Ecrire*« – Schreiben – »*quelle chose merveilleuse*« – was für eine wunderbare Sache.

Sie sind der Held Ihres eigenen Lebens – es gehört einzig

und allein Ihnen, und es ist nicht selten der Ausgangspunkt für einen ersten Roman. Philip Roth schrieb seinen ersten Roman *Goodbye, Columbus* über sich selbst und eine frühe Liebesaffäre mit einem Mädchen in New Jersey. Dieser Abschnitt seines Lebens macht die Geschichte aus, und die damit zusammenhängenden Komplikationen bilden die Handlung.

Voltaire hat den *Candide* als Gesellschaftskritik geschrieben und mit fünfundsechzig zu Papier gebracht.

Theodore Dreiser besuchte im Sommer 1899 einen Freund namens Arthur Henry in Maumee, Ohio. Henry schrieb an einem Roman. Warum schreibst du nicht einen, schlug er Dreiser vor. Dreiser setzte sich hin, holte ein Blatt Papier hervor und schrieb oben auf die Seite: *Schwester Carrie*.

Dreiser stammte aus einer armen Familie mit zwölf Kindern, die in Warsaw, Indiana, lebte. Ein wohlmeinender Schullehrer hatte ihm den Besuch des College bezahlt, das er nicht abschloss. Derweil waren zwei seiner Schwestern schwanger geworden und von zu Hause weggelaufen. Dreiser wurde Schuldeneintreiber in den Slums von Chicago, aber er war ein aufmerksamer und neugieriger Beobachter und ließ sich anregen von Dingen, die er in der Zeitung las. Einem dieser Blätter bot er Texte an, und bald war er ein erfolgreicher Schriftsteller, dann Magazinredakteur und Zeitungsmann. Er war achtundzwanzig, als er anfing, *Schwester Carrie* zu schreiben. Er hatte keinerlei Plan, keine Vorstellung, wovon es handeln sollte. Er griff ganz einfach auf sein Leben zurück und überließ es der Erinnerung, den Ablauf der Ereignisse ohne großes Aufheben zu arrangieren. Er brauchte insgesamt vier Monate, um das Buch zu schreiben und es zwischendrin wieder zu verwerfen, nachdem er beschlossen hatte, dass es nichts tauge. Aber er hatte nichts zu verlieren. *Carrie* erschien in einem literarischen Umfeld, in dem das gemeinhin akzeptierte Thema die herausgeforderte, aber am Ende triumphierende Tugend war. Das Buch wurde wegen moralischer Bedenken schleunigst wieder vom Markt genommen. Dreiser kannte die schonungslose Realität der Welt und die brutale Kommerzialisierung großer Städte wie Chicago, St. Louis, Pittsburgh, New York. Er hatte Nietzsche, Balzac und Zola gelesen und war fasziniert von den schwammigen Ideen eines Übermenschen, und von den Money Kings. »Er wusste, dass, um geliebt zu werden, das schmutzige Ich in Glanz und Gloria gehüllt werden muss«, sagte Robert Penn Warren, und dieser Ehrgeiz brannte ein Leben lang in ihm. Den Nobelpreis erhielt Sinclair Lewis statt seiner. Dreiser war ein lausiger Schriftsteller, seine Texte waren voller Wiederholungen, Geschmacklosigkeiten, Selbstverständlichkeiten, Unwahrheiten, und doch war er andererseits ein hervorragender Geschichtenerzähler, unerbittlich und voller Ideen. Außerdem war er der erste amerikanische Schriftsteller, der aus dem falschen Stall kam. Für Samuel Clemens[3] galt das zwar auch, aber in einem anderen Sinne.

Warum spreche ich so lange über Dreiser, der schließlich eine gewaltige und übermächtige Präsenz hat und der meint, dass die materialistische Basis des Lebens die allem zugrunde liegende Wahrheit ist? Nicht deswegen. Die Bücher, die er geschrieben hat, ähneln mit ihren Städten, ihren Bars, Restaurants und Bordellen, mit ihrem Erfolg und ihrem Scheitern so sehr dem Leben, das er gelebt hat, dass es schwer ist zu sagen, was er hinzugefügt hat, um es zu literarisieren. Bemerkenswert ist seine Vorstellung von der Ordnung der Dinge, sein Wissen um das Leben ganz unten, das durch widerspenstige Gesellschaftsschichten hindurch nach oben zu gelangen sucht, das seinen Platz finden will.

John O'Hara war Arztsohn und hatte doch immer das Gefühl, aus dem falschen Stall zu kommen. Er hatte ein feines Gespür dafür, was es hieß, nicht in Princeton oder in Yale gewesen zu sein, was es hieß, »anders« zu sein. Er war Zeitungsreporter und widmete sich, wie Dreiser, der genauen Beobachtung, sodass er ein nicht romantisierendes Wissen vom menschlichen Verhalten entwickeln konnte. Gewandtheit im Schreiben und ein Gespür für die Geschichte sind auch im Journalismus von Vorteil. In O'Haras Kurzgeschichten tauchen hunderte von Charakteren auf, die besser zu kennen oder genauer zu beschreiben er sich oft nicht die Mühe macht. Seine Methode bestand darin, ein Blatt Papier in die Schreibmaschine zu spannen und sich zwei Gesichter vorzustellen – vielleicht hatte er sie zufällig im Zug gesehen und wusste nichts über sie –, er setzte sie zusammen in ein Restaurant oder ein Flugzeug und ließ sie anfangen zu reden, die ersten ein oder zwei Seiten belangloses Zeugs, und allmählich erweckte er sie so zum Leben. Alles geschah im Dialog. Im Laufe der Unterhaltung sagte erst der eine und dann der andere irgendetwas höchst Aufschlussreiches, sodass von da an nur die Frage blieb, wie weitreichend er sich für ihre Charaktereigenschaften interessieren mochte. Er war ein brillanter Dialogschreiber und ein Meister der Beleidigung und der sozialen Nuancierung – wo genau stand jemand auf der sozialen Leiter –, und Geschichten flogen ihm nur so zu.

Was seine Romane angeht, so ging O'Hara mit seinen Charakteren gewissenhaft um, entwickelte sie in voller Gänze. Alle Einzelheiten, die zu ihrer Person gehören, sind ausgeführt, Kleidung und vielleicht sogar die Geschäfte, in denen sie gekauft worden war, Angewohnheiten, Tugenden, Fehler. Man erhält ein ausgesprochen detailliertes Bild – man hat es quasi vor Augen –, Lederhalfter und Lederhandschuhe des Polizisten, seinen Hut, wo und warum er seinen Wagen geparkt hat, vor wem er einen Kotau macht und über wen er Verfängliches weiß. Man sieht die ganze Gesellschaft vor sich, die O'Hara beschreibt, und es schaudert einen ein wenig angesichts der Vorstellung, wohin all diese tiefsitzenden Vorurteile und unverhofften Bemerkungen wohl führen werden.

Sind diese Leute, ist dieses Personal dem Leben abgeschaut? Basieren diese Figuren physisch oder in anderer Hinsicht auf realen Menschen? Stammen ihr Handeln und ein Teil ihrer

Sprache oder ihrer sprachlichen Eigenheiten aus dem wirklichen Leben? Ich denke, Sie wissen das, auch wenn es unter Schriftstellern hinsichtlich dieser Frage eine gewisse Empfindlichkeit gibt, als wäre es eine Absage an die Kunst, wenn man etwas aus dem wirklichen Leben übernimmt und das auch noch zugibt. Viele oder die meisten Figuren in der Literatur sind ganz oder zum großen Teil aus dem Leben gegriffen. Eine kurze Untersuchung kann jegliche Debatte darüber ein für alle Mal beenden. Saul Bellow hat gesagt, seine Figuren basierten auf wirklichen Menschen, aber er habe immer etwas hinzugefügt. Er habe ihnen ein wenig mehr Esprit verliehen. In ein Buch, das er für eine Auktion von Erstausgaben signierte, hat Colum McCann neben die klassische Ausschlussklausel, die in manche Bücher eingedruckt ist und in der es heißt, dass das Buch ein fiktionales Werk ist, dass die Namen, Orte und Ereignisse vom Autor frei erfunden sind oder fiktional verwendet werden und dass alle Ähnlichkeiten mit tatsächlichen Begebenheiten, Örtlichkeiten oder Personen, lebend oder tot, rein zufällig sind, neben diesen Text also hat McCann kurz und bündig, »Bullshit« geschrieben.

Schriftsteller haben sich immer genommen, was sie brauchten, und manchmal auch mehr. Es hing von den Umständen ab, welche Folgen das hatte. Manche Menschen fühlen sich, abhängig natürlich von der Art der Darstellung, geschmeichelt, wenn sie in einem Buch auftauchen. Andere verübeln es oder sind aufgebracht darüber, dass eine unterstellte Version ihrer selbst in die Öffentlichkeit gelangt, berühmte Politiker einmal ausgenommen. Es gibt ein Recht auf Satire.

Für die Figur des Piloten auf der Suche nach sich selbst in *Jäger* hat ein bekannter Leutnant Modell gestanden, und es war gewiss, dass er das Buch lesen würde. Jahre später, über sechzig Jahre später fand die Frau von der Dokumentation beim *New Yorker* unter seinem Namen eine Nummer in Florida, und sie rief ihn an.

Hallo, sagte eine neutrale Stimme.

Hallo. Ist da James Low?

Ja, wer spricht da?

Sie sei von der Dokumentation des *New Yorker*, sagte sie. Sie würde ihm gerne ein paar Fragen stellen.

Ich mach mir gerade einen Martini, sagte er. Legen Sie los.

Ich wüsste gern, ob Sie jener James Low sind, der in Korea Pilot war.

Ja.

Kennen Sie James Salter?

Ist *der* noch am Leben?, sagte Low.

Einen Roman zu verfassen ist ein langwieriger Prozess – Menschen und Orte –, und es ist nicht möglich, dabei immer alles im Kopf zu haben. Es geht schlicht um zu viele Details. »Man braucht als Romanschriftsteller ein enormes Durchhaltevermögen«, hat Anthony Poole gesagt. »Man muss über sehr lange Zeit eine Menge sehr langweiliger Dinge tun, und wenn man das nicht schafft, ist alle Fantasie der Welt nichts wert.« Es sei eine Frage des Mutes. »Wie bei fast allen Dingen im Leben«, sagte er.

Man muss viele Dinge im Blick behalten, nicht nur, wer gerade wo ist und was bisher geschah. Hast du das schon geschrieben? Hast du vergessen, das zu erwähnen? Hast du dieses Wort schon zu häufig verwendet? Es kommt auf das Wort an, aber manchmal ist einmal in einem Buch schon genug. Unausweichlich werden Notizzettel an die Wand gepinnt oder auf das Exposé geklebt.

John Masters, Schriftsteller und zuvor General in der Britisch-Indischen Armee, notierte die Biografie und eine Beschreibung jedes der Charaktere in seinem Buch auf eine große Karteikarte, sodass er sie jederzeit herbeizitieren konnte und sie stimmig blieben. Céline arbeitete nach dem Krieg, als er in Meudon, einem Vorort von Paris, lebte, an einem Küchentisch, über den eine Wäscheleine gespannt war. An die Wäscheleine hängte er die Kapitel des Buches, an dem er schrieb. Er war damals ein ruinierter Mann. Er hatte wegen der Kollaboration mit den Nazis im Gefängnis gesessen. Er galt als nationale Schande.

In den Dreißigerjahren, nach der Veröffentlichung von *Reise ans Ende der Nacht*, gefolgt von *Tod auf Kredit*, war Céline ein leuchtender Stern, ein Meteor, im Grunde jenseits jeglicher Helligkeitsskala. Er war im Ersten Weltkrieg verwundet worden und studierte anschließend Medizin. Er wurde Arzt und arbeitete in Armenkrankenhäusern. Er war voller Idealismus und empfand große Sympathie für den einfachen Mann, und seine Redlichkeit ist überzeugend. Auch war er ein fanatischer Antisemit – Exemplare seiner Pamphlete aus der Zeit vor dem Krieg sind heute nirgendwo mehr zu finden, sie sind von großer Abscheulichkeit.

Doch er hatte einen neuen Schreibstil entwickelt, einen Angriff auf die Sprache, vernichtende Ausbrüche, die von Vulgarität und Straßenslang, von Obszönität und Schimpfwörtern nur so strotzten, das alles strukturiert mittels Ellipsen, drei Punkten, Punkt Punkt Punkt.

Ich habe von Stil gesprochen. Ideen seien gar nichts, sagte Céline. Wer Ideen suche, die Lexika seien voll von Ideen. Das Gleiche gelte für Botschaften, Bedeutung. *Ce n'est pas mon domaine, les idees, les messages. Je suis un homme a style – Ideen, Botschaften, das ist nicht meine Sache. Ich bin ein Mann des Stils.*[4] Er schuf eine neue Stimme und einen brillanten neuen Stil. Er war bitter und misanthropisch, nihilistisch, ein Totentanz, Idealismus und extremer Zynismus eng ineinander verwoben. Er schrieb in der ersten Person. Es gab keine Erlösung, und seine Kühnheit hatte eine sonderbar befreiende Wirkung, und die Überspitzung sorgte für Komik.

In *Tod auf Kredit* wartet er am Gare du Nord auf einen Zug und wird umarmt von seiner Mutter.

»Dabei schämte ich mich so sehr ... Sie umarmte mich so heftig, mit so gewaltiger Inbrunst, dass ich davon torkelte ... Die Kraft eines zärtlichen Pferdes stieg ihr bei solchen Gelegenheiten aus der Tiefe ihres wunderlichen Gerippes herauf ... Eine Trennung stählte sie schon im Voraus. Es wühlte sie zutiefst auf, ein furchtbarer Sturm, als wäre ihr die Seele zu den Augen, zum Bauch, zur Brust herausgetreten, als würde sie mich ganz damit bekleckern, den Bahnhof damit beleuchten ... (...) Ich wagte es nicht zu gestehen, aber ganz tief unten war ich noch neugierig ... Ich hätte gern gesehen, wie weit sie in ihren Ergüssen gehen konnte? ... Aus welchen widerlichen Tiefen sie das alles herausholte?«[5]

Er erfährt keine Erlösung. Er bleibt offiziell der Außenseiter. Er ist der verurteilte Mörder, in den sich Frauen zwanghaft verlieben, allzu todbringend, um verstanden zu werden. Er spürte, dass man zahlen musste für das, was man schrieb, da gab es nichts umsonst. »Du musst bezahlen. Für eine Geschichte, die Du Dir ausdenkst, die nichts wert ist. Die einzige Geschichte, die zählt, ist die, für die Du zahlst. Wenn sie bezahlt ist, dann hast Du das Recht, sie umzugestalten.«

Und Nihilismus hat seinen Preis.

»Es gibt einen Moment, an dem ist man ganz allein«, schrieb Céline, lange bevor dieses Schicksal ihn ereilte, »wenn man ganz am Ende von dem angekommen ist, was einem passieren kann. Das ist das Ende der Welt. Sogar der Kummer, der eigene, antwortet nicht mehr, und man muss zurückgehen, zu den Menschen, egal wem.«[6]

Die Freundschaften unter Autoren oder der Umstand, dass sie in Gruppen nah beieinander leben, lässt den Eindruck entstehen, dass Talente sich gegenseitig stimulieren und dass von bestehenden Verbindungen und gegenseitigen Anregungen die

Arbeit profitiert. Das trifft vielleicht eher auf bildende Künstler zu, auf jeden Fall stimmt es nicht im Falle von Céline, der sich alleine aufmachte, zum Beispiel auf Reisen nach Afrika und, nach dem Krieg, in die Vereinigten Staaten, und der allein endete.

Bücher von Wichtigkeit sind in der Regel nicht in der Absicht geschrieben worden, wichtig zu sein. Mit wichtig meine ich, als wichtig geltend. Als wichtig kanonisiert. Ich kann mir nicht vorstellen, dass *Der Fänger im Roggen* als wichtiges, das Leben veränderndes oder bedeutendes Buch geschrieben worden ist. Ich denke, es war eine Herzensangelegenheit. *Wer die Nachtigall stört* trägt keinerlei Spuren einer beabsichtigten Wichtigkeit, auch wenn ich freilich nicht weiß, was Harper Lee tatsächlich empfunden hat. Fitzgerald fand, dass alle seine Bücher wichtig waren. *Der große Gatsby* war ein kurzes Buch, nur 214 Seiten im Original, und er bestand darauf, dass der Verlag es zum gleichen Preis verkaufte wie seine längeren Romane. *Der Zauberberg* scheint mir ein Buch zu sein, das im vollen Bewusstsein seiner Wichtigkeit geschrieben wurde, allemal, wenn man Thomas Mann kennt. *Der Tod in Venedig* auf alle Fälle: der alternde Schriftsteller Aschenbach, seine Rechtschaffenheit und Diszipliniertheit, der hübsche junge Tadzio, vierzehn, Sohn einer polnischen Aristokratenfamilie. *Der Tod in Venedig* ist ein philosophisches Buch, ernsthaft, dunkel poetisch, Liebe und Tod – die zwei größten Ur-Themen. Aschenbach spricht kaum mit dem Jungen, von jeglicher Berührung ganz zu schweigen. Byrons Venedig, Eleanora Duses Venedig, die kleinen sonnendurchfluteten Plätze, und entlang der Kanäle gleiten die großartigen Palazzos vorbei, geräuschlose Gondeln, tiefschwarz. Aschenbach begriff, dass es ihm bestimmt war, dorthin zu fahren, und in seiner erotischen Bestürzung begriff er weiter, zumindest unbewusst, dass er dort sterben würde. Der Gedanke an John O'Haras Roman *Begegnung in Samarra* zwingt sich auf, ein anderer Ort, an den man unwissentlich vom Schicksal befohlen wird, um dem Tod zu begegnen.

Jede Geschichte, so sagt Flaherty, ist das Thema des Ortes, an dem sie spielt.

In Capotes *Kaltblütig* sind es die Weizenfelder von Kansas. Es gibt eine zentrale Figur, und das ist der Kriminalbeamte, und es gab das tatsächliche Verbrechen. Capote las zufällig einen Bericht, einen relativ kurzen Bericht darüber in der Zeitung. Die Sache faszinierte ihn. Es war schockierend, nicht schrecklicher als andere gewöhnliche Verbrechen, aber die Grenzüberschreitung schien größer – das nächtliche Eindringen in ein Farmhaus und die Ermordung der Bewohner, einer nach dem anderen, wobei das letzte Opfer, die jüngste Tochter, die Gewehrschüsse gehört hatte und wusste, was sie bedeuteten, während sie dalag und die beiden Männer die Treppe zu ihr heraufkamen. Capote hatte den Anfang, und das Buch entstand, während die Ermittlungen noch liefen, und diese Ermittlungen lieferten die Handlung – eher noch die Geschichte als die Handlung. Alles ist wahr, und es ist ferner wahr, dass sich das Buch mehr wie ein Roman als wie ein Tatsachenbericht liest. Es hat den Ton und den Rhythmus eines Romans. Ein Teil der Faszination liegt darin, dass das Buch ohne ein feststehendes Ende geschrieben wurde, mit vollem Risiko, oder wie es bei Joyce heißt: »Der Zufall versorgt mich mit dem, was ich brauche.« Doch glücklicherweise gab es ein Ende, völlig unerwartet; die Mörder wurden gefasst. Und es gibt ein weiteres, emotional berührendes Ende, als der Autor ihrer Hinrichtung beiwohnt, dieser eiskalten Prozedur, und seine Sympathie für die beiden vermischt sich mit der unsrigen.

Die Stadt Alexandria ist das zentrale Element in Durrels vier Romanen. Die Stadt ist sonnendurchflutet, antik, träge, fern aller Hoffnung, jemals dorthin zu kommen, aber ihre Geschichte und die Legenden halten den Leser bei der Stange. Die Charaktere, allein schon ihre Namen – Justine, Balthasar, Nessim und

Mountolive – können nirgendwo anders als in diesem Überbleibsel der antiken Welt zu Hause sein. Balthasar stammt aus der Bibel. Mountolive ebenso. Nessim ist der Name eines Prinzen. Und Kavafis höchstpersönlich ist der alte Dichter, der Dichter der Stadt, wie er genannt wird.

Saul Bellows Romane kommen aus Chicago, und das wird auch bereits vorab verkündet: »Ich bin Amerikaner, geboren in Chicago, als solcher werden Sie mich kennenlernen, wenn Sie mich kennenlernen wollen«, tönte Augie March. Die Familie war aus Kanada gekommen, wo sich Bellows Vater als Alkoholschmuggler betätigt hatte. Sie wohnten in der Cortez Street im ersten Stock, und »von nebenan war der Junge, den ich vor Augen hatte, als ich *Die Abenteuer des Augie March* schrieb«, sagte Bellow. Es war jenes Chicago, wo man in Bäckereien arbeitete oder einen kleinen Holz- und Kohlenhandel betrieb, und der einundzwanzigjährige Bellow schrieb an einem Klapptisch im hinteren Schlafzimmer in der Wohnung seiner Schwiegermutter.

In den *Buddenbrooks* begegnen wir Lübeck in all seiner zuverlässigen kaufmännischen Anständigkeit, in *Unter dem Vulkan* begegnen wir Quauhnahuac mit seinen Kneipen und seinen fürchterlichen Straßen. Diese Orte sind nicht einfach nur Schauplätze, sie liefern das Grundraster für bestimmte Gebäude, Straßen und Namen, die dem Leser zur vertrauten Realität werden, die es nirgendwo anders gibt.

Man kann nicht zurückkehren an diese Orte, denn sie sind ebenso verschwunden wie die großartigen Städte an Indiens Flüssen, die zur Blüte aufstiegen und dann nach tausend Jahren einfach verschwanden, auch wenn sie bloß verwandelt wurden in Einkaufszentren, Chrom und Glas, und in Kettenhotels. Na gut, für Ägypten mag das nicht gelten, Ägypten ist unwandelbar.

Ich habe Léautaud bereits erwähnt, den gefürchteten Kritiker und Wächter über die Standards mit seinen strengen

Urteilen. Am Ende fiel er hinter seine Zeit zurück und wurde zum Anachronismus. Als alter Mann lebte er mit seinen Katzen und lief in irgendwelchen Armenklamotten herum, in denen er recht schäbig aussah. Auch erlangte er gegen Ende seines Lebens völlig unerwartet eine gewisse Prominenz, wurde, wenn auch nur für kurze Zeit, vom Fernsehen entdeckt. Seine Tagebücher, nach seinem Tod veröffentlicht und viele hundert Seiten dick, wurden mit Spannung erwartet, denn Léautaud war ein bösartiger und indiskreter Mensch, und man wusste, dass sie erotische Details über die wöchentlichen Besuche seiner langjährigen Geliebten und Flagellantin Marie Caggiac enthielten. Ich erinnere mich, dass er sie den Panther nannte.

Was ich nicht mehr erinnere, ist, warum ich mich für Léautaud über seine reine Lebensgeschichte hinaus interessierte, aber ich fing an, seine Tagebücher zu lesen – sie waren natürlich auf Französisch –, und sie stehen noch heute irgendwo bei mir im Regal. Zur gleichen Zeit begann ich auch mit der Lektüre der weitaus interessanteren *Memoiren des Herzogs von Saint-Simon*, aber irgendwann erschöpft sich auch das Interesse für das Treiben am Hofe Ludwigs XIV. in Versailles und an der Welt der Pariser Intellektuellen vor dem Krieg.

Wir sind befreundet mit dem Schauspieler Wally Shawn und seiner Frau Deborah Eisenberg, und vor ein paar Jahren fragten wir die beiden, ob sie ein bestimmtes Restaurant bei uns in der Nähe kannten, gleich um die Ecke auf der 46sten Straße, im Theater District.

> Kennen? Wir sind da oft hingegangen. Der mächtigste Mann von New York hat immer dort gegessen. Wir hatten schon Angst, bloß an seinem Tisch vorbeizugehen.
> Der mächtigste Mann, wer war das? Mafia?
> Frank Rich, sagten sie.
> Frank Rich?

Er war der Theaterkritiker der *New York Times*.

> Ihr hattet Angst vor Frank Rich?
> Er hatte ganz New York unter Kontrolle, sagten sie. Er konnte dich fertigmachen.

Ich weiß nicht, ob Léautaud ähnlich mächtig war, aber er hat ein paar Dinge gesagt, die mir im Gedächtnis geblieben sind. Dazu gehörte unter anderem: Man muss auszuwählen wissen. Er hat auch gesagt: Deine Sprache ist dein Heimatland. Ich habe viel darüber nachgedacht, und ich sehe es eher umgekehrt – Dein Land ist deine Sprache. Die Bedeutung ist in beiden Varianten ähnlich. Entweder ist dein wahres Heimatland nicht geografischer, sondern sprachlicher Natur; oder du lebst in Wahrheit in einer Sprache, vermutlich deiner Muttersprache. Deine Lebensloyalität gehört, im Gegensatz zu deiner patriotischen Loyalität, der Sprache.

Ich respektiere die Sprache, vielleicht sogar allzu sehr. Ich bin empfänglich für Sprache, und ich glaube, dass ich in Sprache ebenso gut erinnere wie in den momentanen Bildern, die sich ins Gedächtnis einprägen, ja das Gedächtnis ausmachen, und die so schnell aufzutauchen vermögen und sich gegenseitig so unverzüglich auszutauschen vermögen, dass es einem, wenn sie irgendeine physische Präsenz hätten, den Verstand rauben würde, aber sie haben lediglich eine neurale Präsenz und sie entziehen sich in fast jeder Hinsicht unserer Kontrolle.

Genug davon – wie wählt man aus.

Schriftsteller haben eine Affinität zu Malern. Ich zum Beispiel schaue mir gerne Bilder an und denke dabei über das nach, was ich gerade schreibe oder vielleicht schreiben werde. Bei Malern kommt es an erster Stelle auf die Wahrnehmung der Dinge an. Und dann darauf, was sie, bisweilen scheinbar gänzlich unbekümmert, auswählen zu malen. Ich denke immer, ich sollte mir mehr ausprobieren, wenn ich die ganzen Studien und Entwürfe sehe, die einer großen Arbeit vorausgehen, die gewaltigen Vorbereitungen und das Ausprobieren von Ideen, aus denen am Ende auf die eine oder andere Weise das Gemälde hervorgeht. Bei Landschaften geht es freilich um die absolute, die unveränderbare Darstellung eines wirklichen Ortes, den man auch in einem Roman möglicherweise tatsächlich *sehen* kann, allerdings auf einer anderen Ebene des Sehens.

Auch der Hintergrund, wenn man ihn sich anschaut, ist aufschlussreich, manchmal ist er bemerkenswert unscheinbar. Man nimmt ihn gar nicht wahr, weil das Bild so aufgebaut ist, dass man dem Hintergrund keine Aufmerksamkeit schenkt. Er ist, ohne dass man es überhaupt bemerkt hat, unter den eigenen Augen abtransportiert worden.

Dann gibt es die Farbe, das <u>Blau</u> – ich muss das Wort unterstreichen –, das unglaubliche Blau des Sofas in Manets Pastell seiner Mutter. Das Rot bei Matisse in seinem Roten Zimmer. Es ist nicht so, dass einem bestimmte Dinge aufgrund ihrer Farben auffallen oder sich einem aufdrängen, es ist eher so, dass man irgendwie empfänglicher für sie ist. Das weiße Pferd bei Gauguin ist grün.

Und dann gibt es die Dinge, die sie einander stehlen, sich ausleihen, voneinander abschauen. Der frühe Gauguin sieht aus wie Pissarro oder Sisley, Seurat sieht aus wie Pissarro, van Gogh wie Utrillo.

Und wie sehr man sich vorsehen muss mit dem Zuckerguss, dem Süßkram. Wie klebrig der sein kann.

Man betrachtet Bilder schweigend, was von Vorteil ist.

Romane zu schreiben ist schwierig.

Ich habe die Sache mit dem Auswählen erwähnt. Ein Schriftsteller, dem man sich, sofern man gewarnt wurde, mit Vorsicht nähern sollte, Evelyn Waugh, hat erklärt:

»Wenn es doch bloß in die Köpfe der Amateure gehen würde, dass das Schreiben von Romanen eine äußerst kunstfertige und mühevolle Angelegenheit ist. Man sitzt nicht einfach hinter einem Vorhang und kritzelt die Unterhaltungen anderer Leute mit. Als Rohmaterial hat man sämtliche Dinge zu Verfügung, die man jemals gesehen, gehört oder empfunden hat, und nun muss man sich, halb ohnmächtig von dem ganzen Staub und Gestank, über diesen riesigen schwelenden Müllhaufen hermachen, muss scharren und buddeln, bis man ein paar fortgeworfene Kostbarkeiten entdeckt. Dann muss man diese angelaufenen und zerbeulten Teile zusammensetzen, muss sie polieren, in die richtige Reihenfolge bringen und versuchen, sie zu einem zusammenhängenden und bedeutsamen Ganzen zu arrangieren. Es geht nicht einfach nur darum, einen Mülleimer willkürlich mit Zeug vollzuschmeißen und wieder auszuleeren.«

Es sei das Ziel eines jeden Schriftstellers, schreibt Cyril Connolly, ein Meisterwerk zu schaffen, und alle Jubeljahre gelingt es jemandem, sehr zum Leidwesen anderer Schriftsteller, die davon ausgehen, dass es nur eine begrenzte Zahl an Meisterwerken geben kann, und nun hat sich einer eines davon weggeschnappt.

Ich wollte noch über das Albany William Kennedys und über seinen Roman *Legs* sprechen, und auch über das Ende von Büchern. John Irving kennt immer schon die letzte Zeile, weiß sie, ehe er anfängt zu schreiben, und er sagt, er schreibt auf diese Zeile hin. Ich wollte ein bisschen über James Jones und die Schreibschule erzählen, die er zusammen mit Lowney Handy begründet hat, aber mir scheint, dass ich für den Moment, für heute Abend genug gesagt habe.

Anmerkungen

1. *Märchen aus Tausendundeine Nacht*, übersetzt von Walter Schürenberg, Frankfurt a. M., 1961, S. 34.
2. Malcolm Lowry, *Unter dem Vulkan*, übersetzt von Susanna Rademacher, Reinbek bei Hamburg, 1963, S. 9.
3. Mark Twains richtiger Name.
4. Aus: Louis-Ferdinand Céline, *Ma grande attaque contre le verbe*.
5. Louis-Ferdinand Céline, *Tod auf Kredit*, übersetzt von Werner Bökenkamp, Reinbek bei Hamburg, Neuausgabe 2005, S. 253.
6. Louis-Ferdinand Céline, *Reise ans Ende der Nacht*, übersetzt von Hinrich Schmidt-Henkel, Reinbek bei Hamburg, 2004, S. 430.

DRITTE VORLESUNG
LEBEN ALS KUNST

Bertolt Brecht schreibt in seinem *Arbeitsjournal* über Dinge wie das Wesen der Kunst, als dessen Merkmale er Einfachheit, Erhabenheit und Sensibilität aufführt, und über ihre Form, Nüchternheit.

Wenn ich die Tagebücher durchblättere, die ich während der Herzzeit, wenn ich das mal so nennen darf, meines Schriftstellerlebens geführt habe, seit 1962, finde ich wenige derartige Schlussfolgerungen. Es finden sich da mehr Namen als Ideen, nicht notwendigerweise berühmte Namen, auch Namen, die ich selbst nicht mehr kenne – Iris Gazelle, wer mag das sein? Jay Julian. Es gibt gute Beschreibungen und viele Gespräche – Unterhaltungen –, aber weniger über das Schreiben, als ich erwartet hatte – darüber, was ich geschrieben habe, was ich *empfunden* habe über das, was ich geschrieben hatte. Die Tagebücher sind einfach *comme ça* – nur so – geschrieben. Gedacht zur Benutzung, nicht dazu, von jemandem gelesen zu werden. Manche Seiten sind mit großer Sorgfalt geschrieben und handeln von Dingen, deren kleinste Einzelheiten nicht zu erinnern ich bedauern würde.

Ich hatte seit meinen Mittzwanzigern Tagebücher respektive Journale geführt, aber, und das gilt auch für das Schreiben selbst, hatte ich keine Ahnung, wie man das eigentlich macht. Ich fing also an, einfach alles aufzuschreiben, sofern ich überhaupt schrieb. Irgendwann begriff ich, dass es nicht wert sei, jeden Schrott aufzubewahren.

Ich hatte ein paar Kurzgeschichten geschrieben, aber sie taugten nichts. Ich wusste nicht, wie ich mit dem Schreiben weitermachen sollte. Das Problem mit den Geschichten war, dass sie keine Form hatten und zu ernsthaft waren. Ich las Geschichten im *New Yorker* und in *Esquire* und versuchte sie zu imitieren. Diese Imitationen waren eine entmutigende Angelegenheit. Meine Geschichten schienen zu sein wie die Vorbilder, aber irgendetwas war anders als bei den Originalen, jedenfalls war ich davon überzeugt. Natürlich waren sie in manchen Fällen lediglich Imitationen von Imitationen, und so was braucht kein Mensch.

Mein Problem war auch eine Frage des Glaubens, obwohl ich schon einen Roman fertiggestellt hatte. Nachdem ich endlich beschlossen hatte, den Kurs zu ändern, den Dienst zu quittieren und ein anderes Leben zu beginnen, war das rein physisch eine einfach Aktion: Ich schrieb eine Kündigung und gab sie persönlich an der zuständigen Stelle ab. Ich hatte irgendeine Art von Reaktion erwartet, dass irgendjemand bedauernd den Kopf schütteln würde angesichts des Abschieds eines Berufsoffiziers mit zwölfjähriger Dienstzeit, aber es gab keine. Die Sache wurde ganz nüchtern behandelt, als würde ich ein Paar Stiefel zurückgeben. An jenem Nachmittag war ich erschüttert und deprimiert. Ich wollte mit jemandem reden, der mich verstand. Mein früherer Geschwaderkommodore, den ich respektierte und der mich mochte, war damals in Washington stationiert, und ich rief ihn an. Er lud mich sofort zum Abendessen ein. Ich erzählte ihm, was ich gerade getan hatte und warum und was ich in Zukunft zu tun hoffte. Er sagte: »Sie Idiot.«

Ich wollte nicht in der Stadt schreiben. In der Stadt arbeiteten alle, oder sie waren auf dem Weg zur Arbeit, oder es war nach der Arbeit und sie hatten ihr Tagewerk hinter sich. Und dann war da immer das leise Summen der Stadt, das sich anhörte wie ein paar riesige Generatoren tief unter der Erde, die manchmal leise wurden, aber nicht wirklich. Wenn man genau hinhörte, waren sie, auch in der Stille, immer in Betrieb.

Ich hatte zwei oder drei Freunde, Künstler, die auch unkonventionelle Leben führten, aber sie waren nicht verheiratet oder hatten keine Kinder. Obwohl, einer war mit Yoko Ono verheiratet – das war lange vor John Lennon –, und sie hatten ein Kind.

Ich versuchte, an Orten zu arbeiten, die mir leihweise zur Verfügung gestellt wurden, aber mir fehlte der Glaube an mich. Ich fand heraus, dass das Arbeiten nur zu Hause möglich war, frühmorgens, bevor meine Frau und die beiden kleinen Töchter aufstanden, oder abends, nachdem sie zu Bett gegangen waren. Ich schrieb an einem langen Tisch in unserem Schlafzimmer. Dann gelang es mir, im Frieden mit mir zu sein. Am Tage machte ich mir Gedanken darüber, wie ich einen Lebensunterhalt verdienen sollte. Ich hatte ein wenig Geld vom Verkauf der Filmrechte an meinem einzigen Roman, jenem Roman, der mich glauben ließ, ich solle mein Leben ändern, aber das würde nicht weit reichen. Ich war ein erfahrener Pilot der Luftwaffe, also ging ich zu den fliegenden Einheiten der Nationalgarde. Das bezahlte ein paar Rechnungen.

Meine erste Geschichte, die veröffentlicht wurde, handelte von Barcelona. Zwei deutsche Mädchen kommen vor in der Geschichte, beide sind unglücklich. Wenn ich die Sache weiter beschreiben sollte, würde ich sagen, dass nicht viel passiert. Eines der Mädchen ist jemandem nachempfunden, den ich auf einem Faschingsball kennengelernt habe. Ich erinnere mich nicht mehr genau an ihr Kostüm, aber es war eine Art Badeanzug mit goldenen Schuppen und einem Röckchen. Ihr Freund in Barcelona war ein Literat und wohl auch eine Art Playboy. Er wusste alles über die Stadt, doch er verschwand nach jener ersten Nacht. Am nächsten Tag gingen wir an den Strand. Und das war's. Das ist die Geschichte, aber der Unterschied war, dass ich sie dieses Mal schreiben konnte. Es war die Sprache, das Selbstvertrauen. Ich wusste nur wenig über die deutschen Mädchen, aber dieses Wissen habe ich sozusagen bis zum Letzten ausgequetscht. Ich habe dafür gesorgt, dass es Bedeutung erlangt.

Ich hatte erwartet, dass die Menschen von der Geschichte beeindruckt sein würden. Die meisten haben den Titel nicht verstanden, der unnötigerweise deutsch war, oder sie wussten nicht, dass es auch der Titel eines Gemäldes war. Es kam mir nicht in den Sinn, dass es Leute geben könnte, die das nicht herauszufinden versuchen würden – die bloße Autorität des Titels müsste sie doch dazu veranlassen.

Ist die Geschichte gut? Schwer zu sagen; damals war sie es. Heute gefällt sie mir wegen ihrer Anspielungen auf das ganze nihilistische Getue in Tanger – Paul Bowles, Ginsberg, Burroughs, aber vor allem Francis Bacon und seinen sadistischen betrunkenen Liebhaber Peter Lacy, ehemals Royal Air Force, und das ergreifende Landschaftsgemälde, das Bacon dort malte.

Jedenfalls ist der Autor in der Regel nicht derjenige, der sein eigenes Werk zu bewerten hat. Ich habe eines Abends mitbekommen, wie Joe Heller eine Frau fragte, ob sie *Was geschah mit Slocum?*, seinen zwar nicht so sehr bekannten, aber wichtigen Roman gelesen habe. Ja, sie hatte ihn gelesen. »Ist das nicht ein wunderbares Buch?«, sagte er.

Er war konsequent. Ich habe bei einem Interview zugehört, das er während einer Schriftstellertagung in Paris einem französischen Journalisten gab. Nach ein paar Fragen sagte der Journalist: »Aber, Monsieur Heller, nach *Catch 22* haben Sie nie wieder etwas Vergleichbares geschrieben.«

»Wer hat das schon?«

Schriftsteller urteilen ständig über andere Schriftsteller, aber es widerspricht ihren eigenen Interessen, sich selbst genauer zu bewerten.

Der Schriftsteller schreibt etwas. Wegen der Länge eines Buches und der unterschiedlichen, wenn auch nur ganz wenig voneinander abweichenden Bedeutung bestimmter Wörter und ihres Gebrauches liest der Leser möglicherweise etwas anderes, auch der Leser, für den es geschrieben wurde.

Im Grunde ist schreiben einfach. Fundamental, wie Hammer und Nagel, oder, um es anders auszudrücken, wie das Singen eines Liedes. Oder ein Selbstgespräch. Es gelten bestimmte Ordnungsprinzipien. Es gilt die Grammatik und die Syntax, es gelten Form und Struktur von Sätzen, und die Beziehung zwischen und die Anordnung von Wörtern, und das meiste davon lernt man, wenn auch nicht immer richtig, als Kind durch bloßes Zuhören, durch Nachahmung, Wiederholung. Winston Churchill war ein schlechter Schüler. In der Schule hielt man ihn für zu blöd oder zu dickköpfig, um Latein und Griechisch zu lernen, und er wurde stattdessen in die Englischklasse gesteckt, wo all die anderen Deppen saßen, denen man nicht zutraute, etwas Schwierigeres zu lernen. Er beschrieb das so:

> »Man hielt uns für solche Dummköpfe, daß wir nur die eigene Sprache zu lernen vermochten ... nämlich ein korrektes Englisch ... Der Aufbau eines gewöhnlichen Satzes – gewiß etwas Edles – ging mir in Fleisch und Blut über. Und wenn meine Schulkameraden, die für das Abfassen eines herrlich gelungenen lateinischen Gedichtes ... Preise und Auszeichnungen erhalten hatten, in späten Jahren wieder auf das gewöhnliche Englisch zurückzugreifen genötigt waren, um ihr Brot zu verdienen oder vorwärtszukommen, dann fühlte ich mich ihnen gegenüber keineswegs im Nachteil.«[1]

Die Form und den Rhythmus von Sätzen intensiv spürbar zu machen war Teil des Lernprogramms einer Schreibschule, die James Jones und eine Frau namens Lowney Handy nach dem Krieg in Illinois begründeten. Jones steckte mitten in dem langwierigen Prozess, seinen Roman *Verdammt in alle Ewigkeit* zu schreiben, und Lowney Handy war seine Muse. Studenten an der Schule mussten jeden Tag mehrere Stunden mit der Hand Passagen aus Werken von Hemingway, Faulkner und Thomas Wolfe abschreiben, um sich deren Kraft und Fertigkeit einzuverleiben. Das war die mimetische Methode, die vielleicht nicht gar so lächerlich ist, wie es auf den ersten Blick scheinen mag.

Ich würde sagen, dass eine Schreibschule im Wesentlichen einer Tanzschule ähnelt. Wenn jemand Rhythmusgefühl hat, kann man ihm was beibringen. Es herrscht bei den Menschen ein großes Verlangen danach, schreiben zu können, und der entsprechende Unterricht für Prosa und Lyrik wird allüberall an Hochschulen und Universitäten und auch anderswo angeboten. Die Lehrer sind oft von einiger Berühmtheit und heiß begehrt. Manche sind wahre Gurus mit Glaubensgrundsätzen und Anhängern. In vielen Städten gibt es Privatkurse mit handverlesenen Schülern. Man hört von dramatischen Gestalten mit auffälligem Äußeren in Stiefeln und Reithosen, vielleicht mit langem weißem Haar wie ein Prophet und mit einem literarischen Ichor, jener Flüssigkeit, die in den Adern der Götter fließt. Sie können zahllose großartige – bekannte und weniger bekannte – Bücher und Autoren zitieren, wie ein Musiker tausend Stücke spielen kann. Sie sagen nichts als die Wahrheit, die wesentliche Wahrheit über alles und die Wahrheit über Sie als Schriftsteller und als Mensch, und die muss notwendigerweise schmerzhaft sein. Die einzelnen Kurssitzungen sind lang, dauern Stunden, und Unterbrechungen sind nicht geduldet. Fragen dürfen nicht gestellt werden. In dieser höchst aufgeladenen Atmosphäre lesen die Schüler ihre Texte laut vor, und sie werden von ihrem Lehrmeister unterbrochen, wenn sie hinreichend viele Fehler gemacht haben. Für einige trifft das nach einigen wenigen Sätzen zu. Andere dürfen ihren Text bis zum Ende lesen. Die Bedeutung des ersten Satzes, wird er nicht müde zu betonen, kann gar nicht hoch genug eingeschätzt werden. Er führt hinein in die Geschichte. Er definiert ihren Klang und gibt den als Nächstes folgenden Satz vor. Niemals einen

Satz mit einem Adverbium beginnen – es verrät bloß, was der Satz selbst mitteilen sollte.

Seine Leidenschaft, seine Energie und Hingabe ist gewaltig. Hier sprechen wir von der Erziehungslager-Methode. Entweder man steigt aus, oder man wird Jünger. Irgendwie steht das der Idee von der Freiheit der Kunst entgegen. Und doch offenbart er seinen Schülern etwas. Ich habe noch nie einen ›Ehemaligen‹ getroffen, der nicht loyal war gegenüber seinem Lehrer, ihn gar liebte.

Ich glaube, es war Turgenjew, und wenn nicht, dann waren es die de Goncourts, die gesagt haben, dass, wann immer Männer zusammen zu Abend essen, sich das Gespräch um Frauen und die Liebe dreht. Auf jeden Fall traf das auf Saul Bellow zu, zumindest in den Jahren, in denen ich ihn kannte, in den späten Siebzigern und in den Achtzigern. Frauen beschäftigten ihn damals ganz besonders, weil seine Ex – die dritte – ihn auf höhere Zahlungen verklagte, nachdem er den Nobelpreis und das damit verbundene Preisgeld von sechshundert- oder siebenhunderttausend Dollar gewonnen hatte. Der Fall wurde in Chicago verhandelt, und er befürchtete, der Richter sei bestochen. Ich habe seine Exfrau nie getroffen, obwohl ich das Gefühl habe, sie zu kennen. Sie befand sich sozusagen in den Händen eines fabelhaften Geschichtenerzählers. Bellow befand sich in den Händen des Richters und sie sich in denen Bellows. Sie wollte höhere Alimente und mehr Kindesunterhalt. Das alles war in Aspen, wohin ihn das Institut über den Sommer eingeladen hatte; während er schwamm wie ein Frosch – es gab dort einen Pool –, zählte er die Gründe auf, warum er dem Richter misstraute und warum es auf der Hand lag, dass sie ein Auge auf das Preisgeld geworfen hatte. Mehr als nur ein Auge.

Ich liebte es, diese Geschichten von ihm erzählt zu bekommen. Ich beneidete ihn darum, aber nur um die Geschichten. Alles andere war eher ein Albtraum. Es ging nicht nur um seine

Ex, die wunderschöne Erzfeministin, es ging auch um eine Reihe anderer Frauen, von denen ich einige kannte. Wie fand ich sie. Die war doch ganz nett, oder? Sie hatte es auf eine Affäre mit ihm angelegt – ich hätte besser nicht hingehört, sagte er. Ich war natürlich jünger, wenn auch nur um zehn Jahre, und vielleicht kam ich ihm freier und weniger sorgengetrieben vor. Ich hatte keine Exfrauen. Wir fuhren durch die Berge in Richtung Glenwood, wunderschöne hügelige Wiesen im Tal unterhalb. Dort eine Hütte, in die er sich zum Schreiben zurückziehen könnte, das wäre herrlich, sagte er, weit weg von allem, nur ein paar Freunde in der Umgebung. Wir könnten uns eine Hütte teilen. Er wäre ein paar Monate im Jahr dort, den Rest der Zeit könnte ich sie haben.

Abstand zwischen sich und die Frauen zu bringen, hatte keinen großen Sinn, denn Frauen waren der Auslöser all seines Tuns, aber wir verfolgten die Sache und kauften Land und hatten dort irgendwann tatsächlich eine Hütte, die weder er noch ich nutzten. Nicht lange danach allerdings begann ich, etwas zu schreiben, wozu er mir geraten hatte, nämlich meine Erinnerungen an Virginia, und zwar in der Zeit, als ich dort meine Frau kennenlernte, und dann später, nachdem wir geheiratet hatten. Er ermunterte mich, darüber zu schreiben. Ich war ein Neuling und es bedeutete mir viel, was er sagte.

Ich arbeitete damals an einem Roman, *Lichtjahre*, den ich mal beschrieben habe als die abgeschliffenen Steine des Ehelebens: alles Gewöhnliche, alles Wunderbare, alles, was Erfüllung oder Verbitterung ausmacht – das geht über Jahre so, über Jahrzehnte, und am Ende scheint es vorbeigeflogen zu sein wie Dinge, die man aus dem Zugfenster sieht, dort eine Wiese, Bäume, Häuser, düstere Städtchen, ein Bahnhof. Alles, was nicht niedergeschrieben ist, verflüchtigt sich, ausgenommen bestimmte bleibende Momente, bestimmte Menschen, Tage. Die Tiere sterben, das Haus ist verkauft, die Kinder sind erwachsen, und auch das Paar selbst ist entschwunden, aber es gibt noch dieses Gedicht.

Vor etwa zehn Jahren habe ich es noch einmal gelesen. Es ist eine musikalische Komposition, eng verwoben, teils melancholisch, die sich gebärdet als Buch. Es will heroisch sein, wie man das Geschenk des Lebens nutzen sollte (das sage ich nur sehr ungern, es klingt allzu herzensgut): Sie war schön, aber das ist vorbei. Er war hingebungsvoll, bekam aber das Leben nicht in den Griff. Ursprünglich lautete der Titel *Nedra und Viri* – in meinen Büchern sind die Frauen immer die Stärkeren. Wenn man dem Buch glauben mag – und es stimmt schon –, dann gab es diese dichte Welt basierend auf dem Ehebündnis, ein eingehegtes Leben, wie es dort heißt, umschlossen von altehrwürdigen Mauern. Es geht um die Erinnerung an jene Tage.

Ich hab es vor der Veröffentlichung Saul zum Lesen gegeben. Er hat das alles nicht so gesehen. Er hat etwas Wunderbares gesagt. Er hat gesagt, es gehe eigentlich um die sexuelle Herzlosigkeit der Frauen – um ihre neue Rolle, und in der seien sie umwerfend.

Sachen, die man geschrieben hat, altern nicht mit einem, so jedenfalls kommt es mir vor. Das Wahre in ihnen scheint gekennzeichnet vom Augenblick, aber Aktualität, wenn der Augenblick vorüber ist, so etwas gibt es nicht. Entweder leben die Dinge fort außerhalb jeglichen Momentes, oder sie hören auf zu existieren. So verhält es sich mit der Literatur. Bücher bezeichnen eine Zeit oder einen Ort, und dann werden sie allmählich zu jenem Ort oder jener Zeit.

Verbrannte Tage, eine Autobiografie, wurde nur auf Drängen meines Lektors Joe Fox geschrieben, und das war, so sehe ich das heute, ein irriges Drängen. Warum wollte er, dass ich das schreibe? Ich wollte es jedenfalls nicht. Ich wollte nicht all die persönlichen Dinge offenlegen, die als psychologische oder faktische Untermauerungen dessen dienten, was ich sonst noch zu schreiben beabsichtigte. Ich wollte nicht in einem einzigen

Buch das ganze Material verpulvern – nennen wir es Materie, denn vieles davon stammte nicht von mir, sondern von anderen Leuten –, das sich in, sagen wir mal, fünfzig Jahren angesammelt hatte. Aber es gab eine Reihe von Gründen, warum ich damit anfing.

Rust Hills war seinerzeit Literaturredakteur beim *Esquire*, eines der zwei oder drei Magazine, die Geschichten von mir druckten. *Esquire* genoss ein hohes Ansehen und es wurde pünktlich bezahlt. Ganz oben auf Hills Liste standen Richard Ford und DeLillo, zwei seiner Lieblingsschriftsteller, aber er war ein geselliger Mensch, und ab und zu trafen wir uns auf einen Drink. Eines Tages rief er an und fragte mich, ob ich zum Mittagessen mit dem Chefredakteur Lee Eisenberg, den ich nicht kannte, in die Stadt kommen könnte.

Beim Mittagessen wurde mir erklärt, dass *Esquire* etwas Neues plane, dass man die herkömmlichen mit Illustrationen oder Fotos aufgelockerten Textseiten zu ersetzen gedenke durch ein kühneres Layout mit starken Bildern und durchgehenden Texten. Es würde einfach nur vier dominante Textstrecken geben, wie sie mir erklärten, die die Ausgabe prägen und das Jahrzehnt markant repräsentieren würden. Die Themen sollten jene Kategorien abdecken, die den Menschen wichtig wären, Kernbereiche. Eines dieser Stücke sollte ich schreiben. Das Thema Sport war bereits vergeben.

Eisenberg sagte: »Sie sind ein Mann von Welt. Sie waren drei oder vier Mal verheiratet. Wir stellen uns vor, dass Sie über Sex und Ehe schreiben.«

Ich sagte, da läge ein Irrtum vor. Ich war nicht drei oder vier Mal verheiratet. Ich war nur ein einziges Mal verheiratet, und was das andere Thema angehe, wolle ich nicht als Experte fungieren.

Nach einem Moment des Schweigens erwähnte ich eine Episode, die vielleicht zu ihrem Thema passen könnte. Als junger Mann hatte ich mich heftig verliebt – das war in Honolulu gewesen während meiner dortigen Stationierung –, und zwar in die Frau meines besten Freundes. Es ginge um Liebe und Loyalität. Treue. Am Ende wurde aus dem Essay *Die Frau des Captains*. Und daraus wurde im Laufe einiger Jahre das Buch.

Über sich selbst zu schreiben, in selbstloser Weise, ist schwierig. Das ist keine Frage der Technik. Ich war unsicher, wie weit ich mit meinen Bekenntnissen gehen, wie weit ich mich entblößen sollte. Außerdem, warum sollte irgendjemand Interesse an meinem Leben haben, wenn ich es nicht in Form eines Romans präsentierte? In gewissem Sinne war das Buch ein Roman. Es endet folgendermaßen:

»In der Woche vor Neujahr machte ich ein paar Listen, verschiedenste Dinge: Freuden, die mir geblieben waren; meine zehn besten Freunde; gelesene Bücher. Ich dachte an verschiedene Leute, wie man es am Jahresende tut. Wer die Reise nicht gemacht hatte: die kleine Schwester meiner Mutter, die namenlos starb, glaube ich; George Cortada; Kelly; Joe Byron; Thomas Maynard, acht Jahre alt; Kays Fehlgeburt; Sumos Welpen ...
Später am Tage gingen wir am verlassenen Strand spazieren. Danach badete ich, zog mich an, einen weißen Rollkragenpullover, und kämmte mich vor dem Spiegel. Ich hatte schon schlechtere Tage gesehen. Gesundheit, gut. Hoffnung, leidlich.
Karyl Roosevelt und Dana, ihr Sohn, kamen auf einen Drink vorbei. Sie war einmal eine Schönheit. Vielleicht war ihr Leben deswegen ganz den Männern gewidmet gewesen. Auch lange danach sprach sie noch mit Zuneigung von ihnen.
Sie war mit einem sehr reichen Mann verheiratet gewesen. Als sie das erste Mal Europa bereisten, flogen sie direkt nach Jugoslawien, als Gäste auf Marschall Titos Yacht. Sie wurde eigenhändig von Tito, die Ärmel hochgekrempelt, in einer Bucht bei Dubrovnik herumgerudert.

Wir fuhren zum Abendessen zu »Billy's«. Sehr wenige Gäste. Dann vor Mitternacht zurück nach Hause, wo wir ein Feuer machten, Trinksprüche ausbrachten und uns aus unseren Lieblingsbüchern vorlasen. Ich las die letzte Rede aus Noël Cowards *Kavalkade* vor, die, in der die Ehefrau einen Toast auf ihren Mann ausbringt. Sie haben ihre beiden Söhne im Krieg verloren (1914–1918), und sie trinkt auf sie, auf das, was hätte sein können, und auf England. Kay las aus *Ebenezer Le Page*. Karyl den letzten Teil aus Joyce' *Die Toten*, in dem der Schnee ganz Irland bedeckt, sowie aus *Anna Karenina*, *Humboldts Vermächtnis* und *Die Wapshots*. Dana las Robert Service, Stephen King und etwas Langes und Unverständliches von Poe. Vielleicht lag es an den Drinks. ...
Das Feuer war bis auf die Glut niedergebrannt, die Gäste waren fort. Wir gingen in der eisigen Dunkelheit mit dem alten lahmen Hund noch einmal hinaus. Auf der Straße Leere, kein Auto, kein Geräusch, keine Lichter. Das Jahr vorüber, kalte Sterne am Himmel. Den Arm um sie gelegt. Ein Gefühl von Mut. Großes Verlangen, weiterzuleben.«[2]

Das Leben ging weiter, allerdings nicht für uns alle. Dana starb fünfzehn Jahre später bei einem Flugzeugabsturz. Es war eines von diesen Flugzeugen aus vorfabrizierten Teilen, die man selbst zusammenbaute. Er war am Tag des Absturzes bei uns gewesen, um kurz Hallo zu sagen. Er war ein Urenkel von FDR.

Mein Gefühl sagt mir, dass ich das alles in eine andere Form hätte bringen sollen. Der Roman war das Höchste, und die Schriftsteller, die ich kannte, haben sich mit kaum etwas anderem beschäftigt. John Updike war eine Ausnahme. Abgesehen von ihm waren James Jones und William Styron Freunde, genau wie Styron und Mailer, bis sie in heftigen Streit gerieten über irgendetwas, was Styron angeblich über ihn oder seine Frau gesagt hatte und das ihm zu Ohren gekommen war. Sie, sie alle redeten die ganze Zeit von dem *Great American Novel*, war er schon geschrieben? Wer würde ihn schreiben? Melville oder Faulkner zählten nicht. Es würde einer von ihnen sein, und sie arbeiteten unablässig daran. Mailer redete am meisten davon. Ich weiß nicht, ob Schriftsteller noch immer – oder vielleicht sollte ich besser sagen, derzeit – von diesem großartigen mythischen Werk sprechen. Im Augenblick scheint mir die geltende Meinung zu sein, dass die Vorherrschaft des Romans, des traditionellen literarischen Romans und seiner alteingeführten Besorgnis um Figuren und Schicksale zu Ende geht. Eine Reihe altehrwürdiger Schriftsteller haben gesagt, es sei vorbei, Roth, Margaret Atwood, Doris Lessing. Ich bin nicht sicher. Ich glaube sowieso nicht, dass auf diese Weise der große Roman geschrieben wird, indem man darauf abzielt. Ich denke, man muss woanders hinschauen. Und dennoch, wir werden Großartiges bekommen – davon können wir ausgehen, denke ich –, und ich meine, in diesem Jahrhundert.

Die in meinen Augen bedeutendsten Schriftsteller sind Nabokov, Faulkner und Saul Bellow und Isaac Singer – die letzten beiden nenne ich in einem Atemzug, weil es Qualitäten gibt, die auf sie beide zutreffen. Ich mag Nabokov wegen seiner Raffinesse und seiner verbalen Brillanz, wegen seiner Stimme und wegen seines Stils. Ich habe gesagt, dass solche Dinge von bleibender Qualität sind, ganz unabhängig von den behandelten Themen. Er war sehr geistreich. Ich habe mich mal fast eine Stunde mit ihm unterhalten, in der Bar seines Hotel-Wohnsitzes in Montreux. Es war Winter – Montreux, nicht gerade ein Ort der Lebensfreude, schien ebenso ausgestorben wie das große altehrwürdige Hotel. Außer uns war niemand in der Bar – Nabokov und Vera, seine Frau, in einem blauen Rodier-Hosenanzug. Am Abend zuvor war auch der Speisesaal fast leer gewesen, nur ein paar Kellner in weißen Jacketts standen reglos herum. In der Bar war Nabokov wachsam, souverän, höflich. Er machte ein paar lustige Bemerkungen, aber seine Frau saß nur teilnahmslos dabei.

»Sehen Sie?«, sagte er. »Sie lacht nie. Sie ist mit dem größten Witzbold Europas verheiratet, aber sie lacht nie.«

Ein paar Jahre später lernte ich zufällig einen Mann kennen – ich glaube, er war Mathematiker –, der in Cornell ein Büro mit Nabokov geteilt hatte.

»Worüber haben Sie gesprochen?«, fragte ich.

»Oh, er erzählte von Sachen, die er im *National Enquirer* gelesen hatte. Den kaufte er sich jeden Tag. Und er sprach gern über Zeit.«

»Zeit? Wie über Zeit?«

»Er hob das Handgelenk und sagte: ›Bei mir ist es 8 Uhr 26. Und bei Ihnen?‹«

Mit Faulkner fühle ich mich auf gewisse Weise verbunden, auch wenn ich ihm nie begegnet bin, ihn nie gesehen habe. Ich weiß, dass er Pilot werden und im Ersten Weltkrieg fliegen wollte, aber es hat nicht geklappt – man hat ihn nicht genommen. Er hat dann später angefangen zu fliegen und hatte auch ein eigenes Flugzeug, mit dem er überall hingeflogen ist und an Flugschauen und sogar an Wettfliegen teilgenommen hat, bevor er die Sache an den Nagel hängte.

Ich kenne eine Geschichte über ihn und die Fliegerei, nicht aus erster, aber aus zweiter Hand, von einem Mann namens Delmont Sylvester, der im selben Geschwader war wie ich. Sylvester hatte was von einem Weichei und schien sich für irgendetwas zu schämen, obwohl ich dafür nie einen Grund entdecken konnte. Um 1952 war er – reaktiviert wegen des Koreakrieges – auf einem Flugplatz in Greenville, Mississippi, stationiert. Er war für die Öffentlichkeitsarbeit des Geschwaders in Greenville zuständig, und eine Buchhändlerin im Ort, mit der er sich angefreundet hatte, bot an, ihn mit Faulkner bekannt zu machen, sofern er Interesse habe. Also traf er sich mit Faulkner, erzählte Sylvester. Faulkner war betrunken und hatte eine Flasche in der Manteltasche. Sie unterhielten sich über die Fliegerei und über die Zeit Faulkners als Pilot in Frankreich, wo er nie gewesen war, auch wenn er es gerne behauptete. Das ganze Szenario von Piloten im Krieg war umflort von einer Aura des Ruhms. Faulkner hatte Gedichte darüber geschrieben. Er behauptete, er sei aufgrund seines Scheiterns als Lyriker zum Kurzgeschichtenschreiber avanciert und aufgrund seines Scheiterns als Kurzgeschichtenschreibers zum Romancier. Der Gedanke des Scheiterns kam auch zur Sprache, wenn er gefragt wurde – und er wurde des Öfteren danach gefragt –, wer die besten amerikanischen Schriftsteller seien. Er pflegte dann zu antworten, dass alle gescheitert seien, dass aber Thomas Wolfe das beste und William Faulkner das zweitbeste Scheitern vorzuweisen hätten.

An jenem Tag in Greenville bot Faulkner an, im Tausch gegen einen Flug im Düsenjäger eine Geschichte über die Air Force zu schreiben. Es gab eine Regelung, nach der es erlaubt war, Zivilisten auf Flüge mitzunehmen, sofern dies im Interesse der Air Force sei, und Sylvester rief sofort den Standortkommandanten im Dienstrang eines Obersts an, um sein Anliegen vorzutragen. Der Oberst hörte sich alles an. Am Ende sagte er: »Wer ist Faulkner?«

Faulkner und Nabokov haben beide Drehbücher geschrieben – Nabokov nur eines. Ich habe ein Dutzend geschrieben. Das ist so ziemlich das Einzige, was uns verbindet.

Film. Kino. Alle Schriftsteller lieben das Kino. Doch auf der Seite der Literatur leidet der Film unter einer Art von Missachtung. Der Schriftstellerverband ist sauber aufgeteilt in einen Schriftstellerverband Ost und einen Schriftstellerverband West, und die American Academy of Arts and Letters beheimatet unter ihrem Dach die Architektur, die Musik, die bildenden Künste und die Literatur einschließlich der Lyrik, der Film hingegen, der im Begriff ist, sich alle anderen Künste einzuverleiben, wird mit keinem Wort erwähnt. Halb so schlimm, der Film hat seine eigene Academy.

Eines Abends, wir reden über die Zeit, als ich lediglich ein einziges Buch geschrieben hatte, nahm mich ein Freund mit zu einem englischen Regisseur, der mich nach dem Essen fragte, ob ich Interesse habe, ein Drehbuch zu schreiben. Ich hatte großes Interesse. Das Haus war ausgesprochen luxuriös und lag nah an der Fifth Avenue. Ich wusste nichts vom Film, einmal abgesehen von meinen Erfahrungen als Kinobesucher. Das stimmt natürlich nicht wirklich; jeder weiß irgendwas über Film. Der Regisseur drückte mir ein Buch in die Hand, ein ordinäres Taschenbuch, wie er selbst zugab, über ein junges Model in Rom, das sich möglicherweise als Prostituierte betätigte – aus unerklärlichen Gründen hatte das Buch sein Interesse geweckt. Am Ende stellt sich heraus, dass sie nicht als Prostituierte arbeitet, aber der Verdacht seitens des Ehemannes zerstört ihrer beider Leben.

Das war der Anfang einer langen Phase der – wenn auch größtenteils höchst unregelmäßigen – Drehbuchschreiberei. Zwischendrin verkaufte ich Kalender und arbeitete in einem Buchladen. Nur wenige der Filme wurden tatsächlich produziert. Die Kunst des Films war, wie sich herausstellte, die Kunst der Finanzierung. Bei manchen Filmen dauerte das Jahre. Manchmal hatte man den Eindruck, dass, je geringer der benötigte Betrag, desto schwieriger, ihn aufzutreiben. Orson Welles war ein Gigant – er hatte *Citizen Kane* gedreht und vieles andere. Er hegte seit langer Zeit den Plan, einen Film über Falstaff zu drehen. Sein Körper und seine Stimme waren majestätisch und er war überaus geeignet für diese Rolle, die zu den eindrücklichsten auf dem englischen Theater gehört.

Es gelang ihm nicht, das Geld aufzutreiben. Wir reden über die Endphase seiner Karriere, er galt als unzuverlässig, sein künstlerisches Temperament hatte zu vielen Menschen zu viel abverlangt. Darum begann er, wann immer er konnte, einzelne Szenen des Films zu drehen, dann schickte er das kleine Team nach Hause und versuchte, es wieder zu versammeln, sobald er es sich leisten konnte, weiterzudrehen. Es war herzzerreißend. Es war Kampf. Seine italienische Frau unterstützte ihn, wo immer sie konnte. »Orson«, sagte sie schließlich, »angenommen, man würde sämtliches Filmmaterial der Welt in einen Raum stopfen und verbrennen, was würde das ändern?«

Wenn nicht Geld das Problem war, dann war es die Jagd nach Schauspielern und Schauspielerinnen, das Warten auf Nachricht von ihnen. In jener Zeit hatte der europäische Film ungeahnte Höhen des Prestiges erklommen und wurde neidvoll betrachtet. Die innovativen französischen und italienischen Regisseure, die ihre eigenen Drehbücher schrieben, nannte man *auteurs*, das Kino, das sie machten, hieß Autorenkino. Godard war wie ein Rockstar. In Paris zeigten einem die Leute jene Straße, wo Belmondo in *Außer Atem* erschossen worden war. Truffaut und Fellini wurden verehrt. Auch ich war berauscht. Es war ein Leichtes, sich entmutigen zu lassen von dem, was kulturell bewundert wurde, aber in diesem Fall schien die Sache zu stimmen. Roberto Rosselini, rundlich und mit schütterem Haar, hatte Ingrid Bergman geheiratet – mit allen Konsequenzen. Sie hatte ihren Chirurgen-Ehemann und ihre beiden Kinder verlassen und bekam zwei Töchter mit Rosselini. Nichts war der neuen Vergötterung vergleichbar. Antonioni – Michelangelo Antonioni – drehte einen stimmungsvollen, rätselhaften Film mit Monica Vitti, *Die mit der Liebe spielen*.

Am Set kam es zum Streit über Dinge, die sie nach seiner Vorstellung tun sollte. »Was glaubst du, wer du bist?«, fragte sie wütend, »Gott?«

»Nein«, sagte er. »Ich bin nicht Gott. Ich bin Michelangelo Antonioni.«

Das war nicht Hollywood, das waren nicht die großen eingezäunten Studios, die Filmfabriken. In Europa geschah das alles sozusagen auf offener Straße. Ich fuhr nach London, um

Polanski zu treffen – genauer gesagt, um mich von ihm in Augenschein nehmen zu lassen. Ich erlebte ihn als jemanden bar aller Empfindungen. Dennoch wurde ich engagiert. Das Ergebnis war ein Film mit dem Titel *Downhill Racer*, der tatsächlich gedreht wurde, auch wenn Polanski mit der Produktion am Ende nichts zu tun hatte. Er nannte mich Jimmy. Elsa Martinelli nannte mich Jeemy. Dem Ganzen haftete ein Ambiente an, das hektisch, leidenschaftlich und ein bisschen billig war. Alles war irgendwie an der Grenze zum Kompromittierenden. Ich finde nicht, dass es besonders viele Menschen darauf angelegt haben, etwas Schönes zu schaffen, aber andererseits legt es niemand darauf an, einen schlechten Film zu drehen.

In dieser Zeit und bedingt durch diese Tätigkeiten lernte ich Ben Sonnenberg kennen, einen bibliophilen Menschen, der in dem Bemühen, so viel seines Erbes wie irgend möglich unter die Leute zu bringen, die literarische Zeitschrift *Grand Street* gründete, in der er ein paar meiner Geschichten veröffentlichte, »nämlich die, die Sie nicht an den *Esquire* verkauft haben«, wie er sich zu beklagen pflegte.

Ich sollte ihn in einem Restaurant in der Division Street treffen. Es war dunkel. Die Banken hatten geschlossen. Chinesen stiegen aus Autos. Ein jüngerer Mann saß an einem Tisch, vor sich ein paar Bücher und vier Flaschen japanisches Bier.

»Kennen Sie die chinesische Küche?«, fragte er mich. Er hatte eine klare weiche Stimme und einen leichten englischen Akzent.

Ich sagte nein.

»Dann erlauben Sie mir, dass ich für Sie bestelle«, sagte er.

Er hatte die Schule ohne Abschluss verlassen, um sein eigenes Leben leben zu können, wie er mir erzählte. Er war nie auf dem College gewesen. Stattdessen ging er nach London, um seine Manieren aufzupolieren und um Bücher und Anzüge zu kaufen.

In der Suppe waren Stücke von gummiartiger Haut. Ich fragte ihn, was das sei.

»Ja, das habe ich mich früher auch mal gefragt«, sagte er. »Fisch-Innereien.«

Sein Leben bestand aus Lesen und Theaterbesuchen. Auch übersetzte er Theaterstücke, vergessene französische und belgische Boulevardstücke. Ich konnte nicht anders als zu denken, noch so eine Perversität. Er redete gern über Filme und über die Höhe meiner Honorare, vorausgesetzt, ich bekäme welche. Aber glaubte ich denn nicht, dass das Schreiben von Theaterstücken der Fähigkeit, gute Literatur zu schreiben, abträglich sei? Es sei so viel prägnanter, und alles, wirklich alles Beschreibende würde entfallen. Und außerdem handele es sich um eine unerbittlich dramatische Art des Schreibens, diametral verschieden von der geduldigen, in die Tiefe vordringenden Art.

Ich begann mich unbehaglich zu fühlen, aber später war ich ihm dankbar.

Ich erzählte ihm nicht von dem Roman, für den ich jüngst erste Notizen angefertigt hatte. Der Titel *Toda* kam von Victor Hugo und den verschlüsselten Symbolen in seinen Tagebüchern, mittels derer er seine zahlreichen sexuellen Aktivitäten vor seiner langjährigen Geliebten Juliette Druot geheim zu halten suchte. Neben den Namen oder die Initialen einer Frau schrieb er beispielsweise ein N, das für nackt stand; ein anderer Buchstabe bezeichnete Zärtlichkeiten, *Suisses* für Brüste; und so weiter, in aufsteigender Ordnung. Wenn es zum Äußersten gekommen war, zum Geschlechtsakt, schrieb er *toda*, alles. Zu fast jedem Tag gab es solche Einträge.

Vor einem anderen chinesischen Restaurant ein Stück die Straße runter bat Sonnenberg mich, seine Bücher zu halten, während er hineinging, um die Toilette zu benutzen. Ich stand im Eingang – ein Buch über das elisabethanische Drama, ein Roman von V. S. Naipaul, der *Sunday Observer*. Ich las ein paar Seiten im Naipaul, fünf außergewöhnliche Seiten.

Warum, fragte ich mich, lebte ich so weit entfernt von den Menschen, die mich interessierten?

Nicht lange danach erkrankte Sonnenberg, und ich wurde sogar Zeuge dieser Krankheit. Ich war dabei, als er einen Hausflur entlangging und sich den Zeh anschlug. Er hatte Probleme beim Gehen, und bei unserem nächsten Treffen hatte er einen höchst eleganten Spazierstock dabei. Er war erst fünfunddreißig und die Diagnose lautete Multiple Sklerose. Am Ende war er vom Hals abwärts gelähmt. Er konnte nicht einmal mehr eine Buchseite umblättern. Seine Frau las ihm vor, und Freunde kamen, um ihm vorzulesen. Er blieb der Herausgeber von *Grand Street*, bis ihm das Geld ausging und er verkaufen musste. Er erhielt sich seinen Sinn für die schönen Dinge und seine Erinnerung an sie, auch wenn ihn der Begriff »schöne Dinge« hätte zusammenzucken lassen.

Ich begann mit dem Schreiben von *Toda*, nachdem mir eines späten Abends, als ich sehr müde in einem abgedunkelten Zimmer in einem Hotel gleich oberhalb vom Gramercy Park saß, eine perfekte Beschreibung dessen, was der Roman sein sollte, in den Sinn kam. Ich ging ins Badezimmer, machte das Licht an und schrieb alles ganz schnell auf. Das Ganze war eine Seite lang. Dass ich mich glücklich schätzen konnte, war mir durchaus klar. Was ich zu Papier gebracht hatte, worum es in dem Buch gehen sollte, war ganz klar. Die Sache ist nur, ich habe den Zettel verloren – ich habe ihn schlicht nicht wiederfinden können –, was allerdings nicht so schlimm war, weil sich inzwischen meine Vorstellung von der Hauptfigur, wer sie sein sollte, grundlegend verändert hatte.

Ich schreibe so, wie es vermutlich die meisten tun. Ich versuche, regelmäßig zu schreiben. Ich hab Schwierigkeiten, mich jeden Tag hinzusetzen und anzufangen. Wenn ich eine Zeile oder ein paar Worte habe, bei denen ich wieder ansetzen kann, fällt es mir ein wenig leichter. Manchmal läuft der Tag gut. Häufiger nicht. Was mich versöhnt, ist die Gewissheit, dass ich enttäuscht sein werde von dem, was ich geschrieben habe. Ich schreibe, auch wenn ich keine Lust dazu habe, allerdings nicht, wenn ich Widerwillen empfinde. Ich stelle mir vor, dass ich für eine bestimmte Sorte Mensch schreibe – ich werde nicht definieren, für wen genau, vielleicht für eine Frau – und nicht für jedermann. Eine intelligente Frau, wie Babel gesagt hat.

Ich schreibe mit der Hand mit einem Stift. Dann tippe ich den Text auf einer elektrischen Schreibmaschine. Ich könnte genauso gut mit einem Laptop arbeiten, aber ich mag den etwas ungleichmäßigen Anschlag der Typen. Ich tippe mit zwei Fingern.

In gewissem Sinne komponiere ich. Ich lausche den Worten, während ich sie schreibe, den Wortgruppen. Ich mag es, ihnen wieder und wieder zu lauschen und mich von ihnen zum nächsten Satz führen zu lassen. Manchmal schreibe ich ein wenig davon auf, was ich beabsichtige zu schreiben, ein paar Wörter, die den Weg weisen und die ich vielleicht später benutzen werde, aber das weiß man vorher nie.

Das Wichtigste ist die Organisation – wie schafft man eine Ordnung. Es gibt so viele Dinge – zu viele –, die man im Rahmen eines Romans oder auch nur eines Kapitels im Kopf behalten muss. Jedes Durcheinander verbietet sich. Bei *Toda* habe ich zunächst eine chronologische Ordnung geschaffen – es ist ein Buch, bei dem das möglich ist –, und entlang dieser Ordnung habe ich alle Ereignisse sortiert. Ich hatte Heftzwecken auf einer großen Tafel, ein oder zwei pro Kapitel, und mit denen hab ich für das jeweilige Kapitel die entsprechenden Notizen und Einzelheiten festgepinnt.

Das Schreiben findet nicht komplett am Schreibtisch statt. Es findet auch anderswo statt, das Buch tragen Sie überall mit sich herum. Das Buch ist Ihr ständiger Begleiter, Sie haben es die ganze Zeit im Kopf, gehen den Text durch, achten auf Verbindungen zur Wirklichkeit. Es wird Ihr wichtigster Begleiter sein, im wahrsten Sinne des Wortes, Sie können sich ganz entspannt mit ihm unterhalten. Es wird Ihr einziger Begleiter sein.

Das Schreiben mag zehn Tage dauern, wie bei Georges Simenon, oder Wochen, oder Monate, oder Jahre. Das ist bei allen das Gleiche.

Für dieses Buch hatte ich mir zwei dicke Notizbücher gebastelt, Nachschlagewerke mit verschiedenen Abteilungen, in denen Auszüge aus meinen Tagebüchern untergebracht waren, die mir vielleicht nützlich sein konnten: Wetter, Orte, Gespräche, Gesichter, Tode, Liebe, Sex, Menschen. Toda. Nicht einmal ein Viertel davon habe ich verwendet.

Ich habe ein Jahr an dem Buch gearbeitet, vielleicht länger, und dann habe ich den Glauben an die Sache verloren. Es war eine Frage der falschen Hauptfigur. Nach einiger Zeit habe ich von vorne angefangen, aber wenn man eine zentrale Sache verändert, zieht das notwendigerweise weitere Veränderungen nach sich.

Ich habe vorher von der Freiheit der Kunst gesprochen. Ich meine damit die Freiheit, nicht an hergebrachte Moralvorstellungen oder an irgendwelche Katechismen gebunden zu sein. Ich meine damit auch die Freiheit – in Wahrheit die Notwendigkeit –, alles Vermittelnde zu durchbrechen. Es sollte keinerlei Verbote dahingehend geben, was zu denken oder sich vorzustellen einem erlaubt ist.

Die Sprache, das Englische, mit dem wir rumbolzen – es hat keine Beschützer –, ist nichtsdestoweniger eine wichtige, eine fast heilige Angelegenheit. Es erträgt alles, es trägt alles auf seinen Schultern. Darum versuche ich, achtsam damit umzugehen.

Am Ende haben die Leute gesagt, du kannst das Buch nicht *Toda* nennen. Kein Mensch weiß, was das heißen soll. Ich habe darum gestritten, aber der Verleger hat gesagt, nein, wir brauchen einen anderen Titel. Also hab ich es *Alles, was ist* genannt.

Ich lese Ihnen nur das Epigraf vor:

Irgendwann wird einem klar,
dass alles ein Traum ist
und nur geschriebene Dinge
die Möglichkeit haben, wirklich zu sein.

Anmerkungen

[1] Winston Churchill, *Meine frühen Jahre: Weltabenteuer im Dienst*, übersetzt von Dagobert von Mukusch, Zürich, o. J., S. 84.
[2] James Salter, *Verbrannte Tage*, übersetzt von Beatrice Howeg, Berlin, 2000, S. 490.